상용음식

한국의 전통향토음식 1

상용음식

농촌진흥청 농업과학기술원
농촌자원개발연구소

(주)교 문 사

발간사

오천 년의 역사를 간직하고 있는 우리나라는 선조들의 혼이 깃들어 있는 세계에 자랑할 만한 우수한 전통문화를 가지고 있습니다. 국가 자산인 전통문화를 세계인의 문화 명품으로 발전시키기 위하여 정부에서는 '한(韓) 스타일 육성 종합 계획' 을 수립하고 한식, 한복, 한옥, 한글, 한지, 한국음식 등 6가지 전통문화상품에 대한 육성 노력을 기울이고 있습니다. 이 중 농림수산식품부는 '한식' 육성에 관한 주무부처로 한국음식을 산업화 · 세계화함으로써 국가 이미지를 고양시키기 위한 정책을 추진하고 있습니다.

의식주문화 중 식생활문화는 쉽게 변하지 않는 특성을 가지고 있어서 그 민족의 문화를 측정하는 도구로 가치가 있다고 합니다. 우리나라는 선사시대부터 일찍이 농경을 시작하여 다양한 식품 재료를 이용한 음식문화가 발달했으며, 인접 국가인 중국, 일본과 차별화된 독특한 문화를 형성하였습니다. 또한 산맥이나 바다 등 지형적인 영향으로 지역마다 생산되는 특산물이 달라서 다양한 조리법과 맛을 지니고 있습니다. 외국인들에게 잘 알려진 김치의 종류도 수십 가지에 이르며, 같은 종류의 김치도 사용하는 젓갈이나 양념에 따라 다양한 맛을 냅니다. 최근 우리 음식은 영양학적 우수성과 기능성이 밝혀지면서 세계적으로 '건강식', '장수식' 으로 인정받고 있으며, 새로운 가치창출을 위한 자원으로 부각되고 있습니다. 이처럼 독특하고 우수한 음식문화가 상품화 · 세계화를 위한 발판이 될 수 있으며, 관광 · 외식 등과 연계한 3차 산업으로 발전 가능성을 보여 줍니다.

그러나 사회가 발전하면서 다양하고 향토성이 짙은 우리의 음식문화가 빠르게 서구화되고, 이용하는 음식의 종류도 단순해지고 있습니다. 따라서 급변하는 식생활문화에 대응하고, 국가자원인 '한식' 을 세계화하기 위하여 사라지고 있는 전통향토음식의 조사 · 발굴 및 국가차원의 통합자료화가 절실히 요구되고 있습니다.

농촌진흥청에서는 전통향토음식의 연구와 교육뿐만 아니라 지방자치단체의 농촌지도기관과 협력하여 지역의 전통향토음식을 계승 · 발전시키는 데 일익을 담당해 왔습니다. 이는 여전히 농촌은 식품 재료를 생산하고 전통향토음식을 이용하면서 조리법을 보유하고 있는 공간이기 때문입니다. 지금까지 농촌진흥청 및 농촌지도기관에서 몇 차례에 걸쳐 전통향토음식을 정리하여 책자로 발간하였으나, 통합자료화 및 전문가 검증이 미흡했던 아쉬움이 있었습니다.

이에 농촌진흥청 농업과학기술원 농촌자원개발연구소에서는 국가 산업자원으로 부각되고 있는 전통향토음식의 권리를 확보하고 세계화 기반을 구축하고자, 1999년부터 2005년까지 전국 9개 도의 전통향토음식에 대한 조사 · 발굴을 하였고, 2006년부터 2007년까지 지역성 및 역사성 검증, 자료의 표준화 등 학계의 검증을 받아 전통향토음식을 집대성한 10권의 책을 발간하게 되었습니다. 제1권 『상용음식』은 우리나라의 어느 지역에서나 일상적으로 먹는 음식을 수록하였고, 제2권부터는 각 도별 전통향토음식으로 행정구역상 9개 도로 구분하여 제2권 『서울 · 경기도』에서 제10권 『제주도』까지 전통향토음식을 수록하였습니다.

전통향토음식과 식생활문화에 대한 관심 고조로 그 가치가 재조명되는 시점에, 오랜 기간 동안 자료를 수집하여 우리의 전통향토음식을 총망라한 책을 발간하게 되어 기쁘게 생각합니다. 이 책이 농촌의 향토산업 활성화에 중요한 자료로 활용됨과 동시에 '가장 한국적인 음식이 가장 세계적인 음식' 으로 거듭나는 데 밑거름이 되고, 관련 분야 연구 및 교육에 활용되어 우리 식생활 문화 발전에 일조할 수 있기를 바랍니다.

이 책이 발간되기까지 현지조사 및 조리법 재현에 협조해 주신 농촌지도기관 생활지도직 공무원 및 향토음식연구회원들께 감사를 드립니다. 특별히 제1권 『상용음식』의 기준 설정 및 자료 표준화에 참여해 주신 전주대학교 서혜경 교수님, 배화여대 손정우 교수님, 관동대학교 윤덕인 교수님, 청운대학교 신승미 교수님, 신라대학교 김상애 교수님과 감수를 위해 수고해 주신 전 이화여대 이종미 교수님, 성신여대 안명수 교수님께 감사드립니다. 연구결과물을 더욱 빛나게 제작 · 출판해 주신 (주)교문사의 류제동 사장님 이하 관계자 여러분께도 감사의 마음을 전합니다.

2008년 4월

농촌진흥청 농업과학기술원 농촌자원개발연구소

소장 **조 순 재**

차 례

부식류

국

찌개 · 전골

김 치

나 물

구 이

조림 · 지짐이

볶음 · 초

전 · 적

떡류

과정류

음청류

常用飲食

제1부

전통향토음식

조사 · 발굴 및 표준화

1. 전통향토음식의 정의
2. 전통향토음식의 조사 · 발굴
3. 전통향토음식의 유형별 분류 기준
4. 전통향토음식 자료의 표준화
5. 고문헌을 통한 역사성 검증

제1부
전통향토음식 조사 · 발굴 및 표준화

의식주는 한 국가나 민족의 특성을 나타내는 대표적인 문화양식이다. 그 중에서도 음식문화는 쉽게 변화하지 않는 성질이 있어서 본래의 모습이 잘 보존되어 있으므로 한 민족의 문화를 파악하기에 매우 적합한 것이라 하겠다. 음식문화는 지리, 기후, 풍토 등의 자연환경과 정치 · 경제 · 사회적 환경이 복합되어 문화권마다 서로 다르게 발달해 왔다. 우리나라에서도 해안가인지, 평야지인지 혹은 큰 산맥의 존재 여부 등에 따라 지역마다 독특한 음식문화가 형성되었다. 김치를 예로 들면, 경기도 지역은 국물을 넉넉히 넣고 젓갈을 적게 넣은 시원하고 심심한 백김치를 담그고, 경상도의 내륙 지방에서는 주변에서 쉽게 구할 수 있는 젓갈과 양념을 이용해서 젓갈김치와 콩잎김치를, 전라도에서는 젓갈과 양념을 많이 넣은 갓김치 등을 담근다.

전통향토음식의 중요성을 몇 가지 살펴보면, 첫째 생물다양성 유지를 위해 전통향토음식의 다양성이 유지되어야 한다는 점이다. 즉, 음식문화는 주변에서 쉽게 구할 수 있는 재료를 이용하여 발달하기 때문에 전통향토음식이 다양하면 다양한 생물자원이 자랄 수 있는 여건이 마련되는 것이다. 음식 자체가 획일화되어 민족음식이나 전통향토음식이 줄어든다면 식품재료로 이용하는 생물자원이 줄어들어 그 지역의 생물다양성은 감소될 수밖에 없기 때문이다. 1992년에 체결된 생물다양성협약(CBD : Convention on Biological Diversity) 제8조 j항에서는 생물다양성을 보존하기 위해 전통향토음식, 의약 등의 전통지식을 관리하고 활용하도록 권장하는 조항을 만들었다.

둘째, 전통향토음식은 새로운 부가가치 자원으로 활용되고 있으며, 다른 자원과 달리 자국(自國)만이 고유하게 보유하고 있어서 차별화가 가능한 독점적인 산업화 아이템이라는 점이다. 따라서 국제적으로 전통향토음식을 산업화하려는 노력들이 이루어지고 있다. 태국의 'kitchen of the world' 프로젝트는 정부에서 자국의 전통향토음식을 세계화하기 위한 사업으로, 전 세계에 태국음식점을 2007년까지 8,500개로 확대함으로써 전통향토음식의 식품재료와 조리기구 수출,

조리사 파견 등 파급 효과를 기대하는 전통향토음식 산업화의 대표적인 예라 하겠다.

셋째, 전통향토음식은 국가 이미지 제고에 중요한 역할을 한다. 사람들은 특정 지역이나 국가를 독특한 음식과 관련지어 연상하기도 하고, 반대로 맛있는 음식을 먹을 때 특정 지역을 연상하기도 한다. 김치의 경우 세계적인 음식으로 발전하여 외국인들은 김치하면 한국을 떠올리게 된다. 또한 2006년 미국의 건강전문잡지 월간 '헬스' 가 선정한 세계 5대 건강식품 중 하나로 김치가 선정된 것과 같이 김치는 우리나라의 국제적인 이미지를 높이는 데 기여하고 있다.

이처럼 중요한 의미를 갖는 전통향토음식은 최근 전 세계가 급속도로 가까워지면서 지역성·고유성이 없이 획일화되어 가는 경향을 보이고 있다. 우리의 식탁에서도 일상적으로 먹고 있는 음식의 재료나 종수가 몇 가지 품목으로 한정되어 가고 있는데, 이러한 추세가 지속되면 전통향토음식이 서서히 잊혀지고 우리 음식문화의 정체성 또한 잃어버리게 될 것이다. 따라서 전통향토음식을 만들어 먹던 세대가 현존해 있을 때 전통향토음식을 조사·발굴하고 목록화하는 일이 시급히 요청된다고 하겠다. 또한 지금까지 전통향토음식은 단순히 문화의 일부로만 여겨져 왔으며 자원으로서의 인식은 부족하였다. 그러나 오늘날의 시대적 흐름에 따라 전통향토식품(음식)은 국가의 소중한 자원으로 관리되어야 하므로 전통향토음식을 통합적으로 관리하는 방안이 모색되어야 한다. 이는 전통향토음식의 권리를 확보하고 상품성 증진 및 세계화를 위한 기반이 되며, 우리 민족이 보유한 독특한 자산을 계승·발전시키는 가장 우선적이고 필수적인 과정이라 할 것이다.

1. 전통향토음식의 정의

'예부터 전하여 온 음식'에 관하여 전통음식, 향토음식, 민속음식, 토착음식 등의 다양한 명칭이 혼용되고 있다. 가장 많이 쓰이는 명칭은 '전통음식'으로, 전통음식의 사전적 정의는 한 지역에 전래된 음식 중 해당 지역 사람들이 그 가치를 높이 평가하여 선호하는 음식이라는 것이며, 여기서 지역 사람들이 가치를 부여하였다고 하기 위해서는 특정 연령층, 특정 계층 등 일부의 사람들만이 아닌 지역 전체의 다수가 최소 한 세기, 100년에 걸쳐 선호된 것이어야 한다. 다수의 사람들이 3세대에 해당하는 한 세기 이상 선호하고 있다면 전통음식으로서 가치가 있다는 확고한 증거가 되기 때문이다(신애숙, 2000). 또한 쉴즈(Shils, 1992)는 전통은 최소한 3세대가 지속되어야 한다고 주장하였고, 버크(Burke, 1978)는 한 세대에서 다른 세대로 전달되는 데 적은 부분만 변하고 그 본질과 눈으로 볼 수 있는 정체가 남아 있는 것이 전통이라고 정의하였다.

한억(1996)은 전통음식이란 한국에서 대략 1세기 이전부터 일상생활, 궁중, 통과의례, 세시풍속 등을 통한 고유의 역사적 배경과 문화적 특질을 지니면서 지역 특성에 맞게 전승되어 현존하는 음식문화로서 한국인의 식생활에 유익하도록 합리적으로 재창조해 오는 음식문화의 총칭이라고 하였다. 또한 전통음식은 시간성, 공간성, 의례성, 외래성, 변형성 등의 특성을 가지고 있으며 이들이 하나의 유기적인 문화복합체로서 입체적으로 형성되고 요인 간의 상호 관련성이 복잡하게 작용하고 있다고 하였다.

전통음식 다음으로 널리 사용되는 전래음식에 대한 용어가 바로 향토음식이다. 향토음식의 경우 전통음식과 같이 다수의 주민에 의하여 한 세기 이상 선호되지는 못하였지만 특정 지역 주민에 의하여 지속적으로 선호되는 음식을 말하며(신애숙, 2000), 지역 특산물을 이용하여 그 지역의 독특한 전래 조리법에 의하여 만든, 지역 주민이 선호하는 음식이라고 정의할 수 있는데, 이 또한 고정적인 것이 아니라 시대에 따라 달라지는 것이다(두산세계대백과사전, 1999). 한억(1996)은 향토음식을 지역 특산물을 이용하여(공간성) 그 지역에서 고유하게 전승되어 온 비법으로 조리하거나(고유성) 또는 그 지역의 문화적 이벤트를 통해서 발달된 음식(의례성)이라고 하였다. 이러한 점에서 전통음식에서 강조되는 오랜 생명력을 지녀 '현존하는 과거'로서의 시간적 개념보다는 지역 공간의 수평적 개념을 바탕으로 끊임없이 생성되고 소멸되는 과정을 거치면서 형성된 음식으로 보아야 할 것이며, 주변 지역의 음식과 분명한 차별성이 나타나는 특징이 있다고 하였다.

문헌에 정리된 향토음식의 정의를 요약해 보면 다음과 같다. 첫째, 향토음식은 그 지방에서 주로 많이 생산되는 특산물 혹은 그 지역에서 생산된 재료를 사용하여 그 지역에서 고유하게 전승되어 온 비법으로 조리하거나 또는 그 지역의 문화적 행사를 통해 발달한 음식으로, 타 지역에서는 그와 같은 음식을 쉽게 찾아 볼 수 없는 것으로 정의된다(윤숙경, 1994). 둘째, 향토음식은 타 지역에서 공급받은 재료라도 우리 지역에 적합한 조리법 또는 우리 지역 특정인의 고유한 조리법으로 만든 음식을 말한다(김복일 · 오영준, 1998). 셋째, 향토음식은 각지 어디에서나 있는 보편적인 재료라도 우리 지역의 생활형태나 기후풍토 등의 지역적 특성이 바탕이 된 특유의 조리법이나 가공기술을 이용하여 만든 음식이다. 넷째, 세시 풍속이나 통과의례 시 우리 지방에서 조상들이 만들어 유명해진 음식도 향토음식의 범주에 들어간다(진양호 외, 2001). 다섯째, 옛날부터 그 지방 행사와 관련하여 만든 음식으로 오늘날까지 전해져 오는 음식이다(윤은숙 외, 1995 ; 한국관광공사, 1993). 즉, 향토음식은 그 지방의 재료로 그 지방의 조리법으로 조리하여 타 지방과 차별화된 음식이라 할 수 있겠다(민계홍, 2003 ; 이선호 · 박영배, 2002 ; 신애숙, 2000). 또한 향토음식은 그 지방 사람들의 사고방식과 생활양식을 반영하며 각종 문화행사를 바탕으로 발달하는 특성을 지니고 있다고 하겠다(김복일 · 오영준, 1998).

위에서 전통음식과 향토음식의 개념 사이에 중복된 의미와 상호연관성이 있음을 알 수 있다. 손영진(2004)은 한국음식에 있어서 향토음식은 전통음식의 뿌리이자 모체라고 설명하였다. 한국음식의 특징은 뚜렷한 지역적 특성과 공간성, 고유성, 의례성 등 수평적 공간축 형성을 바탕으로 한 향토음식과 이러한 향토음식이 수직적 시간축 형성을 이루어 가는 전통음식을 떼어서 생각할 수 없고, 또한 전통음식에서 향토음식을 배제하여 생각할 수 없는 유기적인 관계로 파악되고 있으며, 이들은 상호 개념적으로 유사하지만 다른 측면에서는 구분된 구조를 갖고 있다. 한억(1996)에 따르면 향토음식은 전통음식의 뿌리에 해당하는 가장 기본적인 음식 형태로 오히려 새로운 문화 변동에 대한 포용성을 지닌 모체로서의 성질을 가지며, 향토음식이 점차 시간이 흐르면서 '전통'의 성질을 갖게 되어 전통향토음식이 되는 것이라고 하였다. 또한 고범석 · 강석우(2004)에 의하면 전통이라는 용어가 토속, 향토를 아우르는 상위어로 사용되는데, 예컨대 전라남도 지역만을 지칭할 경우에는 향토문화, 향토음식과 같이 향토란 단어를 쓰는 것이 적절하다. 그러나 대한민국 전체를 아우를 때는 향토가 아닌 전통이라는 표현이 맞으므로 김치를 대한민국 향토음식이라고 하지 않고 대한민국 전통음식이라 한다고 하였다. 표 1에는 이미 보고된 향토음식과 전통음식의 정의에 관하여 몇 가지를 비교 제시하였다.

앞의 내용을 정리하여 보면 향토음식은 전통음식의 뿌리요, 모체이다. 즉, 한국음식에서는 전통음식을 떼어서 생각할 수 없고 전통음식에서 향토음식을 배제하여 생각할 수 없는 유기적인 관계로 파악되며 개념적으로는 유사하나 구분되는 구조가 내재되어 있다. 향토음식이 시간적으로 일정기간(3세대, 100년)을 경과하여 역사성을 갖게 되면 전통음식으로 불리게 되므로, 미래의 전통음식이라 할 수 있는 향토음식과 현재의 전통음식을 동시에 정리하는 것이 국가자원의 관리 측면에서 유익할 것으로 생각되어 이들 모두를 포함한 개념으로 '전통향토음식'이라는 용어를 사용하고자 한다. 전통향토음식의 정의는 "향토음식이거나 전통음식(향토음식 또는 전통음식)인 것으로 우리가 계승 · 발전시켜야 할 우리의 음식"으로 설명할 수 있다.

전통향토음식으로 정의한 음식은 다음과 같은 기준에 의하여 선정하였다. 100년 이상의 전통을 가진 음식으로 지금까지 이용되어 온 음식, 혹은 과거에 이용되었으나 지금은 사라진 음식, 외국에서 도입되었으나 우리 음식으로 인지되고 있는 음식, 향토음식 등으로 한정하였다. 다만, 이와 같은 음식들 중 외래어가 사용된 음식은 제외하였고 우리의 고유 명칭으로 불려 온 음식, 고유의 조리법을 활용한 음식으로 선정하였다.

표 1 전통음식과 향토음식의 정의

전통음식	향토음식	참고문헌
한국에서 대략 1세기 이전부터 일상생활, 궁중, 통과의례, 세시풍속 등을 통한 고유의 역사적 배경과 문화적 특질을 지니면서 지역 특성에 맞게 전승되어 현존하는 음식문화로서 한국인의 식생활에 유익하도록 합리적으로 재창조해 오는 음식문화의 총칭임(시간성, 공간성, 의례성, 외래성, 변형성)	• 그 지역의 특산물을 이용하거나(공간성) 그 지역에서 고유하게 전승되어 온 비법으로 조리하거나(고유성) 또는 그 지역의 문화적 이벤트를 통해서 발달된 음식(의례성) • 시간적 개념보다는 지역 공간의 수평적 개념을 바탕으로 끊임없이 생성되고 소멸되는 과정을 거치면서 형성된 음식으로 주변 지역의 음식과 분명한 차별성이 나타나는 특징이 있음	한억, 1996
음식문화 가운데 유형적인 측면이나 무형적인 측면 중 어느 한 가지는 개화기 이전의 것이어야 함. 개화기 이전 전통사회에서 사용된 음식과 개화기 이후 외국에서 전래된 식품들이 지금까지 사용된 우리의 식품재료와 함께 섞여 만들어지거나 혹은 우리의 전통적 방법으로 조리되어 변형된 음식		김성미, 2000
지역의 특산물을 이용하여 그 지역의 독특한 조리법에 의하여 만든 지역 다수의 주민이 한 세기(3세대) 이상 선호하여 오고 있는 음식	지역특산물을 이용하여 그 지역의 독특한 전래 조리법에 의하여 만든 지역 주민이 선호하는 음식	신애숙, 2000
예부터 전하여 내려 오는 음식으로 오랫동안 한 지역에서 먹어 온 음식. 전통음식은 절기식, 시식과 통과의례 음식이 있으며, 왕실, 반가의 화려했던 궁중음식 등이 있음		한재숙 외, 2000
궁중음식, 반가음식, 민속음식으로 대별되는 음식으로 전통적으로 전해 내려 온 음식을 의미함. 조선왕조 500년 역사 속에서 꽃피어난 왕실 반가의 화려했던 궁중음식과 일반 서민의 소박한 서민음식으로 그 고장에서 특색 있게 지켜져 내려 오는 향토음식을 모두 일컬음	• 지역에서 생산되는 재료를 그 지역의 조리법으로 조리하여 과거로부터 그 지역 사람들이 먹어 온 것으로 현재에도 그 지방 사람들이 먹고 있는 것(전통음식보다 협의의 개념) • 특산재료, 지역적 특성 반영, 지역민의 문화와 연계	이효지, 2002 민계홍, 2003
향토음식이 쌓여 나가면서 전통음식으로 자리잡아가는 수직적인 시간축을 이름(수직적 의미)	지역 특산물을 이용하거나 그 지역에서 고유하게 전승되어 온 비법으로 조리하고 또는 그 지역의 문화적 행사를 통하여 발달된 음식(지역성, 공간성, 고유성, 의례성 – 수평적 의미)	손영진, 2004
	특산물을 타 지역에서 생산된 재료로 독특한 조리법, 흔한 재료와 특유의 조리법과 차별화된 가공기술, 지방행사와 관련된 음식	이승진, 2005
	향토식품 또는 향토음식은 그 지역의 역사 · 문화적 전통이나 특색을 담고 있을 때 그 의미와 가치가 발현됨. 향토식품은 어떤 지역의 자연 · 지리적 조건, 역사적 경험, 문화적 특성이 어우러지면서 다른 지역의 식품과 구별되는 의미를 가짐	배영동, 2006

2. 전통향토음식의 조사 · 발굴

【조사대상 및 시기】

1999년부터 2005년까지 농촌진흥청 농업과학기술원 농촌자원개발연구소에서 경기, 강원, 충북, 충남, 전북, 전남, 경북, 경남, 제주 등 9개 지역을 대상으로 전통향토음식의 조사 · 발굴을 추진하였다. 조사 · 발굴과정에서 각도 농업기술원 및 시군 농업기술센터의 식생활지도를 담당하고 있는 생활지도사의 협조로 전통향토음식의 정보 수집 및 조리법 재현이 이루어졌다. 연도별 및 지역별 조사 · 발굴과정을 살펴보면, 1999년에는 경기도 지역을 대상으로 이건순 교수(당시 농촌자원개발연구소 농업연구관, 현 한국농업대학 교수)와 이효지 교수(당시 한양대학교 교수, 현 한양대학교 명예교수) 중심의 한 연구팀이 자료 조사 및 현지 조사 · 발굴을 수행하였으며, 2000년에는 강원도 지역을 대상으로 이건순 교수와 한복진 교수(당시 한림정보산업대학 교수, 현 전주대학교 교수) 중심의 한 연구팀이 자료 조사 및 현지 조사를 수행하였다. 2001년에는 충청남북도 2개도를, 2002년에는 전라북도를 대상으로 이건순 교수 연구팀이 도별 자료를 조사 · 발굴하였다. 2003~2004년까지는 김행란 농업연구관 연구팀이 전라남도와 경상북도를 대상으로 매년 1개도씩 조사 · 발굴하였고, 2005년에는 경상남도와 제주도 등 2개도를 동시에 조사 · 발굴하였다. 서울, 부산, 대구, 인천, 광주, 대전, 울산 등 특별 · 광역시의 경우 시를 포함하고 있는 도와 함께 조사하였다(예 : 서울, 인천은 경기 지역 조사에 포함).

【조사방법】

문헌을 통한 자료 수집

본 조사에 사용한 문헌으로는 전통음식 또는 향토음식에 관한 자료로, 논문 및 학회지, 단행본, 향토문화지, 전국 시군 및 농촌진흥기관에서 발간한 향토음식 책, 팸플릿, 리플릿, 인터넷 자료 등을 이용하여 자료를 수집하고 정리하였다.

설문지를 통한 자료 수집

전국 시군 농업기술센터를 통하여 전통향토음식에 관심이 있는 전문가, 일반인, 전통향토음식 관련 조직(전통음식연구회, 우리음식연구회, 향토음식연구회)과 생활개선회원 중 해당 지역 출신자를 대상으로 지역에서 먹는 일상음식, 추억의 음식, 지역의 추천음식 등을 기록하도록 하여 자료를 수집하였다.

현지답사를 통한 발굴 및 조리법 재현

자료에 의한 지역음식을 정리한 후 조리방법이 미흡하거나 발굴 필요성이 있는 음식, 잊혀져 가는 음식 등에 대하여 시군 농업기술센터의 협조를 받아 현지답사를 하였다. 현지답사는 먼저 면담 조사과정을 거친 후 문헌에 없는 것이나, 문헌에 있다고 해도 음식명만 기록된 것 또는 너무

표 2 전통향토음식 조사자료 양식

음식명		분 류			키워드	조리방법		자료 출처			비 고
음식명 1	음식명 2	대분류	중분류	소분류	키워드	재 료	만드는 법	관련 문헌	관련 시군	정보 제공자	비 고
표준어 기재	방언 (사투리)					재 료	조리, 가공법	책, 논문 등	문헌 및 정보제공자 관련 시군	이름, 주소	음식의 특징 및 유래

간단하게 기록되어 재료나 만드는 방법을 정확하게 알 수 없는 것, 시각자료화가 필요한 것 등은 직접 조리하여 시연하도록 하였다. 조리 시연을 통하여 재료와 양을 계량하고 만드는 과정을 정확히 기록하였으며 사진, 슬라이드, 비디오 등으로 촬영하였다.

【자료의 정리】

모든 자료는 엑셀 프로그램(excel program)을 이용하여 표 2와 같이 정리하였다. 음식명은 1과 2로 나누어 1은 표준어로 된 음식명을 기재하였고 2는 방언(사투리)에 의한 음식명을 기재하였다. 분류는 대분류, 중분류, 소분류로 정리하였으며, 추후 검색 기능을 갖기 위하여 음식에 대한 키워드를 입력하였다. 조리방법에는 재료와 조리방법을, 자료 출처에는 관련 문헌, 관련 시군, 정보제공자 등을 기록하였고 비고에 해당음식의 특징 및 유래 등을 기록하였다.

【자료의 표준화】

정리된 자료의 표준화를 위하여 2006~2007년에 『한국의 전통향토음식』 발간을 위한 전문가위원회를 내·외부 전문가 13인으로 구성·운영하였다. 위원 중 위원장 및 지역별 전문가를 별도로 선정하였는데, 위원장은 전주대학교 서혜경 교수로 위촉하였고 지역별 전문가로서 경기 지역의 손정우 교수(배화여자대학), 강원 지역의 윤덕인 교수(관동대학교), 충청 지역의 신승미 교수(청운대학교), 경상 지역의 김상애 교수(신라대학교), 전라 및 제주 지역의 서혜경 교수(전주대학교)로 구성하였다. 2년간 6차례의 전문가위원회 협의회를 통하여 용어 정의, 분류체계 설정, 지역성 및 역사성 검증안 마련, 책자 작성방법 및 자료의 표준화 기준을 선정하였다. 이를 근거로 조사·발굴된 전통향토음식 자료의 표준화 기준을 정하였다.

3. 전통향토음식의 유형별 분류 기준

한국의 전통향토음식을 분류하는 기준에는 여러 가지 방안이 제시될 수 있다. 조선시대 조리서의 분류법은 주로 재료별 분류법(『음식디미방』(1670년경), 『산림경제』(1715년), 『조선요리』

(1940년))과 조리기법별 분류법(『시의전서』(1800년대 말), 『조선요리제법』(1930년대), 『조선요리법』(1938년))으로 되어 있으며 『임원십육지』(1827년경)는 조리기법별 분류 속에 재료별로 정리하고 있다(이성우, 1981). 그 외 『요록』(1680년경), 『주방문』(1600년대 말), 『민천집설』(1752년, 1822년) 등은 분류항목이 없거나 세우지 않고 있다(한억, 1996).

현대에는 제조방법별 분류에 따라 발효음식, 절임음식, 건조음식 등으로, 재료에 따라 농산물, 축산물, 수산물 등으로, 지역에 따라 전통음식 470개 품목을 팔도로 나누어 분류하였다(염초애 외, 1992). 또한 한국음식을 용도별로 분류한 후 조리법의 형태로 분류하여 주식류에는 밥, 죽, 국수와 만두 및 떡국류로 분류하고 부식류에는 국 · 탕, 찌개 · 조치, 전골 · 볶음, 찜 · 선, 생채 · 나물, 조림 · 초, 구이, 적 · 전, 마른반찬, 편육 · 족 · 묵, 회 · 숙회, 장아찌, 김치, 젓갈 · 식해로 분류하고 후식류에는 차 · 화채, 떡 · 한과를 분류하기도 하였고(윤덕인, 2005 ; 이효지, 2002) 나물류를 숙채, 생채, 잡채, 기타로 구분하기도 하였다(강인희, 1987).

본 서에서 음식 분류는 윤서석(1984, 1991)의 한국음식에 대한 분류를 기준으로 하였고 강인희(1987)와 황혜성 외(2000), 이효지(2002)의 분류를 참조하였다. 대분류, 중분류, 세분류는 음식유형별로 분류하였고, 세세분류는 재료별로 분류하였다. 그 결과 대분류를 주식류, 부식류, 떡류, 과정류, 음청류, 주류 등 6항목, 중분류를 밥, 죽, 미음 · 범벅 · 응이 등 55항목, 세분류를 43항목, 세세분류를 119항목으로 나누었다. 본 서의 수록방법은 주식류, 부식류, 과정류는 중분류를 기준으로 작성하였고, 떡류, 음청류, 주류는 대분류를 기준으로 작성하였다. 다만, 부식류 중 나물류에 한하여 세분류까지 나누어 표기하였다. 표 3에 음식유형별 분류표를 제시하였고, 표 4에 분류에 대한 정의를 나타냈다.

표 3 음식유형별 분류표

대분류	중분류	세분류	세세분류
주식류	밥		쌀밥, 잡곡 및 견과류밥, 채소밥, 해조류밥, 비빔밥, 기타
	죽		쌀죽, 쌀과 기타 곡류 및 견과류를 섞어 쑨 죽, 육류죽, 어패류죽, 채소죽, 약재죽, 기타죽
	미음 · 범벅 · 응이	미음, 범벅, 응이	
	국수 · 수제비	국수, 수제비	
	만 두		
	떡 국		
	기 타		
부식류	국	맑은국	육류, 어패류, 채소류, 해조류, 알류, 기타
		토장국	육류, 어패류, 채소류, 해조류, 기타
		곰국	육류, 어패류, 기타
		냉국	육류, 어패류, 채소류, 기타
	찌개 · 전골	찌개	육류, 어패류, 채소류, 기타
		전골	육류, 어패류, 채소류, 기타
	김 치		배추류, 무류, 기타 엽채류, 기타 근채류, 과채류, 해조류, 기타

대분류	중분류	세분류	세세분류
부식류	나 물	생채, 숙채, 기타	
	구 이		육류, 어패류, 채소류, 기타
	조림 · 지짐이	조림	육류, 어패류, 채소류, 기타
		지짐이	육류, 어패류, 채소류, 기타
	볶음 · 초		육류, 어패류, 채소류, 해조류, 곡류 및 두류, 기타
	전 · 적	전	육류, 어패류, 채소류, 해조류, 기타
		누름적 (산적)	육류, 어패류, 채소류, 해조류, 기타
	찜 · 선	찜	육류, 어패류, 채소류, 알류, 기타
		선	어패류, 채소류, 기타
	회	생회	육류, 어패류, 해조류, 기타
		숙회	어패류, 채소류, 해조류, 기타
		초회	어패류, 채소류, 해조류, 기타
		무침	어패류, 채소류, 해조류, 기타
		강회	어패류, 채소류, 해조류, 기타
		물회	어패류, 기타
	마른반찬	부각	채소류, 해조류, 기타
		자반	어패류, 해조류, 기타
		튀각	해조류, 기타
		포	육류, 어패류
	순대 · 편육 · 족편	순대, 편육, 족편	
	묵 · 두부	묵, 두부	
	쌈	생쌈, 숙쌈	
	장아찌		소금물에 담근 것, 간장에 담근 것, 된장에 담근 것, 고추장에 담근 것, 기타
	젓갈 · 식해	젓갈, 식해	
	장	된장류, 고추장류, 간장류, 기타류	
	식 초		
	기 타		
떡 류	찐 떡		
	친 떡		
	지진 떡		
	삶은 떡(경단류)		
	기 타		
과정류	유밀과		
	유 과		
	다 식		
	정 과		
	과 편		
	숙실과		
	엿강정		

대분류	중분류	세분류	세세분류
과정류	당(엿)		
	기 타		
음청류	차		
	탕		
	장		
	갈 수		
	숙 수		
	화 채		
	미 수		
	식 혜		
	수정과		
	즙		
	수 단		
	기 타		
주 류	약주 · 탁주		
	증류주		
	기 타		

표 4 음식분류에 대한 정의

대분류	중분류	정 의
주식류	밥	곡물에 물을 약 1.2~1.5배 붓고 가열하여 전분이 호화상태로 되게 만든 음식으로 쌀만을 이용한 밥이 대표적임. 쌀에 잡곡 또는 견과류를 넣어 짓는 잡곡 및 견과류밥, 채소류를 넣어 짓는 채소밥, 해조류를 넣어 짓는 해조류밥, 밥을 지은 후 다양한 식품 재료를 섞는 비빔밥 등으로 구분됨
	죽	쌀, 보리, 조 등에 물을 6~7배 가량 붓고, 오래 끓여서 쌀알의 전분이 완전 호화되게 한 유동식 상태의 음식. 쌀만을 이용한 죽, 쌀에 기타 곡류와 견과류를 섞어 쑨 죽, 육류를 섞어 쑨 죽, 어패류를 섞어 쑨 죽, 채소를 섞어 쑨 죽, 약재를 섞어 쑨 죽 등으로 구분되며 기타 죽으로 유제품을 섞어 쑨 죽 등이 있음
	미음 · 범벅 · 응이	• 미음 : 곡류에 물을 많이 붓고(10배 이상) 푹 고아서 체에 밭쳐 국물만 마시는 유동식 • 범벅 : 옥수수, 호박, 감자 등을 주재료로 하고, 팥이나 콩을 함께 넣어 익혀서 먹거나 또는 곡식가루를 넣어 쑨 음식 • 응이 : 곡물을 갈아서 앙금을 만들어 말려 두었다가 이것을 이용하여 쑨 죽. 주로 오미자나 향미식품 즙액을 섞어서 충분하게 가열하여 걸쭉하게 만든 것으로 유동식의 하나임. 의이(薏苡)라고도 함
	국수 · 수제비	• 국수 : 메밀가루, 밀가루, 감자가루 등을 주재료로 하여 반죽한 후 면대를 만들어 가늘게 썰거나, 반죽을 국수틀에 넣어 가늘게 뽑은 후 국물에 말거나 또는 비벼 먹는 음식. 국수의 종류는 재료별로 녹말국수, 메밀국수, 밀국수 등이 있고, 조리법에 따라 국수장국(온면), 냉면, 비빔국수(골동면), 칼국수, 제물국수, 건진국수 등이 있음 • 수제비 : 밀가루 반죽을 국수보다 질게 하여, 맑은장국에 손으로 자연스러운 모양으로 얇고 편평하게 떠 넣어 끓인 것. 장국으로는 고기맑은장국, 멸치맑은장국 등이 쓰이며, 지역에 따라 닭을 고아 끓인 미역국에 넣어 끓이기도 함

대분류	중분류	정 의
주식류	만 두	밀가루, 메밀가루 또는 채소(배추, 동아), 얇게 저민 생선살을 껍질로 하고, 쇠고기, 닭고기, 두부, 숙주 등의 소를 넣고 빚은 음식. 조리법은 삶거나, 찌거나, 지지기도 하고, 끓는 육수나 장국 등에 넣어 끓이기도 함. 만두를 싸는 재료와 소의 재료, 빚는 모양에 따라 구분되어 불림
	떡 국	쌀가루를 쪄서 절구에 친 후 가래를 지은 것을 흰떡이라고 하며, 이것을 타원형으로 어슷하고 얇게 썰어 국물에 넣어 끓인 음식. 예전에는 떡국을 끓일 때 국물 재료로 꿩고기를 사용하였으나, 지금은 쇠고기나 닭고기를 사용하고 지역에 따라 굴, 멸치 등의 해산물을 이용하기도 함. 웃고명으로는 고기 볶은 것, 달걀지단, 파 등을 얹음. 개성 지방에서는 떡을 조랭이떡으로 빚어서 조랭이떡국을 끓임
	기 타	주식류에 포함되지만 위의 어느 중분류에도 속하지 않는 음식
부식류	국	육류, 어패류, 채소류, 해조류 등에 물을 넣어 끓임으로써 국물에 재료의 맛이 우러나도록 조리한 것. 조리방법에 따라 맑은국, 토장국, 곰국 및 탕, 냉국 등으로 나눌 수 있음 • 맑은국 : 물이나 양지머리국물(육수)에 맑은 국간장으로 간을 맞추어 여러 가지 건더기를 넣고 끓인 국 • 토장국 : 쌀뜨물에 된장이나 고추장으로 간을 맞추어 여러 가지 건더기를 넣고 끓인 국 • 곰국 : 육류의 여러 부위를 푹 고아서 소금으로 간을 맞춘 국 • 냉국 : 끓여서 차게 식힌 물에 맑은 국간장으로 간을 맞추어 끓이지 않고 날로 먹을 수 있는 건더기를 넣어 차게 해서 먹는 국
	찌개 · 전골	• 찌개 : 일명 조치. 국보다 국물을 적게 끓인 국물음식으로서 건더기와 국물을 반반 정도로 끓이는 음식. 간은 국보다 좀 센 편이고, 간을 맞추는 주재료에 따라 된장찌개, 고추장찌개, 젓국찌개 등으로 나뉨 • 전골 : 육류, 어패류, 채소류 등을 색 맞추어 담고 육수를 부어 즉석에서 끓이는 음식
	김 치	채소류와 해조류를 소금에 절이고 고추, 파, 마늘, 생강 등의 갖은 양념과 젓갈을 넣어 버무려 발효시킨 음식. 김치류는 주재료에 따라 배추, 무, 엽채류, 근채류, 과채류, 해조류 등을 이용한 김치로 분류됨
	나 물	• 생채 : 채소를 날것으로, 혹은 소금에 절여 양념에 무친 것, 무치는 양념에 따라 고춧가루, 간장, 참기름, 다진 파, 마늘, 설탕, 식초 등으로 무친 것, 초간장에 무친 것, 겨자즙에 무친 것, 호두나 실백즙에 무친 것 등으로 나뉨 • 숙채 : 채소를 데쳐서 양념에 무치거나, 식용유에 볶으면서 양념을 한 것으로 나뉨 • 기타 : 생채와 숙채에 속하지 않는 음식으로 육류와 채소 등 여러 가지 재료를 섞어서 만드는 잡채, 탕평채 등의 음식
	구 이	육류, 어패류나 더덕과 같은 식물성 식품 재료에 소금간 또는 갖은 양념을 하여 불에 구운 음식으로 너비아니, 생선구이, 더덕구이 등이 있음
	조림 · 지짐이	• 조림 : 육류, 어패류, 채소류 등의 재료에 간을 약간 세게 하여 재료에 간이 충분히 스며들도록 약한 불에서 오래 익히는 음식. 조림의 간은 주로 간장으로 하나 고등어, 꽁치같이 살이 붉고 비린내가 강한 생선은 간장에 된장, 고추장을 섞어서 조림 • 지짐이 : 지짐이는 찌개와 조림의 중간쯤에 놓일 수 있는 음식으로서 찌개보다는 국물이 적고 조림보다는 국물이 많게 조리한 음식임. 대체로 일반 어패류가 많이 쓰이며, 때로 전을 부친 것에 국물을 조금 넣고 지짐 음식으로 하는 경우도 있음
	볶음 · 초	• 볶음 : 육류, 어패류, 채소류, 해조류, 곡류 및 두류 등을 손질하여 기름에 볶은 음식의 총칭. 볶음음식은 대체로 200℃ 이상의 고온에서 재료를 볶아야 물기가 흐르지 않으며, 기름에만 볶는 것과 볶다가 간장, 설탕 등으로 조미하는 것 등이 있음 • 초 : 볶음음식의 하나로서 전복초, 홍합초와 같이 간장, 설탕, 기름으로 국물이 없게 바싹 조린 음식
	전 · 적 (산적)	• 전 : 육류, 어패류, 채소류, 해조류 등의 재료를 다지거나 얇게 저며서 소금, 후춧가루로 간을 하고 밀가루를 바른 다음 달걀을 씌워 양면을 기름에 지진 음식. 전유어, 전유화, 저냐라고도 함

대분류	중분류	정 의
부식류	전 · 적 (산적)	• 누름적(산적) : 육류, 어패류, 채소류, 해조류를 가늘고(1cm 정도), 길게(8~10cm 정도) 잘라서 꼬챙이에 색을 맞추어 꿰어 밀가루를 묻히고 달걀을 풀어 씌워 팬에서 전 부치듯이 지진 음식의 총칭임. 밀가루 갠 것만 묻혀서 부치는 경우도 있고, 간을 소금 대신 장류로 하는 경우도 있음. 일명 누르미라고도 함
	찜 · 선	• 찜 : 재료를 큼직하게 썰어 갖은 양념을 하여 물을 붓고 오랫동안 끓여서 푹 익혀 재료의 맛이 충분히 우러나고 약간의 국물이 어울리도록 한 음식임. 주로 육류와 어패류 등 동물성 식품을 주재료로 하고 채소류, 알류 등을 부재료로 함. 김을 올려서 찌거나 또는 중탕으로 익히기도 하고, 수증기와 관계없이 그냥 즙이 바특하게 남을 정도까지 삶아서 익히는 방법도 있음 • 선 : 오이, 가지, 호박, 두부와 같은 재료에 소를 넣고 살짝 쪄서 초간장에 찍어 먹는 음식
	회	• 생회 : 육류, 어패류, 해조류를 날것으로 먹는 음식으로 재료를 얇게 포 뜨거나 가늘게 썰어 초고추장, 겨자장 또는 소금, 후춧가루에 찍어 먹는 음식 • 숙회 : 어패류, 채소류, 해조류를 살짝 익혀 만든 회음식 • 초회 : 어패류, 채소류, 해조류 등을 식초와 간장(또는 소금)으로 살짝 간을 하여 만든 회음식 • 무침 : 어패류, 채소류, 해조류 등을 고추장이나 양념에 무친 회음식 • 강회 : 회의 재료를 미나리, 실파 등의 가는 채소류로 예쁘게 말아 초고추장에 찍어 먹는 음식 • 물회 : 생선을 날로 잘게 썰어서 파, 마늘, 고춧가루 등의 양념과 함께 버무린 후 물을 부어서 만든 음식
	마른반찬	육류, 어패류, 채소류, 해조류 등을 소금에 절이거나, 또는 장이나 찹쌀풀을 발라 말려 저장해 두었다가 튀기거나 조리거나 무친 밑반찬용의 음식 • 부각 : 채소류와 어패류에 걸쭉하게 쑨 찹쌀풀을 발라 말려 두었다가 기름에 튀긴 음식 • 자반 : 어패류와 해조류를 간이 세게 절여서 저장해 두었다가 이용한 음식 • 튀각 : 주로 해조류 등의 재료에 아무것도 바르지 않고 잘라 끓는 기름에 튀긴 음식 • 포 : 육류와 어패류를 양념하여 얇게 펴서 말린 음식
	순대 · 편육 · 족편	• 순대 : 돼지피와 찹쌀, 데친 숙주, 배추우거지 등을 섞어 갖은 양념을 한 후 돼지 창자 속에 꼭 차게 집어 넣고 실로 양끝을 잡아맨 후 찐 음식 • 편육 : 소의 양지머리, 사태 또는 돼지고기 등을 삶아 익혀서 차게 눌렀다가 얇게 저며 쓰는 고기음식 • 족편 : 소머리, 우족, 사태육, 양지머리 등을 푹 고아 석이채, 알고명, 실고추를 뿌려 식혀서 묵처럼 엉기게 한 음식
	묵 · 두부	• 묵 : 메밀, 녹두, 도토리, 칡 등의 전분가루에 물을 넣고 풀 쑤듯 쑤어 식혀서 엉기게 한 음식 • 두부 : 콩을 물에 담갔다가 갈아 그 액을 가열하여 비지를 짜 내고 간수(응고제)를 첨가하여 굳힌 음식
	쌈	채소류와 해조류로 밥과 반찬을 함께 싸서 먹는 음식. 쌈에는 재료를 생으로 쓰는 것(생쌈)과 데쳐서 쓰는 것(숙쌈)으로 나뉨
	장아찌	주로 채소류를 소금물, 간장, 된장, 고추장 속에 넣어 삭혀 만든 음식으로, 각종 육류, 어류도 살짝 익혀 된장, 고추장 속에 넣어 만들기도 함
	젓갈 · 식해	어패류의 염장식품으로 숙성 중 자체 효소에 의한 소화작용과 약간의 발효작용이 있고 반찬음식이나 조미용 식품으로 쓰이고 있음. 젓갈의 담금법으로는 소금에만 절인 것, 소금과 술에 절인 것, 기름이나 천초 등 향미를 섞어서 담근 것, 소금과 누룩에 담근 것, 소금과 엿기름가루와 찹쌀밥 등을 섞어 담근 것 등으로 크게 나눌 수 있음. 각종 육류를 어패류에 섞어서 담근 어육장도 있음 • 젓갈 : 어패류의 살, 내장, 알 등을 20%의 소금으로 절여 자체 내의 자가분해 효소와 미생물에 의해 발효시킨 음식

대분류	중분류	정 의
부식류	젓갈 · 식해	• 식해 : 소금에 절인 생선살에 밥(조밥, 쌀밥), 무채, 고춧가루, 기타 양념 등을 함께 섞어 발효시킨 음식
	장	콩으로 메주를 쑤어 띄워 담근 간장, 된장, 고추장이 기본장이며, 이외에 계절에 따라 별미로 담는 속성장이 있음
	식 초	신맛을 갖는 대표적인 조미료로 곡물이나 과일을 초산 발효시켜 만든 음식
	기 타	부식류에 포함되지만 위의 어느 중분류에도 속하지 않는 음식
떡류	찐 떡	일명 시루떡으로 곡물가루와 고명을 시루에 켜켜로 안쳐 쪄서 만드는 떡
	친 떡	곡물로 밥을 짓거나, 곡물가루를 시루에 찐 다음, 절구에 놓고 쳐서 만드는 떡
	지진 떡	곡물가루를 반죽하여 모양을 만들어 팬에서 기름으로 지지는 떡
	삶은 떡	경단류로 곡물가루를 반죽하여 모양을 만들어 삶아 건져 고물을 묻히는 떡
	기 타	떡류에 포함되지만 위의 어느 중분류에도 속하지 않는 음식
과정류	유밀과	밀가루에 꿀, 기름을 넣고 반죽한 것으로 모양을 만들어 기름에 튀겨 낸 다음 즙청한 음식
	유 과	찹쌀가루에 콩물 또는 술을 넣어 반죽하여 쪄 낸 것을 꽈리지게 치댄 후 얇게 밀어 말렸다가 기름에 튀겨 내어 당액과 고물을 묻힌 음식
	다 식	곡물가루, 약재가루, 견과류, 종실류, 꽃가루 등을 꿀에 반죽하여 다식판에 찍어 낸 음식
	정 과	식물의 뿌리, 줄기, 열매 등을 통째로 또는 썰어서 날것 그대로 삶아서 꿀이나 설탕에 졸인 음식
	과 편	신맛이 나는 과일의 즙을 내어 설탕을 넣고 졸이다가 녹말을 넣어 엉기도록 하여 그릇에 쏟아 식힌 다음 편으로 썬 음식
	숙실과	과일이나 식물의 뿌리를 익혀서 다지거나, 익혀서 가루 내어 꿀을 넣고 반죽하여 다시 원래의 모양으로 빚어서 잣가루를 묻힌 것을 난(卵)이라 함. 또한 과일의 모양 그대로를 꿀에 졸여 계핏가루와 잣가루를 묻힌 것을 초(炒)라 함
	엿강정	엿물이나 조청, 꿀, 설탕시럽에 콩이나 깨, 또는 견과류를 넣고 섞어서 반대기를 지어 편으로 썬 음식
	당(엿)	쌀, 찹쌀, 수수, 고구마 등 전분식품에 엿기름가루를 섞어 당화시켜 졸인 음식
	기 타	과정류에 포함되지만 위의 어느 중분류에도 속하지 않는 음식
음청류	차	각종 약재, 과일, 차잎 등의 재료들을 가루 내거나 말려서, 또는 얇게 썰어 꿀이나 설탕에 재웠다가 끓는 물에 타거나 직접 물에 넣어서 끓여 마시는 음료
	탕	꽃이나 과일 말린 것을 물에 담그거나 끓여 마시는 것과 한약재를 가루 내어 끓이거나 오랫동안 졸였다가 고를 만들어 저장해 두고 타서 마시는 음료
	장	향약, 과실 등을 꿀, 설탕, 녹말을 푼 물에 침지하여 숙성시켜서 약간 시게 하여 마시는 음료
	갈 수	농축된 과일즙에 한약재를 가루 내어 혼합하여 달이거나 한약재에 곡물, 누룩 등을 넣어 꿀과 함께 달여 마시는 음료
	숙 수	향약을 물에 넣어 달여 꿀에 타서 마시는 것으로 조선시대부터는 숭늉을 숙수라 함
	화 채	과일과 꽃을 여러 형태로 썰어서 꿀이나 설탕에 재우거나 그대로 오미자국물이나 설탕물, 꿀물에 띄워 마시는 음료
	미 수	여러 종류의 곡류를 쪄서 볶은 후 곱게 가루 내어 냉수나 꿀물 또는 설탕물에 타서 마시는 음료
	식 혜	엿기름가루를 우려 낸 물에 밥(찹쌀밥 또는 멥쌀밥)을 넣어 일정한 온도와 시간 동안 삭혀서 만든 음료
	수정과	생강과 계피 등을 달인 물에 단맛을 내도록 꿀이나 설탕을 넣고 곶감을 넣은 음료
	즙	과일, 채소, 향약을 잘게 썰어서 즙을 낸 음료

대분류	중분류	정 의
음청류	수 단	곡물을 그대로 삶거나 또는 가루 내어 흰떡 모양으로 빚어서 썬 다음 전분을 묻혀 삶아 내고 꿀물에 타거나 띄워서 마시는 음료
	기 타	음청류에 포함되지만 위의 어느 중분류에도 속하지 않는 음식
주 류	약주 · 탁주	곡물을 주재료로 하고 초근목피과실(草根木皮果實) 등의 부재료를 첨가하여 발효시켜 알코올 성분이 있게 만든 음료. 용수를 박아 맑은 술을 떠 낸 것을 약주, 맑은 술을 떠내지 않고 그대로 걸러 짠 술을 탁주라 함
	증류주	곡류와 초근목피과실(草根木皮果實) 등으로 발효시킨 술을 다시 증류하여 알코올 성분을 많이 함유하게 한 술(소주 등)
	기 타	주류에 포함되지만 위의 어느 중분류에도 속하지 않는 음식

4. 전통향토음식 자료의 표준화

【음식명 표기】

① 표준어와 방언 중복 기록 : 표준어명(방언명)

② 조리법이 유사하나 다른 음식명이 기록된 경우

예) 매생이탕 – 매생이국은 매생이국(매생이탕)으로 표기하고 통합 정리

감자밥 – 통감자밥은 감자밥으로 통합하고 감자밥에서 통감자밥 언급

③ 음식명이 같으나 조리법이 다른 경우

예) 매생이국 '방법 1', '방법 2' 등으로 표기

④ 나물, 생선 등을 이용한 음식의 표기

- 산나물밥, 나물무침 : 음식명에 산나물밥을 표기하고 참고사항에 "사용할 수 있는 산나물은 고사리, 취나물 등이 있다"로 설명함
- 나물명을 표기 가능한 것은 참나물, 고사리나물 등으로 정확히 표기
- 매운탕, 생선매운탕 : 어종을 표기하든가, 하단에 민어, 우럭 등을 사용한다고 설명

⑤ 곤지암소머리국밥, 백암순대 등 지명이 붙은 음식명 그대로 표기 : 지명이 붙은 음식은 '참고사항'에 그 음식의 유래 설명

【재료의 분량 표기】

① 가능한 한 기본 4인분, 부식류 중 김치, 장아찌, 젓갈 · 식해, 장, 떡류, 과정류, 주류 등 일반적으로 대량 조리하는 음식은 대량 조리가 가능한 분량으로 표기하였음

- CGS 단위를 사용하되 소비자가 알기 쉽도록 개, 컵 등 중복 표현

  예) 대파 20g(1뿌리), 감자 100g(1개)
- 주 · 부재료는 CGS 단위, 양념류는 컵, 큰술, 작은술 사용

② 재료 표기 순서 : 주재료, 부재료, 양념순으로 하고 필요시 양념장의 재료는 별도 표기
※ 실험조리 및 현지 조리법을 재현한 품목 이외의 일부 음식에 대한 재료의 분량은 표기가 불가능하였음

【재료, 만드는 방법 표기】

① 작성방법 : 기준서를 따라 작성하되 세부사항은 전문가 위원회에서 검토
※ 기준서 : 신승미 외, 한국 전통음식 전문가들이 재현한 우리 고유의 상차림, 교문사, 2005
② 재료 및 만드는 법 등을 표준어로 표기 : 방언(사투리)은 '참고사항' 부분에 별도 기록
③ 조리과정을 과학적으로 설명하기 위해 ( ) 안에 세부 설명을 제시 : 송송썰기(0.5cm 길이), 납작썰기(2×1×0.3cm) 등

표 5 재료, 만드는 법 용어 표기방법

	일반적 표기법	통일된 표기법
분량 및 기구	C	컵
	Ts, T	큰술
	ts, t	작은술
	번철, 후라이팬, 프라이팬	팬
	남비	냄비
	1과 ½컵, 1 1/2컵	1½컵
	되, 말, 홉, 짝	g, mL(컵)
재 료	건고추	마른 고추
	검정콩, 흑태	검은콩
	계란	달걀
	계피가루, 계피	계핏가루, 통계피
	고추 가루, 고추가루	고춧가루
	꼬지	꼬치
	녹말가루	전분
	다대기	다진 양념
	다시물, 맛국물, 고기국물	장국국물, 육수
	돈육	돼지고기
	들깻잎	깻잎
	메주가루	메줏가루
	면 보, 베보자기	면포
	무우	무
	밥물	밥짓는 물
	소고기	쇠고기
	양념용 깨	깨소금, 통깨
	양념으로 사용하는 마늘, 파, 생강	다진 마늘, 다진 파, 다진 생강
	양념이 아닌 마늘	마늘, 통마늘

	일반적 표기법	통일된 표기법
재 료	양조간장, 진간장, 왜간장, 간장	간장
	청장, 집간장, 조선간장	국간장
	적당량, 적정량	적량
	조금, 소량	약간
	집청액, 시럽	즙청액
	청고추	풋고추
	콩기름, 기름, 튀김기름	식용유
	파	대파, 쪽파, 실파
	표고, 마른 표고버섯	표고버섯, 건표고버섯
	호박	애호박, 단호박, 늙은 호박
	홍고추	붉은 고추
	황율	황률(말린 밤)
	황 · 백지단, 황백색지단	황백지단
	후추	후춧가루, 통후추
만드는 법	파, 마늘, 풋고추, 생강 다지는 과정은 문장에서 삭제	재료에 다진 파, 다진 마늘 등으로 표기
	~을 곁들여 낸다. ~을 담아 낸다.	곁들인다.
	~을 졸인다.	~을 조린다.
	서술형으로 표현된 것	1, 2, 3 등으로 간결하게 표현

표 6 썰기 표현의 표기방법

썰기방법			규격(길이×폭×두께)	이용되는 음식
깎 기	돌려 깎기		5cm 길이	호박, 오이 등
	둥글려 깎기		밤톨 크기	감자, 당근, 무 등
썰 기	채 썰기	아주 가는 채	5×0.1×0.1cm	구절판 등
		가는 채	5×0.2×0.2cm	무생채, 도라지생채 등
		굵은 채	5×0.3×0.3cm	잡채 등
	나박썰기		2.5×2.5×0.2(0.3)cm	나박김치, 무국 등
	깍둑썰기		사방 2cm	깍두기 등
	직사각형 썰기		5×1×0.3cm	겨자채, 무숙장아찌 등
	마름모 모양 썰기		폭 2cm	지단, 미나리초대 등
	원형썰기		0.2~0.3cm	오이생채 등
	반달썰기		0.4~0.5cm	된장찌개, 생선찌개의 부재료 등
	부채꼴(은행잎)썰기		재료를 십자로 4등분	조림음식 등의 고명
	어슷썰기		0.3cm	대파, 고추 등
	편 썰기		0.2~0.3cm	홍합초의 생강 등
다지기	다지기		사방 0.1cm	마늘, 파 양념 다지기 등
	굵게 다지기		사방 0.2~0.3cm	고추, 파 등

자료 : 홍진숙 외, 기초한국음식, 교문사, 2007

【출처 및 정보제공자 표기】

① 책자 : 저자, 서명, 출판사, 발행년도(발행년도의 오름차순으로 입력)
② 논문 : 저자, 논문제목, 학회지명, 권호, 연도(발행년도의 오름차순으로 입력)
③ 정보제공자 및 조리시연자 : 이름, 주소, 주소의 경우 동 또는 리까지만 표기, 이하의 주소 및 전화번호 삭제(이름의 가나다순으로 입력)

【조리방법 설정】

① 현지조사 및 조리법 재현 자료
② 농촌진흥청 농업과학기술원 농촌자원개발연구소의 조리 실험에 의한 조리방법 : 농촌 식생활 향상을 위한 식생활 평가 시스템 개발연구 보고서(농촌진흥청, 2000)
③ 『소비자가 알기 쉬운 식품영양가표』 인용(농촌진흥청 농촌생활연구소(현 농촌자원개발연구소), 2002)
④ 참고문헌에 의한 설정(출처 반드시 기록)
⑤ 식품교환표(한국영양학회, 2000), 『사진으로 보는 음식의 눈대중량』(대한영양사협회 · 삼성서울병원, 1999) 참고한 조리방법 설정
⑥ 조리방법 설정이 불가능할 경우 재료명만 쓰기

5. 고문헌을 통한 역사성 검증

본 서에 실린 상용음식의 역사성 검증은 장혜진 · 이효지 연구(1989)의 고문헌 고찰방법을 채택하였다. 고문헌 고찰을 하기 위해서는 가장 먼저 고찰할 문헌들을 결정해야 하므로 문헌 선택을 위한 몇 가지 기준을 정하였다. 첫째, 조선시대 이후에 출간된 조리서나 식품에 관련된 문헌을 대상으로 하였다. 쉴즈(Shils, 1981)에 의하면 어떤 신념이나 행위모형이 '전통'이 되기 위해서는 적어도 2번의 전승과 3세대의 간격이 필요하다고 하였다. 여기서 2번의 전승과 3세대의 간격이란 최소한 100년 동안의 전승이 있어야 한다는 의미이며, 조선시대의 고조리서에 등장한 음식이라면 이러한 100년 전승의 조건을 충분히 만족하는 것으로 판단하였다. 또한 조선시대는 농경을 중시하여 곡식과 채소의 생산이 늘어났고 그에 따라 식생활 문화가 발달하여 반가에서 음식 만드는 조리서들이 쓰여지기 시작하였다. 따라서 조선시대에 등장한 고조리서 고찰은 본 책자에 실린 음식들의 역사성을 검증하는 작업에 충분한 것으로 사료된다.

문헌을 선정하는 두 번째 기준으로 작업의 편이성을 위하여 한글 번역이 되어 있는 고조리서로 선정하였다. 만약 한글 번역이 되어 있지 않았는데, 내용상 고찰이 필요한 고조리서의 경우에는 그 고조리서를 분석한 학술논문 고찰로 대신하였다. 『도문대작』, 『주방문』, 『음식법』, 『부인필지』 등이 이에 해당한다.

세 번째로 조선 전기부터 일제시대까지 전체를 아우를 수 있게 약 50~100년 간격으로 문헌이 출간된 시점을 고려하였다. 역사성 검증을 위해 선정된 문헌은 표 7에, 학술논문은 표 8에 정리하였다. 선정된 각 문헌의 내용과 특징을 간략히 살펴보면 다음과 같다.

산가요록(山家要錄)

1449년 전순의가 지은 종합농서로서 식품 부분에 있어서는 우리나라에서 가장 오래된 최초의 식품서적으로서의 가치가 있다. 책의 내용은 양잠, 종상(種桑), 과수, 죽목(竹木), 채소, 염료작물, 가축 등의 농업 부분과 주류, 장류, 식초류, 침채류, 과일 · 채소류 저장, 어육류 저장, 동절양채, 죽류, 병과류, 국수 · 만두류, 과정류, 좌반류, 식해류, 기타 조리법 등의 식품 부분으로 나누어 만드는 법을 설명하고 있으며 이와 함께 옷 만들기 길한 날과 여러 가지 염색방법에 대해서도 기록하고 있다. 식품 부분은 중국농서를 참고하지 않아 그 시대의 전통적인 한국 고유의 식품을 기록하였다고 생각되고, 식품 부분이 180항목 내외로 그 내용이 다양하고 풍부한 특징이 있다.

식료찬요(食療纂要)

1460년 의관을 지낸 전순의가 지은 의서로서 현존하는 고서 중 최고의 식이요법서이다. 병을 치료하는 데 식품으로 치료하는 것을 우선해야 함을 강조하여 식이요법의 중요성과 실용적인 조문만 뽑아 간편하게 찾도록 구성하였다.

표 7 역사성 검증을 위해 선정된 문헌

문 헌	원저자	원저 발행년도	역 자	발행처	발행년도
산가요록(고농서 국역총서 8)	전순의	1449	농촌진흥청	농촌진흥청	2004
식료찬요(고농서 국역총서 9)	전순의	1460	농촌진흥청	농촌진흥청	2004
수운잡방 · 주찬	김수	1500년대	윤숙경 역	신광출판사	1998
도문대작[1)]	허균	1611			
지봉유설	이수광	1614	남만성 옮김	을유문화사	1980
음식디미방(경북대학교 고전총서 10)	석계부인, 안동 장씨	1670년경	경북대학교 출판부	경북대학교 출판부	2003
주방문[1)]	하생원	1600년대 말엽			
산림경제 2권(고전국역총서)	홍만선	1715	민족문화추진회	민문고	1967
증보산림경제	유중림	1765	윤숙자 역	지구문화사	2005
규합총서	빙허각 이씨	1815	정양완	보진재	1999
음식법[1)]	미상	1854(추정)			
시의전서	미상	1800년대 말엽	이효지 외	신광출판사	2004
부인필지[1)]	미상	1915			
조선무쌍신식요리제법	이용기	1924	옛음식연구회	궁중음식연구원	2001
조선요리제법	방신영	1942		한성도서 주식회사	1942

주 : 1)의 고문헌들은 한글로 번역된 문헌을 찾을 수 없어 문헌들을 분석한 학술논문을 참고로 하였다. 참고한 학술논문은 표 8에 제시하였다.

표 8 역사성 검증을 위해 선정된 학술논문

저 자	논문제목	학술지	연 도
이효지	『규곤시의방』의 조리학적 고찰	대한가정학회지, 19(2)	1981
이효지	『규합총서』, 『주식의』의 조리과학적 고찰	한양대학교 사대논문집	1981
김귀영 · 이성우	『주방문의』 조리에 관한 분석적 연구	한국식생활문화학회지, 1(4)	1986
이광자	우리나라 문서에 기록된 찬물류의 분석적 고찰	한양대학교 교육대학원 석사학위논문	1986
이효지	조선시대의 떡문화	한국조리과학회지, 4(2)	1988
장혜진 · 이효지	주식류의 문헌적 고찰	한국식생활문화학회지, 4(3)	1989
윤서석	한국의 국수문화의 역사	한국식생활문화학회지, 6(1)	1991
윤서석 · 조후종	조선시대 후기의 조리서인 『음식법』의 해설 1	한국식생활문화학회지, 8(1)	1993
	조선시대 후기의 조리서인 『음식법』의 해설 2	한국식생활문화학회지, 8(2)	1993
	조선시대 후기의 조리서인 『음식법』의 해설 3	한국식생활문화학회지, 8(3)	1993
이효지 · 차경희	부인필지의 조리과학적 고찰	한국식생활문화학회지, 11(3)	1996
김기숙 · 백승희 · 구선희 · 조영주	『음식디미방』에 수록된 채소 및 과일류의 저장법과 조리법에 관한 고찰	중앙대학교 생활과학논집 12권	1999
김기숙 · 이미정 · 강은아 · 최애진	『음식디미방』에 수록된 면병류와 한과류의 조리법에 관한 고찰	중앙대학교 생활과학논집 12권	1999
이은욱	조선 후기 식기 및 음식의 특색과 변화	이화여자대학교 석사학위논문	2002
김미희 · 유명님 · 최배영 · 안현숙,	『규합총서』에 나타난 농산물 이용 고찰	한국가정관리학회지, 21(1)	2003
차경희	『도문대작』을 통해 본 조선 중기 지역별 산출 식품과 향토음식	한국식생활문화학회지, 18(4)	2003
김희선	어업기술의 발전 측면에서 본 『음식디미방』과 『규합총서』 속의 어패류 이용 양상의 비교 연구	한국식생활문화학회지, 19(3)	2004

수운잡방(需雲雜方) · 주찬(酒饌)

김수가 지은 1500년대 조리서로서 고려 말에서 조선 전기의 음식 조리법과 안동 사림계층의 식생활을 엿볼 수 있는 특징이 있다. 그 내용은 술 빚는 법, 장류, 김치, 식초류, 채소 저장법, 과일 저장법, 조과 만들기, 타락, 엿 만들기 등이 포함되어 있으며 우리나라에 고추가 유입되기 전의 조리서이기 때문에 고춧가루를 넣지 않은 김치가 기록된 문헌이다.

도문대작(屠門大嚼)

1611년 허균이 바닷가에 귀양가서 거친 음식만 먹게 되자 견딜 수 없어 전에 먹어 보았던 음식을 떠올리며 기록하면서 자신이 도살장문(屠門)을 바라보고 그게 씹는(大嚼) 것과 같다고 하여 붙여진 이름이다. 그 내용은 식품을 분류하여 식품의 특징과 명산지를 기록하고 떡과 한과류를 중심으로 서울의 음식을 소개하였다. 이를 통하여 광해군시대의 식품재료와 각종 음식을 한눈에 볼 수 있다는 것과 다른 조리서들과 비교하였을 때 지역성을 알 수 있다는 점이 특징이다.

지봉유설(芝峰類說)

1614년 이수광에 의해 편찬되었고 3,435조목을 25부문 182항목으로 나누어 설명하고 반드시 그 출처를 밝혔으며 실학사상에 입각하여 서구 문명을 소개한 것이 특징이다. 25부는 천문 · 시령(時令) · 재이(災異) · 지리 · 제국(諸國) · 군도(君道) · 병정(兵政) · 관직 · 유도(儒道) · 경서(經書) · 문자 · 문장 · 인물 · 성행(性行) · 신형(身形) · 어언(語言) · 인사(人事) · 잡사(雜事) · 기예(技藝) · 외도(外道) · 궁실 · 복용(服用) · 식물(食物) · 훼목(卉木) · 금충(禽蟲)으로 음식에 대한 설명은 식물부(食物部)에 기록되어져 있다.

음식디미방(규곤시의방(閨壼是議方)

1670년경 안동 장씨의 친정집과 시댁의 음식법을 수록한 책이다. 이 책의 명칭은 두 가지로서 한 가지는 『음식디미방』으로 본문의 첫머리에 표기된 권두서명이고, 또 하나는 『규곤시의방(閨壼是議方)』으로 겉표지에 쓰인 서명이다. 예로부터 전해져 오는 음식과 스스로 개발한 음식에 대하여 면병류 18종, 어육류 42종, 과채류 19종, 주류 및 초류 54종을 수록하였고, '맛질방문' 에 면병류 9종, 어육류 4종을 포함하여 총 146개항에 달하는 음식조리법을 서술하였다. 이 책의 특징은 후손에게 전통적인 조리법을 전해 주려고 한 것으로서 여성이 기록한 옛 조리서라는 것과 최초의 한글 조리서라는 데 의의가 있다.

주방문(酒方文)

1600년대 말 하씨 성을 가진 생원에 의해 지어진 것으로 알려져 있다. 술과 관련된 항목 28종과 음식과 관련된 항목 50종을 포함하여 총 78종에 대한 조리와 가공법을 한글로 설명하고 있다.

산림경제(山林經濟)

1715년 홍만선이 백성들을 위하여 편찬한 책으로 일상생활에 필요한 여러 가지 문제를 체계적으로 분류한 것이 특징이다. 당시의 중국 서적과 우리나라 서적을 참고하여 농촌 가정에서 알아야 할 것을 기록하였고, 각 조목마다 인용서목을 적어 넣어 학문적 가치가 큰 책이다.

증보산림경제(增補山林經濟)

1766년 유중림에 의해 편찬된 한문 필사본으로 산림경제를 검토하여 토속성이 없는 것은 제외하거나 보충하여 그 내용을 방대하게 늘린 특징이 있다.

규합총서(閨閤叢書)

1815년경 빙허각 이씨에 의해 편찬된 것으로 산림경제, 고사신서, 해동농서를 참고하여 [주식의(酒食議)], [봉임측(縫紝則)], [산가락(山家樂)], [청낭결(靑囊訣)]로 구분하여 내용을 구성하였으며 전통적인 의식주에 대하여 설명한 가정백과의 성격을 띠고 있다. [주식의(酒食議)]는 장 만들기, 술 빚기, 밥, 떡, 과즐 등의 내용을 설명하고 있고, [봉임측(縫紝則)]은 재봉, 염색, 방직, 자수,

양잠, 그릇과 등잔관리 등에 대한 내용을 포함하며, [산가락(山家樂)]은 밭일, 꽃재배, 가축 기르기에 대한 내용을 담고 있다. [청낭결(青囊訣)]은 태교, 아이 기르기, 구급법 등에 대하여 설명하고, 끝으로 『술주략』은 집과 여러 환난에 대처하는 방법 등을 기록하고 있다. 이는 우리나라 여성이 우리의 기후와 풍토에 맞는 실용적인 지혜를 바탕으로 저술한 책으로서 의의가 있다.

음식법(찬법, 饌法)

조선 후기 갑인년(1854년으로 추측)에 어느 가정에서 혼인하는 딸에게 내려 준 조리서로 알려져 있다. 책의 내용은 음식명이 기록된 127종과 음식명 없이 내용만 기록된 14종을 포함하여 총 141종의 음식과 제과유독, 제체유독, 음식 금기에 대한 내용이 포함되어 있다. 찬합음식의 종류와 담는 방법이 자세히 기록되고, 음식 규범에 대한 언급이 수록되어 있는 것이 특징이다.

시의전서(是議全書)

1800년대 말 작자미상의 책으로 422종의 음식이 상권과 하권으로 나누어 설명되고 있다. 또한 5첩 반상, 7첩 반상, 9첩 반상, 신선로상, 입매상, 술상, 곁상의 반배도가 그려져 있고, 조리법의 분류가 잘 되어 있다. 또한 그 시대의 전통식품을 한눈에 볼 수 있다는 것과 제물부(祭物部)를 독립시켜 당시 제사를 중요하게 생각했다는 것을 알 수 있는 특징이 있다.

부인필지(夫人必知)

빙허각 이씨의 규합총서에서 가정생활에 필요한 내용을 추려 1915년에 편찬한 것으로 115종의 음식이 수록되어 있다. 그 외에도 과채수장법, 제과독, 제유수취법, 의복, 길쌈, 좀 못 먹게 하는 법, 수 놓는 법, 사물, 물류 상감 등이 기록되어 있다.

조선무쌍신식요리제법(朝鮮無雙新式料理製法)

『임원십육지』의 [정조지]를 한글로 번역하고 신식요리를 곁들여 1924년에 이용기에 의해 편찬된 책이다. 손님 접대하는 법, 상 차리는 법, 상극이 되는 음식물, 아이 밴 이가 못 먹는 것, 우유 먹는 법 등이 수록되어 있고 서양요리, 중국요리, 일본요리 만드는 법 또한 수록되어 있다. 또한 밥, 장, 고추장, 된장, 초, 술, 소주, 국, 창국, 누룩, 김치, 장아찌, 떡, 국수, 만두, 전유어, 나물, 생채, 지지미, 찌개, 찜, 적, 구이, 회, 편육, 어채, 백숙, 묵, 선, 포, 마른 식품, 자반, 볶음, 조림, 무침, 쌈, 젓갈, 죽, 미음, 응이, 암죽, 차, 기름, 청량음료, 타락, 두부, 화채, 숙실과, 유밀과, 다식, 편, 당전과, 정과, 점과, 강정, 미시, 엿 등의 종류와 만드는 법에 대하여 설명하고 잡록 11종과 부록 22종에 대한 조리법과 양념, 각색가루, 소금 만드는 법에 대해서도 기록되어 있다.

조선요리제법(朝鮮料理製法)

방신영에 의해 편찬된 책으로 한국요리의 모체로 인정받고 있으며 1913년, 1917년, 1942년, 1954년에 판을 거듭하여 개정하였다. 1942년도 증보 개정판의 내용은 기명, 식물, 수육, 어육에 대한 해석과 음식 저장법, 남은 음식 · 상한 음식 · 해독 등에 대한 주의할 사항을 기록하였다. 또한 양념류, 분말제조법, 기름, 소금, 당류, 초, 장, 젓, 김치(김장김치), 김치(보통 때 김치), 찬국, 장아찌, 조림, 찌개, 지짐이, 찜, 볶음, 무침, 나물, 생채, 전유어, 구이, 자반, 적, 편육, 포, 마른 식품, 회, 어채, 쌈, 묵, 잡록, 떡국, 만두, 국수, 편, 정과, 강정, 엿강정, 숙실과, 다식, 유밀과, 화채, 차 다리는 법, 죽류, 국, 숩, 밥, 떡 등의 종류와 조리법에 대하여 설명하였다. 그 외에도 각 절기의 잔치, 상 차리는 법, 어린아이 젖먹이는 법이 기록되어 있다.

위의 문헌들에 대한 구체적인 고찰방법은 첫 단계로, 고문헌에서 나타난 음식명과 본 책자에 실린 상용음식의 음식명이 일치하는 음식을 찾았다. 음식명이 일치하는 경우 그 음식에 대한 현재의 조리법 및 식품재료와 고문헌에서 나타난 조리법과 식품재료가 일치하는지를 확인하였다. 두 번째로 고문헌에서 나타난 음식명과 일치하는 음식명이 없는 경우 조리법과 식품재료에 대한 비교 작업을 수행하였다. 음식명이 일치하지 않더라도 조리법과 식품재료의 비교에서 고문헌에 의한 방법과 현대의 방법이 유사하다면 그 음식의 역사성은 검증되는 것으로 판단하였다. 모든 음식의 검증자료는 엑셀 데이터베이스(DB)화하였고, 그 방법은 그림 1과 같다.

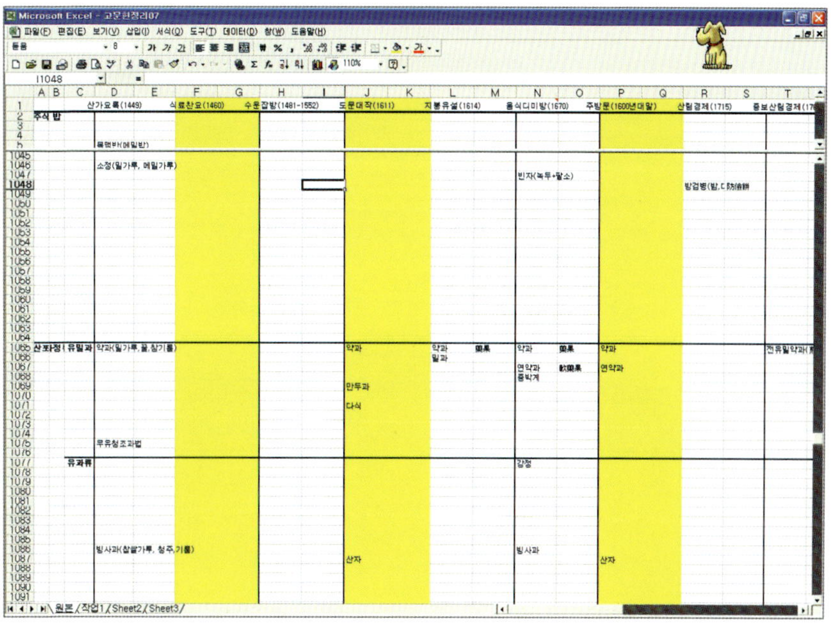

고서	산가요록	식료찬요	수운잡방, 주찬	도문대작	지봉유설	음식디미방	주방문	산림경제	증보산림경제	규합총서	음식법	시의전서	부인필지	조선요리제법	조선무쌍신식요리제법
약과	1	1	1	1	1			1		1	1	1			1

그림 1 엑셀 프로그램에 의한 음식명 일치 검색 예시

常用飮食

제2부

상용음식

제1장

상용음식의 정의 및 영양가 분석방법

1. 상용음식의 정의
2. 상용음식의 조리방법 설정
3. 상용음식의 영양가 분석방법

제1장

상용음식의 정의 및 영양가 분석방법

1. 상용음식의 정의

전통향토음식 중에서 어느 특정 지역에 한정되지 않고 우리나라 전역에서 이용되는 음식을 선별하여 정리하고자 하였다. 이와 관련된 용어 정의를 위하여 문헌 고찰을 한 결과 일상음식과 상용음식이라는 용어로 축약되었다. 사전상에서 일상(日常)은 '매일 반복되는 생활'로, 상용(常用)은 '일상적으로 쓰는 것'으로 정의되어 있다. 배영동(1999)은 일상음식과 제사음식의 비교에서 일상음식은 '사람이 먹고 신체적 활동을 유지하기 위한 실용적 차원의 음식으로 오랜 세월에 걸쳐 자연환경에 적응하면서 마련되고 정착된 것'이라고 정의하였다. 반면 이혜상 · 이경신(1999)은 상용음식의 염도와 관련된 논문에서 '우리나라 국민이 많이 소비하는 음식'을 상용음식의 범위에 포함시켰다. 이와 같은 사항을 고려하여 본 서에서는 일상음식보다 상용음식이라는 용어를 사용하는 것이 바람직할 것으로 전문가위원회에서 협의하였다. 이에 상용음식을 "우리나라 사람들이 일상적으로 즐겨 먹는 음식으로, 어느 특정 지역에 한정되지 않고 전국적으로 이용하는 음식"으로 정의하기로 한다.

상용음식의 선정을 위하여 상용음식과 일상음식, 단체급식 관련 참고문헌 등을 참조하였다. 선정 기준은 전국 규모의 식품섭취 연구조사 결과 섭취 빈도가 높았던 음식으로 1998년 국민건강영양조사 결과에서 나온 다빈도음식, 일상음식 또는 상용음식 관련 학술논문(이재은 · 김혜경, 1996 ; 구난숙 · 박종임, 1998 ; 김경애 외, 1999 ; 박신인 · 배소연, 2001 ; 배소연 · 박신이, 2002 ; 김경애 외, 2003 ; 장혜순 · 안연일, 2004 ; 김혜영 B · 강남이, 2005 ; 이선미 외, 2005 ; 정보화 · 변광인, 2006)에서 언급된 음식, 단체급식용 책자나 관련 학술논문에서 자주 제공되는 전통음식으로 하였다. 이와 같은 기준에 의하여 선정된 상용음식의 종수는 최종 326종이였다.

2. 상용음식의 조리방법 설정

상용음식의 조리방법 설정은 현지조사 및 조리법 재현 자료를 기본으로 활용하였고, 다음으로 농촌생활연구소(현 농촌자원개발연구소)에서 1998~2000년에 실험조리를 통해 설정한 표준조리방법(농촌 식생활 향상을 위한 식생활 평가 시스템 개발연구 보고서, 농촌진흥청, 2000)을 참조하였다. 또한 상용음식의 1인 1회 분량 설정을 위해서 『소비자가 알기 쉬운 식품영양가표』(농촌생활연구소(현 농촌자원개발연구소), 2002), 『중 · 고등학생을 위한 학교급식 표준식단』(서울특별시 교육청, 2002) 등의 문헌을 참조하였다. 조리방법 설정에 활용한 문헌의 내용을 간략히 살펴보면 다음과 같다.

▶ **농촌 식생활 향상을 위한 식생활 평가 시스템 개발연구 보고서**
(농촌진흥청 농촌생활연구소(현 농촌자원개발연구소), 2000)

1997년 전국에서 생활환경이 다른 5개의 농어촌 지역을 선정하여 각 마을에 거주하는 초등학생 이상 주민 553명에 대해 식이섭취조사를 실시하였다. 1997년 1월과 2월 사이 조사가 수행되었고, 조사방법으로는 24시간 회상법을 사용하여 조사 전날에 대한 식이섭취 실태를 조사하였다. 조사 대상으로 선정된 5개의 지역을 살펴보면 평야지대로 경기도 여주와 산간지대로 강원도 횡성, 중산간지대로 충북 충주, 해안지대로 경북 울주이었다. 조사 결과 대상자들이 섭취한 것으로 조사된 424가지 음식의 섭취빈도를 분석하여 섭취빈도가 높은 음식 148종에 대해 대표 조리방법과 표준조리방법을 설정하였다. 이 외 조사결과에서 출현하지 않은 음식을 추가하여 총 555종의 음식에 대해 표준조리방법을 설정하였다.

표준조리방법 설정은 다음과 같은 절차로 수행되었다. 평균조리방법을 구한 후 이로부터 대표조리방법과 표준조리방법을 정하였다. 평균조리방법은 식이섭취조사 대상자들이 각 음식에 사용한 재료의 분량을 더하여 사용빈도로 나누어 구하였고, 대표 조리방법은 평균조리방법에서 사용빈도가 너무 적은 재료는 제외시키고 비슷한 재료끼리는 더 자주 사용하는 재료로 묶은 후 조리전문가의 자문을 받아 재료의 분량을 1인 분량으로 조절하였다. 이와 같이 조절된 대표 조리방법을 참조하여 조리실험을 하고, 조리된 음식에 관하여 관능평가를 실시한 후 표준조리방법을 결정하였다.

▶ 소비자가 알기 쉬운 식품영양가표

(농촌진흥청 농업과학기술원 농촌생활연구소(현 농촌자원개발연구소), 2002)

1998년 국민건강 · 영양조사에서 식이조사를 실시한 대상자 중 20~64세 연령의 대상자 6,396명의 원자료의 분석을 통하여 작성되었다. 1998년 국민건강 · 영양조사는 1998년 11월에서 1999년 1월 사이에 이루어졌으며 식이섭취조사는 24시간 회상법을 이용하였다.

1998년 국민건강 · 영양조사의 식이섭취조사 분석 결과 대상자들이 섭취한 식품 또는 음식의 다빈도 순위 상위 500위 내에 포함된 식품과 음식 중에서 일상적으로 소비되는 것으로 상용식품 및 음식을 선정하였으며, 음식의 경우 500순위에 포함되지 않더라도 단체급식이나 외식 등에서 섭취되는 음식 중 빈도가 높은 것은 추가하였다. 채소와 과일 등 계절식품의 경우 1999년 계절별(봄, 여름, 가을) 영양조사의 식품섭취량 원자료도 같이 분석하여 이용하였다. 1인 1회 섭취분량은 미국의 portion size 분석자료 및 영양표시를 위한 참고치를 산정하는 방법(DHHS/FDA, 1993)을 기준으로 실시하였다. 상용음식의 평균조리방법 설정은 상용음식으로 선정된 음식의 평균값에 해당하는 각 식품재료의 평균값, 표준편차, 중앙값 및 최빈값을 산출한 후 이로부터 각 식품재료의 평균값을 음식의 1인 1회 섭취분량인 중앙값에 해당하는 양으로 환산하여 섭취음식의 평균조리방법을 구하였다. 평균조리방법과 기존의 조리방법을 검토하여 일부 문제가 있다고 판단되는 경우에는 실험조리를 통하여 식품재료의 양과 음식의 부피를 수정하였다. 조리방법의 재료 식품에서 비슷한 식품이 중복되어 있는 경우에는 빈도가 높은 것으로 환산하여 사용하였고 최종적으로 전문가의 감수를 받아 평균조리방법을 설정하였다.

▶ 중 · 고등학생을 위한 학교급식 표준식단

(서울특별시 교육청, 2002)

수록된 식단은 중 · 고등학교에서 실시한 식단 중 기호도가 높으며 잔반량이 적은 우수 식단으로 선택하였고, 이 중 ACCP(Hazard Analysis Critical Control Point, 식품위해요소중점관리기준)에 의해 잠재적으로 위험한 식품은 가급적 제한하여 구성하였다. 조리방법 작성 시 식품선택은 일반적으로 구매가 용이한 보편적인 것으로 선택하였고, 기본 양념류 1인 분량은 조리방법별로 표준량을 정하여 작성하였다. 이 표준식단은 중 · 고등학교, 남녀공학별로 각각 40일분, 총 240일분으로 구성되어 있다. 본 서의 조리방법 참고는 남녀공학고등학교, 남자고등학교, 여자고등학교, 남녀공학 중학교, 남자중학교, 여자중학교의 순으로 하였다.

3. 상용음식의 영양가 분석방법

상용음식의 1인 분량의 영양가 분석은 한국영양학회의 영양평가 프로그램인 CAN Pro 3.0을 이용하였다.

1인 분량의 영양가는 본 서에 수록된 재료 분량(4인 분량)을 1/4로 나누어 1인분으로 환산한 후 분석하였다. 다만, 대량 조리 분량이 제시된 부식류 중 김치, 장아찌, 젓갈 · 식해, 떡류, 음청류의 일부에 대해서는 문헌을 참조하여 계산하였다.

참고문헌은 농촌진흥청 농촌자원개발연구소의 연구결과물로서, 『소비자가 알기 쉬운 식품영양가표』(농촌진흥청 농촌생활연구소(현 농촌자원개발연구소), 2002), 「메뉴젠」 웹서비스 시스템(농촌자원개발연구소, www.rrdi.go.kr/MenuGen/, 2006)에서 1인 1회 분량에 대한 식품재료를 참조하고 [식품성분표 I, II](농촌진흥청 농촌자원개발연구소, 2007)에 수록된 영양성분을 대입하여 계산하였다. 각 음식의 영양소 중 책자에 수록된 영양성분의 종류와 단위는 표 1과 같다.

음식의 영양소 분석 시 CAN Pro 3.0 내에 영양가 분석 자료가 없는 '사골' 의 경우에는 영양가를 수록하지 못하였다. 장류의 일부와 과정류에 대해서도 1인 분량 설정에 어려움이 있기 때문에 1인 분량 영양가를 수록하지 못하였다. 또한 데칠 때에 사용된 소금의 경우 영양가 분석에 포함시키지 않았고, 조리방법에서 재료량이 약간 또는 적량으로 표기된 것은 분석에서 제외시켰다. 재료량이 0.5g 미만인 식품 역시 분석에서 제외시켰다.

표 1 수록된 영양성분의 종류와 단위

종 류	열 량	단백질	지 질	당 질	식이섬유	무기질					비타민							
						칼 슘	나트륨	칼 륨	철 분	아 연	A	B_1	B_2	니아신	B_6	엽 산	C	E
단 위	kcal	g	g	g	g	g	mg	mg	mg	mg	μg RE	mg	mg	μg	mg	mg	mg	mg

제2장

상용음식의 종류와 만드는 방법

상용음식 편집 내용

상용음식은 음식에 대한 분류, 음식명, 재료 및 분량, 만드는 법, 1인 분량의 영양가, 참고사항, 출처 및 정보제공자, 조리시연자, 고문헌에 의한 기록, 사진 자료 등으로 구성되어 있다. 조리방법에 대한 자료의 표준화는 기준서(신승미 외, 한국 전통음식 전문가들이 재현한 우리 고유의 상차림, 교문사, 2005)에 따르되 보다 구체적인 사항은 전문가위원회협의회를 통해 기준을 정한 후 그 기준에 따라 정리하였다.

- **분류** 각 음식 조리방법 상단에 분류를 명기하였다. 그 결과 대분류를 주식류, 부식류, 떡류, 과정류, 음청류, 주류 등 6항목, 중분류를 밥, 죽, 미음 · 범벅 · 응이 등 55항목, 세분류를 43항목, 세세분류를 119항목으로 나누었다. 본 서의 수록방법은 주식류, 부식류, 과정류는 중분류를 기준으로 작성하였고, 떡류, 음청류, 주류는 대분류를 기준으로 작성하였다. 다만, 부식류 중 나물류에 한하여 세분류까지 나누어 표기하였다.
- **음식명** 표준어로 음식명을 기록하였다.
- **재료 및 분량** 본 서에서 식품재료는 가능한 한 4인 분량을 기준으로 작성되었으며, 보통 대량 조리로 만들어지는 음식인 일부 부식류(김치, 장아찌, 젓갈 · 식해), 떡류, 과정류, 음청류 일부 등에 대해서는 대량 조리가 가능한 분량으로 제시하였다. 식품재료의 분량에 대한 표기법은 국제적인 CGS 단위를 기본으로 한 뒤 일반적으로 많이 사용하는 컵, 큰술, 작은술 등의 단위를 병행 표기하였다. 양념이 따로 필요한 음식의 경우 양념에 사용되는 식품재료는 '양념' 으로 묶어 따로 표기하였다.
- **만드는 법** 표준어, 과학적 표현, 통일된 용어로 만드는 방법을 자세히 설명하였다.
- **1인 분량의 영양가** 영양가는 1인 분량으로 환산하여 표기하였다.
- **참고사항** 음식이나 재료에 대한 설명, 전승 내력이나 특징, 조리상의 주의점, 이용하는 방법 등을 수록하였다.
- **출처 및 정보제공자, 조리시연자** 출처는 음식이 기록되어 있는 문헌이나 인터넷 사이트를 연도순으로 제시하였고, 정보제공자는 음식에 대한 정보를 제공해 준 사람의 이름을 가나다순으로 제시하고 주소를 리(동)까지 나타내었다. 조리시연자는 책에 수록된 음식을 시연한 사람에 대하여 이름과 주소를 제시하였다.
- **고문헌에 의한 기록** 책에 수록된 음식의 역사성 검증 결과 고문헌에 기록이 있는 음식인 경우 수록된 고문헌과 고문헌에 표기된 음식명을 ( ) 안에 제시하였다.
- **사진 자료** 상용음식 중 일부 음식에 대해서 재료와 조리과정, 완성음식에 대해 사진 자료를 수록하였다. 사진에 부여된 번호는 만드는 법의 번호와 일치한다.

식품량 측정 계량단위

종 류	계량단위별 중량			종 류	계량단위별 중량		
	식품명	계량단위	무게(g)		식품명	계량단위	무게(g)
곡 류	기장쌀	1컵	160	견과류	밤(깐 것)	1컵	160
	밀	1컵	160		밤	1개	16
	밀가루	1컵	110		오미자	1컵	40
		1큰술	8		은 행	6알	12
	밥	1공기	210		은행(껍질 깐 것)	1컵	160
	보리쌀	1컵	145		잣	1컵	140
	수 수	1컵	145		잣가루	1컵	90
	쌀	1컵	180		참 깨	1컵	120
	쌀가루	1컵	150		행인(껍질 깐 것)	1컵	120
	압 맥	1컵	110		호 두	2알	20
	엿기름가루	1컵	115		호두(껍질 깐 것)	1컵	80
	옥수수	1컵	145	채소류	가 지	1개	120
	조	1컵	145		고비(데친 것)	1컵	300
	차수숫가루	1컵	90		고사리(데친 것)	1컵	200
	차 조	1컵	160		깻 잎	1단(10장)	16
	찹 쌀	1컵	167		당 근	1개	146
	찹쌀가루	1컵	100		대 파	1뿌리	35
	현 미	1컵	160		더덕(대)	1뿌리	39
감자류	감 자	1개	150		더덕(소)	1뿌리	23
	강낭콩	1컵	204		도라지	5뿌리	100
	고구마	1개	245		두 릅	10개	120
	전 분	1컵	158		마 늘	5쪽	21
		1큰술	7			1컵	110
	토 란	1개	45			1통	30
두 류	거피팥고물	1컵	114		무	1개	850
	거피팥고물(볶은 것)	1컵	108		배 추	1포기	1,265
	녹 두	1컵	200		붉은 고추	1개	16
	대 두	1컵	160		상 추	5장	30
	두 부	1모	508		생 강	1쪽	4
	메줏가루	1컵	80			1컵	115
	순두부	1개	400		애호박	1개	382
	콩가루(볶은 것)	1컵	85		양배추	1통	1,244
	콩가루(생 것)	1컵	122			2장	72
	팥	1컵	211		양 파	1개	158
견과류	들 깨	1컵	110		연 근	1개	192
	땅 콩	1컵	159		오 이	1개	143

종 류	계량단위별 중량		
	식품명	계량단위	무게(g)
채소류	우 엉	1뿌리	400
	죽순(삶은 것)	1개	200
	토마토	1개	153
	풋고추	4개	56
버섯류	느타리버섯	5개	100
	석이버섯(건)	4개	4
	양송이	5개	84
	표고버섯(건)	3개	9
	표고버섯(생)	5개	65
과실류	감	1개	140
	곶 감	1개	32
	귤	1개	70
	대 추	1컵	70
	대추(건)	5개	12
	딸 기	10개	100
	모 과	1개	500
	배	1개	370
	복숭아	1개	302
	사 과	1개	244
	살 구	2개	85
	수 박	½통	2,300
	앵 두	1컵	150
	유 자	1개	110
	참 외	1개	500
	포 도	1송이	292
육 류	꿩	1마리	1,000
	다진 육류	1컵	200
	닭	1마리	1,270
	닭다리(생)	1토막	90
	영 계	1마리	300
난 류	달 걀	1개	50
	메추리알	5알	52
어패류	가자미	1마리	337
	갈 치	1마리	323
		1토막	80
	갈치포	1마리	90
		3토막	55
	갑오징어	1마리	260
	건해삼	1마리	111

종 류	계량단위별 중량		
	식품명	계량단위	무게(g)
어패류	게(대)	1마리	434
	게(중)	1마리	251
	고등어	1마리	393
		1토막	150
	굴	1컵	200
	굴 비	1마리	89
	꼴뚜기	5마리	70
	꽁 치	1마리	74
	낙 지	1마리	254
	넙 치	1마리	1,100
	노가리(대)	1마리	12
	노가리(소)	1마리	4
	농 어	1마리	2,000
	대 하	1마리	100
	대합살	1마리	51
	도 미	1마리	1,000
	동 태	1마리	540
	동태포	6토막	90
	멸치(건)	7마리	14
		1컵	50
	명 태	1마리	1,053
		1토막	120
	미더덕	5마리	54
	민 어	1마리	2,300
	바지락살	5개	15
	방 게	4마리	28
	뱅어포	1장	20
	병 어	1마리	480
		1토막	96
	북 어	1마리	137
		1토막	25
	삼 치	1마리	334
		1토막	80
	새우(생)	5마리	56
	새우(건)	30마리	23
	새우살	1컵	120
	소라(삶은 것)	2개	75
	오징어(건)	1마리	61
	오징어(생)	1마리	352

종 류	계량단위별 중량		
	식품명	계량단위	무게(g)
어패류	옥 돔	1마리	591
	우렁쉥이(멍게)	1마리	184
	우렁이(삶은 것)	2개	91
	임연수어	1마리	413
		1토막	120
	전갱이	1마리	300
	전 복	1마리	83
	정어리	1마리	107
	조갯살	1컵	200
	조 기	1마리	167
	준 치	1마리	700
	쥐치포	1마리	26
	한 치	1마리	203
	해 삼	1마리	194
	홍 합	3개	65
	홍합살	1컵	200
해조류	김	1장	2
	다시마(20cm)	1장	20
	불린 미역	1컵	150
조미료류	간 장	1큰술	17
		1작은술	5.8
		1컵	230
	겨자가루	1큰술	6
		1작은술	2
	고춧가루	1컵	80
		1큰술	5
		1작은술	2
	고추장	1컵	260
		1큰술	18
		1작은술	6
	깨소금	1컵	120
		1큰술	6
		1작은술	3
	꿀	1컵	292
		1큰술	9
		1작은술	3
	다진 파	1컵	120

종 류	계량단위별 중량		
	식품명	계량단위	무게(g)
조미료류	다진 파	1큰술	9
		1작은술	3
	된 장	1컵	280
		1큰술	18
		1작은술	6
	물 엿	1컵	292
		1큰술	20
		1작은술	6
	생강즙	1컵	210
		1큰술	10
		1작은술	3.3
	설 탕	1컵	150
		1큰술	12
		1작은술	3.5
	소 금	1컵	130
		1큰술	18
		1작은술	3.5
	실고추	1컵	30
		1큰술	1.9
		1작은술	0.6
	식용유	1컵	140
		1큰술	12
		1작은술	4
	식 초	1컵	200
		1큰술	14
		1작은술	5
	조 청	1컵	292
		1큰술	21
		1작은술	7
	참기름	1컵	190
		1큰술	12
		1작은술	3.5
	통 깨	1컵	90
		1큰술	8
		1작은술	3
	후춧가루	1큰술	8
		1작은술	3

상용음식

대분류	중분류		지역/상용음식
주식류 (36)	밥(13)		쌀밥, 완두콩밥, 콩나물밥, 비빔밥 1, 2, 보리밥, 오곡밥, 차조밥, 콩밥, 팥밥, 국밥, 무밥, 밤밥
	죽(10)		팥죽, 호박죽, 닭죽, 깨죽, 녹두죽, 잣죽, 장국죽, 전복죽, 콩죽, 흰죽
	미음 · 범벅 · 응이		
	국수 · 수제비 (8)		국수장국, 칼국수, 콩국수, 물냉면 1, 2, 비빔냉면, 비빔국수, 수제비
	만 두(3)		떡만둣국, 만두, 어만두
	떡 국(2)		떡국, 생떡국
	기 타		
부식류 (257)	국 (33)		곰국(곰탕), 미역오이냉국, 북엇국, 쇠고기미역국(미역국), 시래기된장국(시래기국), 콩나물국, 해물탕, 감자국, 김칫국(김치콩나물국), 달걀국, 닭국(닭고기국), 대구국(탕), 무국(쇠고기무국, 무맑은장국), 무된장국(된장국), 배춧국, 시금치된장국, 애호박국, 오징어국, 추어탕, 육개장 1, 2, 건새우아욱국, 냉이된장국(냉잇국), 동태국, 배추속대국, 사골우거지국, 선지국(선지해장국), 토란국, 갈비탕, 대합탕, 뼈다귀감자탕(감자탕), 삼계탕(계삼탕, 영계백숙), 설렁탕
	찌개 · 전골 (19)		김치찌개, 동태찌개, 순두부찌개, 고등어찌개, 돼지고기찌개, 된장찌개, 청국장찌개, 콩비지찌개(비지찌개), 메기매운탕, 꽃게찌개, 맛살찌개, 애호박젓국찌개, 오징어찌개, 곱창전골, 낙지전골, 두부전골, 버섯전골, 쇠고기전골, 조기매운탕
	김 치 (15)		갓김치, 깍두기, 배추김치, 백김치, 오이소박이, 배추겉절이, 깻잎김치, 나박김치, 동치미, 보쌈김치, 부추김치, 섞박지, 열무김치, 총각김치, 파김치
	나 물 (41)	생 채 (14)	도라지오이무침, 무생채, 부추무침, 상추겉절이, 오이생채, 절임고추무침, 노각생채, 달래생채, 더덕무침, 도라지생채, 돌나물무침(돌나물), 마늘종무침, 씀바귀무침, 오이지무침
		숙 채 (19)	고구마줄기나물(볶음), 고사리나물(볶음), 시금치나물, 콩나물무침, 가지나물, 고비나물(볶음), 고춧잎나물, 깻잎나물(볶음), 도라지나물(볶음),무숙채, 숙주나물, 취나물(볶음), 호박나물(볶음), 두릅나물, 버섯나물, 시래기나물, 쑥갓나물, 오이나물, 호박오가리나물
		기 타 (8)	탕평채(청포묵무침), 잡채 1, 2, 도토리묵무침, 겨자채, 구절판, 메밀묵무침, 죽순채
	구 이 (23)		갈치구이, 굴비구이, 쇠고기불고기(너비아니) 1, 2, 도라지구이, 두부양념구이, 고등어구이, 꽁치구이, 민어소금구이, 삼치구이, 장어구이, 전어구이, 조기구이, 뱅어포구이, 김구이, 더덕구이, 돼지갈비구이, 돼지고기구이, 등심소금구이, 삼겹살구이, 쇠갈비구이, 염통구이, 오징어구이
	조림 · 지짐이 (20)		고등어조림, 쇠고기장조림, 우엉조림, 콩조림, 꽁치조림, 달걀장조림, 메추리알장조림, 돼지고기장조림, 두부조림, 동태조림, 연근조림, 가자미조림, 갈치조림(갈치무조림), 삼치조림(삼치무조림), 조기조림, 감자조림, 닭조림(궁중닭조림), 땅콩조림, 북어조림, 풋고추쇠고기조림
	볶음 · 초 (16)		닭볶음, 꽈리고추멸치볶음, 감자볶음, 김치볶음, 낙지볶음, 미역줄기볶음, 오징어볶음, 멸치볶음, 쥐치포볶음, 풋고추볶음, 돼지고기볶음, 떡볶이, 마늘종볶음, 마른새우볶음, 버섯볶음, 홍합초

대분류	중분류	지역/상용음식
부식류 (257)	전 · 적 (18)	굴전, 돼지고기완자전, 빈대떡, 파전, 김치전, 동태전, 애호박전, 감자전, 깻잎전, 두릅적, 버섯전, 부추전, 쇠간전, 김치적, 쇠고기산적(섭산적), 어산적, 풋고추전, 화양적
	찜 · 선 (20)	달걀찜, 돼지갈비찜, 꼬막찜, 풋고추찜, 돼지고기찜, 깻잎찜, 북어찜, 조기찜, 대하찜, 대합찜, 도미찜, 자반고등어찜, 닭찜, 사태찜, 쇠갈비찜 1, 2, 쇠고기떡찜, 애호박선, 어선, 오이선
	회 (9)	파강회, 오징어무침(물오징어무침), 오징어숙회, 굴회, 생굴무침, 멍게회, 생선회, 두릅회, 육회
	마른반찬 (9)	고추부각, 다시마튀각, 미역자반, 무말랭이무침, 오징어채무침, 건파래무침, 김부각, 마른김무침, 북어보푸라기
	순대 · 편육 · 족편 (5)	순대, 돼지머리편육, 사태편육, 양지머리편육, 족편
	묵 · 두부	
	쌈(2)	미역쌈, 상추쌈
	장아찌 (7)	오이장아찌, 가지장아찌, 고추장아찌, 깻잎장아찌, 마늘장아찌, 마늘종장아찌, 무장아찌
	젓갈 · 식해 (12)	명란젓(무침), 조개젓(무침), 게장(꽃게장), 꼴뚜기젓, 멸치젓, 새우젓, 어리굴젓, 오징어젓, 조기젓, 창란젓
	장(8)	간장, 된장, 고추장, 양념고추장, 초간장, 초고추장, 쌈장, 청국장
	식 초	
	기 타	
떡 류 (13)	떡	시루떡, 인절미, 화전, 경단, 바람떡(개피떡), 백설기(흰무리), 쑥설기(쑥버무리), 백편, 송편, 절편, 증편, 부꾸미, 약식
과정류 (10)	유밀과(2)	약과, 매작과
	유 과(1)	강정
	다 식(1)	다식(송화, 흑임자, 콩)
	정 과(1)	도라지정과
	과 편	
	숙실과(3)	대추초, 밤초, 율란
	엿강정(1)	콩엿강정
	당(엿)(1)	엿
	기 타	
음청류(10)	음 청	유자차, 식혜, 녹차, 대추차, 미숫가루, 배숙, 보리수단, 수정과, 수박화채, 오미자화채
주 류	술	

1인 분량의 영양가

영양소	열량 (kcal)	단백질 (g)	지질 (g)	당질 (g)	식이섬유 (g)	칼슘 (mg)	나트륨 (mg)	칼륨 (mg)	철분 (mg)
함 량	313.2	5.9	0.4	69.1	0.9	12.6	1.8	91.8	1.2

영양소	아연 (mg)	비타민 A (μg RE)	비타민 B_1 (mg)	비타민 B_2 (mg)	니아신 (mg)	비타민 B_6 (mg)	엽산 (μg)	비타민 C (mg)	비타민 E (mg)
함 량	1.4	0.0	0.1	0.0	1.3	0.1	3.2	0.0	0.4

밥

쌀밥

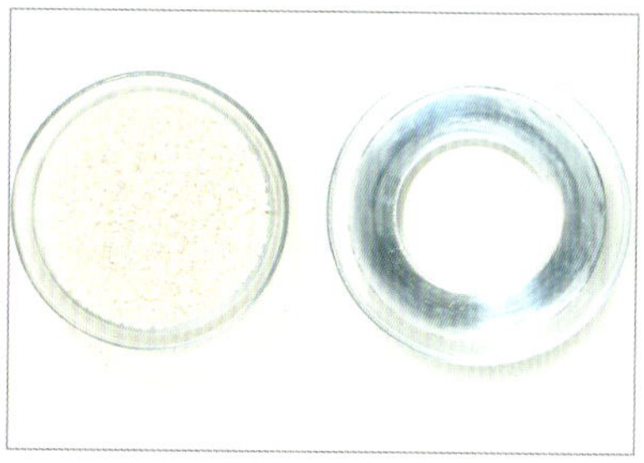

재료

쌀(백미) 360g(2컵) • 물 470mL(2⅓컵)

만드는 법

1. 쌀은 3회가량 깨끗이 씻어 일어 30분가량 불린 후 체에 밭쳐 물기를 뺀다.
2. 냄비에 불린 쌀과 물을 붓고 센 불에서 7~10분가량 끓인다.
3. 밥이 끓으면 불을 줄여서 중간 불로 8~10분 정도 끓여 물이 잦아들게 한다.
4. 밥의 물이 잦아들었으면 불을 약하게 줄여 10~15분간 쌀이 증기 속에서 속속들이 푹 익도록 뜸을 들인다.
5. 밥을 고루 섞어 담는다.

1

2

5

출처
강인희, 한국의 맛, 대한교과서주식회사, 1993

조리시연자
김동희, 서울특별시 동작구 신대방1동

고문헌
조선요리제법(흰밥), 조선무쌍신식요리제법(백반 : 白飯)

1인 분량의 영양가

영양소	열량 (kcal)	단백질 (g)	지질 (g)	당질 (g)	식이섬유 (g)	칼슘 (mg)	나트륨 (mg)	칼륨 (mg)	철분 (mg)
함 량	290.4	6.1	0.4	63.3	1.4	16.3	1.8	112.9	1.2

영양소	아연 (mg)	비타민 A (μg RE)	비타민 B_1 (mg)	비타민 B_2 (mg)	니아신 (mg)	비타민 B_6 (mg)	엽산 (μg)	비타민 C (mg)	비타민 E (mg)
함 량	1.6	5.1	0.1	0.1	5.6	0.1	9.4	0.0	0.4

밥

완두콩밥

재 료

쌀 320g(1¾컵) • 완두콩 40g(¼컵) • 물 400mL(2컵)

만드는 법

1. 쌀은 3회가량 깨끗이 씻어 일어 30분가량 불린 후 체에 밭쳐 물기를 뺀다.
2. 완두콩은 깨끗이 씻어 둔다.
3. 냄비에 불린 쌀과 완두콩을 섞어 물을 붓고 센 불에서 7~10분가량 끓인다.
4. 밥이 끓으면 물을 줄여서 중간 불로 8~10분 정도 끓여 물이 잦아들게 한다.
5. 밥의 물이 잦아들었으면 불을 약하게 줄여 10~15분간 쌀이 증기 속에서 폭 익도록 뜸을 들인다.
6. 밥을 고루 섞어 담는다.

1

3

3

6

출 처

강인희, 한국의 맛, 대한교과서주식회사, 1993
농촌진흥청, 농촌 식생활 향상을 위한 식생활 평가 시스템 개발연구 보고서, 2000
홍진숙 외, 고급 한국음식 코스 및 응용 상차림, 교문사, 2003

조리시연자

김동희, 서울특별시 동작구 신대방1농

1인 분량의 영양가

영양소	열량 (kcal)	단백질 (g)	지질 (g)	당질 (g)	식이섬유 (g)	칼슘 (mg)	나트륨 (mg)	칼륨 (mg)	철분 (mg)
함 량	393.7	13.4	5.4	71.5	2.8	48.0	598.9	328.8	2.3
영양소	아연 (mg)	비타민 A (μg RE)	비타민 B_1 (mg)	비타민 B_2 (mg)	나이신 (mg)	비타민 B_6 (mg)	엽산 (μg)	비타민 C (mg)	비타민 E (mg)
함 량	2.3	29.2	0.2	0.1	2.9	0.7	11.1	4.8	1.3

밥

콩나물밥

재 료

쌀(백미) 360g(2컵) • 콩나물 200g • 쇠고기(등심) 70g • 물 470mL(2⅓컵)

쇠고기 양념 간장 6g(1작은술) • 다진 파 3g(1작은술) • 다진 마늘 3g(½작은술) • 참기름 2g(½작은술)

양념장 간장 34g(2큰술) • 다진 파 4g(½큰술) • 다진 마늘 6g(1작은술) • 고춧가루 3g(½큰술) • 참기름 3g(1작은술) • 통깨 4g(½큰술)

만드는 법

1. 쌀은 3회가량 깨끗이 씻어 일어 30분가량 불린 후 체에 밭쳐 물기를 뺀다.
2. 콩나물은 다듬어 씻어 건져 물기를 뺀다.
3. 쇠고기는 얇게 채 썰어(4×0.2×0.2cm) 쇠고기 양념으로 무쳐서 양념한다.
4. 쌀과 쇠고기, 콩나물을 각각 반으로 나누어 밥솥에 먼저 쌀을 안치고 그 위에 콩나물과 고기를 고루 놓고 다시 반복하여 쌀과 쇠고기와 콩나물을 얹는다.
5. 4에 밥물을 부어 처음에는 센 불에 올려 끓어오르면 불을 중불로 하여 쌀알이 퍼지면 불을 약하게 하고 뜸을 충분히 들인다.
6. 양념장을 만들어 곁들인다.

출 처

황혜성 · 한복려 · 한복진, 한국의 전통음식, 교문사, 1994
농촌진흥청 농촌생활연구소(현 농촌자원개발연구소), 소비자가 알기 쉬운 식품영양가표, 2002
서울특별시 교육청, 중 · 고등학생을 위한 학교급식 표준식단, 2002

조리시연자

김동희, 서울특별시 동작구 신대방1동

비빔밥

방법 1

재료

쌀 360g(2컵) • 물 470mL(2$\frac{1}{3}$컵) • 콩나물 80g • 시금치 80g • 당근 50g • 양파 50g • 고사리 80g • 도라지 80g • 돼지고기 60g • 식용유 12g(1큰술) • 소금 6g($\frac{2}{3}$큰술) • 달걀 200g(4개)

g(4개)

콩나물, 시금치 양념 소금 2g($\frac{1}{2}$작은술) • 참기름 3g(1작은술)

돼지고기 양념 간장 3g($\frac{1}{2}$작은술) • 다진 마늘 2g($\frac{1}{3}$작은술) • 참기름 2g($\frac{1}{2}$작은술) • 후춧가루 약간

양념 고추장 고추장 70g(4큰술) • 다진 마늘 12g(1큰술) • 참기름 6g($\frac{1}{2}$큰술) • 깨소금 3g(1작은술)

만드는 법

1. 쌀은 깨끗이 씻어 물을 붓고 고슬고슬하게 밥을 짓는다.
2. 콩나물, 시금치는 데친 후 각각 양념하여 무친다.
3. 당근, 양파는 채 썰어(5×0.2×0.2cm) 각각 볶는다.
4. 고사리, 도라지는 소금 간하여 각각 볶는다.
5. 돼지고기는 잘게 썰어 양념으로 밑간하여 볶는다.
6. 팬에 식용유를 두른 다음 달걀 프라이를 하고 분량의 재료로 양념 고추장을 만든다.
7. 볶은 모든 재료를 가지런히 담고 달걀 프라이를 얹어 양념 고추장을 곁들인다.

1인 분량의 영양가

영양소	열량 (kcal)	단백질 (g)	지질 (g)	당질 (g)	식이섬유 (g)	칼슘 (mg)	나트륨 (mg)	칼륨 (mg)	철분 (mg)
함량	542.2	19.0	15.6	81.4	7.1	114.6	1,140.0	660.5	4.7
영양소	아연 (mg)	비타민 A (µg RE)	비타민 B_1 (mg)	비타민 B_2 (mg)	니아신 (mg)	비타민 B_6 (mg)	엽산 (µg)	비타민 C (mg)	비타민 E (mg)
함량	2.8	335.7	0.3	0.4	4.6	0.7	57.3	19.1	7.3

출처
서울특별시 교육청, 중 · 고등학생을 위한 학교 급식 표준식단, 2002
농촌진흥청, 농촌 식생활 향상을 위한 식생활 평가 시스템 개발연구 보고서, 2000

사진
농촌진흥청, 농촌 식생활 향상을 위한 식생활 평가 시스템 개발연구 보고서, 2000

고문헌
시의전서(汨董飯), 조선요리제법(비빔밥), 조선무쌍신식요리제법(비빔밥)

❙ 방법 2 ❙

재 료

쌀 360g(2컵) • 물 470mL(2⅓컵) • 쇠고기 100g • 콩나물 100g • 당근 50g(⅓개) • 시금치 80g • 건표고버섯 15g(5개) • 고비 80g • 배 100g(¼개) • 달걀 50g(1개) • 김 3g(1½장) • 소금 4g(1작은술) • 식용유 1큰술

쇠고기 양념 간장 12g(2작은술) • 다진 파 5g(½큰술) • 다진 마늘 6g(1작은술) • 참기름 4g(1작은술) • 깨소금 3g(1작은술) • 설탕 2g(½작은술) • 후춧가루 약간

콩나물, 시금치, 표고버섯, 고비 양념 간장 22g(4큰술) • 다진 파 12g(4작은술) • 다진 마늘 24g(4작은술) • 참기름 14g(3⅓작은술) • 깨소금 11g(3½작은술)

당근 양념 소금 1g(⅓작은술) • 다진 파 3g(1작은술) • 다진 마늘 6g(1작은술) • 참기름 4g(1작은술) • 깨소금 2g(⅔작은술)

도라지 양념 간장 3g(½작은술) • 다진 파 3g(1작은술) • 다진 마늘 6g(1작은술) • 참기름 3g(⅔작은술) • 깨소금 3g(1작은술)

만드는 법

1. 쌀은 씻어 일어서 물을 붓고 고슬고슬하게 밥을 짓는다.
2. 쇠고기는 가늘게 채 썰어(6×0.2×0.2cm) 고기 양념을 하여 팬에 볶는다.
3. 콩나물은 뿌리를 떼고 깨끗이 씻어서 물을 붓고 푹 익혀 물기를 꼭 짠 후 양념한다.
4. 당근은 가늘게 채 썰어(5×0.2×0.2cm) 식용유에 볶다가 양념을 넣고 소금으로 간을 맞춘다.
5. 시금치는 살짝 데치고 물기를 꼭 짠 다음 적당한 길이로 썰어서 양념을 넣고 무친다.
6. 건표고버섯은 불에 불려 깨끗이 씻어서 채 썰어 식용유에 볶다가 양념한다.
7. 도라지는 가늘게 찢어서 소금으로 박박 주물러 씻어서 식용유에 볶으면서 양념한다.
8. 고비는 떡떡한 줄기를 고르고 6cm 정도의 길이로 썰어서 씻고 식용유에 볶으면서 양념한다.
9. 배는 채 썬다(5×0.3×0.3cm).
10. 달걀은 흰자와 노른자를 분리하여 각각 지단을 부쳐 가늘게 채 썬다(5×0.2×0.2cm).
11. 김은 티 없이 잘 손질하여 불에 구워 잘게 부순다.
12. 그릇에 밥을 담고 위에서 준비한 나물과 지단채, 배를 색 맞추어 얹고 김가루도 한편에 얹는다.

1인 분량의 영양가

영양소	열량 (kcal)	단백질 (g)	지질 (g)	당질 (g)	식이섬유 (g)	칼슘 (mg)	나트륨 (mg)	칼륨 (mg)	철분 (mg)
함 량	559.3	19.6	15.4	84.2	4.6	82.6	1,111	572.1	4.2

영양소	아연 (mg)	비타민 A (μg RE)	비타민 B_1 (mg)	비타민 B_2 (mg)	니아신 (mg)	비타민 B_6 (mg)	엽산 (μg)	비타민 C (mg)	비타민 E (mg)
함 량	2.5	271.6	0.3	0.3	3.0	0.7	52.7	16.6	6.7

출 처
정순자, 한국조리, 신광출판사, 1990

보리밥

재료

쌀 320g(1¾컵) • 보리 40g(¼컵) • 물 600mL(3컵)

만드는 법

1. 쌀은 깨끗이 씻어 건져 놓는다.
2. 보리쌀은 깨끗이 씻어서 냄비에 넣고 물 1컵을 부은 다음 푹 퍼지게 삶아 건져 놓는다.
3. 솥 밑에 삶은 보리쌀을 깔고 위에 쌀을 안친 다음 물 2컵을 붓고 센 불에서 끓인다.
4. 밥이 끓으면 중간 불로 줄여 10분가량 더 끓인 다음 밥물이 잦아들면 불을 약하게 하여 10~15분가량 뜸을 들인다.

참고사항

- 보리밥은 흰밥보다 뜸을 오래 들여야 맛이 있다.
- 요즘은 압맥이나 할맥을 사용하여 쌀과 함께 밥을 짓기도 한다.

1인 분량의 영양가

영양소	열량 (kcal)	단백질 (g)	지질 (g)	당질 (g)	식이섬유 (g)	칼슘 (mg)	나트륨 (mg)	칼륨 (mg)	철분 (mg)
함량	312.9	6.3	0.4	69.2	1.7	13.1	2.1	108.6	1.2

영양소	아연 (mg)	비타민 A (µg RE)	비타민 B_1 (mg)	비타민 B_2 (mg)	니아신 (mg)	비타민 B_6 (mg)	엽산 (µg)	비타민 C (mg)	비타민 E (mg)
함량	1.3	0.0	0.1	0.0	1.2	0.1	7.9	0.0	0.4

출처
정순자, 한국조리, 신광출판사, 1990
강인희, 한국의 맛, 대한교과서주식회사, 1993

사진
농촌진흥청, 농촌 식생활 향상을 위한 식생활 평가 시스템 개발연구 보고서, 2000

고문헌
조선요리제법(보리밥), 조선무쌍신식요리제법(맥반 : 麥飯)

오곡밥

재 료

멥쌀 180g(1컵) • 찹쌀 80g(1컵) • 차조 40g(¼컵) • 검은콩 40g(¼컵) • 차수수 40g(¼컵) • 팥40g(¼컵) • 밥 짓는 물(팥 삶은 물 + 물) 500mL(2½컵) • 소금 4g(1작은술)

만드는 법

1. 멥쌀, 찹쌀은 깨끗이 씻어 일어 30분가량 물에 불린다.
2. 차수수도 깨끗이 씻어 일어 물에 담가 붉은 물을 우려 내고, 검은콩도 물에 불려 둔다.
3. 팥은 물 1½컵을 붓고 터지지 않을 정도로 삶아 건진다. 팥 삶은 물에 물과 소금을 넣고 밥 짓는 물을 만든다.
4. 솥에 차조만 남기고 다 함께 섞어서 소금과 밥짓는 물을 붓고 끓인다.
5. 밥이 끓어오를 때 차조를 위에 얹고 뜸을 들이고, 밥을 고루 섞어 담는다.

참고사항

오곡밥은 쌀을 포함하여 다섯 가지 곡식을 섞어서 지은 밥으로 음력 정월 보름날이면 아홉 가지 묵은 나물과 오곡밥을 이웃과 함께 나누어 먹는 풍습이 있다. 다섯 가지 곡식은 쌀, 보리, 조, 콩, 기장을 뜻하지만 보통 쌀, 팥, 차수수, 콩, 조를 쓰며 지방에 따라 넣는 곡물이 조금씩 다르다.

1인 분량의 영양가

영양소	열량 (kcal)	단백질 (g)	지질 (g)	당질 (g)	식이섬유 (g)	칼슘 (mg)	나트륨 (mg)	칼륨 (mg)	철분 (mg)
함 량	372.7	12.0	2.6	74.3	4.6	37.3	339.1	446.5	2.9

영양소	아연 (mg)	비타민 A (µg RE)	비타민 B_1 (mg)	비타민 B_2 (mg)	니아신 (mg)	비타민 B_6 (mg)	엽산 (µg)	비타민 C (mg)	비타민 E (mg)
함 량	2.0	0.0	0.2	0.1	2.0	0.2	63.9	0.0	0.6

출 처
강인희, 한국의 맛, 대한교과서주식회사, 1993
농촌진흥청, 농촌 식생활 향상을 위한 식생활 평가 시스템 개발연구 보고서, 2000

사 진
농촌진흥청, 농촌 식생활 향상을 위한 식생활 평가 시스템 개발연구 보고서, 2000

고문헌
규합총서(오곡밥), 조선요리제법(별밥), 조선무쌍신식요리제법(별반 : 別飯)

차조밥

재 료

쌀 320g(1¾컵) • 차조 40g(¼컵) • 물 470mL(2⅓컵)

만드는 법

1. 쌀과 차조는 각각 깨끗이 씻어 인다.
2. 냄비에 쌀과 물을 붓고 센 불에서 한소끔 끓으면 일어 씻어 놓은 차조를 위에 얹어 밥을 짓는다.
3. 쌀알이 퍼지면 불을 약하게 하여 뜸을 들인 후 위아래를 잘 섞어 밥그릇에 담는다.

1인 분량의 영양가

영양소	열량 (kcal)	단백질 (g)	지질 (g)	당질 (g)	식이섬유 (g)	칼슘 (mg)	나트륨 (mg)	칼륨 (mg)	철분 (mg)
함 량	316.1	6.3	0.7	68.8	1.2	12.3	1.9	118.4	1.3
영양소	**아연 (mg)**	**비타민 A (μg RE)**	**비타민 B_1 (mg)**	**비타민 B_2 (mg)**	**니아신 (mg)**	**비타민 B_6 (mg)**	**엽산 (μg)**	**비타민 C (mg)**	**비타민 E (mg)**
함 량	1.5	0.0	0.1	0.0	1.3	0.1	5.7	0.0	0.4

출 처
정순자, 한국조리, 신광출판사, 1990

사 진
농촌진흥청, 농촌 식생활 향상을 위한 식생활 평가 시스템 개발연구 보고서, 2000

고문헌
조선요리제법(조밥), 조선무쌍신식요리제법(황양반 : 黃粱飯)

밥

콩밥

재료

쌀 320g(1¾컵) • 콩 40g(¼컵) • 물 470mL(2⅓컵)

만드는 법

1. 콩은 물에 5시간가량 충분히 불려 소쿠리에 건져 물기를 뺀다.
2. 쌀은 밥 짓기 30분 전에 깨끗이 씻어 물에 불린다.
3. 쌀과 불린 콩을 합하여 밥솥에 안쳐 밥물을 부어 불에 올려 끓인다.
4. 처음에는 센 불에 올려 끓어오르면 불을 중불로 하여 쌀알이 퍼지면 불을 약하게 하고 뜸을 충분히 들인다.

1인 분량의 영양가

영양소	열량 (kcal)	단백질 (g)	지질 (g)	당질 (g)	식이섬유 (g)	칼슘 (mg)	나트륨 (mg)	칼륨 (mg)	철분 (mg)
함량	316.2	8.7	2.1	64.1	2.5	33.6	2.1	235.5	1.8

영양소	아연 (mg)	비타민 A (µg RE)	비타민 B_1 (mg)	비타민 B_2 (mg)	니아신 (mg)	비타민 B_6 (mg)	엽산 (µg)	비타민 C (mg)	비타민 E (mg)
함량	1.5	0.0	0.1	0.0	1.3	0.1	15.6	0.0	0.4

출처

강인희, 한국의 맛, 대한교과서주식회사, 1993
황혜성 · 한복려 · 한복진, 한국의 전통음식, 교문사, 1994
농촌진흥청, 농촌 식생활 향상을 위한 식생활 평가 시스템 개발연구 보고서, 2000

사진

농촌진흥청, 농촌 식생활 향상을 위한 식생활 평가 시스템 개발연구 보고서, 2000

고문헌

조선요리제법(콩밥), 조선무쌍신식요리제법(두반 : 豆飯)

팥밥

재 료

쌀 320g(1¾컵) • 팥 40g(⅕컵) • 물(팥 삶은 물 + 물) 470mL(2⅓컵)

만드는 법

1. 쌀은 밥 짓기 30분 전에 깨끗이 씻어 물에 불린다.
2. 팥은 씻어서 충분히 잠길 정도의 물을 부어 불에 올려 끓어오르면 그 물을 따라 버리고, 다시 2컵 정도의 물을 부어 팥이 터지지 않을 정도로 삶아 건진 다음 팥물을 따로 받아 놓는다.
3. 쌀과 삶은 팥을 합하여 밥솥에 안치고, 팥 삶은 물과 물을 합하여 붓고 끓인다.
4. 처음에는 센 불에 올려 끓어오르면 불을 중불로 하여 쌀알이 퍼지면 불을 약하게 하고 뜸을 충분히 들인 후 위아래를 잘 섞어 밥그릇에 담는다.

출 처

황혜성 · 한복려 · 한복진, 한국의 전통음식, 교문사, 1994

농촌진흥청, 농촌 식생활 향상을 위한 식생활 평가 시스템 개발연구 보고서, 2000

사 진

농촌진흥청, 농촌 식생활 향상을 위한 식생활 평가 시스템 개발연구 보고서, 2000

고문헌

조선무쌍신식요리제법(적두반 : 赤豆飯)

1인 분량의 영양가

영양소	열량 (kcal)	단백질 (g)	지질 (g)	당질 (g)	식이섬유 (g)	칼슘 (mg)	나트륨 (mg)	칼륨 (mg)	철분 (mg)
함 량	309.6	7.4	0.5	67.0	2.5	24.0	1.8	233.6	1.6

영양소	아연 (mg)	비타민 A (μg RE)	비타민 B_1 (mg)	비타민 B_2 (mg)	니아신 (mg)	비타민 B_6 (mg)	엽산 (μg)	비타민 C (mg)	비타민 E (mg)
함 량	1.7	0.0	0.1	0.0	1.4	0.1	45.2	0.0	0.4

국밥

재 료

쇠고기(등심) 160g • 물 1.6L(8컵) • 배추 120g • 토란대 40g • 된장 40g(2¼큰술) • 고추장 20g(1큰술) • 대파 20g(½뿌리) • 다진 마늘 8g(⅔큰술) • 소금 3g(1작은술) • 감자 전분 8g(1큰술) • 쌀밥 840g(4공기)

만드는 법

1. 쇠고기는 덩어리째 찬물에 씻어 물을 붓고 끓이다가 건져서 얇게 저며 썰어 놓는다.
2. 배추와 토란대는 깨끗이 씻어 먹기 좋은 크기로 잘라 놓는다.
3. 쇠고기를 끓인 물에 고추장과 된장을 풀고 1과 2를 넣어 푹 끓인다.
4. 어슷썬 대파와 다진 마늘을 넣고 소금으로 간한 뒤 한소끔 끓여 내고, 전분을 물에 개어 조금씩 풀어 준다.
5. 뚝배기나 큰 대접에 더운밥을 넣고 4의 장국을 붓는다.

참고사항

기호에 따라 깨소금, 고춧가루를 넣어 먹는다.

1인 분량의 영양가

영양소	열량 (kcal)	단백질 (g)	지질 (g)	당질 (g)	식이섬유 (g)	칼슘 (mg)	나트륨 (mg)	칼륨 (mg)	철분 (mg)
함 량	430.4	15.2	5.9	76.5	2.5	66.5	798.9	367.4	2.6
영양소	아연 (mg)	비타민 A (μg RE)	비타민 B_1 (mg)	비타민 B_2 (mg)	니아신 (mg)	비타민 B_6 (mg)	엽산 (μg)	비타민 C (mg)	비타민 E (mg)
함 량	2.7	32.5	0.1	0.1	3.7	0.4	46.7	10.0	0.8

출 처
농촌진흥청, 농촌 식생활 향상을 위한 식생활 평가 시스템 개발연구 보고서, 2000

무밥

재 료

쌀 360g(2컵) • 무 200g(1/4개) • 물 400mL(2컵)

양념장 간장 70g(4큰술) • 다진 파 10g(1큰술) • 다진 마늘 6g(1작은술) • 다진 생강 1g(1/2작은술) • 참기름 7g(2작은술) • 깨소금 6g(1큰술) • 고춧가루 1g(1/2작은술) • 후춧가루 약간

만드는 법

1. 무는 깨끗이 씻어 굵게 채 썬다(5×0.3×0.3cm).
2. 쌀을 씻어 일어서 냄비에 앉히고 물을 부어 준비한 무를 얹은 다음 보통 밥과 같이 지어 뜸을 들이고 무가 고루 섞이도록 잘 섞어서 푼다.
3. 양념장을 만들어 곁들인다.

참고사항

- 가을철 좋은 무가 나올 때 지어 먹으면 별미이다.
- 무밥은 무의 물기가 많으므로 물의 분량을 흰밥보다 약간 적게 한다.

1인 분량의 영양가

영양소	열량 (kcal)	단백질 (g)	지질 (g)	당질 (g)	식이섬유 (g)	칼슘 (mg)	나트륨 (mg)	칼륨 (mg)	철분 (mg)
함 량	322.2	6.3	0.4	71.0	1.6	25.6	8.3	198.3	1.5

영양소	아연 (mg)	비타민 A (μg RE)	비타민 B_1 (mg)	비타민 B_2 (mg)	니아신 (mg)	비타민 B_6 (mg)	엽산 (μg)	비타민 C (mg)	비타민 E (mg)
함 량	1.4	4.0	0.1	0.0	1.5	0.1	7.2	7.5	0.6

출 처
정순자, 한국조리, 신광출판사, 1990

밤밥

재 료

쌀 360g(2컵) • 밤 80g(½컵) • 물 470mL(2⅓컵)

만드는 법

1. 쌀은 일어서 씻어 30분간 불리고, 밤은 속껍질까지 벗겨서 3~4등분한다.
2. 쌀에 밤을 섞고 분량의 물을 부어서 흰밥의 요령과 같이 끓이고 뜸을 들인다.

참고사항

밤은 김으로 익기 때문에 밥 짓는 물은 쌀에 대해서만 부으면 충분하다.

1인 분량의 영양가

영양소	열량 (kcal)	단백질 (g)	지질 (g)	당질 (g)	식이섬유 (g)	칼슘 (mg)	나트륨 (mg)	칼륨 (mg)	철분 (mg)
함 량	345.6	6.6	0.5	76.3	1.6	18.2	2.2	206.4	1.5
영양소	아연 (mg)	비타민 A (μg RE)	비타민 B_1 (mg)	비타민 B_2 (mg)	니아신 (mg)	비타민 B_6 (mg)	엽산 (μg)	비타민 C (mg)	비타민 E (mg)
함 량	1.5	1.6	0.1	0.0	1.5	0.2	12.9	2.4	0.4

출 처

정순자, 한국조리, 신광출판사, 1990
강인희, 한국의 맛, 대한교과서주식회사, 1993

1인 분량의 영양가

영양소	열량 (kcal)	단백질 (g)	지질 (g)	당질 (g)	식이섬유 (g)	칼슘 (mg)	나트륨 (mg)	칼륨 (mg)	철분 (mg)
함 량	242.4	12.1	0.8	46.9	9.0	67.8	589.5	786.8	2.8

영양소	아연 (mg)	비타민 A (μg RE)	비타민 B_1 (mg)	비타민 B_2 (mg)	니아신 (mg)	비타민 B_6 (mg)	엽산 (μg)	비타민 C (mg)	비타민 E (mg)
함 량	2.9	0.0	0.2	0.1	1.3	0.2	213.1	0.0	0.6

팥죽

재료

팥 200g(½컵) • 쌀 45g(¼컵) • 찹쌀가루 50g(½컵) • 물 1.4L(7컵) • 반죽물 15mL(1큰술) • 소금 7g(2작은술)

만드는 법

1. 쌀은 씻어 물에 2시간 이상 충분히 불려서 소쿠리에 건져 물기를 뺀다.
2. 팥은 씻어서 냄비에 담고 충분히 잠길 정도로 물을 부어 불에 올려 끓인다. 끓어오르면 바로 물만 따라 버리고 다시 물 4컵을 부어 푹 무를 때까지 삶는다.
3. 삶은 팥을 더울 때 주걱으로 반 정도 으깨고 나머지 물을 조금씩 부으면서 고운체로 걸러 껍질은 버리고 앙금은 가라앉힌다.
4. 찹쌀가루는 뜨거운 물에 소금을 타서 익반죽하여 지름 1cm 정도의 새알심을 동그랗게 빚는다.
5. 3의 가라앉힌 팥의 윗물만 따라서 붓고 불린 쌀을 넣어서 가끔 저으면서 쌀알이 완전히 퍼질 때까지 끓인다.
6. 3의 팥 앙금을 넣어 저으면서 잘 어우러지게 끓이다가 새알심을 넣고 익어서 위로 떠오르면 소금으로 간을 맞춘다.

2

3

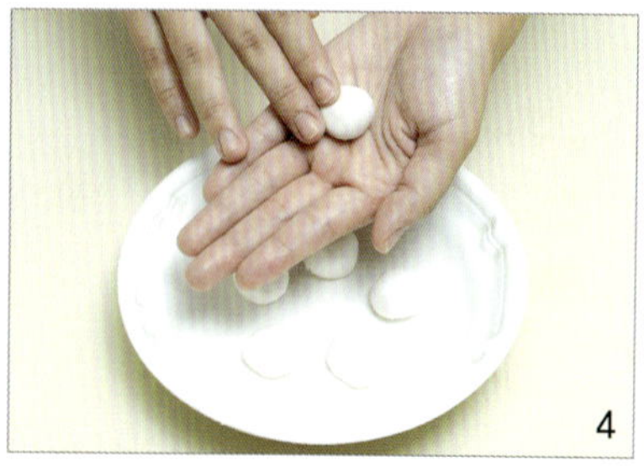
4

6

출처

강인희, 한국의 맛, 대한교과서주식회사, 1993
황혜성 · 한복려 · 한복진, 한국의 전통음식, 교문사, 1994
농촌진흥청, 농촌 식생활 향상을 위한 식생활 평가 시스템 개발연구 보고서, 2000

조리시연자

김동희, 서울특별시 동작구 신대방1동

고문헌

산가요록(두죽), 식료찬요(붉은 팥죽), 부인필지(팥죽), 조선요리제법(팥죽), 조선무쌍신식요리제법(적두죽 : 赤豆粥)

1인 분량의 영양가

영양소	열량 (kcal)	단백질 (g)	지질 (g)	당질 (g)	식이섬유 (g)	칼슘 (mg)	나트륨 (mg)	칼륨 (mg)	철분 (mg)
함 량	231.6	8.3	0.4	50.4	8.3	71.2	338.5	892.6	2.7

영양소	아연 (mg)	비타민 A (μg RE)	비타민 B_1 (mg)	비타민 B_2 (mg)	니아신 (mg)	비타민 B_6 (mg)	엽산 (μg)	비타민 C (mg)	비타민 E (mg)
함 량	1.5	238.0	0.1	0.1	2.0	0.2	220.0	30.0	2.2

죽

호박죽

재 료

늙은 호박 800g • 팥(삶은 것) 200g(1컵) • 찹쌀가루 50g(½컵) • 반죽물 100mL(½컵) • 물 1.1L(5½컵) • 소금 4g(1작은술) • 설탕 36g(3큰술)

만드는 법

1. 늙은 호박은 씨와 껍질을 제거한 후 납작하게 썰어 둔다.
2. 냄비에 늙은 호박과 물을 조금 넣고 늙은 호박이 푹 무르도록 삶는다.
3. 다 삶아진 늙은 호박은 곱게 으깬 다음 삶은 팥과 물을 약간 넣고 끓인다.
4. 찹쌀가루를 물에 풀어 3에 넣고 잘 저어 다시 한소끔 끓인 다음 설탕과 소금을 넣어 간을 맞춘다.

✻ 참고사항

날 찹쌀가루를 그대로 이용해도 좋다.

출 처

정순자, 한국조리, 신광출판사, 1990

농촌진흥청, 농촌 식생활 향상을 위한 식생활 평가 시스템 개발연구 보고서, 2000

조리시연자

김동희, 서울특별시 동작구 신대방1동

닭죽

재 료

닭고기 300g(영계 1마리) • 찹쌀 160g(1컵) • 물 2L(10컵) • 마늘 20g(5쪽) • 대파 10g(¼뿌리) • 소금 7g (2작은술) • 후춧가루 약간

만드는 법

1. 찹쌀은 깨끗이 씻어 2시간 이상 물에 충분히 불려서 소쿠리에 건져 물기를 뺀다.
2. 닭은 깨끗이 손질하여 냄비에 물을 붓고 2시간 정도 닭살이 부드럽게 무를 때까지 끓인다. 도중에 대파, 마늘을 통째로 넣어 끓인다.
3. 삶은 닭을 건져서 살은 발라서 가늘게 뜯고, 닭국물에 불린 쌀을 넣어 밥알이 푹 퍼질 때까지 가끔 나무주걱으로 저으면서 끓인다.
4. 죽이 잘 어우러지게 쑤어지면 닭살을 섞어 소금으로 간을 약하게 맞추고, 상에 낼 때 소금과 후춧가루를 곁들인다.

1인 분량의 영양가

영양소	열량 (kcal)	단백질 (g)	지질 (g)	당질 (g)	식이섬유 (g)	칼슘 (mg)	나트륨 (mg)	칼륨 (mg)	철분 (mg)
함 량	232.4	20.8	1.8	32.2	1.9	20.1	641.4	346.1	2.0

영양소	아연 (mg)	비타민 A (μg RE)	비타민 B_1 (mg)	비타민 B_2 (mg)	니아신 (mg)	비타민 B_6 (mg)	엽산 (μg)	비타민 C (mg)	비타민 E (mg)
함 량	1.1	7.0	0.2	0.1	10.4	0.5	6.8	1.7	0.3

출 처

황혜성 · 한복려 · 한복진, 한국의 전통음식, 교문사, 1994

농촌진흥청, 농촌 식생활 향상을 위한 식생활 평가 시스템 개발연구 보고서, 2000

사 진

농촌진흥청, 농촌 식생활 향상을 위한 식생활 평가 시스템 개발연구 보고서, 2000

고문헌

식료찬요(닭죽), 산림경제(계죽 : 鷄粥), 조선무쌍신식요리제법(계죽 : 鷄粥)

깨죽

재료

참깨(또는 검은깨, 흑임자) 60g(⅔컵) • 쌀 160g(1컵) • 물 1.2L(6컵) • 소금 적량 • 설탕(또는 꿀) 약간

만드는 법

1. 쌀은 씻어서 물에 2시간 이상 충분히 불려 소쿠리에 건져 물기를 뺀다.
2. 쌀과 깨를 각각 분쇄기에 넣고 물을 조금씩 부으면서 곱게 갈아서 체에 밭친다.
3. 두꺼운 냄비에 쌀 간 것을 부어 끓이면서 나무주걱으로 젓다가 엉기면 깨 간 것을 붓고 어우러지게 끓인다.
4. 죽이 다 쑤어지면 그릇에 담아 소금과 꿀(또는 설탕)을 곁들인다.

참고사항

참깨 대신 검은깨를 넣고 죽을 쑤면 흑임자죽이다.

1인 분량의 영양가

영양소	열량 (kcal)	단백질 (g)	지질 (g)	당질 (g)	식이섬유 (g)	칼슘 (mg)	나트륨 (mg)	칼륨 (mg)	철분 (mg)
함량	226.2	5.5	8.2	33.0	2.2	178.0	1.4	109.7	2.2
영양소	아연 (mg)	비타민 A (μg RE)	비타민 B_1 (mg)	비타민 B_2 (mg)	니아신 (mg)	비타민 B_6 (mg)	엽산 (μg)	비타민 C (mg)	비타민 E (mg)
함량	2.1	0.3	0.1	0.0	1.3	0.2	15.7	0.0	0.4

출처

황혜성, 한국의 요리 1, 대학당, 1993
강인희, 한국의 맛, 대한교과서주식회사, 1993
황혜성 · 한복려 · 한복진, 한국의 전통음식, 교문사, 1994

사진

농촌진흥청, 농촌 식생활 향상을 위한 식생활 평가 시스템 개발연구 보고서, 2000

고문헌

조선요리제법(깨죽)

녹두죽

재 료

녹두 200g(1컵) • 쌀 80g(½컵) • 물 1.6L(8컵) • 소금 7g(2작은술)

만드는 법

1. 쌀은 씻어서 물에 2시간 이상 충분히 불려 소쿠리에 건져 물기를 뺀다.
2. 녹두는 씻어 일어서 10배 정도의 물을 붓고 1시간 이상 삶는다. 녹두가 푹 무르면 잘 주물러 물 8컵을 부어 가며 중간체에 걸러 체에 남은 껍질은 버리고 걸러 놓은 물은 그대로 두어 가라앉힌다.
3. 냄비에 2의 윗물만 따라 붓고 불린 쌀을 넣어 나무주걱으로 가끔 저으면서 끓인다.
4. 한 번 끓어오르면 불을 약하게 줄여서 쌀알이 완전히 퍼질 때까지 서서히 끓인다. 쌀알이 완전히 퍼지면 2의 가라앉힌 녹두 앙금을 넣어서 잘 어우러지게 끓인다.
5. 불에서 내려 한 김 식힌 후에 소금을 넣고 간을 맞춘다.

1인 분량의 영양가

영양소	열량 (kcal)	단백질 (g)	지질 (g)	당질 (g)	식이섬유 (g)	칼슘 (mg)	나트륨 (mg)	칼륨 (mg)	철분 (mg)
함 량	237.1	12.5	0.8	44.1	8.9	53.5	589.3	684.3	3.0
영양소	아연 (mg)	비타민 A (μg RE)	비타민 B_1 (mg)	비타민 B_2 (mg)	니아신 (mg)	비타민 B_6 (mg)	엽산 (μg)	비타민 C (mg)	비타민 E (mg)
함 량	1.5	6.0	0.2	0.1	1.3	0.1	199.2	0.0	0.8

출 처

황혜성 · 한복려 · 한복진, 한국의 전통음식, 교문사, 1994

고문헌

식료찬요(녹두죽), 조선요리제법(녹두죽), 조선무쌍신식요리제법(록두죽 : 菉豆粥)

죽

잣죽

재 료

쌀 180g(1컵) • 잣 70g(½컵) • 물 1.2L(6컵) • 소금 4g(1작은술)

만드는 법

1. 잣은 고깔을 따서 물에 씻어 잠깐 담갔다가 갈아 고운체에 밭쳐 남은 찌꺼기는 버리고 물은 그대로 두어 가라앉힌다.
2. 쌀도 2시간 이상 충분히 불려 분쇄기에서 갈아 고운체에 밭쳐 가라앉힌다.
3. 잣 간 것의 윗물을 두꺼운 냄비에 붓고, 먼저 나무주걱으로 저어 가며 끓이다가 잣 앙금을 넣고 충분히 끓인다.
4. 3에 쌀 윗물을 넣고 또 끓이다가 다시 쌀 앙금을 넣고 끓인 다음 소금을 넣어 간을 맞춘다.

1인 분량의 영양가

영양소	열량 (kcal)	단백질 (g)	지질 (g)	당질 (g)	식이섬유 (g)	칼슘 (mg)	나트륨 (mg)	칼륨 (mg)	철분 (mg)
함 량	273.0	5.5	12.1	36.4	0.9	9.9	337.6	150.5	1.6

영양소	아연 (mg)	비타민 A (µg RE)	비타민 B_1 (mg)	비타민 B_2 (mg)	니아신 (mg)	비타민 B_6 (mg)	엽산 (µg)	비타민 C (mg)	비타민 E (mg)
함 량	1.4	0.0	0.1	0.0	1.3	0.1	11.9	0.0	2.4

출 처

강인희, 한국의 맛, 대한교과서주식회사, 1993
황혜성 · 한복려 · 한복진, 한국의 전통음식, 교문사, 1994

고문헌

산가요록(백자죽), 증보산림경제(해송자죽 : 海松子粥), 시의전서(백자죽 : 柏子粥), 조선요리제법(잣죽), 조선무쌍신식요리제법(해송자죽 : 海松子粥)

죽

장국죽

재 료

쌀 180g(1컵) • 물 1.6L(8컵) • 쇠고기(양지머리) 150g • 표고버섯 20g(2개) • 간장 35g(2큰술) • 참기름 4g(1작은술)

양념 간장 12g(2작은술) • 다진 파 6g(2작은술) • 다진 마늘 6g(1작은술) • 깨소금 3g(1작은술) • 참기름 3g(1작은술) • 후춧가루 약간

만드는 법

1. 쌀은 씻어 일어서 2시간 정도 충분히 불려 쌀알이 반 정도 부서지도록 빻는다.
2. 쇠고기는 곱게 다지고, 표고버섯은 0.2cm 두께로 채 썰어서 양념으로 양념한다.
3. 냄비에 참기름을 두르고 양념한 쇠고기와 표고버섯을 볶다가 잘게 부수어 놓은 쌀을 넣어 함께 볶는다.
4. 3에 물을 붓고 처음에는 센 불에서 끓이다가 불을 낮추어 쌀이 퍼질 때까지 눌러 붙지 않도록 가끔씩 나무주걱으로 저으면서 끓인다.
5. 죽이 잘 퍼지면 간장으로 간을 한다.

참고사항

약한 불에서 오래 끓이도록 한다.

1인 분량의 영양가

영양소	열량 (kcal)	단백질 (g)	지질 (g)	당질 (g)	식이섬유 (g)	칼슘 (mg)	나트륨 (mg)	칼륨 (mg)	철분 (mg)
함 량	252.6	12.4	5.9	36.0	1.1	24.5	887.8	205.9	1.8

영양소	아연 (mg)	비타민 A (μg RE)	비타민 B_1 (mg)	비타민 B_2 (mg)	니아신 (mg)	비타민 B_6 (mg)	엽산 (μg)	비타민 C (mg)	비타민 E (mg)
함 량	1.6	8.2	0.1	0.1	2.9	0.2	8.2	1.5	0.9

출 처

정순자, 한국조리, 신광출판사, 1990

전복죽

재 료

전복살 100g(2개) • 쌀 180g(1컵) • 물 1.2L(6컵) • 참기름 13g(1큰술) • 소금 7g(2작은술)

만드는 법

1. 쌀은 씻어서 물에 2시간 이상 충분히 불린 다음 소쿠리에 건져 물기를 뺀다.
2. 전복은 솔로 깨끗이 문질러 씻은 다음 껍질이 얇은 쪽에 칼을 넣어 살을 떼어 낸다. 내장이 터지지 않도록 조심하여 떼어 낸다.
3. 전복살은 얇게 저며 썬다.
4. 두꺼운 냄비에 참기름을 두르고 먼저 3의 전복을 넣어 볶다가 불린 쌀을 넣어 쌀이 투명해지도록 볶아서 물을 부어 약간 센 불에 끓인다.
5. 한 번 끓어 오르면 불을 약하게 줄이고, 나무주걱으로 가끔 저으면서 잘 어우러질 때까지 서서히 끓인다.
6. 쌀알이 푹 퍼지도록 충분히 끓인 후 소금으로 간을 맞춘다.

1인 분량의 영양가

영양소	열량 (kcal)	단백질 (g)	지질 (g)	당질 (g)	식이섬유 (g)	칼슘 (mg)	나트륨 (mg)	칼륨 (mg)	철분 (mg)
함 량	205.1	6.2	3.6	35.7	0.4	12.8	614.3	75.0	1.1

영양소	아연 (mg)	비타민 A (μg RE)	비타민 B_1 (mg)	비타민 B_2 (mg)	니아신 (mg)	비타민 B_6 (mg)	엽산 (μg)	비타민 C (mg)	비타민 E (mg)
함 량	0.9	1.8	0.1	0.0	1.0	0.1	3.2	0.0	1.5

출 처

강인희, 한국의 맛, 대한교과서주식회사, 1993
황혜성 · 한복려 · 한복진, 한국의 전통음식, 교문사, 1994

콩죽

재료

흰콩 160g(1컵) • 쌀 90g(½컵) • 물 1.2L(6컵) • 소금 4g(1작은술)

만드는 법

1. 쌀은 깨끗이 일어 씻어서 2시간 이상 충분히 불린 다음 소쿠리에 건져 물기를 뺀다.
2. 콩은 일어 씻어서 5시간 정도 물에 불려서 냄비에 콩이 충분히 잠길 정도로 물을 붓고 센 불에서 끓이다가 끓어오르면 중불로 낮추어 20분 정도 더 삶는다.
3. 삶은 콩을 건져서 두 손으로 비벼 껍질을 벗겨 분쇄기에 물 6컵을 조금씩 넣으면서 곱게 갈아서 체에 밭친다.
4. 냄비에 3의 콩 간 것을 넣고 불에 올려 끓기 시작하면 쌀을 넣어 눋지 않도록 가끔 저어 준다.
5. 한 번 끓어오르면 불을 약하게 줄여서 쌀알이 완전히 퍼질 때까지 나무주걱으로 가끔 저으면서 끓인다.
6. 쌀알이 잘 퍼지면 불에서 내려 한 김 식힌 후에 소금으로 간을 맞춘다.

참고사항

- 콩죽을 많이 끓일 때는 콩 간 것을 가라앉혀 윗물을 먼저 끓이고 끓은 후에 앙금을 넣는 것이 좋다.
- 콩죽은 팥죽이나 녹두죽보다 양질의 단백질 함량이 많아 대체로 더운 계절에 적당한 음식이다.
- 콩죽상에는 물김치를 곁들인다.

1인 분량의 영양가

영양소	열량 (kcal)	단백질 (g)	지질 (g)	당질 (g)	식이섬유 (g)	칼슘 (mg)	나트륨 (mg)	칼륨 (mg)	철분 (mg)
함 량	238.3	16.0	7.2	27.6	7.1	102.7	323.5	562.1	2.9

영양소	아연 (mg)	비타민 A (μg RE)	비타민 B_1 (mg)	비타민 B_2 (mg)	니아신 (mg)	비타민 B_6 (mg)	엽산 (μg)	비타민 C (mg)	비타민 E (mg)
함 량	1.4	0.0	0.2	0.1	1.2	0.2	51.8	0.0	0.4

출 처

정순자, 한국조리, 신광출판사, 1990
강인희, 한국의 맛, 대한교과서주식회사, 1993
황혜성 · 한복려 · 한복진, 한국의 전통음식, 교문사, 1994

죽

흰죽

재 료

쌀 180g(1컵) • 물 1.2L(6컵) • 소금 4g(1작은술) • 참기름 12g(1큰술)

만드는 법

1. 쌀을 씻어 물에 2시간 이상 충분히 불려서 소쿠리에 건져 물기를 뺀다.
2. 두꺼운 냄비에 참기름을 두르고, 불린 쌀을 넣어 나무주걱으로 저으면서 볶다가 물을 붓고 끓인다.
3. 끓어오르면 불을 약하게 줄이고 쌀알이 완전히 퍼져서 밥알이 투명해질 때까지 서서히 끓인다.
4. 소금으로 간을 맞춘다.

1인 분량의 영양가

영양소	열량 (kcal)	단백질 (g)	지질 (g)	당질 (g)	식이섬유 (g)	칼슘 (mg)	나트륨 (mg)	칼륨 (mg)	철분 (mg)
함 량	183.1	3.0	3.2	34.6	0.4	6.7	336.9	47.3	0.6

영양소	아연 (mg)	비타민 A (μg RE)	비타민 B_1 (mg)	비타민 B_2 (mg)	니아신 (mg)	비타민 B_6 (mg)	엽산 (μg)	비타민 C (mg)	비타민 E (mg)
힘 량	0.7	0.0	0.0	0.0	0.6	0.1	1.8	0.0	1.1

출 처

강인희, 한국의 맛, 대한교과서주식회사, 1993
농촌진흥청, 농촌 식생활 향상을 위한 식생활 평가 시스템 개발연구 보고서, 2000

고문헌

산가요록(백죽), 조선요리제법(흰죽), 조선무쌍신식요리제법(흰죽)

1인 분량의 영양가

영양소	열량 (kcal)	단백질 (g)	지질 (g)	당질 (g)	식이섬유 (g)	칼슘 (mg)	나트륨 (mg)	칼륨 (mg)	철분 (mg)
함 량	433.3	17.4	3.9	77.4	3.2	170.4	1,589.8	347.9	3.0
영양소	아연 (mg)	비타민 A (μg RE)	비타민 B_1 (mg)	비타민 B_2 (mg)	니아신 (mg)	비타민 B_6 (mg)	엽산 (μg)	비타민 C (mg)	비타민 E (mg)
함 량	1.7	28.1	0.2	0.4	2.7	0.2	33.4	6.6	2.7

국수장국

재 료

국수(소면) 400g • 애호박 70g(1/5개) • 건표고버섯 6g • 달걀 50g(1개) • 소금 3g(1작은술) • 식용유 5g (1작은술)

표고버섯 양념 간장 3g(1/2작은술) • 설탕 1g(1/4작은술)

장국국물 멸치 25g(12마리) • 물 2L(10컵) • 소금 13g(3/4큰술) • 다진 마늘 9g(3/4큰술)

만드는 법

1. 멸치는 내장과 머리를 떼고 건표고버섯과 함께 찬물에 넣어 은근한 불에 거품을 걷어 가며 끓인 다음 멸치와 표고버섯은 건져 내고 국물만 체에 걸러 다진 마늘과 소금으로 간을 맞춘다.
2. 애호박은 5cm 길이로 잘라 돌려 깎아 0.2cm 너비로 채 썰고, 소금에 살짝 절였다가 식용유를 두른 팬에 볶는다.
3. 달걀은 흰자, 노른자로 나누어 각각 지단을 부쳐서 식으면 채 썬다(5×0.2×0.2cm).
4. 표고버섯은 채 썰어서 간장과 설탕으로 양념해 볶는다.
5. 국수는 삶아서 찬물에 여러 번 헹구고 물기를 뺀다.
6. 그릇에 국수를 담고 뜨거운 장국국물을 부은 뒤 고명으로 황백지단, 2의 애호박, 4의 표고버섯 볶은 것을 얹어 낸다.

1

2

5

6

출 처
농촌진흥청, 농촌 식생활 향상을 위한 식생활 평가 시스템 개발연구 보고서, 2000

조리시연자
김동희, 서울특별시 동작구 신대방1동

고문헌
시의전서(온면 : 溫麵), 조선요리제법(국수장국), 조선무쌍신식요리제법(온면 : 溫麵)

1인 분량의 영양가

영양소	열량 (kcal)	단백질 (g)	지질 (g)	당질 (g)	식이섬유 (g)	칼슘 (mg)	나트륨 (mg)	칼륨 (mg)	철분 (mg)
함량	413.0	20.5	8.0	69.3	4.0	97.8	803.0	576.8	2.6

영양소	아연 (mg)	비타민 A (μg RE)	비타민 B_1 (mg)	비타민 B_2 (mg)	니아신 (mg)	비타민 B_6 (mg)	엽산 (μg)	비타민 C (mg)	비타민 E (mg)
함량	1.7	96.7	0.3	0.2	3.7	0.3	50.7	23.0	2.2

국수 · 수제비

칼국수

재 료

밀가루 320g(3컵) • 반죽물 100mL(1컵) • 애호박 140g($\frac{1}{3}$개) • 멸치 10g(5마리) • 달걀 100g(2개) • 쇠고기(양지머리) 100g • 감자 150g(1개) • 표고버섯 25g(2개) • 통마늘 4g(1쪽) • 대파 20g($\frac{1}{2}$뿌리) • 김 4g(2장) • 물 2L(10컵) • 국간장 28g($1\frac{2}{3}$큰술) • 소금 2g($\frac{1}{2}$작은술) • 참기름 6g($\frac{1}{2}$큰술)

만드는 법

1. 밀가루, 물, 소금을 약간 넣고 반죽한 후 얇게 밀어 가늘게 썬다.
2. 쇠고기는 얇게 저며 썰고, 표고버섯, 감자, 애호박은 채 썰며(5×0.2×0.2cm), 대파는 어슷썬다(0.3cm). 마늘은 곱게 다진다.
3. 달걀을 풀어 소금을 약간 넣고 거품을 걷어 낸 후 황백지단을 부쳐서 채 썬다.
4. 멸치를 우려 낸 물에 쇠고기와 표고버섯, 감자를 먼저 넣고 끓인 후 칼국수를 넣고 다시 끓인 다음 마지막으로 애호박을 넣고 끓인다.
5. 국수가 익으면 국간장, 소금, 다진 마늘, 참기름으로 간을 맞춘 다음 대파를 넣는다.
6. 완성된 칼국수를 그릇에 담고 황백지단과 채 썬 김을 고명으로 얹는다.

1

1

4

5

참고사항

멸치와 쇠고기 대신 바지락이나 해산물을 넣어 끓이기도 한다.

출 처
농촌진흥청, 농촌 식생활 향상을 위한 식생활 평가 시스템 개발연구 보고서, 2000

조리시연자
김동희, 서울특별시 동작구 신대방1동

1인 분량의 영양가

영양소	열량 (kcal)	단백질 (g)	지질 (g)	당질 (g)	식이섬유 (g)	칼슘 (mg)	나트륨 (mg)	칼륨 (mg)	철분 (mg)
함 량	513.6	26.2	7.1	82.5	16.4	112.4	678.6	550.8	4.8
영양소	**아연 (mg)**	**비타민 A (µg RE)**	**비타민 B_1 (mg)**	**비타민 B_2 (mg)**	**니아신 (mg)**	**비타민 B_6 (mg)**	**엽산 (µg)**	**비타민 C (mg)**	**비타민 E (mg)**
함 량	1.6	3.9	0.4	0.4	2.7	0.2	70.8	2.4	2.1

콩국수

재 료

국수(소면) 400g • 콩(대두) 320g(2컵) • 오이 70g(½개) • 소금 8g(½큰술) • 깨소금 3g(1작은술) • 물 1.6L(8컵)

만드는 법

1. 불린 콩을 끓는 물에 넣고 끓어오르면 잠깐 두었다가 비린내가 가셔지면 건져 찬물에 헹군다.
2. 익힌 콩을 물을 넣어 가며 곱게 갈아서 체에 밭친다.
3. 2의 콩국을 소금으로 간한다.
4. 오이는 깨끗이 씻어 채 썬다(5×0.2×0.2cm).
5. 국수를 삶아 건져 사리를 만들어 대접에 담고 차게 식은 콩국을 부은 후 오이를 위에 얹고 깨소금을 뿌린다.

2

2

4

5

출 처

문화공보부 문화재관리국, 한국민속종합조사보고서(향토음식 편), 1984

농촌진흥청 농촌생활연구소(현 농촌자원개발연구소), 소비자가 알기 쉬운 식품영양가표, 2002

조리시연자

김동희, 서울특별시 동작구 신대방1동

1인 분량의 영양가

영양소	열량 (kcal)	단백질 (g)	지질 (g)	당질 (g)	식이섬유 (g)	칼슘 (mg)	나트륨 (mg)	칼륨 (mg)	철분 (mg)
함량	471.1	21.7	7.7	77.8	4.8	52.9	2,841.3	411.8	5.4

영양소	아연 (mg)	비타민 A (μg RE)	비타민 B_1 (mg)	비타민 B_2 (mg)	니아신 (mg)	비타민 B_6 (mg)	엽산 (μg)	비타민 C (mg)	비타민 E (mg)
함량	1.7	56.1	0.3	0.2	3.9	0.4	77.2	9.9	3.9

물냉면

방법 1

재 료

메밀냉면 400g • 무 120g • 달걀 100g(2개) • 오이 70g(½개) • 식초 25g(1¾큰술) • 설탕 12g(1큰술) • 소금 21g(1¼큰술) • 깨소금 2g(⅔작은술) • 겨자 4g(2작은술)

육수 쇠고기(양지머리) 120g • 물 1.6L(8컵) • 대파 15g(½뿌리) • 마늘 5g(1쪽) • 소금 약간

만드는 법

1. 쇠고기는 물에 넣고 중불에서 끓여 고기가 반쯤 익으면 대파와 마늘을 넣고 다시 끓인다. 식으면 기름기를 걷어 내어 소금으로 간하고, 고기는 얇게 저미듯이 썰어 놓는다.
2. 오이는 어슷썰고(0.3cm), 무는 길이 7cm, 너비 2cm 길이로 얇게 저며 썰어 오이와 함께 식초, 설탕, 소금(1작은술)을 넣고 절인다.
3. 달걀은 삶아서 둥근 모양대로 반으로 썬다.
4. 메밀냉면은 뭉치지 않게 잘 풀어 삶아 헹구어 사리를 만들어 대접에 담고 육수를 넉넉히 부은 뒤 준비해 둔 편육, 달걀, 무, 오이를 보기 좋게 담고 깨소금을 살짝 뿌린다.
5. 완성된 물냉면을 겨자와 함께 낸다.

1

4

4

4

출 처
농촌진흥청, 농촌 식생활 향상을 위한 식생활 평가 시스템 개발연구 보고서, 2000

조리시연자
김동희, 서울특별시 동작구 신대방1동

고문헌
주방문(싀면), 규합총서(냉면), 음식법(냉면), 시의전서(냉면 : 冷麵), 조선요리제법(냉면), 조선무쌍신식요리제법(하냉면 : 夏冷麵)

▌방법 2▐

재 료

메밀국수(냉면용) 400g • 동치미 무 120g • 오이 70g(½개) • 배 100g(¼개) • 달걀 100g(2개) • 겨자 4g (2작은술) • 식초 · 소금 · 참기름 약간

육수 쇠고기(양지머리) 200g • 대파 20g(½뿌리) • 통마늘 6g(2쪽) • 물 1.6L(8컵) • 국간장 26g(1½큰술) • 소금 약간

냉면장국 동치미국물 800mL(4컵) • 육수 800mL(4컵) • 소금 5g(1½작은술) • 식초 15g(1큰술) • 설탕 13g (1큰술)

만드는 법

1. 쇠고기는 냉수에 담가 핏물을 뺀 후 덩어리째 끓는 물에 대파와 통마늘을 함께 넣어 중간 불에서 푹 끓여 식힌 다음 얇게 썰어 편육을 만든다. 육수는 기름을 완전히 걷어 내고 소금과 국간장으로 간을 맞춘 후 차게 식힌다.
2. 동치미 무는 반달형이나 편육과 비슷한 크기로 길쭉하고 얇게 썬다. 배도 껍질을 벗겨 얇게 어슷썬다(0.3cm).
3. 오이는 소금으로 문질러 깨끗이 씻고 반으로 갈라 씨를 뺀 다음 얇게 어슷썰기 하여(0.3cm) 소금에 잠깐 절였다가 물기를 꼭 짜서 참기름에 살짝 볶아 식혀 둔다.
4. 달걀은 노른자가 중심에 오도록 굴리면서 삶아 반으로 잘라 놓는다.
5. 차게 식힌 육수와 동치미국물을 반반 섞고 식초, 소금, 설탕으로 간을 맞추어 냉면장국을 만든다.
6. 냄비에 물을 넉넉히 붓고 물이 끓으면 국수를 넣어 삶아 냉수에 여러 번 가볍게 헹구어 1인분씩 사리를 만들어 놓는다.
7. 대접에 냉면 사리를 담고 그 위에 편육, 동치미 무, 오이, 배, 달걀을 색 맞추어 얹은 다음 차게 식힌 냉면장국을 조심스럽게 부어 담는다. 겨자즙과 식초 등을 곁들인다.

1인 분량의 영양가

영양소	열량 (kcal)	단백질 (g)	지질 (g)	당질 (g)	식이섬유 (g)	칼슘 (mg)	나트륨 (mg)	칼륨 (mg)	철분 (mg)
함 량	538.0	27.9	9.5	85.8	6.6	84.1	3,356.2	734.3	6.1
영양소	아연 (mg)	비타민 A (μg RE)	비타민 B_1 (mg)	비타민 B_2 (mg)	니아신 (mg)	비타민 B_6 (mg)	엽산 (μg)	비타민 C (mg)	비타민 E (mg)
함 량	2.2	92.7	0.4	0.3	5.3	0.6	91.7	27.7	4.9

출 처

신승미 외, 한국 전통음식 전문가들이 재현한 우리 고유의 상차림, 교문사, 2005

비빔냉면

재 료

냉면 400g • 무 160g • 오이 120g(¾개) • 배 80g • 쇠고기(사태) 100g • 달걀 100g(2개)

무 양념 고춧가루 2g(1작은술) • 설탕 4g(1작은술) • 다진 마늘 2g(⅓작은술) • 다진 생강 1g(⅓작은술) • 식초 6g(½큰술) • 소금 2g(½작은술)

비빔 양념 고춧가루 15g(3큰술) • 설탕 8g(⅔큰술) • 통깨 3g(1작은술) • 다진 마늘 4g(⅔작은술) • 다진 생강 1g(⅓작은술) • 다진 파 9g(1큰술) • 참기름 4g(1큰술) • 간장 12g(⅔큰술) • 식초 14g(1큰술)

만드는 법

1. 쇠고기는 물을 붓고 푹 삶아 건져 모양을 잡아 얇게 썰어 놓는다.
2. 무는 길이 5cm, 넓이 3cm 정도로 썰어 고춧가루, 식초, 설탕, 소금, 다진 마늘, 다진 생강을 넣어 양념해 놓는다.
3. 오이와 배는 어슷썰기로 썰어 놓는다(0.3cm).
4. 달걀은 삶아서 반으로 잘라 놓는다.
5. 분량의 재료로 비빔냉면 양념을 만든다.
6. 냉면국수는 끓는 물에 삶아 건져서 깨끗이 헹구어 건져 놓는다.
7. 국수를 담고 그 위에 양념한 무와 오이, 배, 쇠고기편육, 양념장, 달걀을 얹어 낸다.

1인 분량의 영양가

영양소	열량 (kcal)	단백질 (g)	지질 (g)	당질 (g)	식이섬유 (g)	칼슘 (mg)	나트륨 (mg)	칼륨 (mg)	철분 (mg)
함 량	481.4	22.1	22.2	81.9	7.0	58.3	1,428.5	577.9	5.7

영양소	아연 (mg)	비타민 A (μg RE)	비타민 B_1 (mg)	비타민 B_2 (mg)	니아신 (mg)	비타민 B_6 (mg)	엽산 (μg)	비타민 C (mg)	비타민 E (mg)
함 량	2.1	189.7	0.4	0.2	4.3	0.5	71.8	13.7	4.3

출 처
재치영양사, www.yori.co.kr/, 2006

비빔국수

재 료

국수(소면) 400g • 애호박 80g(¼개) • 당근 40g(¼개) • 양파 40g(¼개) • 오이 120g(¾개) • 양배추 25g(1장) • 달걀 100g(2개) • 식용유 6g(½큰술) • 소금 4g(1작은술)

비빔국수 양념 고추장 72g(4큰술) • 간장 6g(1작은술) • 설탕 24g(2큰술) • 깨소금 5g(1큰술) • 참기름 8g (⅔큰술) • 식초 20g(1½큰술)

만드는 법

1. 냄비에 물을 넉넉히 붓고 국수를 삶아 헹구어 물기를 뺀다.
2. 애호박, 당근, 양파는 채 썰어 소금으로 간하여 식용유에 살짝 볶는다.
3. 오이, 양배추는 2와 같은 크기로 채 썬다(5×0.2×0.2cm).
4. 달걀은 지단을 부쳐 가늘게 채 썬다(5×0.2×0.2cm).
5. 비빔국수 양념을 만들어 삶은 국수와 당근, 양파, 오이, 양배추를 넣고 고루 무친다.
6. 비빔국수를 대접에 담고 황백지단과 애호박채를 고명으로 얹는다.

1인 분량의 영양가

영양소	열량 (kcal)	단백질 (g)	지질 (g)	당질 (g)	식이섬유 (g)	칼슘 (mg)	나트륨 (mg)	칼륨 (mg)	철분 (mg)
함 량	529.0	17.0	8.0	93.2	4.9	96.3	950.7	399.6	3.5

영양소	아연 (mg)	비타민 A (μg RE)	비타민 B_1 (mg)	비타민 B_2 (mg)	니아신 (mg)	비타민 B_6 (mg)	엽산 (μg)	비타민 C (mg)	비타민 E (mg)
함 량	1.9	250.1	0.3	0.5	2.3	0.4	50.6	13.6	4.0

출 처

농촌진흥청, 농촌 식생활 향상을 위한 식생활 평가 시스템 개발연구 보고서, 2000

황혜성 · 한복려 · 한복진, 한국의 전통음식, 교문사, 1994

고문헌

시의전서(골동면 : 汨董麵), 조선요리제법(국수비빔), 조선무쌍신식요리제법(국수부빔)

국수 · 수제비

수제비

재 료

밀가루 300g(2¾컵) • 반죽물 100mL(½컵) • 감자 300g(2개) • 애호박 100g(¼개) • 멸치 30g(15마리) • 달걀 50g(1개) • 물 2L(10컵) • 다진 마늘 12g(1큰술) • 국간장 8g(½큰술) • 대파 35g(1뿌리) • 소금 6g(1⅔작은술) • 들기름 2g(½작은술)

만드는 법

1. 밀가루에 소금, 물을 넣고 끈기나게 반죽을 한다.
2. 냄비에 물을 붓고 멸치로 장국국물을 우려 낸다.
3. 감자는 부채꼴 모양으로 썰고, 애호박은 얇게 채 썰고(5×0.2×0.2cm), 대파는 어슷썬다(0.3cm).
4. 장국국물에 감자를 넣고 소금과 국간장으로 간을 맞추어 끓인다.
5. 펄펄 끓으면 손에 물을 축여서 밀가루 반죽을 얇게 떼어 넣어 끓인다.
6. 수제비가 익어서 위로 떠오르면 애호박, 다진 마늘, 대파를 넣고 끓인다.
7. 달걀을 풀어 넣어 다시 한소끔 더 끓인다.

1인 분량의 영양가

영양소	열량 (kcal)	단백질 (g)	지질 (g)	당질 (g)	식이섬유 (g)	칼슘 (mg)	나트륨 (mg)	칼륨 (mg)	철분 (mg)
함 량	367.8	17.0	4.5	69.5	4.0	200.8	977.0	709.5	2.5
영양소	아연 (mg)	비타민 A (μg RE)	비타민 B_1 (mg)	비타민 B_2 (mg)	니아신 (mg)	비타민 B_6 (mg)	엽산 (μg)	비타민 C (mg)	비타민 E (mg)
함 량	1.3	60.3	0.3	0.1	3.6	0.4	39.0	28.4	1.9

출 처
농촌진흥청, 농촌 식생활 향상을 위한 식생활 평가 시스템 개발연구 보고서, 2000

사 진
농촌진흥청, 농촌 식생활 향상을 위한 식생활 평가 시스템 개발연구 보고서, 2000

고문헌
식료찬요(수제비), 산림경제(산약발어 : 山藥撥魚), 조선요리제법(수제비), 조선무쌍신식요리제법(운두병 : 雲頭餠)

1인 분량의 영양가

영양소	열량 (kcal)	단백질 (g)	지질 (g)	당질 (g)	식이섬유 (g)	칼슘 (mg)	나트륨 (mg)	칼륨 (mg)	철분 (mg)
함 량	346.8	19.7	8.4	49.1	3.6	178.1	926.5	362.0	3.2

영양소	아연 (mg)	비타민 A (μg RE)	비타민 B_1 (mg)	비타민 B_2 (mg)	니아신 (mg)	비타민 B_6 (mg)	엽산 (μg)	비타민 C (mg)	비타민 E (mg)
함 량	1.9	89.3	0.2	0.2	4.7	0.6	36.6	6.9	1.2

떡만둣국

재료

가래떡 100g

만두소 닭고기 150g • 두부 150g(1/3모) • 숙주(삶은 것) 100g • 양파 40g(1/4개) • 당면(삶은 것) 100g • 달걀 50g(1개) • 김 4g(2장) • 다진 마늘 24g(2큰술) • 소금 4g(1작은술) • 참기름 3g(1작은술) • 후춧가루 1g(1/3작은술) • 대파 25g(2/3뿌리)

만두피 밀가루 110g(1컵) • 물 50mL(1/4컵) • 소금 1g(1/4작은술)

장국국물 멸치 16g(8마리) • 물 1.6L(8컵) • 국간장 18g(1큰술)

고명 대파 10g(1/4뿌리) • 김 4g(2장)

만드는 법

1. 밀가루에 소금 1/4작은술과 물을 넣어 반죽하여 동그랗고 얇게 밀어 만두피를 만든다.
2. 삶은 숙주와 양파를 곱게 다지고, 두부도 물기를 꼭 짜 으깨고, 닭고기는 살코기 부분으로 준비하여 곱게 다져 놓고, 당면은 삶아서 잘게 썰어 놓는다. 대파는 반은 다지고 반은 어슷썬다(0.3cm).
3. 2의 재료에 소금, 다진 파와 다진 마늘, 참기름, 후춧가루를 넣어 양념하여 여기에 달걀을 풀어 1/3 정도를 넣고 잘 치대어 만두피에 적당량씩 꼭꼭 눌러 넣어 예쁘게 빚어 놓는다.
4. 장국국물에 가래떡과 빚어 놓은 만두를 넣고 국간장으로 간을 한 다음 끓어오르면 어슷썬 대파와 김가루를 얹어 낸다.

2

3

4

출처
농촌진흥청, 농촌 식생활 향상을 위한 식생활 평가 시스템 개발연구 보고서, 2000

조리시연자
김동희, 서울특별시 동작구 신대방1동

만두

재료

만두소 돼지고기(등심) 160g • 두부 160g(1/3모) • 당면 40g • 김치 200g • 다진 마늘 12g(1큰술) • 다진 파 6g (2작은술) • 소금 8g(1/2큰술) • 참기름 10g(3/4큰술) • 후춧가루 약간

만두피 밀가루 110g(1컵) • 물 50mL(1/4컵) • 소금 약간

만드는 법

1. 밀가루에 소금을 넣어 반죽하여 30분 정도 두었다가 치댄 후 얇게 밀어서 지름 8cm의 둥근 모양으로 떠서 만두피를 만든다.
2. 돼지고기는 살코기 부분으로 준비하여 곱게 다져 놓고, 두부도 물기를 꼭 짜 으깨고, 당면은 삶아서 잘게 썰어 놓는다.
3. 김치는 살짝 물에 헹궈 낸 후 곱게 다져 놓는다.
4. 준비해 놓은 재료에 소금, 참기름, 후춧가루, 다진 파와 다진 마늘을 넣어 잘 치대어 만두피에 적당량씩 꼭꼭 눌러 넣어 예쁘게 빚어 놓는다.
5. 찜통에 젖은 행주를 깐 다음 만두를 겹치지 않게 놓고 약 5분 정도 찐다.

1인 분량의 영양가

영양소	열량 (kcal)	단백질 (g)	지질 (g)	당질 (g)	식이섬유 (g)	칼슘 (mg)	나트륨 (mg)	칼륨 (mg)	철분 (mg)
함량	286.7	15.9	11.0	32.5	3.6	102.3	1,273.1	328.4	2.6

영양소	아연 (mg)	비타민 A (μg RE)	비타민 B_1 (mg)	비타민 B_2 (mg)	니아신 (mg)	비타민 B_6 (mg)	엽산 (μg)	비타민 C (mg)	비타민 E (mg)
함량	1.4	28.0	0.3	0.1	3.3	0.4	39.3	8.4	1.2

출 처
농촌진흥청, 농촌 식생활 향상을 위한 식생활 평가 시스템 개발연구 보고서, 2000

사 진
농촌진흥청, 농촌 식생활 향상을 위한 식생활 평가 시스템 개발연구 보고서, 2000

만두

어만두

재료

민어(또는 도미, 광어) 200g • 쇠고기(우둔) 100g • 숙주 50g • 건표고버섯 10g(4개) • 목이버섯 5g • 석이버섯 3g(3개) • 애호박 80g(¼개) • 오이 35g(¼개) • 당근 20g • 붉은 고추 15g(1개) • 녹두 전분 40g(¼컵) • 쑥갓 30g • 소금 18g(1큰술) • 흰후춧가루 약간

쇠고기 양념 간장 17g(1큰술) • 다진 파 6g(2작은술) • 다진 마늘 6g(1작은술) • 설탕 6g(½큰술) • 참기름 6g(½큰술) • 깨소금 1g(½작은술) • 후춧가루 약간

소 양념 소금 4g(1작은술) • 다진 파 9g(1큰술) • 다진 마늘 3g(½작은술) • 참기름 6g(½큰술) • 깨소금 3g(1작은술) • 후춧가루 약간

만드는 법

1. 생선은 7~8cm 길이로 얇게 포를 떠서 소금과 흰후춧가루를 뿌려 둔다.
2. 쇠고기는 곱게 다져 분량의 양념을 넣고 고루 섞는다.
3. 숙주는 다듬어서 끓는 물에 살짝 데쳐 건져서 소쿠리에 펴 놓아 식힌 뒤에 잘게 썬다.
4. 불려서 손질한 표고버섯(2개)과 목이버섯은 곱게 채 썰어(5×0.2×0.2cm) 볶는다.
5. 애호박은 돌려 깎기하여 껍질만 곱게 채 썰어 소금에 살짝 절였다가 꼭 짠 다음 볶는다.
6. 준비한 쇠고기, 숙주, 표고버섯과 목이버섯, 애호박을 섞어 양념하여 만두소를 만든다.
7. 불린 석이버섯과 표고버섯(2개), 오이, 당근, 붉은 고추는 길이 5cm, 너비 1.5cm 정도로 썰어 녹두 전분을 묻혀 끓는 물에 잠깐 데쳐 식혀 놓는다.
8. 생선 포 뜬 것 1조각씩을 도마에 놓고 안쪽에 녹두 전분을 뿌리고 양념한 소를 한 숟가락씩 떠 놓고 반으로 접어서 만두처럼 만들어 바깥을 꼭꼭 누른 다음 겉에도 전분을 씌워 김 오르는 찜통에 젖은 행주를 깔고 찐다. 생선이 투명하게 되면 익은 것이다.
9. 다 쪄지면 찬물을 한 번 뿌리고 꺼낸 다음 가위로 가장자리를 만두 모양으로 다듬는다.
10. 접시에 쑥갓을 깔고 만두를 담은 다음 7에서 만들어 놓은 고명으로 색깔을 맞추어 보기 좋게 담는다.

1인 분량의 영양가

영양소	열량 (kcal)	단백질 (g)	지질 (g)	당질 (g)	식이섬유 (g)	칼슘 (mg)	나트륨 (mg)	칼륨 (mg)	철분 (mg)
함량	185.4	16.5	6.1	16.5	2.9	66.9	2,215.3	486.7	2.9
영양소	아연 (mg)	비타민 A (μg RE)	비타민 B_1 (mg)	비타민 B_2 (mg)	니아신 (mg)	비타민 B_6 (mg)	엽산 (μg)	비타민 C (mg)	비타민 E (mg)
함량	1.4	167.5	0.1	0.2	3.8	0.4	32.8	17.0	2.2

참고사항

- 생선은 민어, 도미, 광어 등의 흰살 생선이 좋다.
- 녹두 전분을 씌워 찐 음식이기 때문에 찔 때나 꺼낼 때에 찬물을 뿌리는 것이 윤기가 있고 좋다.
- 찌는 대신에 소금물에 삶기도 하고 차게 해서 대접한다.
- 생선에 물이 묻으면 잘 붙지 않으므로 물기가 있으면 마른 행주로 꼭꼭 눌러서 물기를 완전히 거두어야 한다.

출처

정순자, 한국조리, 신광출판사, 1990
강인희, 한국의 맛, 대한교과서주식회사, 1993
황혜성 · 한복려 · 한복진, 한국의 전통음식, 교문사, 1994

떡국

재료

가래떡 670g • 달걀 50g(1개) • 쇠고기(양지머리) 100g • 물 2L(10컵) • 대파 20g(1/2뿌리) • 다진 마늘 4g(2/3작은술) • 국간장 8g(1/2큰술) • 소금 8g(1/2큰술) • 참기름 2g(1/2작은술)

만드는 법

1. 쇠고기는 핏물을 뺀 후 덩어리째 삶는다.
2. 쇠고기를 건져 내 적당한 크기로 자른 후 다시 국물에 넣는다.
3. 가래떡을 어슷한 둥근 모양으로 썰어 물에 씻어 건진다.
4. 2에 떡을 넣고 한소끔 끓으면 달걀 푼 것, 어슷썬 대파, 다진 마늘을 넣는다.
5. 국간장과 소금을 넣고 간을 맞춘 후 마지막에 참기름을 넣는다.

영양소 분석

영양소	열량 (kcal)	단백질 (g)	지질 (g)	당질 (g)	식이섬유 (g)	칼슘 (mg)	나트륨 (mg)	칼륨 (mg)	철분 (mg)
함량	472.1	14.2	5.5	88.7	2.0	20.3	1,143.8	142.6	1.7

영양소	아연 (mg)	비타민 A (μg RE)	비타민 B_1 (mg)	비타민 B_2 (mg)	니아신 (mg)	비타민 B_6 (mg)	엽산 (μg)	비타민 C (mg)	비타민 E (mg)
함량	1.3	30.2	0.1	0.1	4.4	0.6	4.4	1.6	0.5

출처

농촌진흥청 농촌생활연구소(현 농촌자원개발연구소), 소비자가 알기 쉬운 식품영양가표, 2002
서울특별시 교육청, 중 · 고등학생을 위한 학교급식 표준식단, 2002

고문헌

도문대작(떡국), 시의전서(떡국), 조선요리제법(흰떡국), 조선무쌍신식요리제법(병탕 : 餅湯)

생떡국

재 료

멥쌀가루 360g(2⅓컵) • 반죽물 100mL(½컵) • 쇠고기(양지머리) 100g • 달걀 50g(1개) • 대파 20g(½뿌리) • 물 1.6L(8컵) • 국간장 17g(1큰술) • 소금 4g(1작은술)

쇠고기 양념 간장 7g(1작은술) • 다진 파 2g(½작은술) • 다진 마늘 3g(½작은술) • 설탕 3g(1작은술) • 참기름 3g(1작은술) • 깨소금 3g(1작은술) • 후춧가루 약간

만드는 법

1. 쇠고기는 굵게 채 썰어 양념하여 볶다가 물을 붓고 끓여 맑은 육수를 준비한다.
2. 대파는 어슷하게 썰고(0.3cm), 달걀은 지단을 부쳐서 마름모 모양으로 썬다(사방 2cm).
3. 멥쌀가루를 익반죽해서 치대어 흰 떡가래처럼 밀어 보통 가래떡보다 조금 두껍게 썰어 1의 끓는 육수에 넣고 다시 끓인다.
4. 떡이 익어서 위로 떠오르면 대파를 넣고 국간장과 소금으로 간을 맞춰 잠깐 더 끓인 다음 대접에 뜨고 지단을 얹는다.

참고사항

지방에 따라서는 찹쌀가루를 익반죽하여 경단같이 만들어 끓이기도 한다.

1인 분량의 영양가

영양소	열량 (kcal)	단백질 (g)	지질 (g)	당질 (g)	식이섬유 (g)	칼슘 (mg)	나트륨 (mg)	칼륨 (mg)	철분 (mg)
함 량	411.0	13.6	6.1	71.6	1.2	27.8	785.3	221.0	1.3

영양소	아연 (mg)	비타민 A (μg RE)	비타민 B_1 (mg)	비타민 B_2 (mg)	니아신 (mg)	비타민 B_6 (mg)	엽산 (μg)	비타민 C (mg)	비타민 E (mg)
함 량	1.5	30.9	0.1	0.1	2.2	0.5	7.4	1.7	0.6

출 처

정순자, 한국조리, 신광출판사, 1990
강인희, 한국의 맛, 대한교과서주식회사, 1993

1인 분량의 영양가(사골 제외)

영양소	열량 (kcal)	단백질 (g)	지질 (g)	당질 (g)	식이섬유 (g)	칼슘 (mg)	나트륨 (mg)	칼륨 (mg)	철분 (mg)
함 량	135.7	11.0	4.6	0.8	0.2	7.9	1,121.6	139.4	1.2

영양소	아연 (mg)	비타민 A (μg RE)	비타민 B_1 (mg)	비타민 B_2 (mg)	니아신 (mg)	비타민 B_6 (mg)	엽산 (μg)	비타민 C (mg)	비타민 E (mg)
함 량	1.2	11.2	0.0	0.1	2.6	0.1	3.1	1.6	0.1

국

곰국(곰탕)

재료

사골 1.1kg • 쇠고기(양지머리) 300g • 물 4L(20컵) • 송송썬 쪽파 8g(1큰술) • 다진 마늘 8g(2/3큰술) • 소금 13g(2/3큰술) • 후춧가루 1g(1/3작은술)

만드는 법

1. 사골은 찬물에 담가 두어 핏물을 뺀 다음 물을 붓고 약한 불에 국물이 뽀얗게 우러나올 정도로 끓인다.
2. 끓이는 동안 표면에 뜨는 겉기름과 불순물은 계속 제거한다.
3. 국물이 뽀얗게 우러난 후 쇠고기 덩어리를 넣어 끓인다. 고기가 다 익으면 건져 내어 얇게 저민다.
4. 상에 낼 때에는 국물에 저며 놓은 고기를 넣은 후 소금과 후춧가루, 송송썬 쪽파, 다진 마늘을 곁들인다.

1

1

2

3

❀ 참고사항

사골은 재탕하여 먹어도 좋다.

출 처

농촌진흥청, 농촌 식생활 향상을 위한 식생활 평가 시스템 개발연구 보고서, 2000
농촌진흥청 농촌생활연구소(현 농촌자원개발연구소), 소비자가 알기 쉬운 식품영양가표, 2002

조리시연자

김동희, 서울특별시 동작구 신대방1동

고문헌

시의전서(고음(膏飮)국), 조선요리제법(곰국), 조선무쌍신식요리제법(곰국)

1인 분량의 영양가

영양소	열량 (kcal)	단백질 (g)	지질 (g)	당질 (g)	식이섬유 (g)	칼슘 (mg)	나트륨 (mg)	칼륨 (mg)	철분 (mg)
함 량	13.4	1.0	0.2	2.6	2.8	46.8	1,729.9	337.6	0.5

영양소	아연 (mg)	비타민 A (μg RE)	비타민 B_1 (mg)	비타민 B_2 (mg)	니아신 (mg)	비타민 B_6 (mg)	엽산 (μg)	비타민 C (mg)	비타민 E (mg)
함 량	0.3	55.7	0.0	0.1	0.5	0.0	46.5	11.2	0.5

미역오이냉국

재 료

마른 미역 16g • 오이 140g(1개) • 물 1.2L(6컵) • 풋고추 15g(1개) • 붉은 고추 15g(1개) • 식초 14g(1큰술) • 소금 18g(1큰술)

만드는 법

1. 마른 미역은 물에 불렸다가 깨끗이 씻은 후 적당한 크기로 잘라 그릇에 담고 물을 붓는다.
2. 오이는 채 썰고(5×0.2×0.2cm), 풋고추와 붉은 고추는 어슷썬다(0.3cm).
3. 1에 2의 준비한 재료를 넣고 소금, 식초를 넣어 간을 맞춘다.

1

3

3

3

조리시연자
김동희, 시울특별시 동작구 신대방1동

1인 분량의 영양가

영양소	열량 (kcal)	단백질 (g)	지질 (g)	당질 (g)	식이섬유 (g)	칼슘 (mg)	나트륨 (mg)	칼륨 (mg)	철분 (mg)
함 량	110.6	12.9	4.9	3.2	1.3	94.7	900.5	321.1	1.4

영양소	아연 (mg)	비타민 A (μg RE)	비타민 B_1 (mg)	비타민 B_2 (mg)	니아신 (mg)	비타민 B_6 (mg)	엽산 (μg)	비타민 C (mg)	비타민 E (mg)
함 량	0.4	31.1	0.1	0.1	1.1	0.1	10.1	8.3	1.6

국

북엇국

재 료

북어 50g(⅓마리) • 무 200g(¼개) • 달걀 60g(1개) • 두부 60g • 물 1.2L(6컵) • 대파 10g(⅓뿌리) • 참기름 9g(¾큰술) • 국간장 17g(1큰술) • 다진 마늘 4g(⅔작은술) • 소금 6g(⅓큰술) • 후춧가루 1g(⅓작은술)

만드는 법

1. 북어포는 잘게 찢어 물에 불려 놓는다.
2. 무는 나박썰기(2.5×2.×0.3cm) 한다.
3. 두부는 먹기 좋은 크기로 썰고, 대파는 어슷썬다(0.3cm).
4. 냄비에 불린 북어포와 참기름을 넣어 볶다가 썰어 놓은 무를 넣어 같이 볶는다.
5. 4의 냄비에 물을 붓고 끓인 후 두부를 넣어 다시 한번 끓인다.
6. 달걀을 풀어 넣고 어슷썬 파, 다진 마늘, 후춧가루를 넣어 양념하고, 국간장과 소금으로 간을 맞춘다.

1

4

6

6

출 처
농촌진흥청, 농촌 식생활 향상을 위한 식생활 평가 시스템 개발연구 보고서, 2000

조리시연자
김동희, 서울특별시 동작구 신대방1동

1인 분량의 영양가

영양소	열량 (kcal)	단백질 (g)	지질 (g)	당질 (g)	식이섬유 (g)	칼슘 (mg)	나트륨 (mg)	칼륨 (mg)	철분 (mg)
함 량	79.6	8.2	3.6	3.9	3.3	69.9	895.1	554.9	1.3

영양소	아연 (mg)	비타민 A (μg RE)	비타민 B_1 (mg)	비타민 B_2 (mg)	니아신 (mg)	비타민 B_6 (mg)	엽산 (μg)	비타민 C (mg)	비타민 E (mg)
함 량	1.1	9.3	0.0	0.1	2.2	0.1	76.9	1.9	0.8

국

쇠고기미역국(미역국)

재 료

마른 미역 30g • 쇠고기(양지머리) 120g • 물 1.6L(8컵) • 다진 마늘 12g(1큰술) • 국간장 28g($1\frac{2}{3}$큰술) • 참기름 3g(1작은술) • 소금 약간

만드는 법

1. 마른 미역은 물에 불린 후 적당히 썰고 국간장을 약간 넣어 무쳐 둔다.
2. 쇠고기는 잘게 썰어 냄비에 참기름과 다진 마늘을 넣고 볶는다. 고기가 어느 정도 익으면 썰어 놓은 미역을 넣고 같이 볶는다.
3. 쇠고기와 미역을 볶은 냄비에 물을 부은 후 오랫동안 끓인다.
4. 마지막에 국간장과 소금으로 간을 하여 낸다.

1

1

2

3

✻ 참고사항

쇠고기 대신 홍합이나 바지락을 넣어서 끓이면 국물이 시원하다.

출 처

농촌진흥청, 농촌 식생활 향상을 위한 식생활 평가 시스템 개발연구 보고서, 2000

조리시연자

김동희, 서울특별시 동작구 신대방1동

1인 분량의 영양가

영양소	열량 (kcal)	단백질 (g)	지질 (g)	당질 (g)	식이섬유 (g)	칼슘 (mg)	나트륨 (mg)	칼륨 (mg)	철분 (mg)
함량	53.2	5.2	1.3	6.2	6.1	236.8	699.5	165.4	7.7

영양소	아연 (mg)	비타민 A (μg RE)	비타민 B_1 (mg)	비타민 B_2 (mg)	니아신 (mg)	비타민 B_6 (mg)	엽산 (μg)	비타민 C (mg)	비타민 E (mg)
함량	0.2	44.6	0.0	0.0	0.9	0.1	6.4	0.7	0.3

국

시래기된장국(시래기국)

재 료

무청(말린 것) 100g • 멸치 12g(6마리) • 물 1.6L(8컵) • 된장 60g(3⅓큰술) • 대파 8g(¼뿌리) • 다진 마늘 12g(1큰술) • 소금 약간

만드는 법

1. 멸치에 물을 부어 끓여 장국국물을 만든다.
2. 무청 말린 것은 따뜻한 물에 충분하게 불려 씻은 후 꼭 짜서 잘게 썰어 놓고 된장을 넣어 손으로 시래기를 주물러 놓는다.
3. 장국국물에 시래기를 넣고 약한 불에서 오랫동안 끓인 후 어슷썬 파(0.3cm), 다진 마늘을 넣고 소금으로 간을 맞춘다.

1

2

2

3

출 처

농촌진흥청, 농촌 식생활 향상을 위한 식생활 평가 시스템 개발연구 보고서, 2000

조리시연자

김동희, 서울특별시 동작구 신대방1동

1인 분량의 영양가

영양소	열량 (kcal)	단백질 (g)	지질 (g)	당질 (g)	식이섬유 (g)	칼슘 (mg)	나트륨 (mg)	칼륨 (mg)	철분 (mg)
함량	34.3	5.2	1.1	2.0	2.0	110.0	791.2	266.8	0.8

영양소	아연 (mg)	비타민 A (μg RE)	비타민 B_1 (mg)	비타민 B_2 (mg)	니아신 (mg)	비타민 B_6 (mg)	엽산 (μg)	비타민 C (mg)	비타민 E (mg)
함량	0.4	71.5	0.1	0.1	1.2	0.5	7.4	4.5	0.7

콩나물국

재 료

콩나물 200g • 멸치 20g(10마리) • 물 1.6L(8컵) • 대파 20g(½뿌리) • 다진 마늘 12g(⅔큰술) • 소금 10g (½큰술) • 고춧가루 8g(1⅔큰술)

만드는 법

1. 멸치에 물을 부어 끓여 국물을 낸 후 멸치는 건져 낸다.
2. 1에 콩나물을 넣고 뚜껑을 덮어 한소끔 끓인다.
3. 대파는 어슷썬다(0.3cm).
4. 어슷썬 파와 다진 마늘, 고춧가루를 넣고 소금으로 간을 맞춘다.

1

2

4

4

참고사항

지역에 따라 고춧가루를 넣지 않고 맑은 국으로 끓이기도 한다.

출 처

농촌진흥청, 농촌 식생활 향상을 위한 식생활 평가 시스템 개발연구 보고서, 2000
서울특별시 교육청, 중 · 고등학생을 위한 학교급식 표준식단, 2002

조리시연자

김동희, 서울특별시 동작구 신대방1동

고문헌

조선요리제법(콩나물국)

1인 분량의 영양가

영양소	열량 (kcal)	단백질 (g)	지질 (g)	당질 (g)	식이섬유 (g)	칼슘 (mg)	나트륨 (mg)	칼륨 (mg)	철분 (mg)
함 량	145.6	20.5	4.2	5.8	2.0	83.1	927.4	508.6	1.9
영양소	아연 (mg)	비타민 A (μg RE)	비타민 B_1 (mg)	비타민 B_2 (mg)	니아신 (mg)	비타민 B_6 (mg)	엽산 (μg)	비타민 C (mg)	비타민 E (mg)
함 량	1.8	141.8	0.1	0.3	4.1	0.3	30.5	10.7	2.7

해물탕

재 료

꽃게 250g(1마리) • 낙지 60g(1/4마리) • 오징어 80g(1/4마리) • 새우살 25g • 모시조개 25g • 조갯살 25g • 무 40g • 애호박 30g • 쑥갓 15g • 양파 30g • 풋고추 5g(1/3개) • 붉은 고추 5g(1/3개) • 대파 10g(1/4뿌리) • 물 적량 • 고추장 18g(1큰술)

다진 양념 다진 마늘 6g(1작은술) • 고춧가루 10g(2큰술) • 소금 5g(1 1/2작은술) • 다진 생강 3g(1/2작은술)

만드는 법

1. 무를 너비 3cm, 길이 4cm의 직사각형으로 썰고, 애호박은 반달썰기 한다.
2. 끓는 물에 고추장을 풀고 무를 넣어 끓인다.
3. 오징어는 내장을 제거하고 깨끗하게 씻어 껍질을 제거한 후 몸통은 둥글게 썰고 다리는 적당한 길이로 썬다.
4. 양파는 굵게 채 썰고, 풋고추, 붉은 고추, 대파는 어슷썬 다음(0.3cm) 쑥갓을 3cm 길이로 썬다.
5. 2가 끓으면 게, 낙지, 오징어, 새우살, 모시조개, 조갯살 등을 넣고 애호박, 양파, 풋고추, 붉은 고추, 대파를 넣어 끓이다가 다진 양념으로 간을 맞춘 후 마지막에 쑥갓을 넣는다.

1

2

5

5

❋ 참고사항

끓일 때 생기는 거품을 제거하면서 끓인다.

출 처
서울특별시 교육청, 중 · 고등학생을 위한 학교급식 표준식단, 2002

조리시연자
김동희, 서울특별시 동작구 신대방1동

국

감자국

재 료

감자 440g(3개) • 멸치 20g(10마리) • 된장 45g(2½큰술) • 물 1.6L(8컵) • 다진 마늘 8g(⅔큰술) • 대파 12g(⅓뿌리) • 국간장 12g(¾큰술)

만드는 법

1. 감자는 깨끗이 다듬어서 0.5cm 두께로 부채꼴 모양으로 썬다.
2. 멸치로 장국국물을 우려 낸 후 된장을 풀어 감자를 넣고 끓인다.
3. 어슷썬 대파와 다진 마늘, 국간장을 넣어 간을 맞춘다.

1인 분량의 영양가

영양소	열량 (kcal)	단백질 (g)	지질 (g)	당질 (g)	식이섬유 (g)	칼슘 (mg)	나트륨 (mg)	칼륨 (mg)	철분 (mg)
함 량	98.9	7.3	1.0	15.6	2.1	115.4	825.1	625.4	1.5
영양소	아연 (mg)	비타민 A (μg RE)	비타민 B_1 (mg)	비타민 B_2 (mg)	니아신 (mg)	비타민 B_6 (mg)	엽산 (μg)	비타민 C (mg)	비타민 E (mg)
함 량	0.7	3.9	0.1	0.1	2.5	0.4	21.3	23.9	0.5

출 처
농촌진흥청, 농촌 식생활 향상을 위한 식생활 평가 시스템 개발연구 보고서, 2000

사 진
농촌진흥청, 농촌 식생활 향상을 위한 식생활 평가 시스템 개발연구 보고서, 2000

국

김칫국(김치콩나물국)

재 료

배추김치 150g • 두부 60g • 콩나물 100g • 멸치 15g(8마리) • 물 1.6L(8컵) • 대파 10g(1/4뿌리) • 다진 마늘 4g(2/3작은술) • 참기름 2g(1/3작은술) • 소금 3g(2/3작은술) • 고춧가루 4g(2작은술)

만드는 법

1. 김치는 먹기 좋은 크기로 썰어 놓고, 두부는 깍둑썰기(사방 2cm) 하고 대파는 어슷썬다.
2. 냄비에 물을 넣어 멸치를 우려 낸 후 건져 낸다.
3. 2에 김치, 콩나물을 넣어 끓인 후 두부를 넣어 다시 한번 두부가 떠오를 때까지 끓인다.
4. 어슷썬 파, 다진 마늘, 고춧가루, 참기름을 넣어 양념하고 소금으로 간을 맞춘다.

1인 분량의 영양가

영양소	열량 (kcal)	단백질 (g)	지질 (g)	당질 (g)	식이섬유 (g)	칼슘 (mg)	나트륨 (mg)	칼륨 (mg)	철분 (mg)
함 량	46.3	5.6	2.0	2.6	2.6	126.5	789.5	289.6	1.2

영양소	아연 (mg)	비타민 A (µg RE)	비타민 B_1 (mg)	비타민 B_2 (mg)	니아신 (mg)	비타민 B_6 (mg)	엽산 (µg)	비타민 C (mg)	비타민 E (mg)
함 량	0.4	54.8	0.1	0.1	1.4	0.4	24.0	8.1	0.7

출 처

농촌진흥청 농촌생활연구소(현 농촌자원개발연구소), 소비자가 알기 쉬운 식품영양가표, 2002
서울특별시 교육청, 중 · 고등학생을 위한 학교급식 표준식단, 2002

사 진

농촌진흥청, 농촌 식생활 향상을 위한 식생활 평가 시스템 개발연구 보고서, 2000

국

달걀국

재 료

달걀 100g(2개) • 양파 20g • 물 1.2L(6컵) • 대파 20g(½뿌리) • 깨소금 3g(1작은술) • 소금 6g(1⅓큰술) • 다진 마늘 6g(1작은술)

만드는 법

1. 냄비에 물을 넣은 후 팔팔 끓인다.
2. 물이 끓으면 채 썬 양파와 다진 마늘, 소금을 넣어 양념을 한다.
3. 달걀을 풀어 소금 간을 해서 끓는 물에 천천히 부으면서 젓는다.
4. 국물이 맑게 될 때까지 끓인 다음 어슷썬 대파와 깨소금을 넣는다.

1인 분량의 영양가

영양소	열량 (kcal)	단백질 (g)	지질 (g)	당질 (g)	식이섬유 (g)	칼슘 (mg)	나트륨 (mg)	칼륨 (mg)	철분 (mg)
함 량	48.8	3.6	3.2	1.3	0.4	26.5	559.4	59.1	0.7
영양소	아연 (mg)	비타민 A (μg RE)	비타민 B_1 (mg)	비타민 B_2 (mg)	니아신 (mg)	비타민 B_6 (mg)	엽산 (μg)	비타민 C (mg)	비타민 E (mg)
함 량	0.3	45.5	0.0	0.1	0.1	0.1	3.1	1.6	0.3

출 처
농촌진흥청, 농촌 식생활 향상을 위한 식생활 평가 시스템 개발연구 보고서, 2000
농촌진흥청 농촌생활연구소(현 농촌자원개발연구소), 소비자가 알기 쉬운 식품영양가표, 2002

사 진
농촌진흥청, 농촌 식생활 향상을 위한 식생활 평가 시스템 개발연구 보고서, 2000

고문헌
음식디미방(달걀탕), 주방문(달걀탕), 조선무쌍신식요리제법(달걀탕 : 鷄卵湯)

국

닭국(닭고기국)

재료

닭고기 220g • 무 100g • 대파 10g($\frac{1}{4}$뿌리) • 양파 20g • 물 1.6L(8컵) • 다진 마늘 6g(1작은술) • 소금 3g($\frac{3}{4}$작은술) • 고춧가루 4g(2작은술) • 고추장 9g($\frac{1}{2}$큰술) • 후춧가루 약간

만드는 법

1. 닭을 깨끗이 손질하여 푹 삶는다.
2. 삶은 닭을 소쿠리에 건져 식힌 다음 살을 발라 낸다.
3. 1의 육수에 무를 넣고 끓인다.
4. 대접에 닭고기, 고추장, 고춧가루, 채 썬 양파, 후춧가루를 넣고 버무린 후 끓는 물에 넣고 다시 끓인다.
5. 한참 끓이다가 다진 마늘, 채 썬 파를 넣은 후 소금으로 간을 맞춘다.

1인 분량의 영양가

영양소	열량 (kcal)	단백질 (g)	지질 (g)	당질 (g)	식이섬유 (g)	칼슘 (mg)	나트륨 (mg)	칼륨 (mg)	철분 (mg)
함량	108.9	10.8	5.9	2.7	1.1	17.3	280.4	207.6	0.9
영양소	아연 (mg)	비타민 A (μg RE)	비타민 B_1 (mg)	비타민 B_2 (mg)	니아신 (mg)	비타민 B_6 (mg)	엽산 (μg)	비타민 C (mg)	비타민 E (mg)
함량	1.3	73.5	0.1	0.1	4.3	0.2	7.9	6.1	0.3

출처
농촌진흥청, 농촌 식생활 향상을 위한 식생활 평가 시스템 개발연구 보고서, 2000

사진
농촌진흥청, 농촌 식생활 향상을 위한 식생활 평가 시스템 개발연구 보고서, 2000

고문헌
증보산림경제(총계탕 : 葱鷄湯), 조선요리제법(닭국), 조선무쌍신식요리제법(총계탕 : 葱鷄湯)

대구국(탕)

재 료

대구 300g • 콩나물 100g • 무 100g • 물 1.6L(8컵) • 대파 20g(½뿌리) • 다진 마늘 6g(1작은술) • 된장 60g(3큰술) • 고추장 20g(1큰술)

만드는 법

1. 대구는 비늘을 긁고 깨끗이 씻어 4~5cm 길이로 어슷하게 토막을 낸다.
2. 무는 나박썰기(2.5×2.5×0.3cm)로 썰어 놓는다. 대파는 굵게 어슷썬다(0.3cm).
3. 콩나물은 뿌리를 다듬고 깨끗하게 씻는다.
4. 무와 콩나물은 물 2컵을 붓고 잘 익힌 후 나머지 물 6컵에 고추장과 된장을 풀어 넣고 끓인다.
5. 4가 끓어오르면 준비한 생선을 넣고 오래 끓여 생선 맛이 어우러지면 마지막에 어슷썬 파와 다진 마늘을 넣고 한소끔 끓인다.

1인 분량의 영양가

영양소	열량 (kcal)	단백질 (g)	지질 (g)	당질 (g)	식이섬유 (g)	칼슘 (mg)	나트륨 (mg)	칼륨 (mg)	철분 (mg)
함 량	93.5	15.8	1.3	4.3	1.4	35.1	1,133.9	398.7	0.8

영양소	아연 (mg)	비타민 A (μg RE)	비타민 B_1 (mg)	비타민 B_2 (mg)	니아신 (mg)	비타민 B_6 (mg)	엽산 (μg)	비타민 C (mg)	비타민 E (mg)
함 량	0.6	36.9	0.1	0.2	1.6	0.5	13.7	8.4	1.2

출 처

정순자, 한국조리, 신광출판사, 1990
농촌진흥청 농촌생활연구소(현 농촌자원개발연구소), 소비자가 알기 쉬운 식품영양가표, 2002

사 진

농촌진흥청, 농촌 식생활 향상을 위한 식생활 평가 시스템 개발연구 보고서, 2000

국

무국(쇠고기무국, 무맑은장국)

재료

무 300g(1/3개) • 쇠고기(양지머리) 100g • 물 1.6L(8컵) • 다시마 10g(10cm) • 대파 20g(1/2뿌리) • 다진 마늘 12g(1큰술) • 참기름 6g(1/2큰술) • 국간장 6g(1작은술) • 소금 6g(1/2큰술)

쇠고기 양념 국간장 3g(1/2작은술) • 다진 파 2g(1/2작은술) • 다진 마늘 3g(1/2작은술) • 후춧가루 약간

만드는 법

1. 쇠고기는 납작하게 썰어서 쇠고기 양념으로 고루 무친다.
2. 무는 나박썰기(2.5×2.5×0.2cm) 하고, 대파는 어슷하게 썬다.
3. 냄비에 참기름을 두르고 1의 고기를 볶아 색이 변하면 무와 다진 마늘을 넣고 같이 볶아 전체에 고루 기름이 퍼지면 물을 부어 센 불에서 끓인다.
4. 다시마는 젖은 행주를 꼭 짜서 문질러 깨끗이 하여 국에 넣는다.
5. 끓어오르기 시작하면 위에 떠오르는 기름과 거품은 걷어 내고 불을 약하게 줄여서 맛이 충분히 어우러질 때까지 끓이고 국간장과 소금으로 간을 맞춘다.
6. 맛이 충분히 들면 다시마를 건져 내고 어슷썬 대파를 넣고 한소끔 끓인다.

1인 분량의 영양가

영양소	열량 (kcal)	단백질 (g)	지질 (g)	당질 (g)	식이섬유 (g)	칼슘 (mg)	나트륨 (mg)	칼륨 (mg)	철분 (mg)
함량	82.6	6.8	3.9	5.2	2.2	45.6	767.2	450.5	1.4

영양소	아연 (mg)	비타민 A (μg RE)	비타민 B_1 (mg)	비타민 B_2 (mg)	니아신 (mg)	비타민 B_6 (mg)	엽산 (μg)	비타민 C (mg)	비타민 E (mg)
함량	0.7	19.8	0.1	0.1	1.8	0.2	43.0	13.7	0.9

출처
농촌진흥청, 농촌 식생활 향상을 위한 식생활 평가 시스템 개발연구 보고서, 2000

사진
농촌진흥청, 농촌 식생활 향상을 위한 식생활 평가 시스템 개발연구 보고서, 2000

국

무된장국(된장국)

재 료

무 100g • 배추 80g • 두부 200g(1/3모) • 된장 56g(3큰술) • 멸치 8g(4마리) • 물 1.6L(8컵) • 다진 마늘 8g(2/3큰술) • 대파 25g(2/3뿌리) • 국간장 7g(1작은술)

만드는 법

1. 냄비에 물을 붓고 멸치장국국물을 우려 낸 후 된장을 풀어 놓는다.
2. 무와 배추는 나박썰고, 두부는 사방 2cm 크기로 깍둑썰기 한다.
3. 배추와 무를 넣고 끓인 후 두부를 넣어 약한 불에서 오랫동안 끓인다.
4. 어슷썬 파, 다진 마늘로 양념하고 국간장으로 간을 맞춘다.

1인 분량의 영양가

영양소	열량 (kcal)	단백질 (g)	지질 (g)	당질 (g)	식이섬유 (g)	칼슘 (mg)	나트륨 (mg)	칼륨 (mg)	철분 (mg)
함 량	79.0	7.8	2.6	6.1	2.6	146.0	746.7	233.0	2.0
영양소	아연 (mg)	비타민 A (µg RE)	비타민 B_1 (mg)	비타민 B_2 (mg)	니아신 (mg)	비타민 B_6 (mg)	엽산 (µg)	비타민 C (mg)	비타민 E (mg)
함 량	0.6	10.4	0.1	0.1	1.2	0.1	25.4	11.0	0.7

출 처
농촌진흥청, 농촌 식생활 향상을 위한 식생활 평가 시스템 개발연구 보고서, 2000

사 진
농촌진흥청, 농촌 식생활 향상을 위한 식생활 평가 시스템 개발연구 보고서, 2000

국

배춧국

재료

배추 200g • 쇠고기(사태) 80g • 물(또는 쌀뜨물) 1.2L(6컵) • 붉은 고추 20g(1개) • 다진 마늘 8g(2/3큰술) • 대파 20g(1/2뿌리) • 멸치 12g(6마리) • 된장 40g(2 1/4큰술)

만드는 법

1. 배추는 한잎 한잎 깨끗이 닦아 낸 다음 손으로 비틀 듯이 먹기 좋은 크기로 자른다.
2. 냄비에 물을 붓고 멸치를 넣어 국물을 우려 낸 다음 멸치는 건져 낸다.
3. 된장을 체에 밭쳐 2의 국물에 풀고 잘게 썬 쇠고기와 배추를 넣고 끓인다.
4. 어슷썬 파(0.3cm)와 다진 마늘을 넣고 끓이다가 다진 고추를 넣어 칼칼한 맛이 나도록 한다.

1인 분량의 영양가

영양소	열량 (kcal)	단백질 (g)	지질 (g)	당질 (g)	식이섬유 (g)	칼슘 (mg)	나트륨 (mg)	칼륨 (mg)	철분 (mg)
함 량	61.2	8.7	13.4	3.7	1.7	85.3	488.4	292.7	1.1

영양소	아연 (mg)	비타민 A (μg RE)	비타민 B_1 (mg)	비타민 B_2 (mg)	니아신 (mg)	비타민 B_6 (mg)	엽산 (μg)	비타민 C (mg)	비타민 E (mg)
함 량	1.2	14.0	0.1	0.1	2.0	0.2	30.1	19.4	0.4

출 처
농촌진흥청, 농촌 식생활 향상을 위한 식생활 평가 시스템 개발연구 보고서, 2000

사 진
농촌진흥청, 농촌 식생활 향상을 위한 식생활 평가 시스템 개발연구 보고서, 2000

국

시금치된장국

재 료

시금치 200g • 된장 40g(2¼큰술) • 물 1.6L(8컵) • 국멸치 8g(4마리) • 다시마 4g • 다진 마늘 4g(⅔작은술) • 대파 8g(¼뿌리) • 고춧가루 1g(½작은술) • 국간장 약간

만드는 법

1. 멸치와 다시마로 장국국물을 낸다.
2. 시금치는 깨끗이 다듬어 씻어 끓는 물에 데쳐 놓는다.
3. 1에 된장을 풀고 시금치를 넣는다.
4. 고춧가루, 어슷썬 파, 다진 마늘을 넣고 국간장으로 간을 맞춘다.

1인 분량의 영양가

영양소	열량 (kcal)	단백질 (g)	지질 (g)	당질 (g)	식이섬유 (g)	칼슘 (mg)	나트륨 (mg)	칼륨 (mg)	철분 (mg)
함 량	41.5	4.1	0.9	5.3	2.4	73.9	516.4	429.4	1.7
영양소	아연 (mg)	비타민 A (μg RE)	비타민 B_1 (mg)	비타민 B_2 (mg)	니아신 (mg)	비타민 B_6 (mg)	엽산 (μg)	비타민 C (mg)	비타민 E (mg)
함 량	0.4	317.1	0.1	0.2	0.8	0.2	91.2	30.8	1.8

출 처

서울특별시 교육청, 중 · 고등학생을 위한 학교 급식 표준식단, 2002

사 진

농촌진흥청, 농촌 식생활 향상을 위한 식생활 평가 시스템 개발연구 보고서, 2000

국

애호박국

재 료

애호박 200g(1/2개) • 건표고버섯 12g(4개) • 멸치 20g(10마리) • 물 1.6L(8컵) • 된장 50g(2 2/3큰술) • 대파 20g(1/2뿌리) • 국간장 2g(1/3작은술)

만드는 법

1. 냄비에 물을 붓고 멸치를 넣고 끓여 장국국물을 만든다.
2. 애호박은 0.5cm 정도 두께로 반달썰기 한다.
3. 건표고버섯은 물에 불려 0.3cm 너비로 채 썬다.
4. 1의 장국국물에 된장을 잘 풀고 표고버섯을 넣어 끓으면 애호박을 넣고 다시 한번 끓인다.
5. 국이 끓을 때 국간장으로 간을 하고, 어슷썬 대파를 넣는다.

1인 분량의 영양가

영양소	열량 (kcal)	단백질 (g)	지질 (g)	당질 (g)	식이섬유 (g)	칼슘 (mg)	나트륨 (mg)	칼륨 (mg)	철분 (mg)
함량	64.1	5.4	1.2	9.0	1.9	119.6	680.5	382.0	0.9
영양소	아연 (mg)	비타민 A (μg RE)	비타민 B_1 (mg)	비타민 B_2 (mg)	나이신 (mg)	비타민 B_6 (mg)	엽산 (μg)	비타민 C (mg)	비타민 E (mg)
함량	0.3	20.0	0.1	0.1	1.9	0.1	12.2	18.6	1.7

출 처
농촌진흥청, 농촌 식생활 향상을 위한 식생활 평가 시스템 개발연구 보고서, 2000

사 진
농촌진흥청, 농촌 식생활 향상을 위한 식생활 평가 시스템 개발연구 보고서, 2000

국

오징어국

재 료

오징어 200g(⅔마리) • 무 150g • 쪽파 20g • 물 1.6L(8컵) • 소금 12g(⅔큰술) • 고춧가루 5g(1큰술) • 다진 마늘 8g(⅔큰술)

만드는 법

1. 오징어를 깨끗하게 손질하여 길이 5cm, 폭 1.5cm 크기로 썰어 둔다.
2. 무는 나박썰기(2.5×2.5×0.3cm) 한다. 쪽파는 5cm 길이로 썬다.
3. 냄비에 물을 넣고 고춧가루를 푼 다음 무를 넣고 끓인다.
4. 냄비에 오징어, 쪽파, 다진 마늘을 넣고, 소금으로 간을 맞춘다.

1인 분량의 영양가

영양소	열량 (kcal)	단백질 (g)	지질 (g)	당질 (g)	식이섬유 (g)	칼슘 (mg)	나트륨 (mg)	칼륨 (mg)	철분 (mg)
함 량	56.7	9.9	0.7	2.5	1.3	24.4	1,154.2	309.0	0.6

영양소	아연 (mg)	비타민 A (μg RE)	비타민 B_1 (mg)	비타민 B_2 (mg)	니아신 (mg)	비타민 B_6 (mg)	엽산 (μg)	비타민 C (mg)	비타민 E (mg)
함 량	0.7	51.0	0.0	0.1	1.7	0.1	12.1	8.3	1.5

출 처
농촌진흥청, 농촌 식생활 향상을 위한 식생활 평가 시스템 개발연구 보고서, 2000

사 진
농촌진흥청, 농촌 식생활 향상을 위한 식생활 평가 시스템 개발연구 보고서, 2000

국

추어탕

재 료

미꾸라지 280g • 우거지 160g • 물 1.6L(8컵) • 고추장 80g(4½큰술) • 된장 10g(½큰술) • 쪽파 30g • 생강 20g(5쪽) • 통마늘 20g(5쪽) • 다진 마늘 6g(1작은술) • 소금 8g(½큰술) • 들깨 8g(1큰술) • 고춧가루 4g(2작은술) • 참기름 4g(1작은술) • 후춧가루 약간

만드는 법

1. 미꾸라지는 뚜껑이 있는 그릇에 넣고 소금을 뿌려 해감을 토하게 하고 다시 소금물에 여러 번 헹군다.
2. 솥에 미꾸라지, 물, 마늘, 생강, 소금을 넣고 푹 삶은 뒤 분쇄기로 곱게 갈아 놓는다.
3. 2의 국물에 우거지, 고춧가루, 고추장, 된장을 넣고 끓인다.
4. 곱게 갈아 밭친 들깨국물과 송송 썬 쪽파, 다진 마늘, 참기름, 후춧가루를 넣고 소금으로 간한다.

1인 분량의 영양가

영양소	열량 (kcal)	단백질 (g)	지질 (g)	당질 (g)	식이섬유 (g)	칼슘 (mg)	나트륨 (mg)	칼륨 (mg)	철분 (mg)
함 량	167.6	14.7	5.9	14.5	3.3	707.9	1,336.7	421.1	8.8
영양소	아연 (mg)	비타민 A (μg RE)	비타민 B_1 (mg)	비타민 B_2 (mg)	니아신 (mg)	비타민 B_6 (mg)	엽산 (μg)	비타민 C (mg)	비타민 E (mg)
함 량	1.6	287.1	0.2	0.5	2.8	0.5	41.4	3.8	2.5

출 처
한국문화재보호재단, 한국음식대관 제2권, 한림출판사, 1999

사 진
농촌진흥청, 농촌 식생활 향상을 위한 식생활 평가 시스템 개발연구 보고서, 2000

고문헌
조선무쌍신식요리제법(추탕 : 鰌湯)

국

육개장

방법 1

재 료

쇠고기(양지머리) 240g • 대파 50g(1½뿌리) • 무 40g • 고사리(삶은 것) 40g • 숙주나물(삶은 것) 50g • 토란대(삶은 것) 50g • 물 2L(10컵) • 다진 마늘 14g(1큰술) • 국간장 27g(1⅔큰술) • 고춧가루 8g(1⅔큰술) • 후춧가루 2g(½작은술) • 고추기름 5g(1¼작은술)

만드는 법

1. 쇠고기는 덩어리째 푹 삶아 놓는다.
2. 고사리와 토란대는 삶아서 아린 맛을 우려 내고, 숙주는 다듬어 살짝 데쳐 낸다.
3. 쇠고기국물에 대파, 고사리, 토란대, 무를 넣고 푹 끓인 후 마지막에 숙주를 넣고 끓인다.
4. 고춧가루, 다진 마늘, 후춧가루, 고추기름으로 양념하고 국간장으로 간을 맞춘다.

1인 분량의 영양가

영양소	열량 (kcal)	단백질 (g)	지질 (g)	당질 (g)	식이섬유 (g)	칼슘 (mg)	나트륨 (mg)	칼륨 (mg)	철분 (mg)
함량	130.5	15.2	5.9	4.1	2.8	63.1	527.6	365.3	2.5

영양소	아연 (mg)	비타민 A (µg RE)	비타민 B_1 (mg)	비타민 B_2 (mg)	니아신 (mg)	비타민 B_6 (mg)	엽산 (µg)	비타민 C (mg)	비타민 E (mg)
함량	1.6	96.8	0.1	0.2	3.6	0.4	32.6	7.6	0.8

출 처
농촌진흥청, 농촌 식생활 향상을 위한 식생활 평가 시스템 개발연구 보고서, 2000

사 진
농촌진흥청, 농촌 식생활 향상을 위한 식생활 평가 시스템 개발연구 보고서, 2000

방법 2

재 료

쇠고기(양지머리) 300g • 대파 70g(2뿌리) • 물 2.4L(12컵) • 고추장 4g(1작은술) • 국간장 17g(1큰술) • 고춧가루 2g(½큰술) • 참기름 2g(½작은술)

고기 양념 고추장 14g(¾큰술) • 국간장 8g(½큰술) • 참기름 4g(1작은술) • 깨소금 3g(1작은술) • 다진 마늘 6g(1작은술) • 다진 파 5g(½큰술) • 후춧가루 약간

만드는 법

1. 쇠고기는 4cm 길이로 토막을 내어 물을 붓고 약 2~3시간 동안 푹 곤다.
2. 대파는 다듬어 씻어서 4cm의 길이로 썬다.
3. 1의 국물이 ½ 정도로 줄면서 고기가 푹 익었을 때 고기를 건져서 새끼손가락 정도의 굵기로 찢어서 고기 양념으로 잘 주물러 양념하여 다시 끓이던 국에 대파와 같이 넣어 한소끔 끓인다.
4. 양념으로 국간장과 고추장, 참기름을 넣고 고춧가루는 국에 뜬 기름을 건져서 같이 개어 넣으면 국이 맑아진다.
5. 파가 완전히 무를 때까지 끓인다.

1인 분량의 영양가

영양소	열량 (kcal)	단백질 (g)	지질 (g)	당질 (g)	식이섬유 (g)	칼슘 (mg)	나트륨 (mg)	칼륨 (mg)	철분 (mg)
함 량	170.8	17.6	9.1	4.0	1.1	35.8	628.4	274.5	2.3

영양소	아연 (mg)	비타민 A (μg RE)	비타민 B_1 (mg)	비타민 B_2 (mg)	니아신 (mg)	비타민 B_6 (mg)	엽산 (μg)	비타민 C (mg)	비타민 E (mg)
함 량	1.9	71.3	0.1	0.2	4. 2	0.3	11.3	5.7	0.8

출 처

정순자, 한국조리, 신광출판사, 1990

고문헌

시의전서(육개장), 조선요리제법(육개장), 조선무쌍신식요리제법(육개장)

건새우아욱국

재 료

아욱 240g • 건새우 40g • 쌀뜨물 1.6L(8컵) • 된장 50g(3큰술) • 고추장 8g(½큰술) • 대파 15g(⅓뿌리) • 다진 마늘 12g(1큰술)

만드는 법

1. 아욱은 줄기를 꺾어서 껍질을 벗기고 주물러 씻어 아린 맛과 푸른 물을 우려 낸다.
2. 건새우는 마른 행주로 싸서 비벼 수염과 다리를 뗀다.
3. 쌀뜨물에 된장과 고추장을 잘 풀고 건새우를 넣어 토장국을 끓인다.
4. 3의 국물이 충분히 맛이 들면 아욱과 어슷썬 대파와 다진 마늘을 넣어 맛이 잘 어우러지게 끓인다.

참고사항

아욱과 같은 때에 나오는 건새우를 넣고 끓이면 구수하고 맛도 좋다. 건새우 대신 쇠고기 또는 멸치를 넣고 끓이기도 한다.

1인 분량의 영양가

영양소	열량 (kcal)	단백질 (g)	지질 (g)	당질 (g)	식이섬유 (g)	칼슘 (mg)	나트륨 (mg)	칼륨 (mg)	철분 (mg)
함 량	69.8	9.8	1.4	5.4	3.3	277.6	641.8	474.5	1.8
영양소	아연 (mg)	비타민 A (µg RE)	비타민 B_1 (mg)	비타민 B_2 (mg)	니아신 (mg)	비타민 B_6 (mg)	엽산 (µg)	비타민 C (mg)	비타민 E (mg)
함 량	1.1	698.4	0.1	0.1	1.4	0.2	72.7	29.9	1.4

출 처
정순자, 한국조리, 신광출판사, 1990
황혜성 · 한복려 · 한복진, 한국의 전통음식, 교문사, 1994
농촌진흥청 농촌생활연구소(현 농촌자원개발연구소), 소비자가 알기 쉬운 식품영양가표, 2002

냉이된장국(냉잇국)

재 료

냉이 240g • 콩가루 20g • 물 1.2L(6컵) • 대파 20g(½뿌리) • 멸치 16g(8마리) • 된장 40g(2¼큰술) • 고추장 8g(½큰술) • 소금 2g(⅔작은술)

만드는 법

1. 냉이는 누런 잎을 골라 다듬어 깨끗이 씻는다.
2. 끓는 물에 냉이를 살짝 데쳐 찬물에 헹군다.
3. 냄비에 물을 붓고 멸치를 넣어 국물을 우려 낸 뒤 체에 밭친 된장과 고추장을 넣고 끓인다.
4. 국물이 끓을 때 2의 데친 냉이와 어슷썬 대파를 넣고 좀더 끓이다가 소금으로 간을 맞춘다.

1인 분량의 영양가

영양소	열량 (kcal)	단백질 (g)	지질 (g)	당질 (g)	식이섬유 (g)	칼슘 (mg)	나트륨 (mg)	칼륨 (mg)	철분 (mg)
함 량	72.6	7.5	2.2	7.2	4.8	186.2	775.4	416.5	3.9
영양소	아연 (mg)	비타민 A (μg RE)	비타민 B_1 (mg)	비타민 B_2 (mg)	니아신 (mg)	비타민 B_6 (mg)	엽산 (μg)	비타민 C (mg)	비타민 E (mg)
함 량	0.7	127.6	0.1	0.2	1.8	0.2	28.0	45.5	0.9

출 처

농촌진흥청, 농촌 식생활 향상을 위한 식생활 평가 시스템 개발연구 보고서, 2000
농촌진흥청 농촌생활연구소(현 농촌자원개발연구소), 소비자가 알기 쉬운 식품영양가표, 2002

국

동태국

재 료

동태 240g(½마리) • 무 200g • 양파 40g(¼개) • 대파 15g(⅓뿌리) • 물 1.6L(8컵) • 다진 마늘 6g(1작은술) • 다진 생강 3g(1작은술) • 고춧가루 5g(1큰술) • 국간장 10g(⅔큰술) • 소금 4g(1작은술) • 후춧가루 1g(¼작은술)

만드는 법

1. 동태는 비늘을 긁고 내장을 뺀 다음 깨끗이 손질하여 4~5cm로 어슷하게 토막을 낸다.
2. 무는 2.5×2.5×0.2cm로 나박썰기를 한다.
3. 양파는 0.3cm 너비로 채 썰고, 대파는 4~5cm의 길이로 썬다.
4. 냄비에 무를 넣고 끓이고, 끓기 시작하면 양파, 고춧가루, 다진 마늘, 국간장, 소금으로 간을 맞춘다.
5. 국이 끓으면 동태를 넣고 다시 어느 정도 끓었을 때 대파와 다진 생강, 후춧가루를 넣어 다시 한번 끓인다.

1인 분량의 영양가

영양소	열량 (kcal)	단백질 (g)	지질 (g)	당질 (g)	식이섬유 (g)	칼슘 (mg)	나트륨 (mg)	칼륨 (mg)	철분 (mg)
함 량	64.9	10.7	0.6	4.1	1.6	50.2	648.4	330.6	0.7
영양소	아연 (mg)	비타민 A (μg RE)	비타민 B_1 (mg)	비타민 B_2 (mg)	니아신 (mg)	비타민 B_6 (mg)	엽산 (μg)	비타민 C (mg)	비타민 E (mg)
함 량	0.3	55.4	0.1	0.1	1.1	0.1	10.3	9.4	0.9

출 처

염초애 · 장명숙 · 윤숙자, 한국음식, 효일문화사, 1993

농촌진흥청 농촌생활연구소(현 농촌자원개발연구소), 소비자가 알기 쉬운 식품영양가표, 2002

국

배추속대국

재 료

배추속대 300g • 무 100g • 쇠고기(양지머리) 100g • 된장 35g(2큰술) • 고추장 20g(1큰술) • 쌀뜨물 1.6L(8컵) • 소금 약간

쇠고기 양념 간장 10g(½큰술) • 다진 파 6g(½큰술) • 다진 마늘 3g(½작은술) • 참기름 3g(1작은술) • 후춧가루 약간

만드는 법

1. 배추속대는 한 개씩 떼어 깨끗이 씻고 길이 6cm와 너비 2.5cm 정도의 크기로 손으로 찢는다.
2. 무는 깨끗이 씻어 나박썰기 한다(2.5×2.5×0.3cm).
3. 쇠고기는 굵게 채 썰어 양념하여 무쳐 놓는다.
4. 쇠고기를 볶다가 쌀뜨물을 붓고, 된장과 고추장을 체에 밭쳐 넣고 한참을 끓인다.
5. 4에 배추속대와 무를 넣어 푹 무를 때까지 끓여 소금으로 간을 맞춘다.

참고사항

- 뜨기 직전에 연한 파잎과 씨를 발라 썬 풋고추를 넣고 한소끔 끓여 내면 더욱 맛이 있다.
- 소의 도가니, 업진, 차돌박이 등을 푹 고아 한꺼번에 많이 끓이면 깊은 맛이 난다.

1인 분량의 영양가

영양소	열량 (kcal)	단백질 (g)	지질 (g)	당질 (g)	식이섬유 (g)	칼슘 (mg)	나트륨 (mg)	칼륨 (mg)	철분 (mg)
함 량	91.6	8.2	3.7	6.7	2.1	46.3	616.1	346.8	1.3
영양소	**아연 (mg)**	**비타민 A (μg RE)**	**비타민 B_1 (mg)**	**비타민 B_2 (mg)**	**니아신 (mg)**	**비타민 B_6 (mg)**	**엽산 (μg)**	**비타민 C (mg)**	**비타민 E (mg)**
함 량	0.8	32.0	0.1	0.1	2.1	0.3	44.9	25.7	0.7

출 처

정순자, 한국조리, 신광출판사, 1990
강인희, 한국의 맛, 대한교과서주식회사, 1993
황혜성 · 한복려 · 한복진, 한국의 전통음식, 교문사, 1994

사골우거지국

재 료

쇠고기(양지머리) 200g • 콩나물 80g • 얼갈이배추 240g • 물 2L(10컵) • 대파 40g(1뿌리) • 다진 마늘 8g(2/3큰술) • 고추장 12g(2/3큰술) • 된장 48g(2 2/3큰술) • 참기름 4g(1작은술) • 고춧가루 4g(2작은술)

만드는 법

1. 쇠고기는 씻어 놓고 콩나물도 다듬어 씻어 놓는다.
2. 얼갈이배추는 삶아서 찬물에 헹군 다음 물기를 짜서 5cm 정도로 썰고 대파는 어슷썬다 (0.3cm).
3. 2에 된장과 고추장을 조금 넣고 다진 마늘, 참기름을 넣어 무친다.
4. 솥에 물을 넉넉히 붓고 쇠고기를 넣어 푹 끓인다.
5. 고기가 푹 익으면 고기를 꺼내 식힌 뒤 얄팍하게 썰고 국물에 된장을 풀어 한소끔 끓인다.
6. 5에 양념한 우거지, 콩나물, 고기, 마늘, 파, 고춧가루를 넣고 더 끓인다.

1인 분량의 영양가

영양소	열량 (kcal)	단백질 (g)	지질 (g)	당질 (g)	식이섬유 (g)	칼슘 (mg)	나트륨 (mg)	칼륨 (mg)	철분 (mg)
함 량	138.0	14.7	6.7	5.3	2.9	63.3	574.1	427.8	2.5

영양소	아연 (mg)	비타민 A (µg RE)	비타민 B_1 (mg)	비타민 B_2 (mg)	니아신 (mg)	비타민 B_6 (mg)	엽산 (µg)	비타민 C (mg)	비타민 E (mg)
함 량	1.5	100.1	0.1	0.2	3.7	0.5	38.2	19.5	0.8

출 처
재치영양사, www.yori.co.kr/, 2006

선지국 (선지해장국)

재 료

선지 800g(4컵) • 우거지 100g • 콩나물 40g • 물 1.6L(8컵) • 된장 36g(2큰술) • 고추장 18g(1큰술) • 다진 마늘 12g(1큰술) • 소금 약간

양념장 국간장 34g(2큰술) • 고춧가루 10g(2큰술) • 다진 파 18g(2큰술) • 다진 마늘 12g(1큰술) • 깨소금 6g(1큰술) • 참기름 4g(1작은술)

만드는 법

1. 선지는 체에 담아 흐르는 물에 씻어 핏물을 뺀 후 끓는 물에 데친다.
2. 우거지는 끓는 물에 데친 후 4~5cm 길이로 썬다.
3. 콩나물은 꼬리를 다듬어 씻은 후 끓는 물에 데친다.
4. 손질한 우거지와 콩나물에 고추장과 다진 마늘을 넣어 무친다.
5. 된장을 걸러 넣어 끓인 국물에 양념한 우거지와 콩나물을 넣고 다시 한번 끓인다.
6. 국물이 끓으면 데친 선지를 넣고 양념장으로 간을 맞춘다.

참고사항

쇠뼈를 넣으면 국물이 더 맛있다.

1인 분량의 영양가

영양소	열량 (kcal)	단백질 (g)	지질 (g)	당질 (g)	식이섬유 (g)	칼슘 (mg)	나트륨 (mg)	칼륨 (mg)	철분 (mg)
함 량	119.9	12.1	3.7	9.9	2.1	166.2	1,272.8	743.8	28.8

영양소	아연 (mg)	비타민 A (μg RE)	비타민 B_1 (mg)	비타민 B_2 (mg)	니아신 (mg)	비타민 B_6 (mg)	엽산 (μg)	비타민 C (mg)	비타민 E (mg)
함 량	6.3	44.4	0.7	0.5	27.4	1.1	42.9	2.3	1.4

출 처

한국문화재보호재단, 한국음식대관 제2권, 한림출판사, 1999
농촌진흥청 농촌생활연구소(현 농촌자원개발연구소), 소비자가 알기 쉬운 식품영양가표, 2002

고문헌

조선무쌍신식요리제법(우혈탕 : 牛血湯)

국

토란국

재 료

토란 200g • 무 180g($\frac{1}{4}$개) • 토란대(삶은 것) 50g • 쇠고기(양지머리) 40g • 감자 75g($\frac{1}{2}$개) • 물 1.6L(8컵) • 다시마 5g • 대파 15g($\frac{1}{3}$뿌리) • 다진 마늘 6g(1작은술) • 소금 3g($\frac{3}{4}$작은술) • 국간장 14g($\frac{3}{4}$큰술)

만드는 법

1. 토란은 껍질을 벗겨서 살짝 삶아 놓는다.
2. 쇠고기의 살코기를 잘게 썰어서 다시마, 무를 넣고 함께 맑은 장국을 끓인다.
3. 국물이 끓으면 토란대, 감자, 삶아 놓은 토란을 넣고 오래 끓인다.
4. 마지막에 어슷썬 파(0.3cm), 다진 마늘을 넣고 소금과 간장으로 간을 한다.

1인 분량의 영양가

영양소	열량 (kcal)	단백질 (g)	지질 (g)	당질 (g)	식이섬유 (g)	칼슘 (mg)	나트륨 (mg)	칼륨 (mg)	철분 (mg)
함량	64.2	4.8	1.1	9.3	3.4	69.6	578.8	534.1	1.3

영양소	아연 (mg)	비타민 A (μg RE)	비타민 B_1 (mg)	비타민 B_2 (mg)	니아신 (mg)	비타민 B_6 (mg)	엽산 (μg)	비타민 C (mg)	비타민 E (mg)
함량	3.0	10.9	0.1	0.1	1.5	0.2	52.0	16.5	0.7

출 처

강인희, 한국의 맛, 대한교과서주식회사, 1993
농촌진흥청 농촌생활연구소(현 농촌자원개발연구소), 소비자가 알기 쉬운 식품영양가표, 2002

고문헌

시의전서(토란국), 조선요리제법(토란국), 조선무쌍신식요리제법(토란탕 : 土卵湯)

국

갈비탕

재 료

쇠갈비 300g • 무 200g(¼개) • 물 2.4L(12컵) • 대파 25g(⅔뿌리) • 통마늘 30g(1통) • 달걀 50g(1개) • 소금 · 국간장 약간

양념 국간장 5g(1작은술) • 소금 2g(½작은술) • 다진 파 3g(1작은술) • 다진 마늘 3g(½작은술) • 참기름 3g(1작은술) • 후춧가루 약간

만드는 법

1. 갈비는 4~5cm로 토막을 내어 찬물에 담가 핏물을 뺀다.
2. 두꺼운 솥에 물을 부어 끓어오르면 갈비를 넣어 끓인다. 국이 펄펄 끓어오르면 불을 약하게 줄이고 2~3시간 정도 고기가 무를 때까지 서서히 끓인다.
3. 2를 끓이는 도중에 무는 통째로 넣고, 파와 마늘은 크게 썰어서 넣고 위에 뜨는 기름과 거품은 걷어 낸다.
4. 고기와 무가 무르면 그릇에 건져 내고 국물은 식혀서 위에 뜨는 기름을 제거한다. 갈비는 먹기 좋게 잔칼집을 넣고, 무는 나박썰어(2.5×2.5×0.3cm) 양념으로 각각 고루 무친다.
5. 달걀은 흰자와 노른자를 나누어 소금을 약간 넣고 잘 풀어서 지단을 얇게 부쳐 마름모 모양(폭 2cm)으로 썬다.
6. 국물을 다시 불에 올려 끓이다가 4의 양념한 갈비와 무를 넣고 끓인다. 맛을 보아 간이 부족하면 국간장이나 소금으로 간을 맞춘다.

1인 분량의 영양가(소뼈 제외)

영양소	열량 (kcal)	단백질 (g)	지질 (g)	당질 (g)	식이섬유 (g)	칼슘 (mg)	나트륨 (mg)	칼륨 (mg)	철분 (mg)
함량	235.3	17.0	15.7	4.7	1.4	33.1	296.9	434.0	2.4

영양소	아연 (mg)	비타민 A (μg RE)	비타민 B_1 (mg)	비타민 B_2 (mg)	니아신 (mg)	비타민 B_6 (mg)	엽산 (μg)	비타민 C (mg)	비타민 E (mg)
함량	2.9	41.6	0.1	0.2	4.2	0.4	10.3	10.5	0.7

출 처

정순자, 한국조리, 신광출판사, 1990

황혜성 · 한복려 · 한복진, 한국의 전통음식, 교문사, 1994

농촌진흥청 농촌생활연구소(현 농촌자원개발연구소), 소비자가 알기 쉬운 식품영양가표, 2002

고문헌

조선요리제법(가리국), 조선무쌍신식요리제법(협탕 : 脅湯)

대합탕

재 료

대합 400g(4개) • 소금 4g(1작은술) • 물 1.6L(8컵) • 붉은 고추 15g(1개) • 실파 30g(3뿌리) • 다진 마늘 12g(2작은술)

만드는 법

1. 대합은 바닷물 정도의 소금물에 3~4시간 담가 어두운 곳에 두어 해감을 한 후 껍질을 솔로 깨끗이 씻는다.
2. 붉은 고추는 씨를 빼고 어슷하게 썰고, 실파는 다듬어서 4cm 정도의 길이로 썬다.
3. 냄비에 물을 부어 끓으면 소금과 대합을 넣는다.
4. 조개가 익어서 껍질이 벌어지면 붉은 고추와 실파, 다진 마늘을 넣어서 잠시 더 끓이고, 소금으로 간을 맞춘다.

참고사항

조개류는 지나치게 오래 끓이면 조갯살이 작아지고 질겨져서 맛이 없다.

1인 분량의 영양가

영양소	열량 (kcal)	단백질 (g)	지질 (g)	당질 (g)	식이섬유 (g)	칼슘 (mg)	나트륨 (mg)	칼륨 (mg)	철분 (mg)
함 량	41.0	6.5	0.7	2.1	0.6	69.2	231.2	136.9	1.1
영양소	아연 (mg)	비타민 A (µg RE)	비타민 B_1 (mg)	비타민 B_2 (mg)	니아신 (mg)	비타민 B_6 (mg)	엽산 (µg)	비타민 C (mg)	비타민 E (mg)
함 량	0.9	49.5	0.0	0.1	1.2	0.1	12.0	8.4	0.3

출 처

강인희, 한국의 맛, 대한교과서주식회사, 1993
황혜성 · 한복려 · 한복진, 한국의 전통음식, 교문사, 1994

고문헌

조선요리제법(조개국)

국

뼈다귀감자탕(감자탕)

재 료

돼지등뼈 200g • 돼지고기(등심) 200g • 감자 240g(1⅔개) • 얼갈이배추 120g • 고추장 20g(1큰술) • 된장 20g(1큰술) • 물 2L(10컵) • 고춧가루 4g(2작은술) • 대파 8g(¼뿌리) • 다진 마늘 4g(⅔작은술) • 들깻가루 8g • 깻잎 20g(12장) • 생강 4g(1쪽) • 후춧가루 · 소금 약간

만드는 법

1. 돼지등뼈는 찬물에 담가 핏물을 뺀다.
2. 감자는 큼직하게 깍둑썰고 얼갈이배추는 데쳐서 고추장, 된장, 고춧가루, 다진 마늘로 양념한다.
3. 돼지등뼈와 돼지고기, 생강을 냄비에 넣고 푹 무르도록 끓인 후 2를 넣어 끓인다.
4. 대파, 깻잎, 후춧가루, 들깻가루를 넣고 한소끔 더 끓인 후 소금으로 간을 맞춘다.

1인 분량의 영양가

영양소	열량 (kcal)	단백질 (g)	지질 (g)	당질 (g)	식이섬유 (g)	칼슘 (mg)	나트륨 (mg)	칼륨 (mg)	철분 (mg)
함 량	190.1	14.2	9.4	12.1	2.6	48.8	360.1	574.5	2.3
영양소	아연 (mg)	비타민 A (μg RE)	비타민 B_1 (mg)	비타민 B_2 (mg)	니아신 (mg)	비타민 B_6 (mg)	엽산 (μg)	비타민 C (mg)	비타민 E (mg)
함 량	1.4	154.1	0.4	0.2	4.4	0.6	38.0	24.3	0.7

출 처

서울특별시 교육청, 중 · 고등학생을 위한 학교 급식 표준식단, 2002

농촌자원개발연구소, 메뉴젠, www.rrdi.go.kr/MenuGen/, 2006

국

삼계탕(계삼탕, 영계백숙)

재 료

닭고기(영계) 600g(2마리) • 찹쌀 80g(½컵) • 인삼(수삼) 20g • 대추 10g(5개) • 마늘 20g(5쪽) • 물 2.4L(12컵) • 다진 파 20g(2큰술) • 소금 25g(1½큰술) • 후춧가루 약간

만드는 법

1. 영계는 꼬리 쪽을 조금 갈라서 내장을 꺼내고 뼈에 붙어 있는 혈관도 말끔히 긁어 내고 씻어서 물기가 잘 빠지도록 세워 둔다.
2. 찹쌀을 깨끗이 씻어서 물에 2시간 정도 불려서 소쿠리나 망에 건져서 물기를 뺀다.
3. 마늘은 껍질을 벗기고 대추는 씨를 발라 놓는다. 수삼은 씻어 놓는다.
4. 닭의 뱃속에 불린 찹쌀과 마늘, 대추와 수삼을 넣어 갈라진 자리를 실로 묶거나 이쑤시개로 꿰어 고정시킨다.
5. 냄비에 4의 닭을 넣고 물을 부어 끓인다. 펄펄 끓어오르면 불을 약하게 줄여 서서히 1시간 이상 끓인다.
6. 닭이 충분히 무르게 익으면 건져서 묶은 실이나 이쑤시개를 뽑는다.
7. 소금, 후춧가루, 다진 파를 곁들인다.

1인 분량의 영양가

영양소	열량 (kcal)	단백질 (g)	지질 (g)	당질 (g)	식이섬유 (g)	칼슘 (mg)	나트륨 (mg)	칼륨 (mg)	철분 (mg)
함 량	353.7	30.1	15.8	20.7	1.1	30.8	2,271.3	403.4	2.5
영양소	아연 (mg)	비타민 A (μg RE)	비타민 B_1 (mg)	비타민 B_2 (mg)	니아신 (mg)	비타민 B_6 (mg)	엽산 (μg)	비타민 C (mg)	비타민 E (mg)
함 량	3.6	89.0	0.2	0.3	11.2	0.5	11.5	5.5	0.7

출 처

황혜성 · 한복려 · 한복진, 한국의 전통음식, 교문사, 1994

농촌진흥청 농촌생활연구소(현 농촌자원개발연구소), 소비자가 알기 쉬운 식품영양가표, 2002

국

설렁탕

재 료

소머리 ¼개 • 우족 1kg(1개) • 사골 1개 • 양지머리 1.2kg • 생강 30g(8쪽) • 통마늘 50g(2통) • 물 적량 • 잘게 썬 파 100g(1컵) • 소금 72g(4큰술) • 후춧가루 · 고춧가루 적량

만드는 법

1. 소머리와 우족, 사골은 토막 낸 것으로 준비하여 깨끗이 씻어 찬물에 1시간 정도 담가 핏물을 빼서 건진다. 양지머리는 덩어리째 씻어서 건진다.
2. 큰 솥에 물을 끓이다가 소머리, 우족, 사골을 넣고, 한소끔 끓어오르면 소쿠리에 쏟아 부어 물을 버린다.
3. 다시 찬물에 2의 재료를 넣고 푹 고면서 양지머리와 생강, 마늘을 함께 넣어 끓인다. 끓이는 도중에 위에 뜨는 기름은 걷어 낸다.
4. 고기가 적당히 무르면서 국물이 뽀얗게 우러나면 고기는 건지고 국물을 식혀서 기름을 걷어 낸다. 뼈에 붙어 있는 고기는 발라 내고, 양지머리는 얇게 편육처럼 썰어 놓는다.
5. 간을 미리 맞추지 않으면 소금, 후춧가루, 고춧가루, 잘게 썬 파를 곁들인다.

❀ 참고사항

설렁탕은 조금 끓이면 맛이 잘 우러나지 않으므로 대량으로 준비해서 오래 고아야 한다. 이 재료의 분량은 20인분이다.

1인 분량의 영양가(소머리, 사골은 제외)

영양소	열량 (kcal)	단백질 (g)	지질 (g)	당질 (g)	식이섬유 (g)	칼슘 (mg)	나트륨 (mg)	칼륨 (mg)	철분 (mg)
함 량	172.7	21.5	8.6	1.2	0.3	14.3	1,245.1	174.2	1.5
영양소	아연 (mg)	비타민 A (μg RE)	비타민 B_1 (mg)	비타민 B_2 (mg)	니아신 (mg)	비타민 B_6 (mg)	엽산 (μg)	비타민 C (mg)	비타민 E (mg)
함 량	5.4	16.7	0.1	0.1	3.1	0.4	9.0	2.6	0.1

출 처

정순자, 한국조리, 신광출판사, 1990
강인희, 한국의 맛, 대한교과서주식회사, 1993
황혜성 · 한복려 · 한복진, 한국의 전통음식, 교문사, 1994

1인 분량의 영양가

영양소	열량 (kcal)	단백질 (g)	지질 (g)	당질 (g)	식이섬유 (g)	칼슘 (mg)	나트륨 (mg)	칼륨 (mg)	철분 (mg)
함 량	124.0	10.6	7.4	4.0	3.2	87.7	594.6	291.4	1.9
영양소	아연 (mg)	비타민 A (µg RE)	비타민 B_1 (mg)	비타민 B_2 (mg)	니아신 (mg)	비타민 B_6 (mg)	엽산 (µg)	비타민 C (mg)	비타민 E (mg)
함 량	1.0	50.6	0.2	0.1	2.5	0.3	33.5	12.1	1.4

김치찌개

재 료

배추김치 200g • 돼지고기(등심) 120g • 두부 140g(¼모) • 풋고추 15g(1개) • 양파 40g(¼개) • 물 600mL(3컵) • 대파 20g(½뿌리) • 다진 마늘 3g(½작은술) • 고춧가루 2g(1작은술) • 식용유 4g(1작은술) • 소금 · 간장 약간

만드는 법

1. 돼지고기와 김치는 먹기 좋은 크기로 썰어 냄비에 식용유를 두르고 볶다가 물을 넣어 끓인다.
2. 풋고추와 대파는 어슷썰고(0.3cm), 양파는 0.3cm 너비로 채 썰고 두부는 납작하게 썬다(3×4×0.5cm).
3. 1이 끓으면 양파와 두부를 넣고 고춧가루, 다진 마늘을 넣고 끓인 뒤 어슷하게 썬 풋고추와 대파를 넣는다.
4. 찌개가 싱거우면 간장이나 소금으로 간을 한다.

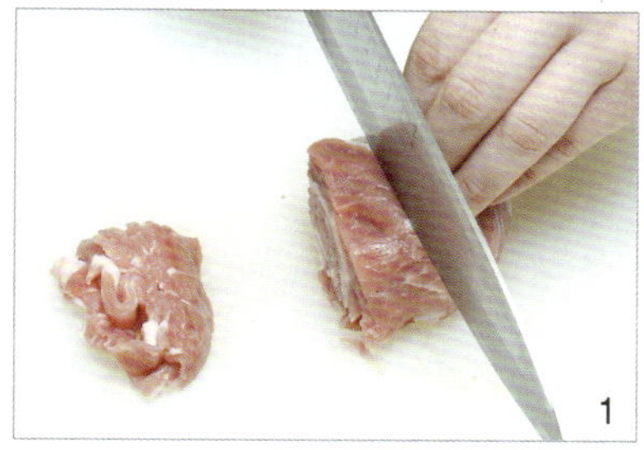
1

1

1

3

출 처
농촌진흥청, 농촌 식생활 향상을 위한 식생활 평가 시스템 개발연구 보고서, 2000

조리시연자
김동희, 서울특별시 동작구 신대방1동

1인 분량의 영양가

영양소	열량 (kcal)	단백질 (g)	지질 (g)	당질 (g)	식이섬유 (g)	칼슘 (mg)	나트륨 (mg)	칼륨 (mg)	철분 (mg)
함 량	129.0	19.0	2.1	7.9	2.8	117.2	841.7	428.3	1.7
영양소	아연 (mg)	비타민 A (µg RE)	비타민 B_1 (mg)	비타민 B_2 (mg)	니아신 (mg)	비타민 B_6 (mg)	엽산 (µg)	비타민 C (mg)	비타민 E (mg)
함 량	0.7	107.1	0.2	0.1	1.8	0.2	27.2	9.9	1.5

찌개 · 전골

동태찌개

재 료

동태 360g($\frac{2}{3}$마리) • 두부 120g($\frac{1}{4}$모) • 무 120g • 양파 40g($\frac{1}{4}$개) • 쑥갓 20g • 풋고추 5g($\frac{1}{3}$개) • 붉은 고추 5g($\frac{1}{3}$개) • 물 800mL(4컵) • 대파 20g($\frac{1}{2}$뿌리) • 다진 마늘 12g(1큰술) • 고추장 20g(1큰술) • 된장 24g(1$\frac{1}{3}$큰술) • 다진 생강 1g($\frac{1}{3}$작은술) • 소금 2g($\frac{2}{3}$작은술) • 고춧가루 4g(2작은술) • 국간장 6g(1작은술)

만드는 법

1. 동태는 내장, 지느러미, 꼬리는 제거하고 아가미 부분을 깨끗이 씻은 후 적당히 토막을 낸다.
2. 무는 나박썰기(2.5×2.5×0.3cm) 하고 두부는 납작하게 썰고(3×4×0.5cm), 양파는 채 썬다(0.3cm). 풋고추와 붉은 고추는 어슷하게 썬다(0.3cm).
3. 끓는 물에 된장과 고추장을 풀어 넣고 다시 한소끔 끓인다.
4. 3에 무를 넣어 반 정도 익으면 동태를 넣고 팔팔 끓인다.
5. 다진 마늘, 다진 생강, 고춧가루, 붉은 고추, 양파를 넣고 끓인다.
6. 두부를 넣어 다시 한번 끓인 후 국간장을 넣는다.
7. 마지막으로 어슷썬(0.3cm) 대파, 쑥갓, 풋고추를 넣어 팔팔 끓인 후 소금으로 간을 한다.

출 처
농촌진흥청, 농촌 식생활 향상을 위한 식생활 평가 시스템 개발연구 보고서, 2000

조리시연자
김동희, 서울특별시 동작구 신대방1동

1인 분량의 영양가

영양소	열량 (kcal)	단백질 (g)	지질 (g)	당질 (g)	식이섬유 (g)	칼슘 (mg)	나트륨 (mg)	칼륨 (mg)	철분 (mg)
함 량	128.6	9.3	9.3	3.4	2.8	53.2	582.5	295.4	1.5
영양소	아연 (mg)	비타민 A (μg RE)	비타민 B_1 (mg)	비타민 B_2 (mg)	니아신 (mg)	비타민 B_6 (mg)	엽산 (μg)	비타민 C (mg)	비타민 E (mg)
함 량	0.8	60.9	0.2	0.1	2.5	0.3	26.7	6.9	1.5

찌개 · 전골

순두부찌개

재 료

순두부 320g(1개) • 느타리버섯 60g(3개) • 돼지고기(등심) 80g • 배추김치 80g • 풋고추 5g($\frac{1}{3}$개) • 붉은 고추 5g($\frac{1}{3}$개) • 대파 8g($\frac{1}{4}$뿌리) • 물 600mL(3컵) • 고춧가루 4g(2작은술) • 참기름 13g(1큰술) • 다진 마늘 6g(1작은술)

돼지고기 양념 소금 4g(1작은술) • 다진 마늘 6g(1큰술) • 다진 생강 1g($\frac{1}{3}$작은술)

만드는 법

1. 돼지고기는 먹기 좋은 크기로 썰어 다진 마늘, 다진 생강, 소금을 넣어 양념한 후 팬에 참기름 1큰술을 두른 후 볶는다.
2. 1에 잘게 썬 김치를 넣어 같이 볶다가 물을 넣고 끓인다.
3. 풋고추, 붉은 고추와 대파는 어슷썰기(0.3cm)를 해둔다.
4. 국물이 끓어오르면 순두부를 넣고 다시 끓인다.
5. 끓이는 도중에 느타리버섯, 대파, 풋고추, 붉은 고추를 넣는다.
6. 고춧가루, 다진 마늘을 넣어 한 번 더 끓이고 소금으로 간을 한다.

1

2

4

5

출 처
농촌진흥청, 농촌 식생활 향상을 위한 식생활 평가 시스템 개발연구 보고서, 2000

조리시연자
김동희, 서울특별시 동작구 신대방1동

찌개 · 전골

고등어찌개

재 료

고등어 220g(1/2마리) • 무 100g • 물 600mL(3컵) • 고추장 15g(3/4큰술) • 된장 15g(3/4큰술) • 대파 10g (1/4뿌리) • 다진 마늘 7g(1작은술) • 고춧가루 6g(1큰술) • 다진 생강 2g(2/3작은술) • 소금 1g(1/3작은술)

만드는 법

1. 고등어는 내장, 머리, 꼬리를 제거하고 깨끗이 씻어 토막을 낸다.
2. 무는 납작하게 썬다(3×4×0.5cm).
3. 냄비에 물을 넣고 고추장, 된장을 푼 다음 고등어와 무를 넣고 오랫동안 뭉근하게 끓인다.
4. 어슷썬 파, 다진 마늘, 다진 생강, 고춧가루를 넣고 소금으로 간을 한다.

1인 분량의 영양가

영양소	열량 (kcal)	단백질 (g)	지질 (g)	당질 (g)	식이섬유 (g)	칼슘 (mg)	나트륨 (mg)	칼륨 (mg)	철분 (mg)
함 량	174.8	12.0	11.9	4.5	1.4	27.3	367.7	283.1	1.1

영양소	아연 (mg)	비타민 A (μg RE)	비타민 B_1 (mg)	비타민 B_2 (mg)	니아신 (mg)	비타민 B_6 (mg)	엽산 (μg)	비타민 C (mg)	비타민 E (mg)
함 량	0.5	92.2	0.1	0.3	4.6	0.3	11.4	5.3	1.1

출 처
농촌진흥청, 농촌 식생활 향상을 위한 식생활 평가 시스템 개발연구 보고서, 2000

사 진
농촌진흥청, 농촌 식생활 향상을 위한 식생활 평가 시스템 개발연구 보고서, 2000

고문헌
조선무쌍신식요리제법(고등어찌개)

돼지고기찌개

재 료

돼지고기(등심) 240g • 배추김치 120g • 두부 120g(¼모) • 무 200g(¼개) • 양파 20g • 물 800mL(4컵) • 대파 15g(½뿌리) • 고추장 32g(1¾큰술) • 다진 생강 4g(½큰술) • 다진 마늘 23g(2큰술) • 고춧가루 8g(4작은술) • 소금 4g(1작은술) • 후춧가루 1g(½작은술)

만드는 법

1. 돼지고기와 배추는 먹기 좋은 크기로 썰고, 무는 나박썰기(2.5×2.5×0.3cm) 한다.
2. 두부는 깍둑썰기(사방 2.5cm), 양파는 채 썰어 둔다. 대파는 0.3cm 너비로 어슷썬다.
3. 냄비에 돼지고기와 배추, 무, 양파를 넣고 물을 부은 다음 고추장, 고춧가루, 다진 생강을 넣어 끓인다.
4. 찌개가 끓기 시작하면 두부를 넣은 다음 다시 한번 끓인 후 다진 마늘, 대파, 소금, 후춧가루로 간을 하여 낸다.

1인 분량의 영양가

영양소	열량 (kcal)	단백질 (g)	지질 (g)	당질 (g)	식이섬유 (g)	칼슘 (mg)	나트륨 (mg)	칼륨 (mg)	철분 (mg)
함 량	165.7	13.7	8.0	10.2	4.3	87.2	714.2	549.7	2.6
영양소	아연 (mg)	비타민 A (μg RE)	비타민 B_1 (mg)	비타민 B_2 (mg)	니아신 (mg)	비타민 B_6 (mg)	엽산 (μg)	비타민 C (mg)	비타민 E (mg)
함 량	1.3	92.9	0.3	0.1	3.7	0.5	32.9	21.0	0.7

출 처
농촌진흥청, 농촌 식생활 향상을 위한 식생활 평가 시스템 개발연구 보고서, 2000

사 진
농촌진흥청, 농촌 식생활 향상을 위한 식생활 평가 시스템 개발연구 보고서, 2000

찌개 · 전골

된장찌개

재 료

냉이 40g • 달래 80g • 감자 100g(⅔개) • 애호박 80g(⅕개) • 양파 30g • 된장 50g(3큰술) • 대파 20g (½뿌리) • 멸치 12g(6마리) • 풋고추 24g(2개) • 물 800mL(4컵) • 고추장 20g(1큰술) • 고춧가루 5g(1큰술)

만드는 법

1. 냉이와 달래는 깨끗이 씻어 먹기 좋은 크기로 뜯어 놓고, 감자, 애호박, 양파는 나박썰기(2.5×2.5×0.3cm) 한다. 대파와 풋고추는 어슷하게(0.3cm) 썬다.
2. 냄비에 물을 부어 멸치를 넣고 장국국물을 우려 낸 후 된장과 고추장, 고춧가루를 풀어 놓는다.
3. 2에 감자, 애호박, 양파, 대파, 풋고추를 먼저 넣어 끓인 후 냉이와 달래는 나중에 넣어 한소끔 끓여 낸다.

참고사항

냉이와 달래를 넣은 찌개는 오랫동안 끓이면 향긋한 봄나물 향이 없어지므로 살짝만 끓여 내도록 한다.

1인 분량의 영양가

영양소	열량 (kcal)	단백질 (g)	지질 (g)	당질 (g)	식이섬유 (g)	칼슘 (mg)	나트륨 (mg)	칼륨 (mg)	철분 (mg)
함 량	76.1	6.1	1.4	10.8	4.2	119.6	737.4	481.5	1.9
영양소	아연 (mg)	비타민 A (μg RE)	비타민 B_1 (mg)	비타민 B_2 (mg)	니아신 (mg)	비타민 B_6 (mg)	엽산 (μg)	비타민 C (mg)	비타민 E (mg)
함 량	0.5	162.7	0.1	0.1	1.8	0.4	28.9	27.1	0.9

출 처
농촌진흥청, 농촌 식생활 향상을 위한 식생활 평가 시스템 개발연구 보고서, 2000

사 진
농촌진흥청, 농촌 식생활 향상을 위한 식생활 평가 시스템 개발연구 보고서, 2000

고문헌
조선요리제법(된장찌개), 조선무쌍신식요리제법(된장찌개)

청국장찌개

재 료

청국장 110g(6큰술) • 배추김치 120g • 두부 160g(⅓모) • 양파 40g(¼컵) • 대파 20g(½뿌리) • 풋고추 40g(3개) • 물 600mL(3컵) • 멸치 8g(4마리) • 다진 마늘 8g(⅔큰술) • 소금 약간

만드는 법

1. 냄비에 물을 붓고 멸치를 넣어 국물을 우려 낸다.
2. 김치는 송송 썰고(0.5cm), 대파와 양파, 풋고추는 어슷하게(0.3cm) 썬다.
3. 두부는 깍둑썰기를 한다(사방 2cm).
4. 1에 청국장을 풀고 김치와 양파를 넣고 끓인다. 보글보글 끓이다가 두부, 대파, 풋고추, 다진 마늘을 넣고 한소끔 끓여 소금으로 간을 맞춘다.

1인 분량의 영양가

영양소	열량 (kcal)	단백질 (g)	지질 (g)	당질 (g)	식이섬유 (g)	칼슘 (mg)	나트륨 (mg)	칼륨 (mg)	철분 (mg)
함 량	104.9	10.8	4.2	5.3	5.9	153.8	1,068.0	372.7	2.6

영양소	아연 (mg)	비타민 A (μg RE)	비타민 B_1 (mg)	비타민 B_2 (mg)	니아신 (mg)	비타민 B_6 (mg)	엽산 (μg)	비타민 C (mg)	비타민 E (mg)
함 량	1.4	154.6	0.1	0.1	1.2	0.2	33.6	15.2	0.8

출 처
농촌진흥청, 농촌 식생활 향상을 위한 식생활 평가 시스템 개발연구 보고서, 2000

사 진
농촌진흥청, 농촌 식생활 향상을 위한 식생활 평가 시스템 개발연구 보고서, 2000

찌개 · 전골

콩비지찌개(비지찌개)

재 료

콩비지 360g • 돼지고기(등심) 80g • 배추김치 120g • 물 600mL(3컵) • 대파 20g(½뿌리) • 다진 마늘 18g(1½큰술) • 고춧가루 6g(1큰술) • 소금 5g(1½작은술) • 식용유 5g(1¼작은술)

만드는 법

1. 돼지고기, 배추김치는 잘게 썰어 놓는다.
2. 팬에 식용유를 두르고 비지를 볶은 후 썰어 놓은 돼지고기와 배추김치를 넣어 함께 볶는다.
3. 물을 붓고 뭉근하게 오랫동안 끓인 후 어슷썬 대파, 다진 마늘, 고춧가루, 소금으로 양념하여 낸다.

1인 분량의 영양가

영양소	열량 (kcal)	단백질 (g)	지질 (g)	당질 (g)	식이섬유 (g)	칼슘 (mg)	나트륨 (mg)	칼륨 (mg)	철분 (mg)
함 량	158.4	9.1	8.0	11.4	9.1	114.5	778.6	338.1	4.9

영양소	아연 (mg)	비타민 A (μg RE)	비타민 B_1 (mg)	비타민 B_2 (mg)	니아신 (mg)	비타민 B_6 (mg)	엽산 (μg)	비타민 C (mg)	비타민 E (mg)
함 량	0.9	72.3	0.2	0.1	2.4	0.3	31.5	6.4	2.2

출 처
농촌진흥청, 농촌 식생활 향상을 위한 식생활 평가 시스템 개발연구 보고서, 2000

사 진
농촌진흥청, 농촌 식생활 향상을 위한 식생활 평가 시스템 개발연구 보고서, 2000

메기매운탕

재 료

메기 240g • 무 200g(1/4개) • 쑥갓 80g • 대파 40g(1뿌리) • 미나리 40g • 된장 20g(2 1/4작은술) • 고추장 13g(2/3큰술) • 물 800mL(4컵) • 고춧가루(또는 붉은 고추 갈은 것) 10g(2큰술) • 다진 마늘 8g(2/3큰술) • 소금 5g(1 1/3작은술) • 후춧가루 약간

만드는 법

1. 메기는 내장과 피를 완전히 제거하여 깨끗이 씻고 토막 낸다.
2. 무는 나박썰어(2.5×2.5×0.3cm) 냄비에 담는다.
3. 2에 메기와 된장, 고추장, 고춧가루를 넣고 갖은 양념을 한 후 한소끔 끓인다.
4. 대파, 미나리, 쑥갓은 10cm 길이로 썰어 넣어 한 번 더 끓인다.

참고사항

채소가 누렇게 변하지 않도록 뚜껑을 열고 끓인다.

1인 분량의 영양가

영양소	열량 (kcal)	단백질 (g)	지질 (g)	당질 (g)	식이섬유 (g)	칼슘 (mg)	나트륨 (mg)	칼륨 (mg)	철분 (mg)
함 량	143.9	13.5	6.9	7.2	3.2	62.2	738.9	550.4	1.8

영양소	아연 (mg)	비타민 A (μg RE)	비타민 B_1 (mg)	비타민 B_2 (mg)	니아신 (mg)	비타민 B_6 (mg)	엽산 (μg)	비타민 C (mg)	비타민 E (mg)
함 량	0.6	288.5	0.3	0.2	2.8	0.3	65.8	14.3	1.8

출 처
농촌진흥청, 농촌 식생활 향상을 위한 식생활 평가 시스템 개발연구 보고서, 2000

사 진
농촌진흥청, 농촌 식생활 향상을 위한 식생활 평가 시스템 개발연구 보고서, 2000

꽃게찌개

재 료

꽃게 250g(1마리) • 쇠고기(양지머리) 100g • 무 50g • 대파 20g(½뿌리) • 풋고추 15g(1개) • 붉은 고추 15g(1개) • 쌀뜨물 600mL(3컵) • 고추장 35g(2큰술) • 다진 마늘 12g(1큰술) • 다진 생강 3g(1작은술) • 국간장 · 소금 약간

쇠고기 양념 국간장 12g(2작은술) • 다진 파 6g(2작은술) • 다진 마늘 6g(1작은술) • 참기름 4g(1작은술) • 후춧가루 약간

만드는 법

1. 게는 솔로 문질러서 깨끗이 씻고 발의 끝 마디를 잘라 내고 배 쪽의 삼각진 부분을 떼고 등딱지를 잡아당겨서 떼어 낸다. 몸통 쪽에 붙어 있는 아가미 부분과 집게발을 떼고 몸통은 네 등분으로 토막 낸다.
2. 쇠고기는 잘게 썰어서 양념하여 고루 무쳐 냄비에 볶다가 쌀뜨물을 넣어 끓여 육수를 만든다.
3. 무는 납작하게 썰고(2.5×3.5cm), 대파는 어슷하게 썬다(0.3cm).
4. 풋고추와 붉은 고추는 어슷하게 썰어 씨를 털어 낸다.
5. 국물이 맛이 들면 먼저 고추장을 풀고 게 토막과 등딱지, 무를 넣어 끓이다가 다진 마늘과 다진 생강을 넣는다.
6. 게가 반 이상 익었을 때 대파와 고추를 넣고 끓여서 소금이나 국간장으로 간을 맞추고 맛이 잘 어우러질 때까지 끓인다.

참고사항

위의 방법과 달리 게의 살만을 발라 내어 쇠고기와 삶은 숙주 등을 합하여 등딱지에 채워 넣고 전처럼 지져서 장국에 넣어 끓이는 법도 있다. 궁중에서는 이처럼 만들어서 게감정이라 하였다.

1인 분량의 영양가

영양소	열량 (kcal)	단백질 (g)	지질 (g)	당질 (g)	식이섬유 (g)	칼슘 (mg)	나트륨 (mg)	칼륨 (mg)	철분 (mg)
함 량	161.6	18.1	6.8	6.4	1.6	65.8	669.4	389.9	1.6

영양소	아연 (mg)	비타민 A (μg RE)	비타민 B_1 (mg)	비타민 B_2 (mg)	니아신 (mg)	비타민 B_6 (mg)	엽산 (μg)	비타민 C (mg)	비타민 E (mg)
함 량	1.6	92.6	0.1	0.2	4.2	0.3	20.3	12.5	1.6

출 처
정순자, 한국조리, 신광출판사, 1990
황혜성 · 한복려 · 한복진, 한국의 전통음식, 교문사, 1994

맛살찌개

재 료

맛살(맛조개) 200g • 고추장 35g(2큰술) • 참기름 6g(½큰술) • 다진 파 18g(2큰술) • 다진 마늘 12g(1큰술) • 생강즙 7g(2작은술) • 깨소금 6g(1큰술) • 설탕 7g(2작은술)

만드는 법

1. 뚝배기에 맛살을 넣고 그 위에 고추장, 참기름, 다진 파, 다진 마늘, 생강즙, 깨소금, 설탕을 넣어서 밥솥에 찌거나 중탕을 해서 익힌다.
2. 1을 약한 불에서 잠깐 끓인다.

참고사항

- 맛살(맛조개)은 3, 4월에 많이 나지만 6, 7월에 나는 남양 맛살이 제일 맛이 좋다.
- 맛살은 제물이 많아 별도로 물을 넣지 않고 그대로 끓여도 좋다.
- 맛살은 맛있는 계절에 손쉽게 할 수 있는 찌개이다.

1인 분량의 영양가

영양소	열량 (kcal)	단백질 (g)	지질 (g)	당질 (g)	식이섬유 (g)	칼슘 (mg)	나트륨 (mg)	칼륨 (mg)	철분 (mg)
함 량	81.6	6.0	3.1	7.5	1.0	110.5	418.5	146.9	3.3

영양소	아연 (mg)	비타민 A (μg RE)	비타민 B_1 (mg)	비타민 B_2 (mg)	니아신 (mg)	비타민 B_6 (mg)	엽산 (μg)	비타민 C (mg)	비타민 E (mg)
함 량	1.2	50.4	0.0	0.1	1.1	0.2	15.6	1.8	2.0

출 처

강인희, 한국의 맛, 대한교과서주식회사, 1993

애호박젓국찌개

재 료

애호박 200g(½개) • 쇠고기 50g • 새우젓 45g(3큰술) • 붉은 고추(또는 풋고추) 15g(1개) • 실파 20g • 물 600mL(3컵)

쇠고기 양념 간장 7g(1작은술) • 다진 파 3g(1작은술) • 다진 마늘 3g(½작은술) • 설탕 2g(½작은술) • 참기름 2g(½작은술) • 깨소금 2g(½작은술) • 후춧가루 약간

만드는 법

1. 쇠고기는 잘게 썰어서 분량의 양념을 넣고 고루 무쳐서 냄비에 넣고 볶다가 물을 부어 끓인다.
2. 애호박은 1cm 정도 두께의 반달 모양으로 썰고, 붉은 고추는 씨를 발라 내어 어슷썰고, 실파는 4cm 길이로 썬다.
3. 장국이 맛이 들면 새우젓을 다져 넣어 간을 맞추고 호박과 고추를 넣어 끓인다.
4. 맛이 잘 어우러지면 실파를 넣고 바로 불에서 내린다.

참고사항

- 쇠고기 대신 조갯살이나 굴을 넣어 끓여도 맛이 좋다.
- 너무 끓이면 애호박이 풀어져서 모양도 나쁘고 너무 물러서 맛이 덜하다.

1인 분량의 영양가

영양소	열량 (kcal)	단백질 (g)	지질 (g)	당질 (g)	식이섬유 (g)	칼슘 (mg)	나트륨 (mg)	칼륨 (mg)	철분 (mg)
함 량	61.7	6.0	2.4	4.7	2.6	97.8	1,078.6	325.8	1.3
영양소	아연 (mg)	비타민 A (μg RE)	비타민 B_1 (mg)	비타민 B_2 (mg)	니아신 (mg)	비타민 B_6 (mg)	엽산 (μg)	비타민 C (mg)	비타민 E (mg)
함 량	0.7	90.1	0.1	0.1	1.3	0.2	27.0	10.7	0.8

출 처

강인희, 한국의 맛, 대한교과서주식회사, 1993
황혜성 · 한복려 · 한복진, 한국의 전통음식, 교문사, 1994

오징어찌개

재 료

오징어 280g(¾마리) • 콩나물 120g • 감자 160g(1개) • 양파 120g(¾개) • 쑥갓 120g • 물 800mL(4컵) • 대파 10g(¼뿌리) • 다진 마늘 4g(⅔작은술) • 고춧가루 4g(2작은술) • 고추장 40g(2¼큰술) • 소금 8g(½큰술)

만드는 법

1. 오징어는 배를 갈라 내장을 떼어 내고 씻은 뒤 안쪽에 대각선으로 잔칼집을 내어 2×3cm 정도의 먹기 좋은 크기로 썰어 놓는다.
2. 감자와 양파는 나박썰기(2.5×2.5×0.3cm) 하고, 콩나물은 뿌리를 다듬고, 쑥갓도 깨끗이 씻어 적당한 크기로 썬다.
3. 냄비에 물을 붓고 고추장, 고춧가루를 넣고 끓이다가 콩나물을 넣는다.
4. 콩나물이 익으면 오징어, 감자, 양파를 넣고 끓이다가 다진 마늘과 어슷썬(0.3cm) 대파를 넣고 소금으로 간 한 뒤 쑥갓을 얹어 살짝 끓인다.

1인 분량의 영양가

영양소	열량 (kcal)	단백질 (g)	지질 (g)	당질 (g)	식이섬유 (g)	칼슘 (mg)	나트륨 (mg)	칼륨 (mg)	철분 (mg)
함 량	134.4	17.2	1.7	13.4	3.4	65.5	1,141.6	713.3	1.7
영양소	아연 (mg)	비타민 A (μg RE)	비타민 B_1 (mg)	비타민 B_2 (mg)	니아신 (mg)	비타민 B_6 (mg)	엽산 (μg)	비타민 C (mg)	비타민 E (mg)
함 량	1.4	213.1	0.2	0.2	3.3	0.7	73.6	19.9	2.9

출 처
농촌진흥청, 농촌 식생활 향상을 위한 식생활 평가 시스템 개발연구 보고서, 2000

곱창전골

재료

소곱창 200g • 쇠고기(양지머리) 50g • 애호박 70g(1/5개) • 양파 60g(1/3개) • 느타리버섯 40g(2개) • 우동국수 40g • 배추 40g • 쑥갓 40g • 당근 30g • 대파 35g(1뿌리) • 물 400mL(2컵) • 소금 · 밀가루 약간

양념 다진 마늘 6g(1작은술) • 소금 6g(1 2/3작은술) • 고춧가루 4g(2작은술) • 간장 22g(1 1/3큰술)

만드는 법

1. 소곱창은 소금, 밀가루로 주물러 깨끗하게 씻은 다음 물에 푹 삶아 낸다.
2. 쇠고기를 찬물에 담가 핏물을 뺀 후 물 2컵을 붓고 끓여 육수를 우려 낸다.
3. 양파와 당근은 굵게 채 썰고(5×0.3×0.3cm), 애호박은 0.4~0.5cm 두께로 반달썰기 한다.
4. 대파, 배추는 어슷하게 썰고 쑥갓은 짧게 손으로 끊는다. 느타리버섯은 찢어 둔다.
5. 다진 마늘, 소금, 고춧가루, 간장을 섞어 양념을 만든다.
6. 삶은 내장과 고기는 작게 썬 다음 만들어 놓은 양념을 반만 넣은 후 고루 주물러 양념한다.
7. 전골냄비에 내장과 고기, 채소, 우동국수를 골고루 담고 육수를 부은 다음 남은 양념을 마저 넣어 끓인다.

1인 분량의 영양가

영양소	열량 (kcal)	단백질 (g)	지질 (g)	당질 (g)	식이섬유 (g)	칼슘 (mg)	나트륨 (mg)	칼륨 (mg)	철분 (mg)
함량	152.7	10.0	7.3	12.1	2.5	41.3	998.2	369.7	2.2

영양소	아연 (mg)	비타민 A (μg RE)	비타민 B_1 (mg)	비타민 B_2 (mg)	니아신 (mg)	비타민 B_6 (mg)	엽산 (μg)	비타민 C (mg)	비타민 E (mg)
함량	1.8	199.9	0.2	0.2	2.9	0.4	41.2	14.9	0.9

출처

농촌진흥청 농촌생활연구소(현 농촌자원개발연구소), 소비자가 알기 쉬운 식품영양가표, 2002

재치영양사, www.yori.co.kr/, 2006

낙지전골

재 료

낙지 240g(½마리) • 쇠고기(양지머리) 160g • 느타리버섯 40g(2개) • 미나리 40g • 붉은 고추 10g(⅔개) • 장국국물(또는 육수) 400mL(2컵) • 국간장 17g(1큰술) • 소금 약간

낙지 양념 고춧가루 2g(1작은술) • 다진 마늘 8g(2/3큰술)

쇠고기 양념 간장 12g(2작은술) • 다진 파 8g(1큰술) • 다진 마늘 8g(⅔큰술) • 설탕 4g(1작은술) • 참기름 2g(½작은술)

만드는 법

1. 쇠고기는 채 썰어(5×0.3×0.3cm) 양념에 재워 둔다.
2. 낙지는 굵은 소금으로 거품이 나도록 주물러서 씻고 고춧가루, 다진 마늘로 양념한다.
3. 느타리버섯은 찢어 둔다.
4. 붉은 고추는 어슷썰고(0.3cm) 미나리는 3cm 길이로 썬다.
5. 양념한 쇠고기에 낙지, 버섯, 미나리, 붉은 고추를 넣고 장국국물을 부어 끓인다.
6. 국간장과 소금으로 간한다.

1인 분량의 영양가

영양소	열량 (kcal)	단백질 (g)	지질 (g)	당질 (g)	식이섬유 (g)	칼슘 (mg)	나트륨 (mg)	칼륨 (mg)	철분 (mg)
함 량	128.2	17.0	4.7	4.2	1.5	21.5	690.7	349.4	1.9

영양소	아연 (mg)	비타민 A (μg RE)	비타민 B_1 (mg)	비타민 B_2 (mg)	나이신 (mg)	비타민 B_6 (mg)	엽산 (μg)	비타민 C (mg)	비타민 E (mg)
함 량	2.1	62.8	0.1	0.2	4.3	0.2	26.8	5.7	2.0

출 처
서울특별시 교육청, 중 · 고등학생을 위한 학교 급식 표준식단, 2002

두부전골

재 료

두부 200g(½모) • 쇠고기(양지머리) 100g • 무 50g • 당근 50g • 숙주 100g • 실파 30g • 미나리 50g • 양파 50g(⅓개) • 건표고버섯 12g(4개) • 달걀 50g(1개) • 잣 3g(1작은술) • 녹두 전분 10g(1큰술) • 물 400mL(2컵) • 식용유 6g(½큰술) • 국간장 17g(1큰술) • 소금 약간

쇠고기 양념 간장 17g(1큰술) • 다진 파 5g(½큰술) • 다진 마늘 6g(1작은술) • 설탕 6g(½큰술) • 참기름 4g(1작은술) • 깨소금 3g(1작은술) • 후춧가루 약간

숙주 양념 소금 2g(½작은술) • 참기름 2g(½작은술) • 후춧가루 약간

만드는 법

1. 두부는 납작하게 썰어(4×2.5×0.7cm) 소금을 약간 뿌렸다가 물기를 거둔 다음 겉면에 녹두 전분을 고루 묻혀 팬에 식용유를 두르고 노릇노릇하게 지진다.
2. 쇠고기는 반은 채 썰고(5×0.2×0.2m), 나머지 반은 곱게 다진다.
3. 건표고버섯은 불려서 채 썰고, 쇠고기 양념을 만들어 2의 쇠고기와 표고버섯에 각각 나누어 양념한다.
4. 무와 당근은 5cm 길이로 채 썰고(5×0.2×0.2m), 숙주는 머리와 꼬리를 떼서 끓는 물에 소금을 약간 넣고 살짝 데쳐 내어 양념을 넣고 무친다.
5. 양파는 길이로 채 썰고(0.3cm), 실파는 5cm 길이로 썬다. 미나리는 잎을 떼고 다듬어 끓는 물에 데친다.
6. 지진 두부의 두 장 사이에 양념한 다진 고기를 넣어 데친 미나리로 가운데를 한 번씩 묶는다.
7. 준비한 채소와 고기, 두부를 전골냄비에 돌려 담고 잣을 고루 뿌린다.
8. 더운물에 국간장과 소금으로 간을 맞춰서 붓고 불에 올려 끓인다. 두부 등 재료가 익으면 달걀을 넣어 반숙으로 익힌다.

1인 분량의 영양가

영양소	열량 (kcal)	단백질 (g)	지질 (g)	당질 (g)	식이섬유 (g)	칼슘 (mg)	나트륨 (mg)	칼륨 (mg)	철분 (mg)
함 량	184.9	14.0	9.6	11.4	4.4	124.4	757.5	391.9	3.3

영양소	아연 (mg)	비타민 A (μg RE)	비타민 B_1 (mg)	비타민 B_2 (mg)	니아신 (mg)	비타민 B_6 (mg)	엽산 (μg)	비타민 C (mg)	비타민 E (mg)
함 량	1.4	224.8	0.1	0.2	2.9	0.5	51.0	10.1	3.2

출 처

정순자, 한국조리, 신광출판사, 1990
강인희, 한국의 맛, 대한교과서주식회사, 1993
황혜성 · 한복려 · 한복진, 한국의 전통음식, 교문사, 1994

버섯전골

재 료

느타리버섯 200g(10개) • 표고버섯 50g(4개) • 싸리버섯 100g • 송이버섯 100g • 쇠고기(양지머리) 200g • 미나리 70g • 실파 70g • 물(또는 육수) 400mL(2컵) • 소금 · 간장 약간

양념 간장 35g(2큰술) • 설탕 12g(1큰술) • 다진 파 10g(1큰술) • 다진 마늘 12g(1큰술) • 참기름 6g(1/2큰술) • 깨소금 3g(1작은술) • 후춧가루 약간

만드는 법

1. 느타리 · 표고 · 싸리버섯은 각각 뿌리 쪽의 흙은 도려 내고 물에서 재빨리 건져 물기를 없앤 후 가늘게 가르거나 채 썬다.
2. 송이버섯은 갓이 피지 않은 것으로 골라서 뿌리 쪽의 흙을 칼로 도려 내고, 몸통은 젖은 행주로 살살 문질러 닦아 내어 0.5cm 두께로 납작하게 저민다.
3. 쇠고기는 연한 부위로 골라 채 썬다.
4. 분량의 재료를 섞어 양념을 만들어서 반은 쇠고기에, 나머지 반은 버섯에 나누어서 고루 무친다.
5. 실파는 다듬어서 5cm 길이로 썰고, 미나리는 잎을 떼고 다듬어서 끓는 물에 살짝 데쳐 내어 같은 길이로 썬다.
6. 끓는 물(또는 육수)에 소금과 간장을 약간 넣어 간을 싱겁게 맞추어 장국국물을 준비한다.
7. 양념한 버섯과 쇠고기, 채소 등을 전골냄비에 색깔 맞추어 돌려 담고 끓는 장국국물을 부어서 끓인다.

1인 분량의 영양가

영양소	열량 (kcal)	단백질 (g)	지질 (g)	당질 (g)	식이섬유 (g)	칼슘 (mg)	나트륨 (mg)	칼륨 (mg)	철분 (mg)
함 량	124.3	10.2	4.7	11.5	5.8	48.4	558.3	569.3	4.3

영양소	아연 (mg)	비타민 A (μg RE)	비타민 B_1 (mg)	비타민 B_2 (mg)	니아신 (mg)	비타민 B_6 (mg)	엽산 (μg)	비타민 C (mg)	비타민 E (mg)
함 량	1.7	72.3	0.3	0.5	18.1	0.3	59.2	10.7	1.2

출 처

강인희, 한국의 맛, 대한교과서주식회사, 1993
황혜성 · 한복려 · 한복진, 한국의 전통음식, 교문사, 1994

주식류
부식류
떡류
과정류
음청류
주류

쇠고기전골

재 료

쇠고기(양지머리) 250g • 두부 130g(1/4모) • 무 120g • 양파 90g(2/3개) • 실파 90g • 당근 45g(1/3개) • 미나리 40g • 표고버섯 25g(2개) • 물 400mL(2컵) • 다진 마늘 3g(1/2작은술) • 소금 5g(1 1/3작은술) • 국간장 17g(1큰술) • 참기름 5g(1작은술) • 후춧가루 1g(1/3작은술)

쇠고기 양념 간장 5g(1작은술) • 참기름 2g(2/3작은술) • 깨소금 2g(2/3작은술) • 다진 마늘 3g(1/2작은술)

만드는 법

1. 쇠고기와 표고버섯은 채 썰어(5×0.3×0.3cm) 쇠고기 양념에 재워 놓는다.
2. 두부는 직사각형 모양으로 썬다(5×1.5×0.5cm).
3. 무와 당근, 양파는 납작하게 썰고, 미나리와 실파는 5cm 길이로 썬다.
4. 끓는 물에 다진 마늘, 후춧가루, 참기름을 넣고 소금과 국간장을 넣어 싱겁게 간을 맞춘다.
5. 양념한 고기와 버섯, 채소를 전골냄비에 돌려 담고 더운 장국국물을 부어 끓인다.

1인 분량의 영양가

영양소	열량 (kcal)	단백질 (g)	지질 (g)	당질 (g)	식이섬유 (g)	칼슘 (mg)	나트륨 (mg)	칼륨 (mg)	철분 (mg)
함 량	181.1	17.9	9.1	6.5	3.0	94.8	875.9	352.5	3.1
영양소	아연 (mg)	비타민 A (μg RE)	비타민 B_1 (mg)	비타민 B_2 (mg)	니아신 (mg)	비타민 B_6 (mg)	엽산 (μg)	비타민 C (mg)	비타민 E (mg)
함 량	1.9	206.1	0.1	0.2	4.2	0.3	34.3	9.9	1.3

출 처

인천광역시 농촌지도소, 우리음식모음, 1996
농촌진흥청 농촌생활연구소(현 농촌자원개발연구소), 소비자가 알기 쉬운 식품영양가표, 2002

조기매운탕

재료

조기 270g(2마리) • 무 290g(1/3개) • 두부 100g(1/5모) • 대파 35g(1뿌리) • 풋고추 6g(1/2개) • 물 600mL(3컵) • 다진 마늘 14g(2큰술) • 고춧가루 6g(1 1/4큰술) • 소금 5g(1 1/3작은술) • 국간장 12g(3/4큰술) • 고추장 8g(1/2작은술)

만드는 법

1. 조기는 손질하여 토막을 쳐 놓고, 무는 나박썰기(2.5×2.5×0.3cm)로 썰어 놓는다.
2. 두부는 깍둑썰기(사방 2cm)를 한다.
3. 무, 어슷썬(0.3cm) 풋고추와 대파, 고추장, 다진 마늘, 국간장을 넣고 뚜껑을 덮어 살짝 익힌다.
4. 양념이 어느 정도 배면 물을 붓고 끓인다.
5. 무가 익으면 조기와 두부, 고춧가루를 넣고 한소끔 끓인 후 소금으로 간을 맞춘다.

1인 분량의 영양가

영양소	열량 (kcal)	단백질 (g)	지질 (g)	당질 (g)	식이섬유 (g)	칼슘 (mg)	나트륨 (mg)	칼륨 (mg)	철분 (mg)
함량	144.8	17.0	5.5	6.5	3.0	123.5	936.2	434.7	2.1

영양소	아연 (mg)	비타민 A (μg RE)	비타민 B_1 (mg)	비타민 B_2 (mg)	니아신 (mg)	비타민 B_6 (mg)	엽산 (μg)	비타민 C (mg)	비타민 E (mg)
함량	0.6	89.9	0.1	0.2	1.6	0.4	25.8	15.2	1.3

출처
농촌진흥청 농촌생활연구소(현 농촌자원개발연구소), 소비자가 알기 쉬운 식품영양가표, 2002
재치영양사, www.yori.co.kr/, 2006

1인 분량(50g)의 영양가

영양소	열량 (kcal)	단백질 (g)	지질 (g)	당질 (g)	식이섬유 (g)	칼슘 (mg)	나트륨 (mg)	칼륨 (mg)	철분 (mg)
함량	20.5	2.0	0.5	4.3	0.9	59.0	455.5	180.5	0.7

영양소	아연 (mg)	비타민 A (μg RE)	비타민 B_1 (mg)	비타민 B_2 (mg)	니아신 (mg)	비타민 B_6 (mg)	엽산 (μg)	비타민 C (mg)	비타민 E (mg)
함량	0.0	195.0	0.1	0.1	0.7	-	37.4	24.0	0.7

자료 : 농촌자원개발연구소, 메뉴젠, www.rrdi.go.kr/MenuGen/, 2006

김치

갓김치

재료

갓 1kg • 쪽파 500g • 소금(절임용) 65g(½컵)

김치 양념 고춧가루 120g(1½컵) • 다진 마늘 48g(4큰술) • 다진 파 20g(2큰술) • 멸치액젓 75g(5큰술) • 다진 생강 10g(2큰술) • 설탕 13g(1큰술) • 소금 18g(1큰술) • 새우젓 약간

만드는 법

1. 갓에 소금을 뿌려 절인다.
2. 쪽파는 3cm 길이로 썰고, 김치 양념 재료에 넣고 고루 섞어 김치 양념을 만든다.
3. 김치 양념에 절인 갓을 넣어 잘 버무려서 항아리에 꼭꼭 눌러 담는다.

1

1

2

3

출처
황혜성 · 한복려 · 한복진, 한국의 전통음식, 교문사, 1994
황혜성, 한국의 요리 2, 대학당, 1996

조리시연자
김동희, 서울특별시 동작구 신대방1동

고문헌
수운잡방(과동개채침법 : 過冬芥菜沈法), 조선요리제법(갓김치), 조선무쌍신식요리제법(개저 : 芥菹)

1인 분량(50g)의 영양가

영양소	열량 (kcal)	단백질 (g)	지질 (g)	당질 (g)	식이섬유 (g)	칼슘 (mg)	나트륨 (mg)	칼륨 (mg)	철분 (mg)
함 량	16.5	0.8	0.2	3.7	0.4	18.5	298.0	200.0	0.2
영양소	아연 (mg)	비타민 A (μg RE)	비타민 B_1 (mg)	비타민 B_2 (mg)	니아신 (mg)	비타민 B_6 (mg)	엽산 (μg)	비타민 C (mg)	비타민 E (mg)
함 량	0.2	19.0	0.1	0.0	0.3	0.1	29.5	9.5	0.1

자료 : 농촌자원개발연구소, 메뉴젠, www.rrdi.go.kr/MenuGen/, 2006

김치

깍두기

재료

무 3kg(4개) • 갓 200g • 쪽파 200g • 미나리 200g • 양파 160g(1개) • 고춧가루 80g(1컵)

양념 멸치액젓 120g(½컵) • 새우젓 120g(½컵) • 다진 파 20g(2큰술) • 다진 마늘 50g(4큰술) • 다진 생강 20g(2큰술) • 소금 70g(4큰술) • 설탕 25g(2큰술)

만드는 법

1. 무는 깨끗이 씻어 2cm의 도톰한 네모로 깍둑썰기 한다(사방 2cm).
2. 쪽파, 갓, 미나리는 다듬어서 3cm 길이로 썰고, 양파는 0.3cm 너비로 채 썰고 새우젓은 대강 다진다.
3. 큰 그릇에 무 썬 것을 담고 고춧가루를 넣어 고루 버무려서 색을 곱게 물들인다.
4. 물들인 무에 2와 멸치액젓, 다진 파, 다진 마늘, 다진 생강을 넣고 고루 버무려 소금, 설탕으로 간을 맞춘다.

1

1

3

4

출처
황혜성 · 한복려 · 한복진, 한국의 전통음식, 교문사, 1994
서울특별시 교육청, 중 · 고등학생을 위한 학교급식 표준식단, 2002

조리시연자
김동희, 서울특별시 동작구 신대방1동

고문헌
조선요리제법(깍둑이), 조선무쌍신식요리제법(홍저 : 紅菹)

1인 분량(50g)의 영양가

영양소	열량 (kcal)	단백질 (g)	지질 (g)	당질 (g)	식이섬유 (g)	칼슘 (mg)	나트륨 (mg)	칼륨 (mg)	철분 (mg)
함량	21.0	1.3	0.3	4.3	0.4	21.0	1,729.5	174.5	0.2
영양소	아연 (mg)	비타민 A (μg RE)	비타민 B_1 (mg)	비타민 B_2 (mg)	니아신 (mg)	비타민 B_6 (mg)	엽산 (μg)	비타민 C (mg)	비타민 E (mg)
함량	0.2	63.5	0.0	0.0	0.3	0.1	90.7	10.0	0.2

자료 : 농촌자원개발연구소, 메뉴젠, www.rrdi.go.kr/MenuGen/, 2006

김치

배추김치

재 료

배추 2.5kg(2포기) • 무 430g(½개) • 갓 60g • 미나리 80g • 쪽파 40g

소금물 물 2L(10컵) • 소금 200g(1½컵)

소 양념 다진 마늘 60g(½컵) • 다진 생강 8g(1큰술) • 새우젓 80g(⅓컵) • 멸치액젓 80g(⅓컵) • 고춧가루 56g(⅔컵) • 설탕 5g(1½작은술) • 소금 약간

만드는 법

1. 배추는 겉대만 떼고 반으로 갈라(큰 것은 네 쪽을 낸다) 소금물에 잠기게 담가 하룻밤 절인다.
2. 배추가 잘 절여졌으면 깨끗이 씻어서 큰 채반이나 소쿠리에 엎어서 건져 놓아 물기가 빠지게 한다. 포기가 큰 것은 다시 반으로 가르고 뿌리 부분을 깨끗이 도려 낸다.
3. 무는 채 썰고(5×0.2×0.2cm), 갓, 미나리, 쪽파는 3cm 길이로 썬다.
4. 3의 재료에 소 양념을 섞어 김치소를 만든다.
5. 절인 배추를 놓고 배춧잎의 사이사이에 소를 고르게 채워서 바깥 잎으로 전체를 싸서 항아리에 차곡차곡 담는다. 항아리의 제일 위는 배추 겉대 절인 것을 덮고 깨끗한 돌로 눌러 놓는다. 국물이 적으면 물을 끓여서 소금이나 젓국으로 간을 맞추어 붓는다.

1

4

4

5

출 처

강인희, 한국의 맛, 대한교과서주식회사, 1993
황혜성 · 한복려 · 한복진, 한국의 전통음식, 교문사, 1994

조리시연자

김동희, 서울특별시 동작구 신대방1동

1인 분량(67g)의 영양가

영양소	열량 (kcal)	단백질 (g)	지질 (g)	당질 (g)	식이섬유 (g)	칼슘 (mg)	나트륨 (mg)
함 량	5.4	0.5	0.1	1.3	0.3	14.1	282.7
영양소	칼륨 (mg)	철분 (mg)	비타민 A (μg RE)	비타민 B_1 (mg)	비타민 B_2 (mg)	니아신 (mg)	비타민 C (mg)
함 량	77.7	0.2	6.0	0.0	0.0	0.2	6.7

자료 : 농촌자원개발연구소, 메뉴젠, www.rrdi.go.kr/MenuGen/, 2006

김치

백김치

재료

배추 3kg(2포기) • 무 400g(½개) • 미나리 100g • 쪽파 100g • 배 200g(½개) • 밤 40g(3개) • 통마늘 10g(2쪽) • 생강 5g(1쪽) • 새우젓국 45g(3큰술)

소금물 물 2L(10컵) • 소금 200g(1½컵)

김칫국물 소금 12g(⅔큰술) • 물 400mL(2컵)

만드는 법

1. 배추는 겉대만 떼고 반으로 갈라(큰 것은 네 쪽을 낸다) 소금물에 잠기게 담가 하룻밤 절인다.
2. 배추가 잘 절여졌으면 깨끗이 씻어서 큰 채반이나 소쿠리에 엎어서 건져 놓아 물기가 빠지게 한다. 포기가 큰 것은 다시 반으로 가르고 뿌리 부분을 깨끗이 도려 낸다.
3. 무는 곱게 채 썰고(5×0.2×0.2cm), 쪽파와 미나리는 3cm 길이로 썰고, 배는 껍질을 벗기고 굵게 채 썬다(5×0.3×0.3cm). 밤도 껍질을 벗겨 채 썬다.
4. 마늘, 생강은 다듬어 씻어 껍질을 골라 내고 건져 물기를 뺀 후 채 썬다.
5. 그릇에 무채와 미나리, 밤, 배, 쪽파, 마늘, 생강, 새우젓국을 넣어 고루 섞어서 소를 만든다.
6. 절인 배추에 포기김치처럼 잎 사이사이에 소를 넣고 겉잎으로 소가 빠지지 않게 오므려 싼다.
7. 항아리에 차곡차곡 담고 김칫국물을 자작하게 붓는다.

1

5

5

6

출처
문화공보부 문화재관리국, 한국민속종합조사보고서(향토음식 편), 1984
황혜성 · 한복려 · 한복진, 한국의 전통음식, 교문사, 1994

조리시연자
김동희, 서울특별시 동작구 신대방1동

1인 분량(89g)의 영양가

영양소	열량 (kcal)	단백질 (g)	지질 (g)	당질 (g)	식이섬유 (g)	칼슘 (mg)	나트륨 (mg)
함 량	15.1	1.5	0.4	3.6	1.2	39.2	540.2
영양소	칼륨 (mg)	철분 (mg)	비타민 A (μg RE)	비타민 B_1 (mg)	비타민 B_2 (mg)	니아신 (mg)	비타민 C (mg)
함 량	275.0	0.4	94.3	0.1	0.0	0.5	11.6

자료 : 농촌자원개발연구소, 메뉴젠, www.rrdi.go.kr/MenuGen/, 2006

김치

오이소박이

재 료

오이 1kg(7개) • 부추 100g • 물 800mL(4컵) • 소금 110g(6큰술) • 다진 파 36g(4큰술) • 다진 마늘 24g(2큰술) • 다진 생강 9g(1큰술) • 고춧가루 20g(4큰술) • 새우젓국물 30g(2큰술) • 설탕 4g(1작은술) • 멸치액젓 30g(2큰술)

만드는 법

1. 오이는 껍질을 소금으로 문질러서 씻어 길이 5cm로 토막 내어 한가운데에만 십자로 칼집을 넣어 소금물(물 2컵, 소금 4큰술)에 넣고 절인다.
2. 충분히 절인 오이를 씻어 건져 행주에 싸서 눌러 물기를 뺀다.
3. 부추는 다듬어서 씻어 1cm 길이로 송송 썬다.
4. 다진 마늘, 다진 생강, 다진 파에 고춧가루, 소금 1큰술, 새우젓국물, 멸치액젓, 설탕을 부추와 고루 버무려 소를 준비한다.
5. 절인 오이의 칼집 사이를 벌려서 준비한 소를 젓가락을 이용하여 채운 다음 항아리에 차곡차곡 담는다. 소 버무린 그릇에 소금물(소금 1큰술, 물 2컵)을 만들어서 붓고 오이가 떠오르지 않게 작은 돌이나 접시로 눌러 놓는다.

1

3

4

5

출 처

황혜성 · 한복려 · 한복진, 한국의 전통음식, 교문사, 1994

조리시연자

김동희, 서울특별시 동작구 신대방1동

고문헌

증보산림경제(황과담저법 : 黃瓜淡菹法)

배추겉절이

재료

배추 200g • 실파 10g • 소금 9g($\frac{1}{2}$큰술) • 고춧가루 5g(1큰술) • 다진 마늘 6g(1작은술) • 다진 생강 2g($\frac{1}{2}$작은술) • 멸치젓 5g(1작은술) • 설탕 3g(1작은술) • 깨소금 2g($\frac{1}{2}$작은술) • 참기름 4g(1작은술)

만드는 법

1. 배추는 연한 잎으로 골라 한 장씩 떼어서 길이 5cm, 폭 3cm 길이로 쭉쭉 갈라서 소금을 뿌린 후 절인다. 실파는 깨끗이 다듬어 씻어 5cm 길이로 썬다.
2. 절여진 배추를 씻어 건져 물기를 짠 다음 고운 고춧가루를 넣어 고루 주물러 붉은 색을 들인다.
3. 배추에 실파와 갖은 양념을 넣고 버무린 후 마지막에 참기름을 넣어 다시 버무린다.

1인 분량의 영양가

영양소	열량 (kcal)	단백질 (g)	지질 (g)	당질 (g)	식이섬유 (g)	칼슘 (mg)	나트륨 (mg)	칼륨 (mg)	철분 (mg)
함량	28.0	1.3	1.5	3.0	1.5	34.7	843.8	163.7	0.4

영양소	아연 (mg)	비타민 A (μg RE)	비타민 B_1 (mg)	비타민 B_2 (mg)	니아신 (mg)	비타민 B_6 (mg)	엽산 (μg)	비타민 C (mg)	비타민 E (mg)
함량	0.2	48.9	0.0	0.0	0.6	0.1	26.1	14.9	0.5

출처

황혜성 · 한복려 · 한복진, 한국의 전통음식, 교문사, 1994
농촌진흥청 농촌생활연구소(현 농촌자원개발연구소), 소비자가 알기 쉬운 식품영양가표, 2002
서울특별시 교육청, 중 · 고등학생을 위한 학교 급식 표준식단, 2002

사진

농촌진흥청, 농촌 식생활 향상을 위한 식생활 평가 시스템 개발연구 보고서, 2000

깻잎김치

재 료

깻잎 320g(20단) • 소금 65g(½컵) • 물 600mL(3컵) • 무 500g(⅔개) • 실파 50g • 미나리 50g • 밤 50g(5개) • 마늘 40g(10쪽) • 생강 20g(5쪽) • 멸치젓 120g(½컵) • 고춧가루 40g(½컵) • 설탕 26g(2큰술)

만드는 법

1. 깻잎은 열 장씩 묶은 단을 풀지 말고 씻어서 소금물에 담가 떠오르지 않게 접시나 돌로 눌러 삭힌다.
2. 무는 씻어서 가늘게 채 썰고(5×0.2×0.2cm), 실파와 미나리는 다듬어서 3cm 길이로 썬다.
3. 밤은 껍질을 까고 마늘과 생강은 씻어서 각각 가늘게 채 썬다(0.2cm).
4. 절여진 깻잎을 깨끗이 씻어서 소쿠리에 건져 물기를 뺀다.
5. 멸치젓은 미리 같은 양의 물을 섞어서 끓여 고운체에 밭쳐서 맑은 젓국으로 준비한다.
6. 그릇에 멸치젓국을 담고 고춧가루를 버무려서 잠시 두어 불으면 채 썬 무, 밤, 마늘, 생강, 실파, 미나리에 설탕을 넣어 고루 섞어 무채 양념을 만든다.
7. 깻잎을 서너 장씩 겹쳐서 도마에 얹어 무채 양념을 젓가락으로 떠서 가운데에 길게 놓고 끝에서부터 돌돌 말아 항아리에 차곡차곡 담아 돌로 눌러서 뚜껑을 덮어 익힌다.

참고사항

가을철에 담글 경우 1주일 정도 지나면 먹기에 알맞게 익는다.

1인 분량(15.5g)의 영양가

영양소	열량 (kcal)	단백질 (g)	지질 (g)	당질 (g)	식이섬유 (g)	칼슘 (mg)	나트륨 (mg)	칼륨 (mg)	철분 (mg)
함 량	8.5	0.6	0.2	1.3	0.7	17.6	373.8	55.8	0.3
영양소	아연 (mg)	비타민 A (μg RE)	비타민 B_1 (mg)	비타민 B_2 (mg)	니아신 (mg)	비타민 B_6 (mg)	엽산 (μg)	비타민 C (mg)	비타민 E (mg)
함 량	0.1	82.6	0.0	0.0	0.2	0.0	6.4	3.6	0.3

자료 : 농촌자원개발연구소, 메뉴젠, www.rrdi.go.kr/MenuGen/, 2006

출 처
황혜성 · 한복려 · 한복진, 한국의 전통음식, 교문사, 1994

나박김치

재 료

배추 500g(⅓포기) • 무 450g(½개) • 미나리 100g • 오이 150g(1개) • 대파(흰 부분) 50g(1½뿌리) • 다진 마늘 60g(½컵) • 다진 생강 10g(1큰술) • 실고추 10g • 고춧가루 10g(2큰술) • 소금 약간

국물 소금 145g(8컵) • 물 2.4L(12컵) • 설탕 24g(2큰술)

만드는 법

1. 배추는 한 잎씩 떼어 길이 3.5cm, 너비 3cm 정도로 썬다.
2. 무는 나박썰기(2.5×2.5×0.2cm) 한다.
3. 미나리는 잘 다듬어 씻어 줄기만 3.5~4cm 정도로 썬다.
4. 오이는 껍질을 소금으로 문질러 씻고 길이 3cm 정도로 썰어 4쪽을 낸다. 씨 부분은 빼는 것이 좋다.
5. 대파는 흰 부분만 3.5~4cm 길이로 채 썬다.
6. 무, 배추에 실고추를 넣고 버무려 붉은 물을 들인 다음 대파, 다진 마늘, 다진 생강을 넣어 잠깐 동안 두었다가 국물을 붓는다.
7. 고춧가루를 작은 주머니에 싸서 6의 김칫국물에 넣고 흔들어 국물을 붉게 물들인다.
8. 6에 오이를 넣어 항아리에 담는다. 미나리는 거의 익을 무렵에 썰어 넣는다.

1인 분량(250g)의 영양가

영양소	열량 (kcal)	단백질 (g)	지질 (g)	당질 (g)	식이섬유 (g)	칼슘 (mg)	나트륨 (mg)
함 량	22.5	2.0	0.3	6.3	2.0	90.0	3,140.0
영양소	칼륨 (mg)	철분 (mg)	비타민 A (μg RE)	비타민 B_1 (mg)	비타민 B_2 (mg)	니아신 (mg)	비타민 C (mg)
함 량	165.0	0.3	192.5	0.1	0.2	1.3	25.0

자료 : 농촌자원개발연구소, 메뉴젠, www.rrdi.go.kr/MenuGen/, 2006

출 처

강인희, 한국의 맛, 대한교과서주식회사, 1993

황혜성 · 한복려 · 한복진, 한국의 전통음식, 교문사, 1994

고문헌

산가요록(나박), 조선요리제법(나박김치), 조선무쌍신식요리제법(나복담저 : 蘿葍淡菹)

동치미

재료

무 10kg(20개) • 소금(절임용) 260g(2컵) • 배 740g(2개) • 실파 100g • 갓 100g • 청각 100g • 풋고추(삭힌 것) 100g • 붉은 고추 80g(5개) • 통마늘 40g(10쪽) • 생강 20g(5쪽)

소금물 소금 260g(2컵) • 물 10L(20컵)

만드는 법

1. 무는 작고 단단한 것으로 골라서 잔뿌리를 떼고 솔로 깨끗이 씻어서 소금에 굴려 항아리에 담고 남은 소금은 위에 뿌려서 하룻밤 절인다.
2. 실파와 갓은 깨끗이 씻어서 소금을 뿌려 살짝 절여서 두세 가닥씩 모아 말아서 묶는다.
3. 청각은 깨끗이 씻어서 건지고 삭힌 풋고추와 붉은 고추는 씻어 건져서 물기를 뺀다.
4. 배는 씻어서 반으로 가른다. 마늘과 생강은 씻어서 얇게 저며 거즈 주머니에 넣는다.
5. 소금물을 만들어 고운체에 밭친다.
6. 항아리의 제일 밑에 양념 주머니를 놓고 위에 절인 무를 한 켜 놓고 준비한 부재료들을 얹고 다시 무 담기를 반복한다. 맨 위에 갓을 놓고 떠오르지 않도록 돌로 눌러 놓는다.
7. 항아리에 소금물을 가만히 따라 붓고 뚜껑을 덮어서 익힌다.
8. 상에 낼 때는 무를 건져서 반달 모양 또는 굵기 1cm, 길이 4cm 정도의 막대 모양으로 썰고 부재료도 색이 고운 것은 짧게 썰어서 담는다. 국물은 맛을 보면서 간이 세면 물을 섞고 설탕을 약간만 넣어 맛을 낸다.

1인 분량(250g)의 영양가

영양소	열량 (kcal)	단백질 (g)	지질 (g)	당질 (g)	식이섬유 (g)	칼슘 (mg)	나트륨 (mg)
함량	27.5	1.8	0.3	7.5	1.3	45.0	1,522.5
영양소	**칼륨 (mg)**	**철분 (mg)**	**비타민 A (μg RE)**	**비타민 B_1 (mg)**	**비타민 B_2 (mg)**	**니아신 (mg)**	**비타민 C (mg)**
함량	300.0	0.5	37.5	0.1	0.1	0.5	15.0

자료 : 농촌자원개발연구소, 메뉴젠, www.rrdi.go.kr/MenuGen/, 2006

출처

강인희, 한국의 맛, 대한교과서주식회사, 1993
황혜성 · 한복려 · 한복진, 한국의 전통음식, 교문사, 1994

고문헌

산가요록(동침), 수운잡방, 증보산림경제(나복동침저법 : 蘿葍凍沈菹法蘿), 규합총서(동침이), 시의전서(동침이 : 冬沈伊), 조선무쌍신식요리제법(동침 : 冬沈, 동저 : 冬菹)

보쌈김치

재 료

배추 6.3kg(5포기) • 무 4kg(5개) • 갓 600g • 미나리 400g • 전복 200g(3마리) • 낙지 600g(3마리) • 굴 400g(2컵) • 건표고버섯 20g(5개) • 석이버섯 5g(5개) • 밤 300g(2컵) • 잣 70g(½컵) • 단감 250g(2개) • 배 1kg(3개) • 조기젓 300g(2마리) • 새우젓 240g(1컵) • 실고추 15g(½컵) • 쪽파 200g • 대파 170g(5뿌리) • 통마늘 150g(5통) • 생강 20g(5쪽) • 고춧가루 120g(1½컵) • 소금 390g(3컵) • 물 2L(10컵)

만드는 법

1. 배추는 밑둥 쪽에 칼집을 넣고, 두 쪽으로 쪼개서 소금 2컵, 물 10컵의 소금물로 절여 씻어 물을 뺀다. 절인 배추는 큰 잎을 떼어 내고, 나머지는 5cm 길이로 썬다.
2. 무 1개는 아주 곱게 채 썰고(5×0.1×0.1cm), 1개는 나박썰기(2×2×0.2cm) 하고, 3개는 큼직하게 썰어 둔다. 전복은 잘 손질해 무와 같이 나박썰기 한다.
3. 갓, 미나리, 쪽파는 씻어서 물기를 뺀 뒤 줄기만 4cm 정도의 길이로 썬다.
4. 낙지는 껍질을 벗겨 4cm 정도의 길이로 썰고, 굴은 소금물에 깨끗이 씻는다.
5. 조기젓은 머리와 꼬리를 떼고 세 쪽으로 포를 떠서 가시를 발라 내고 살을 저며서 실고추로 물들여 둔다. 건표고버섯과 석이버섯은 물에 불려 잘 손질하여 0.2cm 너비로 채 썬다.
6. 밤은 껍질을 벗겨 반은 채 썰고, 나머지 반은 얇게 편 썬다.
7. 단감은 껍질을 벗겨 나박썰기 하고, 잣은 고깔을 떼고 마른 행주로 닦는다.
8. 배 1개는 껍질을 벗겨 나박썰기 하고, 나머지 2개는 채 썬다.
9. 대파는 흰 부분만 4cm 길이로 썰어 채 썰고, 실고추도 길이 4cm로 자른다.
10. 생강, 마늘은 일부는 채 썰고, 일부는 고춧가루와 함께 찧는다. 무채에 고춧가루를 넣고 물을 들인 다음 다진 마늘, 생강을 넣고 한참 버무려 갓, 미나리, 쪽파, 배채, 밤채, 다진 새우젓을 넣고 버무려 소를 만든다.
11. 전복과 낙지, 굴을 실고추와 새우젓국을 약간 넣어 버무리고, 크게 썰어 둔 무는 다진 생강, 마늘, 고춧가루를 조금 넣고 버무린다.
12. 김치보시기에 큰 잎 3장 정도를 고르게 펴 놓고 한가운데에 노란 잎사귀를 깐 다음 5cm 길이로 썬 배추를 세워 놓는다. 여기에 소와 나박썬 배, 무, 낙지, 굴 등을 젓가락으로 사이사이에 골고루 넣는다. 그 위에 전복, 밤, 표고버섯, 석이버섯, 단감, 잣을 보기 좋게 얹고 속잎으로 싼 다음 다시 겉잎으로 싼다.
13. 항아리에 큼직하게 썰어서 양념한 무를 깔고, 싸 둔 배추를 한 켜 꽉 채워 넣는다. 그 위에 무를 얹고 남은 갓, 미나리, 쪽파를 펴 놓은 다음 소금을 약간 뿌리고 또 켜를 놓는다. 이렇게 항아리의 70~80%쯤 담아 배추 우거지를 소금에 버무려 위를 꼭 덮고 돌로 눌러 놓는다. 2~3일 후에 김칫국의 간을 보아서 새우젓국으로 간을 맞춘다.

1인 분량(74g)의 영양가

영양소	열량 (kcal)	단백질 (g)	지질 (g)	당질 (g)	식이섬유 (g)	칼슘 (mg)	나트륨 (mg)	칼륨 (mg)	철분 (mg)
함량	25.4	2.1	0.5	3.6	1.5	35.8	348.6	197.1	0.7

영양소	아연 (mg)	비타민 A (μg RE)	비타민 B_1 (mg)	비타민 B_2 (mg)	니아신 (mg)	비타민 B_6 (mg)	엽산 (μg)	비타민 C (mg)	비타민 E (mg)
함량	0.3	43.9	0.0	0.0	0.6	0.1	33.5	16.8	0.5

자료 : 농촌자원개발연구소, 메뉴젠, www.rrdi.go.kr/MenuGen/, 2006

참고사항

- 오래 두고 먹지는 못한다.
- 또 다른 방법은 배추와 무를 나박김치보다 조금 작게 썰어 모든 재료와 함께 버무려 김치보시기에 배춧잎을 깐 뒤 한 공기씩 넣고 꼭꼭 싸서 지금과 같은 방법으로 항아리에 담는다.
- 보쌈김치의 배추는 속이 꽉 차고 길이가 길며 잎사귀가 많은 것이 좋다.
- 김칫국물로 양지머리를 삶아 기름을 제거하고 그 국물을 붓기도 한다.

출 처

정순자, 한국조리, 신광출판사, 1990
강인희, 한국의 맛, 대한교과서주식회사, 1993
황혜성 · 한복려 · 한복진, 한국의 전통음식, 교문사, 1994

김치

부추김치

재료

부추 1kg • 멸치젓 120g(½컵) • 물 100mL(½컵) • 고춧가루 40g(½컵) • 다진 마늘 50g(4큰술) • 다진 생강 20g(2큰술) • 설탕 12g(1큰술) • 소금 약간

만드는 법

1. 부추는 싱싱하고 통통한 것을 잘 다듬어 깨끗이 씻어서 물기를 제거한다.
2. 멸치젓은 미리 동량의 물을 부어서 끓여 소쿠리에 한지를 깔고 걸러서 맑은 젓국을 만든다.
3. 부추는 길이를 반으로 잘라서 큰 그릇에 한 켜 고르게 펴고 2의 멸치젓국을 숟가락으로 고루 뿌리고 다시 부추를 놓고 멸치젓국을 끼얹어서 절인다. 도중에 위와 아래를 뒤집어 가며 고루 절인다.
4. 고춧가루와 물 3큰술을 섞어서 잠시 두어 불어나면 다진 마늘, 생강, 설탕을 넣고 부추를 절였던 멸치젓국도 따라 부어 한 데 버무려서 걸쭉한 양념을 만든다.
5. 절인 부추를 양념에 고루 버무려서 간을 보아 부족하면 소금을 넣어 맞추어서 항아리에 담아 꼭꼭 눌러 익힌다.

참고사항

• 부추는 비벼 씻으면 으깨지며 풋내가 날 수도 있으므로 살살 씻는다.
• 여름철에는 하루만에 익어서 먹을 수 있으며 때로는 버무려서 바로 먹기도 한다.

1인 분량(61g)의 영양가

영양소	열량 (kcal)	단백질 (g)	지질 (g)	당질 (g)	식이섬유 (g)	칼슘 (mg)	나트륨 (mg)	칼륨 (mg)	철분 (mg)
함량	33.6	3.5	0.8	3.9	2.0	44.9	419.2	329.2	1.8
영양소	아연 (mg)	비타민 A (μg RE)	비타민 B_1 (mg)	비타민 B_2 (mg)	나이아신 (mg)	비타민 B_6 (mg)	엽산 (μg)	비타민 C (mg)	비타민 E (mg)
함량	0.2	389.5	0.2	0.1	0.5	0.2	32.7	21.2	0.7

자료 : 농촌자원개발연구소, 메뉴젠, www.rrdi.go.kr/MenuGen/, 2006

출처
황혜성 · 한복려 · 한복진, 한국의 전통음식, 교문사, 1994

섞박지

재료

배추 800g(⅔포기) • 무 400g(½개) • 미나리 200g • 쪽파 300g • 통마늘 60g(2통) • 생강 20g(5쪽) • 고춧가루 10g(2큰술) • 실고추 10g • 조기젓국 240g(1컵) • 소금 130g(1컵) • 물 약간

만드는 법

1. 배추를 손질하여 깨끗이 씻어 길이 5cm 정도로 잘라 소금에 3시간쯤 절였다가 헹궈 물기를 뺀다.
2. 무는 납작하게 썬다(3×4×0.5cm).
3. 미나리와 쪽파도 각각 5cm 정도의 길이로 썬다.
4. 마늘, 생강은 각각 곱게 채 썬다(0.2cm).
5. 배추와 무에 다진 마늘, 다진 생강, 고춧가루를 넣어 버무리다가 조기젓국, 쪽파, 미나리, 실고추, 소금을 넣고 함께 버무려 항아리에 꼭 눌러 담은 다음 버무린 그릇에 물을 조금 부어 씻어 붓는다.

1인 분량(50g)의 영양가

영양소	열량 (kcal)	단백질 (g)	지질 (g)	당질 (g)	식이섬유 (g)	칼슘 (mg)	나트륨 (mg)	칼륨 (mg)	철분 (mg)
함량	14.4	1.7	0.2	1.9	1.0	22.4	1,078.4	140.9	0.9

영양소	아연 (mg)	비타민 A (μg RE)	비타민 B_1 (mg)	비타민 B_2 (mg)	니아신 (mg)	비타민 B_6 (mg)	엽산 (μg)	비타민 C (mg)	비타민 E (mg)
함량	0.1	35.3	0.0	0.1	0.7	0.7	22.4	10.2	0.5

자료 : 농촌진흥청 농촌생활연구소(현 농촌자원개발연구소), 소비자가 알기 쉬운 식품영양가표, 2002

출처

강인희, 한국의 맛, 대한교과서주식회사, 1993

고문헌

규합총서(섞박지), 시의전서(섞박지), 조선무쌍신식요리제법(섞박지)

김치

열무김치

재료

열무 2kg • 오이 300g(2개) • 붉은 고추 70g(5개) • 풋고추 30g(2개) • 대파 150g(4뿌리) • 통마늘 60g(2통) • 생강 10g(2쪽) • 소금 130g(1컵)

밀가루풀 물 1.2L(6컵) • 밀가루 25g(3큰술)

만드는 법

1. 열무는 다듬어 길이 5cm로 썰어서 소금을 고루 뿌려 절인 후 물에 살짝 헹구어 소쿠리에 건져서 물기를 뺀다.
2. 오이는 껍질을 소금으로 문질러 씻어 길이 4cm 정도로 썰고 사등분한다. 대파는 채 썬다.
3. 붉은 고추는 씨를 발라 내고 분쇄기에 마늘, 생강을 넣고 함께 간다.
4. 풋고추는 쪼개어 씨를 발라 낸다.
5. 묽은 밀가루풀을 쑤어 식혀서 3에서 준비한 양념과 소금을 섞는다. 여기에 씻어 둔 열무와 오이, 풋고추, 채 썬 파를 버무려 항아리에 담는다.

참고사항

오이를 넣어서 담그면 시원해서 좋으나 빨리 익으므로 오래 두고 먹을 수 있다.

1인 분량(50g)의 영양가

영양소	열량 (kcal)	단백질 (g)	지질 (g)	당질 (g)	식이섬유 (g)	칼슘 (mg)	나트륨 (mg)
함량	19.0	1.6	0.3	4.3	0.8	58.0	311.0
영양소	칼륨 (mg)	철분 (mg)	비타민 A (μg RE)	비타민 B_1 (mg)	비타민 B_2 (mg)	니아신 (mg)	비타민 C (mg)
함량	303.0	1.0	297.5	0.1	0.1	0.3	14.0

자료 : 농촌자원개발연구소, 메뉴젠, www.rrdi.go.kr/MenuGen/, 2006

출 처

강인희, 한국의 맛, 대한교과서주식회사, 1993

황혜성 · 한복려 · 한복진, 한국의 전통음식, 교문사, 1994

고문헌

조선요리제법(열무김치), 조선무쌍신식요리제법(세청저 : 細菁菹)

주식류 부식류 떡류 과정류 음청류 주류

총각김치

재 료

총각무 2kg • 실파 300g • 갓 300g • 대파(흰 부분) 50g(1½뿌리) • 다진 마늘 50g(4큰술) • 다진 생강 20g(2큰술) • 소금 65g(½컵) • 설탕 25g(2큰술) • 멸치젓국 120g(½컵) • 새우젓 120g(½컵) • 고춧가루 80g(1컵)

찹쌀풀 찹쌀가루 25g(3큰술) • 물 200mL(1컵) • 소금 25g(2큰술)

만드는 법

1. 총각무는 잔털을 떼고 무청 달린 부분의 껍질을 도려 내어 깨끗이 씻고 소금을 고루 뿌려서 절여 물에 살짝 헹궈 소쿠리에 건져 물기를 뺀다.
2. 실파, 갓은 다듬어서 무를 절이는 도중에 함께 넣어 절여서 살짝 씻어 건진다.
3. 대파(흰 부분)는 어슷하게 썬다.
4. 냄비에 물을 담아 찹쌀가루를 잘 풀어서 풀을 쑤어 소금으로 간을 하여 식힌다.
5. 큰 그릇에 멸치젓국을 담아 먼저 고춧가루를 섞고 이어서 식힌 찹쌀풀을 고루 섞은 후에 어슷썬 파, 다진 마늘, 다진 생강, 새우젓, 설탕을 넣어 걸쭉한 양념을 만든다.
6. 섞어 놓은 양념에 절인 총각무, 실파, 갓을 넣어 고루 버무려서 총각무, 실파, 갓을 두 가닥 정도씩 한 데 모아 말아 둥근 묶음으로 하여 항아리에 차곡차곡 담고 꼭꼭 눌러서 익힌다. 김장철에는 2주 정도면 먹기에 알맞게 익는다.

1인 분량(50g)의 영양가

영양소	열량 (kcal)	단백질 (g)	지질 (g)	당질 (g)	식이섬유 (g)	칼슘 (mg)	나트륨 (mg)	칼륨 (mg)	철분 (mg)
함 량	21.0	1.3	0.3	4.3	0.4	21.0	1,729.5	174.5	0.2
영양소	아연 (mg)	비타민 A (μg RE)	비타민 B_1 (mg)	비타민 B_2 (mg)	니아신 (mg)	비타민 B_6 (mg)	엽산 (μg)	비타민 C (mg)	비타민 E (mg)
함 량	0.2	63.5	0.0	0.0	0.3	0.1	90.7	10.0	0.2

자료 : 농촌자원개발연구소, 메뉴젠, www.rrdi.go.kr/MenuGen/, 2006

출 처
황혜성 · 한복려 · 한복진, 한국의 전통음식, 교문사, 1994

파김치

재료

실파 1kg • 멸치젓 120g(½컵) • 고춧가루 80g(1컵) • 다진 마늘 50g(4큰술) • 다진 생강 20g(2큰술) • 설탕 12g(1큰술) • 통깨 8g(1큰술) • 물 45mL(3큰술) • 소금 약간

만드는 법

1. 싱싱한 실파를 골라 씻어 건져서 물기를 제거한다.
2. 멸치젓은 미리 동량의 물을 부어서 끓여 소쿠리에 한지를 깔고 걸러서 맑은 젓국을 만든다.
3. 그릇에 실파를 한 켜 고르게 펴고 멸치젓국을 수저로 고루 뿌리고 다시 파를 놓고 멸치젓국을 끼얹어서 절인다. 도중에 위와 아래를 뒤집어 가며 고루 절인다.
4. 고춧가루와 물을 섞어서 잠시 두어 불어나면 다진 마늘, 다진 생강, 설탕, 통깨를 넣고 실파를 절였던 멸치젓국도 따라 붓고 간이 부족하면 소금을 넣어 걸쭉한 양념을 만든다.
5. 절인 파를 양념에 가지런히 넣어서 고루 주물러 파를 4~5가닥씩 잡고 한 데 감아 묶어 항아리에 차곡차곡 담아 꼭꼭 눌러 익힌다.

1인 분량(50g)의 영양가

영양소	열량 (kcal)	단백질 (g)	지질 (g)	당질 (g)	식이섬유 (g)	칼슘 (mg)	나트륨 (mg)
함 량	26.0	1.7	0.4	5.9	0.8	35.0	438.0
영양소	칼륨 (mg)	철분 (mg)	비타민 A (μg RE)	비타민 B_1 (mg)	비타민 B_2 (mg)	니아신 (mg)	비타민 C (mg)
함 량	168.0	0.5	176.0	0.1	0.1	0.5	9.5

자료 : 농촌자원개발연구소, 메뉴젠, www.rrdi.go.kr/MenuGen/, 2006

출 처

황혜성 · 한복려 · 한복진, 한국의 전통음식, 교문사, 1994
황혜성, 한국의 요리 2, 대학당, 1996

고문헌

산가요록(생총침채), 수운잡방(총침채 : 蔥沈菜), 조선무쌍신식요리제법(총저 : 蔥菹)

주식류 부식류 떡류 과정류 음청류 주류

1인 분량의 영양가

영양소	열량 (kcal)	단백질 (g)	지질 (g)	당질 (g)	식이섬유 (g)	칼슘 (mg)	나트륨 (mg)	칼륨 (mg)	철분 (mg)
함량	27.0	0.8	0.4	5.6	1.4	15.4	269.8	143.2	0.5

영양소	아연 (mg)	비타민 A (μg RE)	비타민 B_1 (mg)	비타민 B_2 (mg)	니아신 (mg)	비타민 B_6 (mg)	엽산 (μg)	비타민 C (mg)	비타민 E (mg)
함량	0.1	46.8	0.0	0.0	0.3	0.1	5.4	4.2	0.3

나물 – 생채

도라지오이무침

재 료

오이 80g(1/2개) • 도라지 60g(2뿌리) • 소금 2g(2/3작은술)

양념장 다진 파 5g(1/2큰술) • 다진 마늘 3g(1/2작은술) • 고추장 10g(1/2큰술) • 식초 5g(1작은술) • 고춧가루 4g(3/4큰술) • 설탕 4g(1작은술) • 깨소금 1g(1/3작은술)

만드는 법

1. 도라지는 소금물에 담가 두었다 찢는다. 찢어 놓은 도라지는 다시 소금에 문질러 씻어 쓴맛을 우려 낸다.
2. 오이는 반을 갈라 어슷썬다(0.3cm).
3. 분량의 양념을 섞어 양념장을 만든다.
4. 도라지와 오이에 양념장을 넣고 무친다.

1

2

3

4

출 처

농촌진흥청 농촌생활연구소(현 농촌자원개발연구소), 소비자가 알기 쉬운 식품영양가표, 2002

서울특별시 교육청, 중 · 고등학생을 위한 학교급식 표준식단, 2002

조리시연자

김동희, 서울특별시 동작구 신대방1동

1인 분량의 영양가

영양소	열량 (kcal)	단백질 (g)	지질 (g)	당질 (g)	식이섬유 (g)	칼슘 (mg)	나트륨 (mg)	칼륨 (mg)	철분 (mg)
함량	32.4	0.9	3.0	1.1	0.8	50.3	344.6	190.3	0.4
영양소	아연 (mg)	비타민 A (μg RE)	비타민 B_1 (mg)	비타민 B_2 (mg)	니아신 (mg)	비타민 B_6 (mg)	엽산 (μg)	비타민 C (mg)	비타민 E (mg)
함량	0.2	1.0	0.0	0.0	0.2	0.1	45.2	4.7	3.9

고구마줄기나물(볶음)

재 료

고구마줄기 200g • 소금(데침용) 4g(1작은술) • 식용유 6g(1/2큰술) • 통깨 3g(1작은술)

양념 다진 마늘 8g(2/3큰술) • 소금 4g(1작은술) • 참기름 4g(1작은술)

만드는 법

1. 끓는 소금물에 고구마줄기를 살짝 데친 후 찬물에 헹궈 물기를 빼고 적당한 크기로 자른다.
2. 팬에 식용유를 두르고 1의 고구마줄기를 넣고 볶으면서 갖은 양념을 함께 넣어 볶은 후 통깨를 뿌린다.

출 처
재치영양사, www.yori.co.kr/, 2006

조리시연자
김동희, 서울특별시 동작구 신대방1동

1인 분량의 영양가

영양소	열량 (kcal)	단백질 (g)	지질 (g)	당질 (g)	식이섬유 (g)	칼슘 (mg)	나트륨 (mg)	칼륨 (mg)	철분 (mg)
함 량	59.1	2.2	5.1	2.2	2.0	19.4	319.0	125.3	1.0

영양소	아연 (mg)	비타민 A (µg RE)	비타민 B_1 (mg)	비타민 B_2 (mg)	니아신 (mg)	비타민 B_6 (mg)	엽산 (µg)	비타민 C (mg)	비타민 E (mg)
함 량	0.1	4.4	0.0	0.0	0.1	0.1	2.8	0.3	3.9

고사리나물(볶음)

재 료

고사리(불린 것) 200g • 물 45mL(3큰술) • 식용유 6g(½큰술) • 깨소금 3g(1작은술)

양념 참기름 12g(1큰술) • 간장 20g(1큰술) • 다진 파 3g(1작은술) • 다진 마늘 6g(1작은술)

만드는 법

1. 마른 고사리는 충분하게 불려 끓는 물에 데친 후 물에 담궈 아린 맛을 우려 낸다.
2. 줄기가 뻣뻣한 것은 잘라 내고 가지런히 해서 5cm 정도 길이로 썬다.
3. 2에 파, 다진 마늘, 간장, 참기름 ½큰술을 넣어 주무른 후 팬에 식용유를 둘러 볶는다.
4. 볶다가 물 3큰술을 넣어 다시 볶는다.
5. 마지막으로 참기름 ½큰술과 깨소금을 넣는다.

1

2

3

3

출 처

강인희, 한국의 맛, 대한고과서주식회사, 1993
농촌진흥청, 농촌 식생활 향상을 위한 식생활 평가 시스템 개발연구 보고서, 2000

조리시연자

김동희, 서울특별시 동작구 신대방1동

고문헌

시의전서(고사리나물)

1인 분량의 영양가

영양소	열량 (kcal)	단백질 (g)	지질 (g)	당질 (g)	식이섬유 (g)	칼슘 (mg)	나트륨 (mg)	칼륨 (mg)	철분 (mg)
함 량	30.5	1.9	1.7	3.1	1.9	31.3	1,142.5	269.8	1.5
영양소	아연 (mg)	비타민 A (μg RE)	비타민 B_1 (mg)	비타민 B_2 (mg)	니아신 (mg)	비타민 B_6 (mg)	엽산 (μg)	비타민 C (mg)	비타민 E (mg)
함 량	0.3	304.4	0.1	0.2	0.3	0.1	73.8	30.3	1.9

나물 – 숙채

시금치나물

재 료

시금치 200g • 소금(데침용) 약간

양념 소금 4g(1작은술) • 다진 파 3g(1작은술) • 다진 마늘 7g(½큰술) • 참기름 4g(1작은술) • 깨소금 3g(1작은술)

만드는 법

1. 시금치는 다듬어 팔팔 끓는 물에 소금을 넣고 파랗게 데친 후 찬물에 헹궈 놓는다.
2. 헹군 시금치의 물기를 꼭 짠다.
3. 물기를 짠 시금치에 분량의 양념을 넣어 양념이 잘 밸 수 있도록 손으로 버무려 낸다.

1

3

3

3

참고사항

양념으로 소금 대신 간장을 넣어 무치기도 한다.

출 처

정순자, 한국조리, 신광출판사, 1990

농촌진흥청, 농촌 식생활 향상을 위한 식생활 평가 시스템 개발연구 보고서, 2000

조리시연자

김동희, 서울특별시 동작구 신대방1동

1인 분량의 영양가

영양소	열량 (kcal)	단백질 (g)	지질 (g)	당질 (g)	식이섬유 (g)	칼슘 (mg)	나트륨 (mg)	칼륨 (mg)	철분 (mg)
함 량	30.5	2.8	2.1	1.3	1.5	27.5	361.1	128.7	0.5

영양소	아연 (mg)	비타민 A (μg RE)	비타민 B_1 (mg)	비타민 B_2 (mg)	니아신 (mg)	비타민 B_6 (mg)	엽산 (μg)	비타민 C (mg)	비타민 E (mg)
함 량	0.3	3.6	0.1	0.1	0.4	0.5	3.9	4.9	0.8

콩나물무침

재 료

콩나물 200g • 소금(삶는 용) 약간 • 물 100mL(½컵)

양념 소금 4g(1작은술) • 다진 파 12g(1⅓큰술) • 다진 마늘 6g(1작은술) • 참기름 4g(1작은술) • 깨소금 3g (1작은술)

만드는 법

1. 콩나물은 뿌리를 다듬어 깨끗이 씻어 냄비에 담고 물 ½컵과 소금을 약간 넣고 뚜껑을 꼭 덮어 약 15분 정도 삶는다.
2. 콩나물이 무르게 되면 소쿠리에 건져서 물기를 뺀다.
3. 소금, 다진 파, 다진 마늘, 참기름, 깨소금(½작은술)을 넣고 양념을 만든다.
4. 콩나물에 양념을 섞어 무친 뒤 깨소금(½작은술)을 뿌린다.

1

1

3

4

출 처

황혜성 · 한복려 · 한복진, 한국의 전통음식, 교문사, 1994

농촌진흥청, 농촌 식생활 향상을 위한 식생활 평가 시스템 개발연구 보고서, 2000

조리시연자

김동희, 서울특별시 동작구 신대방1동

1인 분량의 영양가

영양소	열량 (kcal)	단백질 (g)	지질 (g)	당질 (g)	식이섬유 (g)	칼슘 (mg)	나트륨 (mg)	칼륨 (mg)	철분 (mg)
함 량	55.4	3.2	2.3	5.3	0.7	16.8	284.7	106.9	0.8
영양소	아연 (mg)	비타민 A (μg RE)	비타민 B_1 (mg)	비타민 B_2 (mg)	니아신 (mg)	비타민 B_6 (mg)	엽산 (μg)	비타민 C (mg)	비타민 E (mg)
함 량	0.4	78.5	0.0	0.0	0.9	0.1	28.2	1.3	0.6

나물 – 기타

탕평채(청포묵무침)

재료

녹두묵 200g • 쇠고기 50g • 미나리 20g • 당근 20g • 김 2g(1장) • 참기름 4g(1작은술) • 간장 8g(1/2큰술) • 식초 5g(1작은술) • 소금 약간

쇠고기 양념 간장 6g(1작은술) • 다진 마늘 2g(1/3작은술) • 다진 파 1g(1/2작은술) • 후춧가루 약간 • 깨소금 2g(1/2작은술)

만드는 법

1. 녹두묵은 길이 7cm, 두께 0.5cm 정도로 채 썰어 살짝 데쳐 찬물에 헹궈 참기름과 소금을 넣고 무친다.
2. 쇠고기는 곱게 채 썰어(5×0.2×0.2cm) 양념하여 볶고, 당근도 같은 크기로 채 썰어 볶는다.
3. 미나리는 줄기만 5cm 길이로 썰어 살짝 데친다.
4. 김은 구워서 잘게 부순다.
5. 접시에 모든 재료를 함께 넣어 간장, 참기름을 넣고 잘 버무린 후 김을 고명으로 올린다.

출처
강인희, 한국의 맛, 대한교과서주식회사, 1993

조리시연자
김동희, 서울특별시 동작구 신대방1동

고문헌
시의전서(탄평채), 조선요리제법(탕평채), 조선무쌍신식요리제법(묵청포)

1인 분량의 영양가

영양소	열량 (kcal)	단백질 (g)	지질 (g)	당질 (g)	식이섬유 (g)	칼슘 (mg)	나트륨 (mg)	칼륨 (mg)	철분 (mg)
함 량	184.4	5.8	6.5	25.9	2.0	36.1	773.0	259.5	2.0

영양소	아연 (mg)	비타민 A (μg RE)	비타민 B_1 (mg)	비타민 B_2 (mg)	니아신 (mg)	비타민 B_6 (mg)	엽산 (μg)	비타민 C (mg)	비타민 E (mg)
함 량	0.7	248.8	0.2	0.1	1.6	0.2	36.8	14.0	2.3

나물 – 기타

잡채

방법 1

재 료

당면 100g • 돼지고기(등심) 80g • 시금치 80g • 표고버섯 30g • 당근 40g($\frac{1}{4}$개) • 양파 30g • 식용유 6g($\frac{1}{2}$큰술) • 통깨 3g(1작은술) • 소금 3g($\frac{3}{4}$작은술)

시금치 양념 참기름 1g($\frac{1}{4}$작은술) • 소금 1g($\frac{1}{4}$작은술)

돼지고기 양념 간장 6g(1작은술) • 설탕 2g($\frac{1}{2}$작은술) • 참기름 1g($\frac{1}{2}$작은술) • 다진 파 2g(1작은술) • 다진 마늘 2g(1작은술) • 후춧가루 약간

당면 양념 간장 22g(1$\frac{1}{3}$큰술) • 참기름 5g(1$\frac{1}{2}$작은술) • 설탕 2g($\frac{1}{2}$작은술)

만드는 법

1. 시금치는 데쳐서 물기를 꼭 짠 후 참기름, 소금을 넣고 무친다.
2. 당면은 물에 불려 끓는 물에 삶는다.
3. 양파, 당근, 표고버섯은 가늘게 채 썬다(5×0.2×0.2cm).
4. 돼지고기는 채소와 같은 크기로 채 썰어 양념에 재워 둔다.
5. 팬에 식용유를 두르고 3의 재료를 소금을 뿌려 가며 볶고, 돼지고기도 볶는다.
6. 식용유를 두른 팬에 당면을 볶으면서 간장, 참기름, 설탕을 넣고 볶은 양파, 당근, 표고버섯, 돼지고기, 시금치를 함께 넣고 볶아 통깨를 뿌린다.

1

5

6

6

출 처

농촌진흥청, 농촌 식생활 향상을 위한 식생활 평가 시스템 개발연구 보고서, 2000
농촌진흥청 농촌생활연구소(현 농촌자원개발연구소), 소비자가 알기 쉬운 식품영양가표, 2002
서울특별시 교육청, 중 · 고등학생을 위한 학교급식 표준식단, 2002

조리시연자

김동희, 서울특별시 동작구 신대방1동

고문헌

음식디미방(잡채), 조선요리제법(잡채), 조선무쌍신식요리제법(잡채 : 雜菜)

방법 2

재 료

쇠고기(우둔) 120g • 건표고버섯 40g(3개) • 목이버섯 10g • 당근 50g(⅓개) • 양파 50g(⅓개) • 오이 50g(⅓개) • 도라지 60g(3뿌리) • 달걀 50g(1개) • 당면 30g • 잣 4g(1작은술) • 식용유 6g(½큰술) • 소금 4g(1작은술) • 후춧가루 2g(½작은술)

고기, 버섯 양념 간장 17g(1큰술) • 설탕 3g(1작은술) • 다진 파 6g(2작은술) • 다진 마늘 6g(1작은술) • 참기름 4g(1작은술) • 깨소금 3g(1작은술)

도라지 양념 다진 파 3g(1작은술) • 다진 마늘 3g(½작은술) • 참기름 3g(1작은술) • 깨소금 2g(½작은술) • 후춧가루 약간

당면 양념 간장 8g(½큰술) • 설탕 3g(1작은술) • 참기름 6g(½큰술) • 깨소금 3g(1작은술)

만드는 법

1. 쇠고기는 결을 따라서 길이로 가늘게 채 썬다(5×0.3×0.3cm).
2. 건표고버섯은 물에 불려서 기둥을 떼어 내고 가늘게 채 썰고, 목이버섯은 불려서 한 잎씩 떼어 작게 썬다.
3. 쇠고기, 표고버섯, 목이버섯은 각각 양념에 고루 무쳐 팬에 식용유를 두르고 볶아서 식힌다.
4. 오이, 당근은 채 썰어서(4×0.3×0.3cm) 소금에 절였다가 팬에 볶아서 소금, 후춧가루로 간을 한다. 도라지는 가늘게 갈라서 소금을 넣고 주물러 씻어 도라지 양념으로 무쳐서 볶고, 양파는 0.3cm 너비로 채 썰어 식용유에 볶아서 소금, 후춧가루로 간을 한다.
5. 달걀은 흰자, 노른자를 나누어 지단을 부쳐 채 썬다(4×0.3×0.3cm).
6. 당면은 끓는 물에 넣어 부드럽게 삶아 내어 적당한 길이로 자르고 당면 양념으로 고루 무친다.
7. 큰 그릇에 볶은 재료와 당면을 한 데 모아서 고루 섞어서 접시에 담고 위에 황백지단과 잣을 얹는다.

1인 분량의 영양가

영양소	열량 (kcal)	단백질 (g)	지질 (g)	당질 (g)	식이섬유 (g)	칼슘 (mg)	나트륨 (mg)	칼륨 (mg)	철분 (mg)
함 량	184.3	9.3	9.2	16.8	3.1	60.8	740.7	350.3	3.0

영양소	아연 (mg)	비타민 A (μg RE)	비타민 B_1 (mg)	비타민 B_2 (mg)	니아신 (mg)	비타민 B_6 (mg)	엽산 (μg)	비타민 C (mg)	비타민 E (mg)
함 량	1.9	185.6	0.1	0.2	2.5	0.2	22.4	6.5	3.1

출 처
황혜성 · 한복려 · 한복진, 한국의 전통음식, 교문사, 1994

나물 – 생채

무생채

재 료

무 200g(¼개)

양념 다진 파 8g(1큰술) • 다진 마늘 14g(1큰술) • 설탕 6g(½큰술) • 새우젓 23g(1½큰술) • 통깨 4g(1⅓작은술) • 고춧가루 4g(2작은술) • 소금 약간

만드는 법

1. 무는 가늘게 채 썰어 놓는다(5×0.2×0.2cm).
2. 그릇에 무채를 담고 먼저 고운 고춧가루를 넣어 고루 주물러서 붉게 물들인 다음 나머지 양념을 넣어 고루 무친다.

출처

황혜성 · 한복려 · 한복진, 한국의 전통음식, 교문사, 1994

농촌진흥청, 농촌 식생활 향상을 위한 식생활 평가 시스템 개발연구 보고서, 2000

사진

농촌진흥청, 농촌 식생활 향상을 위한 식생활 평가 시스템 개발연구 보고서, 2000

고문헌

시의전서(무생채), 조선요리제법(무생채), 조선무쌍신식요리제법(청생채 : 菁生菜)

1인 분량의 영양가

영양소	열량 (kcal)	단백질 (g)	지질 (g)	당질 (g)	식이섬유 (g)	칼슘 (mg)	나트륨 (mg)	칼륨 (mg)	철분 (mg)
함 량	30.9	1.7	0.8	4.9	1.5	67.1	528.6	178.6	0.8
영양소	아연 (mg)	비타민 A (μg RE)	비타민 B_1 (mg)	비타민 B_2 (mg)	니아신 (mg)	비타민 B_6 (mg)	엽산 (μg)	비타민 C (mg)	비타민 E (mg)
함 량	0.3	40.1	0.0	0.0	0.7	0.1	6.7	8.5	0.3

나물 – 생채

부추무침

재 료

부추 150g • 통깨 3g(1작은술)

양념 고춧가루 4g(2작은술) • 다진 마늘 6g(1작은술) • 다진 파 6g(⅔큰술) • 멸치액젓 25g(1½큰술) • 참기름 6g(½큰술)

만드는 법

1. 부추는 깨끗하게 손질하여 씻어서 물기를 뺀 후 5cm 정도의 길이로 썬다.
2. 분량의 양념을 넣고 무친 뒤 통깨를 뿌린다.

1인 분량의 영양가

영양소	열량 (kcal)	단백질 (g)	지질 (g)	당질 (g)	식이섬유 (g)	칼슘 (mg)	나트륨 (mg)	칼륨 (mg)	철분 (mg)
함 량	38.8	2.8	2.5	2.1	1.3	48.7	468.1	230.6	1.4

영양소	아연 (mg)	비타민 A (μg RE)	비타민 B_1 (mg)	비타민 B_2 (mg)	니아신 (mg)	비타민 B_6 (mg)	엽산 (μg)	비타민 C (mg)	비타민 E (mg)
함 량	0.2	274.4	0.2	0.0	0.4	0.1	24.9	15.7	1.0

출 처
농촌진흥청, 농촌 식생활 향상을 위한 식생활 평가 시스템 개발연구 보고서, 2000

사 진
농촌진흥청, 농촌 식생활 향상을 위한 식생활 평가 시스템 개발연구 보고서, 2000

나물 – 생채

상추겉절이

재 료

상추 150g

양념 고춧가루 8g(1½큰술) • 다진 파 12g(1⅓큰술) • 다진 마늘 12g(1큰술) • 설탕 4g(1작은술) • 간장 3g(½작은술) • 참기름 4g(1작은술) • 통깨 2g(⅔작은술)

만드는 법

1. 상추는 흐르는 물에 깨끗히 씻은 후 물기를 뺀다.
2. 적당한 크기로 찢는다.
3. 분량의 양념에 상추를 넣고 살짝 버무린다.

1인 분량의 영양가

영양소	열량 (kcal)	단백질 (g)	지질 (g)	당질 (g)	식이섬유 (g)	칼슘 (mg)	나트륨 (mg)	칼륨 (mg)	철분 (mg)
함 량	32.5	1.3	1.6	4.0	1.8	33.3	55.8	203.2	0.7
영양소	아연 (mg)	비타민 A (μg RE)	비타민 B_1 (mg)	비타민 B_2 (mg)	니아신 (mg)	비타민 B_6 (mg)	엽산 (μg)	비타민 C (mg)	비타민 E (mg)
함 량	0.2	171.3	0.0	0.1	0.5	0.1	36.7	7.6	0.6

출 처
농촌진흥청, 농촌 식생활 향상을 위한 식생활 평가 시스템 개발연구 보고서, 2000

사 진
농촌진흥청, 농촌 식생활 향상을 위한 식생활 평가 시스템 개발연구 보고서, 2000

나물 – 생채

오이생채

재 료

오이 120g(1개) • 양파 40g($\frac{1}{4}$개)

양념 고추장 26g($1\frac{1}{2}$큰술) • 고춧가루 2g(1작은술) • 식초 10g(2작은술) • 다진 마늘 4g($\frac{2}{3}$작은술) • 다진 파 8g(1큰술) • 통깨 2g($\frac{2}{3}$작은술) • 설탕 5g($1\frac{1}{2}$작은술) • 소금 4g(1작은술) • 간장 4g($\frac{2}{3}$작은술)

만드는 법

1. 오이는 깨끗이 씻어 어슷하게(0.3cm), 양파는 굵게 채 썬다(0.3cm).
2. 오이와 양파에 분량의 양념을 넣고 버무린다.

1인 분량의 영양가

영양소	열량 (kcal)	단백질 (g)	지질 (g)	당질 (g)	식이섬유 (g)	칼슘 (mg)	나트륨 (mg)	칼륨 (mg)	철분 (mg)
함 량	33.8	1.2	0.7	6.1	1.5	21.6	574.2	138.9	0.5
영양소	아연 (mg)	비타민 A (μg RE)	비타민 B_1 (mg)	비타민 B_2 (mg)	니아신 (mg)	비타민 B_6 (mg)	엽산 (μg)	비타민 C (mg)	비타민 E (mg)
함 량	0.2	68.9	0.0	0.0	0.5	0.1	10.1	4.6	0.4

출 처
농촌진흥청, 농촌 식생활 향상을 위한 식생활 평가 시스템 개발연구 보고서, 2000

사 진
농촌진흥청, 농촌 식생활 향상을 위한 식생활 평가 시스템 개발연구 보고서, 2000

나물 – 생채

절임고추무침

재 료

고추장아찌 60g

양념 물엿 4g($\frac{2}{3}$작은술) • 통깨 2g($\frac{2}{3}$작은술) • 채 썬 대파 6g(2작은술) • 참기름 2g($\frac{1}{2}$작은술) • 간장 4g($\frac{2}{3}$작은술) • 고춧가루 4g(2작은술)

만드는 법

1. 고추장아찌를 냉수에 헹궈 짠맛을 우려 낸 뒤 체에 밭쳐 물기를 뺀다.
2. 대파는 짧게 채를 썰고(0.2cm), 무침 양념을 만든다.
3. 고추장아찌에 양념과 대파를 넣고 버무린다.

1인 분량의 영양가

영양소	열량 (kcal)	단백질 (g)	지질 (g)	당질 (g)	식이섬유 (g)	칼슘 (mg)	나트륨 (mg)	칼륨 (mg)	철분 (mg)
함 량	24.4	0.8	1.1	2.9	3.6	13.3	347.1	69.7	0.5

영양소	아연 (mg)	비타민 A (μg RE)	비타민 B_1 (mg)	비타민 B_2 (mg)	니아신 (mg)	비타민 B_6 (mg)	엽산 (μg)	비타민 C (mg)	비타민 E (mg)
함 량	0.1	77.8	0.0	0.0	1.0	0.1	4.3	0.5	0.3

출 처

농촌진흥청, 농촌 식생활 향상을 위한 식생활 평가 시스템 개발연구 보고서, 2000

재치영양사, www.yori.co.kr/, 2006

사 진

농촌진흥청, 농촌 식생활 향상을 위한 식생활 평가 시스템 개발연구 보고서, 2000

나물 – 숙채

가지나물

재 료

가지 240g(2개) • 소금 3g(1작은술)

양념장 간장 8g(½큰술) • 다진 파 6g(⅔큰술) • 다진 마늘 6g(1작은술) • 참기름 2g(⅔작은술) • 깨소금 1g(¼작은술)

만드는 법

1. 가지는 깨끗이 씻어 밥솥이나 찜통에 찐 다음 길이로 5~6등분 갈라 놓는다.
2. 분량의 양념으로 양념장을 만든다.
3. 가지에 양념장을 넣고 잘 무친 후 소금으로 간을 맞춘다.

1인 분량의 영양가

영양소	열량 (kcal)	단백질 (g)	지질 (g)	당질 (g)	식이섬유 (g)	칼슘 (mg)	나트륨 (mg)	칼륨 (mg)	철분 (mg)
함 량	19.3	0.8	0.8	2.8	1.3	15.8	420.1	149.9	0.2

영양소	아연 (mg)	비타민 A (μg RE)	비타민 B_1 (mg)	비타민 B_2 (mg)	니아신 (mg)	비타민 B_6 (mg)	엽산 (μg)	비타민 C (mg)	비타민 E (mg)
함 량	0.2	5.5	0.0	0.0	0.3	0.1	10.3	2.9	0.4

출 처

강인희, 한국의 맛, 대한교과서주식회사, 1993
농촌진흥청 농촌생활연구소(현 농촌자원개발연구소), 소비자가 알기 쉬운 식품영양가표, 2002
재치영양사, www.yori.co.kr/, 2006

사 진

농촌진흥청, 농촌 식생활 향상을 위한 식생활 평가 시스템 개발연구 보고서, 2000

고문헌

시의전서(가지나물), 조선요리제법(가지나물), 조선무쌍신식요리제법(가지채 : 茄子菜)

나물 – 숙채

고비나물(볶음)

재 료

고비(불린 것) 200g • 깨소금 5g(1큰술) • 물 45mL(3큰술)

양념 참기름 4g(1작은술) • 간장 6g(1작은술) • 소금 3g(¾작은술) • 다진 파 7g(¾큰술) • 다진 마늘 5g(1작은술)

만드는 법

1. 마른 고비를 삶아서 물을 갈아 주면서 2~3일간 물에 담가 불린다.
2. 삶은 고비의 줄기가 뻣뻣한 것은 잘라 내고 가지런히 해서 5~6cm 정도 길이로 썬다.
3. 고비에 양념을 넣어 무친 다음 물을 붓고 무를 때까지 익힌 후 깨소금을 넣고 무친다.

1인 분량의 영양가

영양소	열량 (kcal)	단백질 (g)	지질 (g)	당질 (g)	식이섬유 (g)	칼슘 (mg)	나트륨 (mg)	칼륨 (mg)	철분 (mg)
함 량	29.4	1.3	1.6	2.7	3.3	20.4	310.3	170.9	0.4

영양소	아연 (mg)	비타민 A (μg RE)	비타민 B_1 (mg)	비타민 B_2 (mg)	니아신 (mg)	비타민 B_6 (mg)	엽산 (μg)	비타민 C (mg)	비타민 E (mg)
함 량	0.3	35.7	0.0	0.0	0.7	0.1	12.8	5.6	2.3

출 처

윤서석, 한국조리, 수학사, 1993

농촌진흥청 농촌생활연구소(현 농촌자원개발연구소), 소비자가 알기 쉬운 식품영양가표, 2002

사 진

농촌진흥청, 농촌 식생활 향상을 위한 식생활 평가 시스템 개발연구 보고서, 2000

고문헌

시의전서(고비나물), 조선요리제법(고비나물), 조선무쌍신식요리제법(고비나물)

나물 – 숙채

고춧잎나물

재 료

생고춧잎 220g • 통깨 3g(1작은술)

양념 간장 8g(½큰술) • 고추장 10g(½큰술) • 소금 2g(½작은술) • 다진 마늘 4g(⅔작은술) • 다진 파 5g(1작은술) • 참기름 6g(½작은술)

만드는 법

1. 고춧잎은 티를 골라 씻어서 팔팔 끓는 물에 푹 삶아 찬물에 1~2시간 담가 쓴맛을 우려 낸다.
2. 고춧잎은 물기를 꼭 짠 후 양념을 넣어 잘 무친 후 통깨를 뿌린다.

출 처

정순자, 한국조리, 신광출판사, 1990

농촌진흥청 농촌생활연구소(현 농촌자원개발연구소), 소비자가 알기 쉬운 식품영양가표, 2002

사 진

농촌진흥청, 농촌 식생활 향상을 위한 식생활 평가 시스템 개발연구 보고서, 2000

고문헌

조선요리제법(고추잎나물)

1인 분량의 영양가

영양소	열량 (kcal)	단백질 (g)	지질 (g)	당질 (g)	식이섬유 (g)	칼슘 (mg)	나트륨 (mg)	칼륨 (mg)	철분 (mg)
함 량	52.7	3.0	2.7	5.8	2.8	128.0	376.2	473.1	2.0
영양소	아연 (mg)	비타민 A (μg RE)	비타민 B_1 (mg)	비타민 B_2 (mg)	니아신 (mg)	비타민 B_6 (mg)	엽산 (μg)	비타민 C (mg)	비타민 E (mg)
함 량	0.7	431.4	0.1	0.2	1.4	0.2	51.9	44.9	2.7

나물 – 숙채

깻잎나물(볶음)

재 료

깻잎 120g • 식용유 8g(⅔큰술) • 통깨 1g(¼작은술)

양념 간장 20g(1¼큰술) • 다진 마늘 8g(⅔큰술) • 다진 파 12g(1⅓큰술) • 설탕 4g(1작은술) • 참기름 2g(½작은술)

만드는 법

1. 깻잎을 깨끗이 씻어 물기를 뺀다.
2. 냄비에 식용유를 살짝 두른 후 깻잎을 넣고 볶는다.
3. 분량의 양념을 넣고 다시 한번 볶는다.
4. 통깨를 살짝 뿌린다.

1인 분량의 영양가

영양소	열량 (kcal)	단백질 (g)	지질 (g)	당질 (g)	식이섬유 (g)	칼슘 (mg)	나트륨 (mg)	칼륨 (mg)	철분 (mg)
함 량	41.5	1.8	2.8	3.2	2.6	66.5	361.3	132.7	1.0
영양소	아연 (mg)	비타민 A (μg RE)	비타민 B_1 (mg)	비타민 B_2 (mg)	니아신 (mg)	비타민 B_6 (mg)	엽산 (μg)	비타민 C (mg)	비타민 E (mg)
함 량	0.2	469.5	0.0	0.1	0.4	0.1	28.1	17.4	3.5

출 처
농촌진흥청, 농촌 식생활 향상을 위한 식생활 평가 시스템 개발연구 보고서, 2000

사 진
농촌진흥청, 농촌 식생활 향상을 위한 식생활 평가 시스템 개발연구 보고서, 2000

나물 – 숙채

도라지나물(볶음)

재 료

도라지 120g(6뿌리) • 식용유 8g(2/3큰술) • 소금(삶는 용) 약간 • 물 45mL(3큰술)

양념 다진 파 8g(1큰술) • 다진 마늘 4g(2/3작은술) • 참기름 2g(1/2작은술) • 소금 3g(1작은술) • 깨소금 2g (2/3작은술)

만드는 법

1. 통도라지는 반으로 쪼개서 껍질을 벗긴 다음 소금물에 삶아 머리 윗부분은 잘라 내고, 길이 6cm 정도로 썰어 3~4쪽을 낸다. 이것을 찬물에 담가 쓴맛을 우려 낸다.
2. 도라지의 물기를 빼고 준비해 놓은 양념과 잘 버무려 식용유를 두른 팬에 볶다가 물을 붓고, 중간 불에서 국물이 도라지에 다 스며들 때까지 은근하게 끓인다.

1인 분량의 영양가

영양소	열량 (kcal)	단백질 (g)	지질 (g)	당질 (g)	식이섬유 (g)	칼슘 (mg)	나트륨 (mg)	칼륨 (mg)	철분 (mg)
함량	51.7	0.7	2.9	6.3	1.4	20.2	270.8	150.7	0.8

영양소	아연 (mg)	비타민 A (μg RE)	비타민 B_1 (mg)	비타민 B_2 (mg)	니아신 (mg)	비타민 B_6 (mg)	엽산 (μg)	비타민 C (mg)	비타민 E (mg)
함량	0.1	2.1	0.0	0.0	0.2	0.0	2.1	4.1	2.4

출 처

강인희, 한국의 맛, 대한교과서주식회사, 1993

농촌진흥청, 농촌 식생활 향상을 위한 식생활 평가 시스템 개발연구 보고서, 2000

사 진

농촌진흥청, 농촌 식생활 향상을 위한 식생활 평가 시스템 개발연구 보고서, 2000

나물 – 숙채

무숙채

재 료

무 200g • 식용유 6g(1/2큰술) • 소금 3g(1작은술)

양념 다진 파 4g(1/2큰술) • 다진 마늘 6g(1작은술) • 깨소금 2g(2/3작은술) • 참기름 2g(1/2작은술)

만드는 법

1. 무는 채 썰어(5×0.2×0.2cm) 소금으로 간을 한다.
2. 팬에 식용유를 두르고 센 불에서 무를 넣고 볶는다.
3. 다진 파와 다진 마늘, 깨소금, 참기름으로 양념하여 낸다.

1인 분량의 영양가

영양소	열량 (kcal)	단백질 (g)	지질 (g)	당질 (g)	식이섬유 (g)	칼슘 (mg)	나트륨 (mg)	칼륨 (mg)	철분 (mg)
함 량	31.6	0.6	2.3	2.3	0.9	20.4	274.3	120.6	0.5
영양소	아연 (mg)	비타민 A (μg RE)	비타민 B_1 (mg)	비타민 B_2 (mg)	니아신 (mg)	비타민 B_6 (mg)	엽산 (μg)	비타민 C (mg)	비타민 E (mg)
함 량	0.1	5.2	0.0	0.0	0.2	0.1	4.4	7.9	1.9

출 처

강인희, 한국의 맛, 대한교과서주식회사, 1993
농촌진흥청, 농촌 식생활 향상을 위한 식생활 평가 시스템 개발연구 보고서, 2000
농촌진흥청 농촌생활연구소(현 농촌자원개발연구소), 소비자가 알기 쉬운 식품영양가표, 2002

사 진

농촌진흥청, 농촌 식생활 향상을 위한 식생활 평가 시스템 개발연구 보고서, 2000

나물 – 숙채

숙주나물

재 료

숙주 240g • 소금(삶는 용) 약간

양념 소금 4g(1작은술) • 다진 파 10g(1큰술) • 다진 마늘 4g($\frac{2}{3}$작은술) • 참기름 2g($\frac{1}{2}$작은술)

만드는 법

1. 숙주는 뿌리를 다듬고 씻은 다음 끓는 소금물에 삶아 채반에 건져 물기를 뺀다.
2. 물기를 꼭 짠 다음 양념을 넣고 무친다.

출 처

강인희, 한국의 맛, 대한교과서주식회사, 1993

농촌진흥청, 농촌 식생활 향상을 위한 식생활 평가 시스템 개발연구 보고서, 2000

사 진

농촌진흥청, 농촌 식생활 향상을 위한 식생활 평가 시스템 개발연구 보고서, 2000

고문헌

산림경제(두아채 : 豆芽菜), 시의전서(숙주나물), 조선요리제법(숙주나물), 조선무쌍신식요리제법(녹두아채 : 綠豆芽菜)

1인 분량의 영양가

영양소	열량 (kcal)	단백질 (g)	지질 (g)	당질 (g)	식이섬유 (g)	칼슘 (mg)	나트륨 (mg)	칼륨 (mg)	철분 (mg)
함 량	12.9	1.4	0.6	1.2	1.2	11.6	337.8	86.3	0.4

영양소	아연 (mg)	비타민 A (μg RE)	비타민 B_1 (mg)	비타민 B_2 (mg)	니아신 (mg)	비타민 B_6 (mg)	엽산 (μg)	비타민 C (mg)	비타민 E (mg)
함 량	0.1	5.6	0.0	0.0	0.3	0.6	4.4	6.6	0.2

나물 – 숙채

취나물(볶음)

재 료

참취 200g • 식용유 8g($\frac{2}{3}$큰술) • 물 30mL(2큰술) • 소금(삶는 용) 약간

양념 간장 17g(1큰술) • 다진 파 6g(2작은술) • 다진 마늘 6g(2작은술) • 참기름 7g(2작은술) • 깨소금 3g(1작은술)

만드는 법

1. 취나물은 잘 다듬어 씻어서 끓는 물에 소금을 약간 넣고 삶아 내어 물을 2~3번 갈아 주면서 8시간 정도 불린다.
2. 취나물은 건져 물기를 꼭 짜서 먹기 좋은 길이로 썰어 양념을 넣어 고루 무친다.
3. 팬에 식용유를 두르고 중불에서 서서히 볶는다. 전체에 식용유가 고루 돌면 물을 두르고 뚜껑을 덮어서 익힌다.

1인 분량의 영양가

영양소	열량 (kcal)	단백질 (g)	지질 (g)	당질 (g)	식이섬유 (g)	칼슘 (mg)	나트륨 (mg)	칼륨 (mg)	철분 (mg)
함 량	57.5	2.3	4.4	3.4	2.5	74.3	280.6	265.0	1.4

영양소	아연 (mg)	비타민 A (μg RE)	비타민 B_1 (mg)	비타민 B_2 (mg)	니아신 (mg)	비타민 B_6 (mg)	엽산 (μg)	비타민 C (mg)	비타민 E (mg)
함 량	0.2	276.5	0.0	0.1	0.5	0.1	9.2	7.5	2.9

출 처
황혜성 · 한복려 · 한복진, 한국의 전통음식, 교문사, 1994
농촌진흥청, 농촌 식생활 향상을 위한 식생활 평가 시스템 개발연구 보고서, 2000

사 진
농촌진흥청, 농촌 식생활 향상을 위한 식생활 평가 시스템 개발연구 보고서, 2000

고문헌
조선요리제법(취나물), 조선무쌍신식요리제법(취나물)

나물 – 숙채

호박나물(볶음)

재 료

애호박 160g(½개) • 양파 20g • 새우젓 8g(½큰술) • 식용유 8g(⅔큰술) • 대파 8g(¼뿌리) • 소금 4g(1작은술)

양념 깨소금 1g(⅓작은술) • 다진 마늘 4g(⅔작은술) • 참기름 2g(½작은술) • 고춧가루 2g(1작은술)

만드는 법

1. 애호박은 길이로 길게 잘라 다시 반달썰기(0.4~0.5cm)를 한 다음 소금을 뿌려 살짝 절인다.
2. 양파는 굵게 채 썰고 대파는 어슷썬다(0.3cm).
3. 팬에 식용유를 둘러 애호박과 양파를 넣고 갖은 양념과 함께 볶은 뒤 새우젓으로 간을 맞춘다.

1인 분량의 영양가

영양소	열량 (kcal)	단백질 (g)	지질 (g)	당질 (g)	식이섬유 (g)	칼슘 (mg)	나트륨 (mg)	칼륨 (mg)	철분 (mg)
함 량	44.0	0.9	2.8	4.6	0.7	27.5	516.4	147.5	0.3
영양소	아연 (mg)	비타민 A (µg RE)	비타민 B_1 (mg)	비타민 B_2 (mg)	니아신 (mg)	비타민 B_6 (mg)	엽산 (µg)	비타민 C (mg)	비타민 E (mg)
함 량	0.1	30.2	0.0	0.0	0.4	0.1	5.6	15.0	3.3

출 처

농촌진흥청, 농촌 식생활 향상을 위한 식생활 평가 시스템 개발연구 보고서, 2000

농촌진흥청 농촌생활연구소(현 농촌자원개발연구소), 소비자가 알기 쉬운 식품영양가표, 2002

사 진

농촌진흥청, 농촌 식생활 향상을 위한 식생활 평가 시스템 개발연구 보고서, 2000

나물 – 기타

도토리묵무침

재 료

도토리묵 300g • 오이 70g(½개) • 풋고추 15g(1개)

양념장 간장 35g(2큰술) • 고춧가루 5g(1큰술) • 다진 파 9g(1큰술) • 다진 마늘 6g(½큰술) • 설탕 4g(1작은술) • 참기름 12g(1큰술)

만드는 법

1. 도토리묵은 1cm 두께로 납작하게 썬다.
2. 오이는 반으로 갈라 어슷썰기(0.3cm) 하고, 풋고추도 어슷썬다.
3. 분량의 양념을 고루 섞어 양념장을 만들어 묵과 오이를 넣고 무친다.

1인 분량의 영양가

영양소	열량 (kcal)	단백질 (g)	지질 (g)	당질 (g)	식이섬유 (g)	칼슘 (mg)	나트륨 (mg)	칼륨 (mg)	철분 (mg)
함 량	75.1	1.4	3.4	10.3	2.1	14.7	555.6	127.5	0.7

영양소	아연 (mg)	비타민 A (μg RE)	비타민 B_1 (mg)	비타민 B_2 (mg)	니아신 (mg)	비타민 B_6 (mg)	엽산 (μg)	비타민 C (mg)	비타민 E (mg)
함 량	0.2	50.9	0.0	0.0	0.4	0.1	12.1	5.4	1.1

출 처

황혜성 · 한복려 · 한복진, 한국의 전통음식, 교문사, 1994

농촌진흥청 농촌생활연구소(현 농촌자원개발연구소), 소비자가 알기 쉬운 식품영양가표, 2002

서울특별시 교육청, 중 · 고등학생을 위한 학교급식 표준식단, 2002

사 진

농촌진흥청, 농촌 식생활 향상을 위한 식생활 평가 시스템 개발연구 보고서, 2000

노각생채

재 료

노각 400g(1개) • 소금 4g(1작은술) • 깨소금 3g(1작은술)

양념장 고추장 10g(½큰술) • 간장 7g(1작은술) • 참기름 4g(1작은술) • 식초 2g(½작은술) • 다진 파 5g(½큰술) • 다진 마늘 6g(1작은술)

만드는 법

1. 노각은 씻어서 겉껍질은 벗겨 내고 속살을 껍질 벗기듯이 길게 저미고 속이 나오면 씨가 있는 속은 버리고 다시 채 썰어(5×0.2×0.2cm) 소금을 넣고 주물러 물에 헹구어 물기를 뺀다.
2. 1에 양념장을 넣고 버무려 접시에 담고 깨소금을 뿌린다.

참고사항

노각 껍질을 벗기고 씨를 빼면 살만 300g가량 된다.

1인 분량의 영양가

영양소	열량 (kcal)	단백질 (g)	지질 (g)	당질 (g)	식이섬유 (g)	칼슘 (mg)	나트륨 (mg)	칼륨 (mg)	철분 (mg)
함 량	24.8	0.9	1.6	2.2	0.6	19.6	489.6	164.6	0.3
영양소	**아연 (mg)**	**비타민 A (μg RE)**	**비타민 B_1 (mg)**	**비타민 B_2 (mg)**	**니아신 (mg)**	**비타민 B_6 (mg)**	**엽산 (μg)**	**비타민 C (mg)**	**비타민 E (mg)**
함 량	0.3	11.3	0.0	0.0	0.3	0.1	7.9	6.4	0.8

출 처

정순자, 한국조리, 신광출판사, 1990

나물 – 생채

달래생채

재 료

달래 120g

양념장 설탕 8g(⅔작은술) • 고춧가루 12g(2½큰술) • 다진 마늘 4g(⅔작은술) • 참기름 2g(½작은술) • 소금 8g(½큰술) • 식초 12g(¾큰술)

만드는 법

1. 달래는 다듬어 씻은 후 5cm 길이로 자른다.
2. 볼에 양념을 넣어 고루 섞어 양념장을 만든 후 달래를 넣어 버무려 낸다.

1인 분량의 영양가

영양소	열량 (kcal)	단백질 (g)	지질 (g)	당질 (g)	식이섬유 (g)	칼슘 (mg)	나트륨 (mg)	칼륨 (mg)	철분 (mg)
함 량	30.0	1.6	1.0	4.6	2.5	40.5	674.2	203.6	0.8
영양소	아연 (mg)	비타민 A (μg RE)	비타민 B_1 (mg)	비타민 B_2 (mg)	니아신 (mg)	비타민 B_6 (mg)	엽산 (μg)	비타민 C (mg)	비타민 E (mg)
함 량	0.1	192.0	0.0	0.1	0.7	0.4	5.5	10.6	0.4

출 처
재치영양사, www.yori.co.kr/, 2006

나물 – 생채

더덕무침

재 료

더덕 150g(대 4뿌리) • 고춧가루 2g(1작은술)

양념 고추장 식초 10g(2작은술) • 소금 5g(¼큰술) • 고추장 10g(½큰술) • 다진 마늘 6g(½큰술) • 다진 파 10g(1큰술) • 설탕 6g(½큰술) • 깨소금 3g(1작은술) • 참기름 6g(½큰술)

만드는 법

1. 더덕은 껍질을 벗겨 물에 담가 쓴맛을 우려 내고 방망이나 칼등으로 두들겨 잘게 찢어 놓는다.
2. 분량의 양념을 고루 섞어 양념 고추장을 만든다.
3. 넓은 그릇에 더덕을 담고 고춧가루를 넣어 고루 주물러서 붉은색을 낸 후 양념 고추장을 넣어 무친다.

1인 분량의 영양가

영양소	열량 (kcal)	단백질 (g)	지질 (g)	당질 (g)	식이섬유 (g)	칼슘 (mg)	나트륨 (mg)	칼륨 (mg)	철분 (mg)
함 량	53.2	2.0	2.1	7.3	2.7	22.1	485.7	123.2	1.0

영양소	아연 (mg)	비타민 A (µg RE)	비타민 B_1 (mg)	비타민 B_2 (mg)	니아신 (mg)	비타민 B_6 (mg)	엽산 (µg)	비타민 C (mg)	비타민 E (mg)
함 량	0.2	29.6	0.1	0.1	0.4	0.1	5.8	3.1	0.7

출 처

왕준연, 한국요리백과, 범한출판사, 1985
황혜성 · 한복려 · 한복진, 한국의 전통음식, 교문사, 1994
농촌진흥청 농촌생활연구소(현 농촌자원개발연구소), 소비자가 알기 쉬운 식품영양가표, 2002

도라지생채

재 료

도라지 120g(6뿌리) • 소금 4g(1작은술) • 고춧가루 3g(½큰술)

양념장 다진 파 5g(½큰술) • 다진 마늘 4g(⅔작은술) • 설탕 7g(⅔큰술) • 식초 8g(⅔큰술) • 소금 1g(⅓작은술) • 깨소금 2g(⅔작은술)

만드는 법

1. 통도라지를 씻어서 가늘게 갈라서 소금을 넣어 주물러서 쓴맛을 빼고 부드럽게 물에 헹궈 물기를 꼭 짠다.
2. 그릇에 도라지를 담고 고춧가루를 넣고 고루 주물러서 붉게 물들인 다음 양념장을 넣고 고루 무친다.

1인 분량의 영양가

영양소	열량 (kcal)	단백질 (g)	지질 (g)	당질 (g)	식이섬유 (g)	칼슘 (mg)	나트륨 (mg)	칼륨 (mg)	철분 (mg)
함 량	38.2	0.8	0.5	8.2	1.7	20.0	439.0	171.1	0.8

영양소	아연 (mg)	비타민 A (μg RE)	비타민 B_1 (mg)	비타민 B_2 (mg)	니아신 (mg)	비타민 B_6 (mg)	엽산 (μg)	비타민 C (mg)	비타민 E (mg)
함 량	0.1	26.7	0.0	0.1	0.3	0.1	2.9	4.1	0.2

출 처

황혜성 · 한복려 · 한복진, 한국의 전통음식, 교문사, 1994
농촌진흥청, 농촌 식생활 향상을 위한 식생활 평가 시스템 개발연구 보고서, 2000
농촌진흥청 농촌생활연구소(현 농촌자원개발연구소), 소비자가 알기 쉬운 식품영양가표, 2002

나물 – 생채

돌나물무침 (돌나물)

재 료

돌나물 100g • 무 50g

양념 고추장 6g(1작은술) • 고춧가루 4g(2작은술) • 식초 30g(2큰술) • 설탕 4g(1작은술) • 소금 2g(½작은술) • 다진 마늘 2g(⅓작은술) • 다진 파 2g(⅔작은술) • 물엿 8g(½큰술) • 참기름 4g(1작은술) • 깨소금 4g(1⅓작은술)

만드는 법

1. 돌나물의 누런 떡잎은 떼어 내고 잘 다듬어 놓고, 무는 가늘게 채 썰어 놓는다(5×0.2×0.2cm).
2. 고추장 등 갖은 양념을 섞어 돌나물과 채 썬 무를 넣고 조물조물 무친다.

1인 분량의 영양가

영양소	열량 (kcal)	단백질 (g)	지질 (g)	당질 (g)	식이섬유 (g)	칼슘 (mg)	나트륨 (mg)	칼륨 (mg)	철분 (mg)
함 량	41.7	1.1	1.8	5.8	1.2	72.2	212.0	140.1	1.0
영양소	아연 (mg)	비타민 A (μg RE)	비타민 B_1 (mg)	비타민 B_2 (mg)	니아신 (mg)	비타민 B_6 (mg)	엽산 (μg)	비타민 C (mg)	비타민 E (mg)
함 량	0.2	70.1	0.0	0.0	0.6	0.1	8.4	8.9	0.5

출 처
농촌진흥청, 농촌 식생활 향상을 위한 식생활 평가 시스템 개발연구 보고서, 2000

마늘종무침

재 료

마늘종 160g • 소금(데침용) 3g(1작은술)

양념 간장 12g(2작은술) • 고춧가루 4g(1큰술) • 참기름 4g(1작은술) • 통깨 3g(1작은술) • 설탕 4g(1작은술) • 다진 마늘 6g(1작은술)

만드는 법

1. 마늘종을 깨끗이 씻어 5cm 길이로 썬다.
2. 마늘종을 끓는 소금물에 살짝 데쳐 낸다.
3. 갖은 양념을 섞어 데친 마늘종과 함께 버무린다.

1인 분량의 영양가

영양소	열량 (kcal)	단백질 (g)	지질 (g)	당질 (g)	식이섬유 (g)	칼슘 (mg)	나트륨 (mg)	칼륨 (mg)	철분 (mg)
함 량	44.4	1.7	1.8	6.5	2.8	23.2	180.0	158.3	0.6
영양소	아연 (mg)	비타민 A (μg RE)	비타민 B_1 (mg)	비타민 B_2 (mg)	니아신 (mg)	비타민 B_6 (mg)	엽산 (μg)	비타민 C (mg)	비타민 E (mg)
함 량	0.6	52.4	0.1	0.1	0.4	0.4	5.1	22.7	0.5

출 처
농촌진흥청, 농촌 식생활 향상을 위한 식생활 평가 시스템 개발연구 보고서, 2000

씀바귀무침

재 료

씀바귀 200g • 소금(데침용) 약간

양념 고추장 20g(1큰술) • 다진 마늘 6g(1작은술) • 다진 파 3g(1작은술) • 식초 5g(1작은술) • 참기름 8g (2작은술) • 설탕 4g(1작은술) • 깨소금 3g(1작은술)

만드는 법

1. 씀바귀의 단단한 부분을 다듬고 깨끗이 씻는다.
2. 씻은 씀바귀는 소금물에 삶아 하루 정도 물에 담가서 쓴맛을 없앤다.
3. 씀바귀를 5cm 정도로 썰어 물기를 꼭 짜서 초고추장 양념에 무친다. 간을 보아 싱거울 때는 소금을 약간 넣는다.

1인 분량의 영양가

영양소	열량 (kcal)	단백질 (g)	지질 (g)	당질 (g)	식이섬유 (g)	칼슘 (mg)	나트륨 (mg)	칼륨 (mg)	철분 (mg)
함 량	66.3	1.8	2.8	9.2	3.7	46.7	130.7	137.7	2.2

영양소	아연 (mg)	비타민 A (μg RE)	비타민 B_1 (mg)	비타민 B_2 (mg)	니아신 (mg)	비타민 B_6 (mg)	엽산 (μg)	비타민 C (mg)	비타민 E (mg)
함 량	0.1	20.4	0.1	0.1	0.6	0.2	12.7	4.3	1.0

출 처

강인희, 한국의 맛, 대한교과서주식회사, 1993
농촌진흥청, 농촌 식생활 향상을 위한 식생활 평가 시스템 개발연구 보고서, 2000

나물 – 생채

오이지무침

재 료

오이지 90g • 통깨 2g(1/4작은술)

양념 다진 파 2g(2/3작은술) • 다진 마늘 2g(1/3작은술) • 고춧가루 2g(1작은술) • 설탕 2g(2/3작은술) • 참기름 1g(1/4작은술)

만드는 법

1. 오이지는 동글동글 썰어 물에 담가 짠맛을 우려 내고 물기를 짠다.
2. 분량의 양념을 넣고 무친 뒤 통깨를 뿌린다.

1인 분량의 영양가

영양소	열량 (kcal)	단백질 (g)	지질 (g)	당질 (g)	식이섬유 (g)	칼슘 (mg)	나트륨 (mg)	칼륨 (mg)	철분 (mg)
함 량	14.0	0.8	1.3	2.6	1.5	30.9	727.3	88.5	0.5
영양소	아연 (mg)	비타민 A (μg RE)	비타민 B_1 (mg)	비타민 B_2 (mg)	니아신 (mg)	비타민 B_6 (mg)	엽산 (μg)	비타민 C (mg)	비타민 E (mg)
함 량	0.2	49.1	0.0	0.0	0.3	0.1	4.2	0.5	0.5

출 처
농촌진흥청 농촌생활연구소(현 농촌자원개발연구소), 소비자가 알기 쉬운 식품영양가표, 2002
서울특별시 교육청, 중 · 고등학생을 위한 학교급식 표준식단, 2002

나물 – 숙채

두릅나물

재 료

두릅 200g(17개) • 소금(삶는 용) 약간

초고추장 고추장 20g(1큰술) • 다진 파 3g(1작은술) • 다진 마늘 6g(1작은술) • 참기름 6g(½큰술) • 깨소금 2g(½작은술) • 설탕 6g(½큰술) • 식초 7g(½큰술)

만드는 법

1. 두릅은 여리고 연한 것을 골라 껍질째 연한 소금물에 삶아 찬물에 헹궈 물기를 뺀다.
2. 대공 위쪽은 자르고 껍질을 벗겨 굵기가 굵으면 길이로 두세 갈래로 가른다.
3. 가늘게 가른 두릅을 초고추장을 넣고 무친다.

참고사항

초고추장 대신 양념 간장에 무쳐 내기도 한다.

1인 분량의 영양가

영양소	열량 (kcal)	단백질 (g)	지질 (g)	당질 (g)	식이섬유 (g)	칼슘 (mg)	나트륨 (mg)	칼륨 (mg)	철분 (mg)
함 량	45.4	2.4	2.1	5.3	2.2	16.9	128.2	259.0	1.4

영양소	아연 (mg)	비타민 A (μg RE)	비타민 B_1 (mg)	비타민 B_2 (mg)	니아신 (mg)	비타민 B_6 (mg)	엽산 (μg)	비타민 C (mg)	비타민 E (mg)
함 량	0.3	53.9	0.1	0.1	1.2	0.2	48.6	7.8	2.6

출 처

정순자, 한국조리, 신광출판사, 1990
강인희, 한국의 맛, 대한교과서주식회사, 1993
황혜성 · 한복려 · 한복진, 한국의 전통음식, 교문사, 1994

나물 – 숙채

버섯나물

재 료

느타리버섯 240g(12개) • 통깨 1g(1/3작은술) • 소금(데침용) 약간

양념 다진 마늘 2g(1/3작은술) • 다진 파 4g(1/2큰술) • 참기름 2g(1/2작은술) • 소금 4g(1작은술)

만드는 법

1. 느타리버섯은 소금물에 살짝 데쳐 물기를 꼭 짜서 찢는다.
2. 1에 양념을 넣어 무친 후 통깨를 뿌린다.

1인 분량의 영양가

영양소	열량 (kcal)	단백질 (g)	지질 (g)	당질 (g)	식이섬유 (g)	칼슘 (mg)	나트륨 (mg)	칼륨 (mg)	철분 (mg)
함 량	21.6	1.7	0.8	2.9	2.4	5.9	337.2	170.5	0.8
영양소	아연 (mg)	비타민 A (μg RE)	비타민 B_1 (mg)	비타민 B_2 (mg)	니아신 (mg)	비타민 B_6 (mg)	엽산 (μg)	비타민 C (mg)	비타민 E (mg)
함 량	0.4	1.2	0.2	0.2	3.1	0.1	9.0	2.1	0.2

출 처
서울특별시 교육청, 중 · 고등학생을 위한 학교 급식 표준식단, 2002

시래기나물

재 료

삶은 시래기 200g • 식용유 8g(⅔큰술)

양념 국간장 14g(¾큰술) • 다진 파 3g(1작은술) • 다진 마늘 6g(1작은술) • 참기름 8g(⅔작은술) • 깨소금 2g(⅔작은술) • 실고추 1g(1작은술)

만드는 법

1. 무청을 말린 시래기를 삶아 씻어 하룻밤 정도 물에 담가 둔다.
2. 시래기를 건져서 물기를 빼고, 길이 5~6cm 정도로 썬다.
3. 썬 시래기에 분량의 양념을 넣고 충분히 주무른다.
4. 팬에 식용유를 두르고 양념한 시래기를 볶는다.

참고사항

나물을 볶다가 너무 물기가 없으면 물을 조금 넣고 푹 익힌다.

1인 분량의 영양가

영양소	열량 (kcal)	단백질 (g)	지질 (g)	당질 (g)	식이섬유 (g)	칼슘 (mg)	나트륨 (mg)	칼륨 (mg)	철분 (mg)
함 량	58.9	2.0	4.7	3.4	5.7	176.0	278.3	40.1	7.4

영양소	아연 (mg)	비타민 A (μg RE)	비타민 B_1 (mg)	비타민 B_2 (mg)	니아신 (mg)	비타민 B_6 (mg)	엽산 (μg)	비타민 C (mg)	비타민 E (mg)
함 량	0.1	44.5	0.0	0.0	0.2	0.0	1.0	0.9	2.7

출 처

정순자, 한국조리, 신광출판사, 1990
강인희, 한국의 맛, 대한교과서주식회사, 1993

고문헌

조선요리제법(시래기나물), 조선무쌍신식요리제법(시래기나물)

나물 – 숙채

쑥갓나물

재 료

쑥갓 160g • 소금(데침용) 약간

양념 간장 12g(¾큰술) • 다진 마늘 6g(1작은술) • 다진 파 3g(1작은술) • 참기름 4g(1작은술) • 깨소금 3g(1작은술)

만드는 법

1. 쑥갓은 잘 손질하여 연한 소금물에 살짝 데쳐 찬물에 헹구어 꼭 짠다.
2. 쑥갓이 너무 길면 먹기 좋은 길이로 썬다.
3. 2에 갖은 양념을 고루 섞어 무친다.

참고사항

쑥갓은 숨만 죽을 정도로 살짝 데친다.

1인 분량의 영양가

영양소	열량 (kcal)	단백질 (g)	지질 (g)	당질 (g)	식이섬유 (g)	칼슘 (mg)	나트륨 (mg)	칼륨 (mg)	철분 (mg)
함 량	26.3	1.9	1.6	2.0	1.4	58.1	267.3	249.0	1.1

영양소	아연 (mg)	비타민 A (μg RE)	비타민 B_1 (mg)	비타민 B_2 (mg)	니아신 (mg)	비타민 B_6 (mg)	엽산 (μg)	비타민 C (mg)	비타민 E (mg)
함 량	0.1	229.9	0.1	0.1	0.4	0.1	73.7	7.8	1.2

출 처

정순자, 한국조리, 신광출판사, 1990

농촌진흥청, 농촌 식생활 향상을 위한 식생활 평가 시스템 개발연구 보고서, 2000

고문헌

시의전서(쑥갓나물), 조선요리제법(쑥갓나물), 조선무쌍신식요리제법(쑥갓나물)

오이나물

재 료

오이 150g(1개) • 소금 4g(1작은술) • 다진 파 3g(1작은술) • 다진 마늘 6g(1작은술) • 참기름 4g(1작은술) • 깨소금 3g(1작은술) • 식용유 6g(½큰술)

만드는 법

1. 오이는 굵은 소금으로 문질러 씻는다.
2. 오이를 0.3cm 두께로 원형썰기 하여 소금에 절인 뒤 물기를 꼭 짠다.
3. 달군 팬에 식용유를 두르고 다진 파와 다진 마늘을 먼저 넣고 볶다가 오이를 넣고 파랗게 재빨리 볶아 참기름과 깨소금으로 양념한 다음 넓은 그릇에 쏟아 식힌다.

참고사항

- 오이가 물컹하게 무르지 않고 아삭아삭해야 한다. 그러기 위해서 오이는 씨 없는 어린 것을 쓰고 적당히 절여 꼭 눌러서 물기를 빼고 한 번에 오래도록 볶지 말고 여러 번에 나누어 식혀 가면서 볶아서 간을 맞추어야 한다.
- 고기를 채 썰어 양념한 뒤 볶아서 넣기도 한다.

1인 분량의 영양가

영양소	열량 (kcal)	단백질 (g)	지질 (g)	당질 (g)	식이섬유 (g)	칼슘 (mg)	나트륨 (mg)	칼륨 (mg)	철분 (mg)
함 량	31.7	0.6	2.9	1.2	0.8	17.3	338.3	78.5	0.2

영양소	아연 (mg)	비타민 A (μg RE)	비타민 B_1 (mg)	비타민 B_2 (mg)	니아신 (mg)	비타민 B_6 (mg)	엽산 (μg)	비타민 C (mg)	비타민 E (mg)
함 량	0.2	9.9	0.0	0.0	0.1	0.0	3.4	4.1	2.0

출 처
정순자, 한국조리, 신광출판사, 1990
강인희, 한국의 맛, 대한교과서주식회사, 1993
황혜성 · 한복려 · 한복진, 한국의 전통음식, 교문사, 1994

호박오가리나물

재 료

호박오가리 50g(30개) • 식용유 6g(½큰술) • 국간장 20g(1큰술) • 다진 파 5g(½큰술) • 다진 마늘 6g(1작은술) • 참기름 6g(½큰술) • 깨소금 3g(1작은술) • 실고추 약간

만드는 법

1. 말린 호박을 미지근한 물에 담가 충분히 불려 여러 번 주물러 씻어 물기를 꼭 짠다.
2. 달군 팬에 식용유를 두르고, 불린 호박오가리와 다진 파, 다진 마늘을 넣고 볶는다.
3. 다 볶은 뒤 국간장, 참기름, 깨소금을 넣고 고루 무친다.
4. 그릇에 담을 때 실고추를 고명으로 얹는다.

참고사항

볶을 때 양지머리 육수를 조금 넣고 볶으면 더욱 맛이 좋다.

1인 분량의 영양가

영양소	열량 (kcal)	단백질 (g)	지질 (g)	당질 (g)	식이섬유 (g)	칼슘 (mg)	나트륨 (mg)	칼륨 (mg)	철분 (mg)
함 량	68.1	2.2	3.6	8.4	2.4	39.1	383.7	315.4	0.8
영양소	아연 (mg)	비타민 A (μg RE)	비타민 B_1 (mg)	비타민 B_2 (mg)	니아신 (mg)	비타민 B_6 (mg)	엽산 (μg)	비타민 C (mg)	비타민 E (mg)
함 량	0.2	7.6	0.0	0.0	0.6	0.1	10.6	0.4	4.6

출 처
정순자, 한국조리, 신광출판사, 1990
강인희, 한국의 맛, 대한교과서주식회사, 1993

나물 – 기타

겨자채

재 료

양배추 50g(2장) • 당근 50g(⅓개) • 오이 50g(⅓개) • 편육(양지머리) 50g • 전복 50g(1개) • 배 50g • 죽순 50g(¼개) • 달걀 50g(1개) • 밤 30mL(2개) • 잣 5g(1큰술) • 연유 50g(3큰술) • 소금 약간

겨자즙 겨자가루 10g(2큰술) • 물 23mL(1½큰술) • 식초 30g(2큰술) • 설탕 4g(1작은술) • 소금 4g(1작은술)

만드는 법

1. 양배추는 줄기를 자르고 연한 잎으로 골라 길이 4cm, 너비 1cm 정도의 크기로 썬다.
2. 당근도 양배추와 같은 크기로 썰어 소금물에 살짝 데친다.
3. 오이는 소금으로 문질러 씻은 다음 껍질만 도톰하게 벗겨서 같은 크기로 썬다.
4. 편육도 채소와 같은 크기로 썬다.
5. 전복은 소금으로 문질러 씻은 다음 살짝 쪄서 가장자리를 도려 내고 얇게 저민다.
6. 배는 껍질을 벗겨 1과 같은 크기로 썬다.
7. 죽순은 살짝 삶아서 헹궈 빗살 모양이 나도록 썬다.
8. 달걀은 흰자와 노른자를 나누어 지단을 부쳐 채소와 같은 크기로 썬다.
9. 밤은 껍질을 벗겨 손질한 다음 납작하게 편 썬다.
10. 겨자가루에 따끈한 물을 넣고 나무젓가락으로 잘 개어 따뜻한 곳에 엎어 두었다가 20~30분쯤 지나서 매운맛이 나면 식초, 설탕, 소금을 넣고 잘 저어 겨자즙을 만든다.
11. 모든 재료가 준비되었으면 양배추를 밑에 조금 깔고 나머지 재료를 색스럽게 가지런히 둥글게 담은 뒤에 잣을 뿌린다. 차게 두었다가 겨자즙과 연유를 함께 낸다.

1인 분량의 영양가

영양소	열량 (kcal)	단백질 (g)	지질 (g)	당질 (g)	식이섬유 (g)	칼슘 (mg)	나트륨 (mg)	칼륨 (mg)	철분 (mg)
함량	147.6	9.2	7.8	9.9	2.3	63.6	397.0	359.5	1.5
영양소	아연 (mg)	비타민 A (μg RE)	비타민 B_1 (mg)	비타민 B_2 (mg)	니아신 (mg)	비타민 B_6 (mg)	엽산 (μg)	비타민 C (mg)	비타민 E (mg)
함량	1.5	187.2	0.1	0.2	1.2	0.3	48.1	8.4	0.9

출 처

정순자, 한국조리, 신광출판사, 1990

강인희, 한국의 맛, 대한교과서주식회사, 1993

황혜성 · 한복려 · 한복진, 한국의 전통음식, 교문사, 1994

나물 – 기타

구절판

재 료

쇠고기(우둔) 60g • 건표고버섯 10g(3개) • 오이 50g(1/3개) • 당근 50g(1/3개) • 석이버섯 10g(10개) • 죽순 50g(1/4개) • 달걀 50g(1개) • 참기름 4g(1작은술) • 소금 4g(1작은술) • 식용유 12g(1큰술) • 잣가루 5g(1큰술) • 후춧가루 약간

양념장 간장 10g(1/2큰술) • 설탕 4g(1작은술) • 다진 파 3g(1작은술) • 다진 마늘 3g(1/2작은술) • 참기름 3g(2작은술) • 깨소금 2g(1/2작은술) • 후춧가루 약간

밀전병 밀가루 55g(1/2컵) • 소금 1g(1/4작은술) • 물 130mL(2/3컵)

만드는 법

1. 쇠고기는 결방향으로 가늘게 채 썰고(5×0.2×0.2cm), 건표고버섯은 물에 불려서 기둥을 떼어 내고 얇게 저민 다음에 곱게 채 썰어 양념장을 나누어 각각 고루 무친다.
2. 오이는 4cm 길이로 토막을 내어 돌려 깎아 껍질만 가늘게 채 썰어 소금에 절여서 물기를 꼭 짠다(4×0.2×0.2cm).
3. 당근과 삶은 죽순도 오이와 같은 크기로 채 썬다.
4. 석이버섯은 더운물에 불려서 손으로 비벼서 안쪽의 이끼를 깨끗이 없애고 겹쳐서 말아 가늘게 채 썬다.
5. 오이, 당근, 죽순, 석이는 각각 참기름, 소금, 후춧가루로 양념하여 팬에 식용유를 두르고 볶아 펴서 식힌다.
6. 달걀은 흰자와 노른자로 나누어 소금을 약간 넣어 잘 풀어서 지단을 얇게 부쳐 가늘게 채 썬다(4×0.2×0.2cm).
7. 밀가루에 소금을 섞어 물을 조금씩 넣어 묽게 풀어서 체에 거른다. 달군 팬에 식용유를 조금 두르고 밀가루 푼 것을 한 큰술씩 떠서 지름 6cm, 두께 0.2cm로 밀전병을 얇게 부친다. 밀전병을 뒤집어서 뒷면도 살짝 익힌 후 채반에 꺼내어 식혀서 잣가루를 사이에 조금씩 뿌리고 여러 장을 겹쳐 놓는다.
8. 구절판 틀의 가운데 칸에 밀전병을 담고 둘레의 칸에 위에서 준비한 여덟 가지 재료를 같은 색끼리 마주보도록 담고 겨자즙이나 초장을 곁들인다.

1인 분량의 영양가

영양소	열량 (kcal)	단백질 (g)	지질 (g)	당질 (g)	식이섬유 (g)	칼슘 (mg)	나트륨 (mg)	칼륨 (mg)	철분 (mg)
함 량	164.5	7.9	8.3	16.3	4.0	29.4	594.6	290.9	2.7
영양소	**아연 (mg)**	**비타민 A (μg RE)**	**비타민 B_1 (mg)**	**비타민 B_2 (mg)**	**니아신 (mg)**	**비타민 B_6 (mg)**	**엽산 (μg)**	**비타민 C (mg)**	**비타민 E (mg)**
함 량	1.0	182.8	0.1	0.1	1.9	0.2	27.6	3.4	4.2

참고사항

구절판을 먹는 방법은 작은 빈 접시를 한 개씩 준비한 다음 젓가락으로 전병을 한 장 덜어 놓고 나물과 실백을 조금씩 전병 위에 덜어 놓은 초간장 또는 겨자장을 조금 떠놓고 젓가락으로 전병을 싸서 먹는다.

출 처

정순자, 한국조리, 신광출판사, 1990

강인희, 한국의 맛, 대한교과서주식회사, 1993

황혜성 · 한복려 · 한복진, 한국의 전통음식, 교문사, 1994

나물 – 기타

메밀묵무침

재 료

메밀묵 300g • 배추김치 100g • 통깨 3g(1작은술) • 참기름 2g(½작은술)

양념장 간장 25g(1½큰술) • 다진 파 10g(1큰술) • 다진 마늘 6g(1작은술) • 참기름 4g(1작은술)

만드는 법

1. 메밀묵은 얄팍하게 저미고 5cm 길이로 토막 내 1cm 굵기로 썬다.
2. 배추김치는 속을 털어 내고 송송 썰어 통깨, 참기름을 넣어 무친다.
3. 분량의 양념을 섞어 양념장을 만든다.
4. 접시에 메밀묵을 가지런히 담아 무친 김치를 얹고 양념장을 끼얹는다.

1인 분량의 영양가

영양소	열량 (kcal)	단백질 (g)	지질 (g)	당질 (g)	식이섬유 (g)	칼슘 (mg)	나트륨 (mg)	칼륨 (mg)	철분 (mg)
함 량	62.5	2.6	1.2	11.2	1.6	29.5	736.0	135.1	0.6

영양소	아연 (mg)	비타민 A (μg RE)	비타민 B_1 (mg)	비타민 B_2 (mg)	니아신 (mg)	비타민 B_6 (mg)	엽산 (μg)	비타민 C (mg)	비타민 E (mg)
함 량	0.5	15.3	0.0	0.0	1.2	0.1	21.0	4.2	0.3

출 처

재치영양사, www.yori.co.kr/, 2006

나물 – 기타

죽순채

재 료

죽순 400g(2개) • 쇠고기(우둔) 120g • 건표고버섯 10g(3개) • 미나리 50g • 숙주 100g • 달걀 50g(1개) • 쌀뜨물 2L(10컵) • 마른 고추 10g(2개) • 식용유 6g(½큰술)

고기, 표고버섯 양념 간장 17g(1큰술) • 설탕 6g(½큰술) • 다진 파 10g(1큰술) • 다진 마늘 6g(1작은술) • 참기름 3g(1작은술) • 깨소금 3g(1작은술) • 후춧가루 약간

양념장 간장 12g(2작은술) • 소금 7g(2작은술) • 설탕 7g(2작은술) • 식초 30g(2큰술) • 깨소금 6g(1큰술)

만드는 법

1. 죽순은 뾰족한 쪽의 끝을 5cm 정도 어슷하게 자르고 길이로 칼집을 한 군데 넣어 냄비에 쌀뜨물과 마른 고추를 같이 넣어 1시간 정도 삶아서 그대로 식힌다.
2. 삶은 죽순을 껍질을 벗겨 반을 갈라서 빗살 모양으로 납작하게 썰어 볶는다.
3. 쇠고기는 채 썰고(5×0.2×0.2cm), 건표고버섯은 물에 불려서 기둥을 떼어 낸 다음 채 썰어서 합하여 양념장으로 무쳐서 팬에 식용유를 두르고 볶아서 식힌다.
4. 미나리는 잎을 떼어 다듬고 숙주는 머리와 꼬리를 다듬어서 끓는 물에 소금을 약간 넣어 각각 데친다. 데친 미나리는 4cm 길이로 자른다.
5. 달걀은 흰자와 노른자를 나누어 각각 지단을 부쳐서 채 썬다.
6. 큰 그릇에 지단을 조금만 남기고 볶은 죽순과 쇠고기, 표고버섯, 미나리, 숙주를 한 데 모아서 양념장을 넣어 고루 섞어서 무친다.

1인 분량의 영양가

영양소	열량 (kcal)	단백질 (g)	지질 (g)	당질 (g)	식이섬유 (g)	칼슘 (mg)	나트륨 (mg)	칼륨 (mg)	철분 (mg)
함 량	143.8	13.9	7.0	8.4	6.9	62.5	1,016.0	906.8	3.3
영양소	아연 (mg)	비타민 A (μg RE)	비타민 B_1 (mg)	비타민 B_2 (mg)	나이신 (mg)	비타민 B_6 (mg)	엽산 (μg)	비타민 C (mg)	비타민 E (mg)
함 량	2.4	176.6	0.3	0.3	3.8	0.7	36.1	12.6	3.1

출 처

정순자, 한국조리, 신광출판사, 1990
강인희, 한국의 맛, 대한교과서주식회사, 1993
황혜성 · 한복려 · 한복진, 한국의 전통음식, 교문사, 1994

1인 분량의 영양가

영양소	열량 (kcal)	단백질 (g)	지질 (g)	당질 (g)	식이섬유 (g)	칼슘 (mg)	나트륨 (mg)	칼륨 (mg)	철분 (mg)
함 량	84.7	9.0	5.1	0.1	0.0	8.3	322.5	135.0	0.3

영양소	아연 (mg)	비타민 A (μg RE)	비타민 B_1 (mg)	비타민 B_2 (mg)	니아신 (mg)	비타민 B_6 (mg)	엽산 (μg)	비타민 C (mg)	비타민 E (mg)
함 량	0.2	12.0	0.1	0.1	1.6	0.1	3.3	0.5	2.0

갈치구이

재 료

갈치 200g($\frac{2}{3}$마리) • 식용유 6g($\frac{1}{2}$큰술) • 소금 3g($\frac{3}{4}$작은술)

만드는 법

1. 갈치는 싱싱한 것으로 골라 7~8cm 길이로 토막을 내고 씻어서 2cm 간격으로 칼집을 낸다.
2. 갈치 토막에 간이 충분히 배도록 소금을 고루 뿌린다.
3. 석쇠를 달군 후 표면에 식용유를 발라 갈치 토막을 석쇠에 올린 후 앞뒤 표면이 노릇노릇해 지도록 굽는다.

1

2

3

3

출 처
왕준연, 한국요리백과 2, 범한출판사, 1985
농촌진흥청 농촌생활연구소(현 농촌자원개발연구소), 소비자가 알기 쉬운 식품영양가표, 2002

조리시연자
김동희, 서울특별시 동작구 신대방1동

고문헌
조선무쌍신식요리제법(태도구 : 太刀炙)

1인 분량의 영양가

영양소	열량 (kcal)	단백질 (g)	지질 (g)	당질 (g)	식이섬유 (g)	칼슘 (mg)	나트륨 (mg)	칼륨 (mg)	철분 (mg)
함량	122.9	9.4	9.2	0.1	0.0	36.6	456.0	167.2	0.5

영양소	아연 (mg)	비타민 A (μg RE)	비타민 B_1 (mg)	비타민 B_2 (mg)	니아신 (mg)	비타민 B_6 (mg)	엽산 (μg)	비타민 C (mg)	비타민 E (mg)
함량	0.3	25.0	0.0	0.1	0.6	0.6	27.8	0.5	3.3

굴비구이

재 료

굴비 200g • 식용유 적량

유장 식용유 2g(½작은술) • 참기름 13g(1큰술) • 간장 6g(1작은술)

만드는 법

1. 굴비에 가로로 칼집을 넣어 둔다.
2. 참기름, 식용유, 간장을 섞어 유장을 만든다.
3. 칼집을 넣은 굴비의 앞뒤에 유장을 바른다.
4. 석쇠 표면에 식용유를 충분히 발라 달군 후 다시 석쇠 표면에 식용유를 바른다.
5. 달군 석쇠 위에 유장을 바른 굴비를 올려 약한 불에서 앞뒤로 노릇노릇하게 굽는다.

1

2

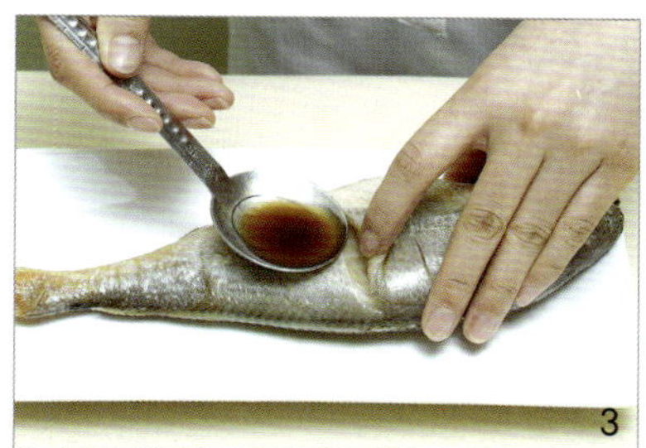

3

5

출 처
한국문화재보호재단, 한국음식대관 제2권, 한림출판사, 1999
재치영양사, www.yori.co.kr/, 2006

조리시연자
김동희, 서울특별시 동작구 신대방1동

1인 분량의 영양가

영양소	열량 (kcal)	단백질 (g)	지질 (g)	당질 (g)	식이섬유 (g)	칼슘 (mg)	나트륨 (mg)	칼륨 (mg)	철분 (mg)
함 량	180.2	13.7	10.4	6.6	1.0	22.5	512.3	272.6	1.8
영양소	아연 (mg)	비타민 A (μg RE)	비타민 B_1 (mg)	비타민 B_2 (mg)	니아신 (mg)	비타민 B_6 (mg)	엽산 (μg)	비타민 C (mg)	비타민 E (mg)
함 량	1.8	107.9	0.1	0.1	3.8	0.3	8.1	3.8	1.5

구이

쇠고기불고기(너비아니)

방법 1

재료

쇠고기(등심) 240g • 당근 30g(1/4개) • 양파 60g(1/3개) • 식용유 4g(1작은술) • 대파 20g(1/2뿌리)

고기 양념 간장 32g(2큰술) • 배 40g • 다진 마늘 5g(1작은술) • 설탕 10g(3/4큰술) • 참기름 3g(1작은술) • 맛술 15g(1큰술) • 깨소금 1g(1/3작은술) • 후춧가루 약간

만드는 법

1. 당근, 양파는 채 썰고(5×0.2×0.2cm), 대파의 1/3은 다지고 2/3는 어슷썬다(0.3m).
2. 쇠고기는 얇게 저며 먹기 좋은 크기로 잘라 둔다.
3. 배는 강판에 갈아 즙을 내어 간장, 다진 파, 다진 마늘, 설탕, 참기름, 맛술, 깨소금, 후춧가루를 섞어 고기 양념을 만든다.
4. 고기 양념에 고기와 썰어 놓은 당근, 양파, 대파를 반 정도 넣어 잘 버무려 둔다.
5. 달군 팬에 식용유를 두른 후 양념에 재워 둔 고기와 채소를 넣어 볶다가 고기가 다 익었을 때쯤 남은 채소를 넣어 한 번 더 볶는다.

1

3

4

5

출처
서울특별시 교육청, 중 · 고등학생을 위한 학교급식 표준식단, 2002

조리시연자
김동희, 서울특별시 동작구 신대방1동

방법 2

재 료

쇠고기(등심 또는 안심) 250g

양념 간장 35g(2큰술) • 배즙(또는 육수) 30g(2큰술) • 설탕 12g(1큰술) • 다진 파 14g(1½큰술) • 다진 마늘 12g(1큰술) • 참기름 7g(2작은술) • 깨소금 6g(1큰술) • 후춧가루 약간

만드는 법

1. 쇠고기는 등심이나 안심의 연한 부위를 0.5cm 정도의 두께로 얇게 저미고, 잔칼집을 넣어 연하게 한다.
2. 양념을 만들어 저며 놓은 쇠고기를 넣고 잘 주물러 30분 정도 재워 둔다.
3. 뜨겁게 달군 석쇠에 얹어서 양면을 고루 익혀 따뜻할 때 바로 먹는다.

1인 분량의 영양가

영양소	열량 (kcal)	단백질 (g)	지질 (g)	당질 (g)	식이섬유 (g)	칼슘 (mg)	나트륨 (mg)	칼륨 (mg)	철분 (mg)
함 량	164.1	14.3	7.7	9.4	0.8	31.0	594.8	278.3	2.1
영양소	아연 (mg)	비타민 A (μg RE)	비타민 B_1 (mg)	비타민 B_2 (mg)	니아신 (mg)	비타민 B_6 (mg)	엽산 (μg)	비타민 C (mg)	비타민 E (mg)
함 량	1.3	9.4	0.1	0.2	3.5	0.3	5.7	2.8	0.8

출 처

정순자, 한국조리, 신광출판사, 1990
강인희, 한국의 맛, 대한교과서주식회사, 1993
황혜성 · 한복려 · 한복진, 한국의 전통음식, 교문사, 1994

도라지구이

재료

도라지 200g(10뿌리)

양념 고추장 51g(2¾큰술) • 설탕 6g(½큰술) • 다진 마늘 6g(1작은술) • 다진 파 9g(1큰술) • 참기름 7g(2작은술) • 소금 2g(½작은술) • 통깨 3g(1작은술)

만드는 법

1. 도라지는 껍질을 벗긴 다음 반으로 갈라 방망이로 자근자근 얇게 두드린다.
2. 양념을 만들어 도라지에 골고루 발라 켜켜로 쌓아 놓는다.
3. 석쇠에 은박지를 깔고 양념이 타지 않도록 구워 낸다.

1인 분량의 영양가

영양소	열량 (kcal)	단백질 (g)	지질 (g)	당질 (g)	식이섬유 (g)	칼슘 (mg)	나트륨 (mg)	칼륨 (mg)	철분 (mg)
함량	97.2	1.9	2.7	17.4	2.8	37.4	493.2	299.9	1.5

영양소	아연 (mg)	비타민 A (μg RE)	비타민 B_1 (mg)	비타민 B_2 (mg)	나아신 (mg)	비타민 B_6 (mg)	엽산 (μg)	비타민 C (mg)	비타민 E (mg)
함량	0.2	52.5	0.1	0.1	0.6	0.2	13.4	6.6	1.0

출처
농촌진흥청, 농촌 식생활 향상을 위한 식생활 평가 시스템 개발연구 보고서, 2000

사진
농촌진흥청, 농촌 식생활 향상을 위한 식생활 평가 시스템 개발연구 보고서, 2000

두부양념구이

재 료

두부 300g(2/3모) • 식용유 9g(3/4큰술) • 소금 약간

양념 간장 42g(2 1/2큰술) • 채 썬 대파 20g(2큰술) • 다진 마늘 8g(2/3큰술) • 참기름 4g(1작은술) • 통깨 6g(2작은술)

만드는 법

1. 두부는 납작하게 썰어(3×4×1cm) 소금을 뿌린 후 30분 정도 지난 후 면포로 물기를 제거한다.
2. 간장에 채 썬 파, 다진 마늘, 참기름, 통깨를 넣고 양념장을 만든다.
3. 팬에 식용유를 둘러 두부를 앞뒤로 노릇노릇하게 지진 후 양념장을 얹어서 그릇에 담아 낸다.

1인 분량의 영양가

영양소	열량 (kcal)	단백질 (g)	지질 (g)	당질 (g)	식이섬유 (g)	칼슘 (mg)	나트륨 (mg)	칼륨 (mg)	철분 (mg)
함 량	104.7	7.7	6.5	3.9	2.4	146.8	623.5	75.3	2.4
영양소	아연 (mg)	비타민 A (μg RE)	비타민 B_1 (mg)	비타민 B_2 (mg)	니아신 (mg)	비타민 B_6 (mg)	엽산 (μg)	비타민 C (mg)	비타민 E (mg)
함 량	0.8	8.6	0.1	0.1	0.8	0.1	15.9	1.6	2.9

출 처
농촌진흥청, 농촌 식생활 향상을 위한 식생활 평가 시스템 개발연구 보고서, 2000

사 진
농촌진흥청, 농촌 식생활 향상을 위한 식생활 평가 시스템 개발연구 보고서, 2000

고등어구이

재 료

고등어 200g(½마리) • 식용유 8g(⅔큰술) • 소금 4g(1작은술)

만드는 법

1. 고등어는 잘 다듬어 칼집을 내어 소금을 잠깐 뿌려 놓는다.
2. 고등어를 물에 한 번 씻은 후 물기를 뺀다.
3. 팬에 식용유를 두르고 고등어를 앞뒤 노릇노릇하게 굽는다.

1인 분량의 영양가

영양소	열량 (kcal)	단백질 (g)	지질 (g)	당질 (g)	식이섬유 (g)	칼슘 (mg)	나트륨 (mg)	칼륨 (mg)	철분 (mg)
함량	153.2	9.7	12.4	0.1	0.0	12.4	368.0	130.9	0.6

영양소	아연 (mg)	비타민 A (μg RE)	비타민 B_1 (mg)	비타민 B_2 (mg)	니아신 (mg)	비타민 B_6 (mg)	엽산 (μg)	비타민 C (mg)	비타민 E (mg)
함량	0.4	20.0	0.1	0.2	3.8	0.1	3.1	0.5	2.8

출 처
농촌진흥청 농촌생활연구소(현 농촌자원개발연구소), 소비자가 알기 쉬운 식품영양가표, 2002
재치영양사, www.yori.co.kr/, 2006

꽁치구이

재료

꽁치 200g(3마리) • 소금 8g(2작은술)

만드는 법

1. 꽁치는 비늘을 긁고 지느러미를 떼어 낸 후 깨끗이 씻는다.
2. 생선에 칼집을 내어 소금을 살살 뿌려 둔다.
3. 소금 간이 배었을 때 가열된 그릴이나 석쇠에 앞뒤로 뒤집어 가며 노릇노릇하게 굽는다.

1인 분량의 영양가

영양소	열량 (kcal)	단백질 (g)	지질 (g)	당질 (g)	식이섬유 (g)	칼슘 (mg)	나트륨 (mg)	칼륨 (mg)	철분 (mg)
함량	131.0	10.1	9.7	0.1	0.0	22.8	719.9	150.2	0.8

영양소	아연 (mg)	비타민 A (μg RE)	비타민 B_1 (mg)	비타민 B_2 (mg)	니아신 (mg)	비타민 B_6 (mg)	엽산 (μg)	비타민 C (mg)	비타민 E (mg)
함량	0.4	20.0	0.0	0.2	3.6	0.2	3.6	0.5	0.8

출처
농촌진흥청, 농촌 식생활 향상을 위한 식생활 평가 시스템 개발연구 보고서, 2000

민어소금구이

재료

민어 200g

양념장 소금 6g(½큰술) • 다진 파 5g(½큰술) • 다진 마늘 6g(1작은술) • 생강즙 3g(1작은술) • 청주 8g(½큰술) • 후춧가루 약간

만드는 법

1. 민어는 비늘을 긁고 내장을 빼서 깨끗이 씻는다. 머리를 자르고 뼈를 중심으로 살을 두 장 넓게 떠서 폭 5cm 정도로 토막을 내어 껍질 쪽에 칼집을 3~4번 넣는다.
2. 양념장을 만들어 민어 토막에 고루 버무려 20분 정도 재워 둔다.
3. 민어 토막에 간이 배어 약간 단단해지면 석쇠를 달구어서 껍질 쪽을 먼저 노릇노릇하게 굽고 뒤집어서 다시 굽는다.

참고사항

- 간장을 섞어서 양념하기도 하나 흰살생선은 소금으로 간을 하는 것이 생선 본래의 지닌 맛을 더 잘 음미할 수 있다.
- 민어는 살이 탄력이 있고 단단하며 아가미가 붉고 신선한 것으로 골라 사용한다.

1인 분량의 영양가

영양소	열량 (kcal)	단백질 (g)	지질 (g)	당질 (g)	식이섬유 (g)	칼슘 (mg)	나트륨 (mg)	칼륨 (mg)	철분 (mg)
함량	56.1	9.2	1.5	0.6	0.1	33.0	536.1	166.3	0.6
영양소	**아연 (mg)**	**비타민 A (μg RE)**	**비타민 B_1 (mg)**	**비타민 B_2 (mg)**	**니아신 (mg)**	**비타민 B_6 (mg)**	**엽산 (μg)**	**비타민 C (mg)**	**비타민 E (mg)**
함량	0.3	14.6	0.1	0.0	1.3	0.1	8.1	0.9	0.5

삼치구이

재료

삼치 200g(⅔마리)

양념장 간장 10g(½큰술) • 다진 파 2g(½작은술) • 다진 마늘 3g(½작은술) • 설탕 4g(1작은술) • 참기름 3g(1작은술) • 깨소금 3g(1작은술) • 후춧가루 약간

만드는 법

1. 삼치는 잘 다듬어 도톰하게 포를 뜬다.
2. 양념장을 만들어 삼치에 발라 재워 두었다가 달군 석쇠나 팬에 노릇노릇하게 굽는다.

1인 분량의 영양가

영양소	열량 (kcal)	단백질 (g)	지질 (g)	당질 (g)	식이섬유 (g)	칼슘 (mg)	나트륨 (mg)	칼륨 (mg)	철분 (mg)
함량	99.8	2.3	6.2	9.6	2.9	32.5	253.7	136.3	1.1

영양소	아연 (mg)	비타민 A (μg RE)	비타민 B_1 (mg)	비타민 B_2 (mg)	니아신 (mg)	비타민 B_6 (mg)	엽산 (μg)	비타민 C (mg)	비타민 E (mg)
함량	0.3	56.9	0.1	0.1	0.6	0.1	11.4	2.5	1.9

출처
강인희, 한국의 맛, 대한교과서주식회사, 1993

장어구이

재 료

장어 250g(1마리)

양념 고추장 고추장 18g(1큰술) • 간장 17g(1큰술) • 술 15g(1큰술) • 다진 파 15g(1½큰술) • 다진 마늘 12g(1큰술) • 다진 생강 3g(1작은술) • 참기름 7g(2작은술) • 깨소금 3g(1작은술) • 설탕 12g(1큰술) • 후춧가루 약간

만드는 법

1. 장어는 싱싱한 것으로 등 쪽에 칼을 넣어 한 장으로 펴서 내장을 빼고 뼈를 발라 낸다.
2. 분량의 재료를 섞어 양념 고추장을 만든다.
3. 석쇠나 철판을 달궈서 손질한 장어를 양념하지 말고 앞뒤를 살짝 굽는다.
4. 애벌구이한 장어에 양념 고추장을 고루 바르면서 구워 폭 3cm 정도로 썬다.

1인 분량의 영양가

영양소	열량 (kcal)	단백질 (g)	지질 (g)	당질 (g)	식이섬유 (g)	칼슘 (mg)	나트륨 (mg)	칼륨 (mg)	철분 (mg)
함 량	141.7	7.7	9.3	5.6	0.2	84.8	254.4	155.9	1.0

영양소	아연 (mg)	비타민 A (μg RE)	비타민 B_1 (mg)	비타민 B_2 (mg)	니아신 (mg)	비타민 B_6 (mg)	엽산 (μg)	비타민 C (mg)	비타민 E (mg)
함 량	1.0	537.6	0.3	0.3	2.4	0.2	9.7	0.8	2.1

출 처

황혜성 · 한복려 · 한복진, 한국의 전통음식, 교문사, 1994
한국문화재보호재단, 한국음식대관 제2권, 한림출판사, 1999
농촌진흥청 농촌생활연구소(현 농촌자원개발연구소), 소비자가 알기 쉬운 식품영양가표, 2002

전어구이

재료

전어 200g

양념장 간장 17g(1큰술) • 설탕 4g(1작은술) • 다진 파 3g(1작은술) • 다진 마늘 4g(⅔작은술) • 참기름 4g(1작은술) • 깨소금 2g(⅔작은술) • 생강즙 2g(⅔작은술) • 후춧가루 · 실고추 약간

만드는 법

1. 전어는 싱싱한 것으로 골라 비늘을 긁고 잘 다듬어 앞뒤에 1cm 간격의 칼집을 낸다.
2. 양념장을 만들어 생선에 바른 후 양념이 잘 배면 뜨거운 석쇠에 올려 나머지 양념을 발라 가며 굽는다.

1인 분량의 영양가

영양소	열량 (kcal)	단백질 (g)	지질 (g)	당질 (g)	식이섬유 (g)	칼슘 (mg)	나트륨 (mg)	칼륨 (mg)	철분 (mg)
함량	121.6	9.1	8.5	1.7	0.2	63.6	330.8	188.8	1.0
영양소	아연 (mg)	비타민 A (µg RE)	비타민 B_1 (mg)	비타민 B_2 (mg)	니아신 (mg)	비타민 B_6 (mg)	엽산 (µg)	비타민 C (mg)	비타민 E (mg)
함량	0.4	4.0	0.0	0.1	1.8	0.2	1.9	0.3	1.6

출처

정순자, 한국조리, 신광출판사, 1990
한국문화재보호재단, 한국음식대관 제2권, 한림출판사, 1990
재치영양사, www.yori.co.kr/, 2006

구이

조기구이

재료

조기 200g(소 2마리) • 식용유 6g($\frac{2}{3}$큰술) • 소금 3g(1작은술)

만드는 법

1. 조기는 비늘을 긁고 지느러미를 잘라 손질한 뒤 씻어 어슷하게 2~3번 칼집을 내고 소금을 고루 뿌려 둔다.
2. 석쇠나 팬을 달군 후 식용유를 바르고 생선이 잘 익도록 앞뒤로 뒤집어 가며 굽는다.

참고사항

조기를 양념 간장에 재워서 굽기도 한다.

1인 분량의 영양가

영양소	열량 (kcal)	단백질 (g)	지질 (g)	당질 (g)	식이섬유 (g)	칼슘 (mg)	나트륨 (mg)	칼륨 (mg)	철분 (mg)
함량	82.3	9.6	4.6	0.1	0.0	38.8	438.5	128.0	0.5
영양소	아연 (mg)	비타민 A (μg RE)	비타민 B_1 (mg)	비타민 B_2 (mg)	니아신 (mg)	비타민 B_6 (mg)	엽산 (μg)	비타민 C (mg)	비타민 E (mg)
함량	0.1	7.5	0.0	0.1	0.5	0.2	7.6	0.5	2.0

출처

황혜성 · 한복려 · 한복진, 한국의 전통음식, 교문사, 1994
농촌진흥청, 농촌 식생활 향상을 위한 식생활 평가 시스템 개발연구 보고서, 2000
농촌진흥청 농촌생활연구소(현 농촌자원개발연구소), 소비자가 알기 쉬운 식품영양가표, 2002

뱅어포구이

재 료

뱅어포 60g(3장)

양념장 고추장 27g(1½큰술) • 간장 9g(½큰술) • 설탕 12g(1큰술) • 다진 파 5g(½큰술) • 다진 마늘 6g(1작은술) • 참기름 7g(2작은술) • 깨소금 6g(1큰술)

만드는 법

1. 뱅어포는 빛이 희고 잘 마른 것으로 골라 짚이나 티를 골라 낸다.
2. 양념장을 만들어 뱅어포를 도마나 쟁반 위에 한 장씩 펴서 양념장을 솔로 고루 발라 여러 장을 겹쳐서 잠시 재워 둔다.
3. 석쇠나 팬을 달구어서 양념한 뱅어포를 약한 불에서 타지 않도록 앞뒤로 구워 3×2.5cm의 크기로 네모지게 썬다.

참고사항

- 간장이나 고추장 양념장을 바르면 뱅어포가 젖어서 태우지 않고 굽기가 어렵다. 이럴 때는 미리 여러 장에 양념장을 발라서 잠깐 햇볕에 두어 꾸덕꾸덕하게 물기를 없앤 다음에 굽는다.
- 다른 방법으로는 김을 굽듯이 기름을 넉넉히 바르고 고운 소금을 뿌려서 하얗게 굽기도 하는데, 바삭바삭하고 맛이 깨끗하다.

1인 분량의 영양가

영양소	열량 (kcal)	단백질 (g)	지질 (g)	당질 (g)	식이섬유 (g)	칼슘 (mg)	나트륨 (mg)	칼륨 (mg)	철분 (mg)
함 량	109.7	10.1	4.4	7.0	0.7	171.9	469.3	229.2	1.0

영양소	아연 (mg)	비타민 A (μg RE)	비타민 B_1 (mg)	비타민 B_2 (mg)	니아신 (mg)	비타민 B_6 (mg)	엽산 (μg)	비타민 C (mg)	비타민 E (mg)
함 량	0.7	30.7	0.1	0.0	0.9	0.4	16.6	0.4	2.6

출 처

정순자, 한국조리, 신광출판사, 1990
황혜성 · 한복려 · 한복진, 한국의 전통음식, 교문사, 1994

구이

김구이

재료

김 16g(8장) • 들기름 8g(⅔큰술) • 소금 4g(1작은술)

만드는 법

1. 김에 티가 있는지 살펴서 손질한다.
2. 김 솔로 들기름을 적당량 바르고 소금을 살살 뿌린다.
3. 석쇠에 두 장씩 올려 앞뒤로 타지 않게 구워 낸다.

1인 분량의 영양가

영양소	열량 (kcal)	단백질 (g)	지질 (g)	당질 (g)	식이섬유 (g)	칼슘 (mg)	나트륨 (mg)	칼륨 (mg)	철분 (mg)
함량	27.8	1.5	2.1	1.5	1.3	13.4	387.7	141.5	0.7

영양소	아연 (mg)	비타민 A (μg RE)	비타민 B_1 (mg)	비타민 B_2 (mg)	니아신 (mg)	비타민 B_6 (mg)	엽산 (μg)	비타민 C (mg)	비타민 E (mg)
함량	0.2	150.0	0.0	0.1	0.4	0.0	54.8	3.7	0.7

출처
농촌진흥청, 농촌 식생활 향상을 위한 식생활 평가 시스템 개발연구 보고서, 2000

더덕구이

재 료

더덕 200g(대 5뿌리)

유장 간장 17g(1큰술) • 참기름 25g(2큰술)

양념 고추장 35g(2큰술) • 설탕 12g(1큰술) • 다진 파 20g(2큰술) • 다진 마늘 6g(½큰술) • 깨소금 6g(1큰술)

만드는 법

1. 더덕은 물에 담가 껍질을 벗겨서 물에 우려 쓴맛을 뺀 후 길이로 반을 갈라서 방망이나 칼등으로 자근자근 두들겨 넓게 핀다.
2. 더덕에 유장을 발라 석쇠에 은박지를 깔고 앞뒤를 고루 굽는다.
3. 분량의 재료를 섞어 양념을 만들어 2의 더덕에 다시 발라 약한 불에서 서서히 굽는다.
4. 구운 더덕을 먹기 좋은 크기로 썰어서 접시에 담는다.

1인 분량의 영양가

영양소	열량 (kcal)	단백질 (g)	지질 (g)	당질 (g)	식이섬유 (g)	칼슘 (mg)	나트륨 (mg)	칼륨 (mg)	철분 (mg)
함 량	99.8	2.3	6.2	9.6	2.9	32.5	253.7	136.3	1.1
영양소	아연 (mg)	비타민 A (μg RE)	비타민 B_1 (mg)	비타민 B_2 (mg)	니아신 (mg)	비타민 B_6 (mg)	엽산 (μg)	비타민 C (mg)	비타민 E (mg)
함 량	0.3	56.9	0.1	0.1	0.6	0.1	11.4	2.5	1.9

출 처

황혜성 · 한복려 · 한복진, 한국의 전통음식, 교문사, 1994

한국문화재보호재단, 한국음식대관 제2권, 한림출판사, 1999

농촌진흥청, 농촌 식생활 향상을 위한 식생활 평가 시스템 개발연구 보고서, 2000

고문헌

시의전서(사삼구 : 沙蔘炙)

구이

돼지갈비구이

재 료

돼지갈비 240g

양념 간장 17g(1큰술) • 설탕 4g(1작은술) • 다진 파 9g(1큰술) • 다진 마늘 12g(1큰술) • 다진 생강 3g (1작은술) • 후춧가루 1g(⅓작은술) • 소금 약간

만드는 법

1. 돼지갈비는 6~7cm 길이로 자른 다음 고기를 길이로 절반을 가르고 1cm 사이를 두고 잔칼집을 넣는다.
2. 분량의 재료로 양념을 만든 다음 갈비와 고루 무쳐 양념이 배도록 한다.
3. 양념이 골고루 밴 돼지갈비를 석쇠나 팬에 구워 낸다.

1인 분량의 영양가

영양소	열량 (kcal)	단백질 (g)	지질 (g)	당질 (g)	식이섬유 (g)	칼슘 (mg)	나트륨 (mg)	칼륨 (mg)	철분 (mg)
함 량	136.7	11.8	8.4	2.9	0.3	11.5	253.7	181.2	0.4
영양소	아연 (mg)	비타민 A (μg RE)	비타민 B_1 (mg)	비타민 B_2 (mg)	니아신 (mg)	비타민 B_6 (mg)	엽산 (μg)	비타민 C (mg)	비타민 E (mg)
함 량	1.5	6.6	0.5	0.1	3.7	0.3	3.7	2.0	0.2

출 처

한국문화재보호재단, 한국음식대관 제2권, 한림출판사, 1999
농촌진흥청, 농촌 식생활 향상을 위한 식생활 평가 시스템 개발연구 보고서, 2000

돼지고기구이

재 료

돼지고기(등심) 240g • 양파 60g(⅓개) • 참기름 3g(1작은술)

양념 고추장 17g(1큰술) • 간장 7g(1¼작은술) • 다진 파 10g(1큰술) • 다진 마늘 7g(1작은술) • 다진 생강 3g(1작은술) • 청주 10g(2작은술) • 고춧가루 7g(1⅓큰술) • 후춧가루 2g(⅔작은술) • 된장 2g(⅓작은술)

만드는 법

1. 돼지고기는 살로만 준비하여 도톰하고 넓적하게 떠서 칼등으로 앞뒤를 자근자근 두드려 연하게 하고 참기름에 재운다.
2. 양파는 0.2cm 너비로 가늘게 썬다.
3. 양파와 분량의 재료로 양념을 만들어 돼지고기를 고루 주물러 놓는다.
4. 양념이 고루 밴 돼지고기를 석쇠에서 굽거나 팬에 기름을 두르고 굽는다.

1인 분량의 영양가

영양소	열량 (kcal)	단백질 (g)	지질 (g)	당질 (g)	식이섬유 (g)	칼슘 (mg)	나트륨 (mg)	칼륨 (mg)	철분 (mg)
함 량	177.0	13.8	10.9	5.0	1.4	15.1	266.1	297.8	1.4
영양소	아연 (mg)	비타민 A (μg RE)	비타민 B_1 (mg)	비타민 B_2 (mg)	니아신 (mg)	비타민 B_6 (mg)	엽산 (μg)	비타민 C (mg)	비타민 E (mg)
함 량	1.2	76.7	0.4	0.1	3.9	0.5	12.1	3.5	0.6

출 처

한국문화재보호재단, 한국음식대관 제2권, 한림출판사, 1999

농촌진흥청 농촌생활연구소(현 농촌자원개발연구소), 소비자가 알기 쉬운 식품영양가표, 2000

고문헌

규합총서(돼지고기구이), 시의전서(제육구이), 조선요리제법(제육구이), 조선무쌍신식요리제법(저구 : 猪炙)

구이

등심소금구이

재 료

쇠고기(등심) 240g • 소금 2g(½작은술) • 마늘 12g(3쪽) • 식용유 4g(1작은술) • 후춧가루 약간

만드는 법

1. 얇게 저민 쇠고기에 소금과 후춧가루를 뿌려 둔다.
2. 석쇠나 식용유를 두른 팬에 등심을 굽는다.
3. 등심구이와 저민 마늘을 함께 곁들인다.

참고사항

기름장을 따로 만들어 내기도 하고, 파생채나 상추겉절이를 곁들이기도 한다.

1인 분량의 영양가

영양소	열량 (kcal)	단백질 (g)	지질 (g)	당질 (g)	식이섬유 (g)	칼슘 (mg)	나트륨 (mg)	칼륨 (mg)	철분 (mg)
함 량	143.2	12.9	9.5	0.8	0.2	7.2	200.5	177.4	1.5
영양소	아연 (mg)	비타민 A (μg RE)	비타민 B_1 (mg)	비타민 B_2 (mg)	니아신 (mg)	비타민 B_6 (mg)	엽산 (μg)	비타민 C (mg)	비타민 E (mg)
함 량	1.7	7.2	0.0	0.1	3.6	0.3	2.5	0.9	1.2

출 처

한국문화재보호재단, 한국음식대관 제2권, 한림출판사, 1999

구이

삼겹살구이

재 료

돼지고기(삼겹살) 240g

기름장 소금 2g(½작은술) • 참기름 4g(1작은술)

만드는 법

1. 달궈진 팬에 삼겹살을 굽는다.
2. 구운 삼겹살에 기름장을 만들어 곁들인다.

1인 분량의 영양가

영양소	열량 (kcal)	단백질 (g)	지질 (g)	당질 (g)	식이섬유 (g)	칼슘 (mg)	나트륨 (mg)	칼륨 (mg)	철분 (mg)
함 량	207.4	10.3	18.0	0.2	0.0	5.0	194.4	121.9	0.4

영양소	아연 (mg)	비타민 A (μg RE)	비타민 B_1 (mg)	비타민 B_2 (mg)	니아신 (mg)	비타민 B_6 (mg)	엽산 (μg)	비타민 C (mg)	비타민 E (mg)
함 량	0.9	3.6	0.4	0.2	2.6	0.1	0.5	0.6	1.2

출 처
농촌진흥청 농촌생활연구소(현 농촌자원개발연구소), 소비자가 알기 쉬운 식품영양가표, 2002

구이

쇠갈비구이

재 료

쇠갈비 240g

양념 간장 19g(1큰술) • 배즙 15g(1큰술) • 설탕 4g(1작은술) • 다진 마늘 5g(¾큰술) • 다진 파 9g(1큰술) • 참기름 5g(1⅓작은술) • 깨소금 2g(½작은술) • 후춧가루 약간

만드는 법

1. 갈비뼈의 살을 0.5cm 두께로 얇게 저미고, 갈비뼈 부분에는 칼집을 내어 놓는다.
2. 분량의 재료로 양념장을 만들어 갈비에 넣고 고루 주물러 2~3시간 재워 놓는다.
3. 뜨겁게 달군 석쇠에 얹어서 뼈에 붙은 힘줄이 오그라들 정도로 굽는다.

1인 분량의 영양가

영양소	열량 (kcal)	단백질 (g)	지질 (g)	당질 (g)	식이섬유 (g)	칼슘 (mg)	나트륨 (mg)	칼륨 (mg)	철분 (mg)
함 량	174.8	11.9	12.4	2.5	0.4	15.8	320.7	233.9	1.6
영양소	아연 (mg)	비타민 A (μg RE)	비타민 B_1 (mg)	비타민 B_2 (mg)	니아신 (mg)	비타민 B_6 (mg)	엽산 (μg)	비타민 C (mg)	비타민 E (mg)
함 량	2.2	10.1	0.1	0.1	3.2	0.2	4.7	1.4	0.6

출 처

정순자, 한국조리, 신광출판사, 1990
황혜성 · 한복려 · 한복진, 한국의 전통음식, 교문사, 1994

염통구이

재료

염통(소) 200g • 잣가루 3g(1작은술) • 소금 약간

양념 간장 25g(1½큰술) • 다진 파 9g(1큰술) • 다진 마늘 12g(1큰술) • 설탕 4g(1작은술) • 참기름 12g (1큰술) • 깨소금 6g(1큰술) • 생강즙 5g(½큰술) • 후춧가루 약간

만드는 법

1. 염통은 얇은 막을 굵은 소금으로 박박 문질러 벗기고 둘로 갈라서 잘 씻는다. 이것을 얇게 저며 마른 행주로 물기를 없애고 양념하여 잘 버무린다.
2. 양념한 염통을 달군 석쇠에 굽는다.
3. 먹기 적당한 크기로 썰어 접시에 담아 잣가루를 뿌려 낸다.

참고사항

고기보다는 내장의 냄새가 많이 나므로 마늘, 생강, 간장의 양을 늘리고 설탕은 줄인다.

1인 분량의 영양가

영양소	열량 (kcal)	단백질 (g)	지질 (g)	당질 (g)	식이섬유 (g)	칼슘 (mg)	나트륨 (mg)	칼륨 (mg)	철분 (mg)
함량	105.6	9.1	6.5	2.6	0.6	25.3	401.2	200.6	2.8
영양소	아연 (mg)	비타민 A (μg RE)	비타민 B_1 (mg)	비타민 B_2 (mg)	니아신 (mg)	비타민 B_6 (mg)	엽산 (μg)	비타민 C (mg)	비타민 E (mg)
함량	1.2	25.5	0.2	0.2	3.0	0.3	3.3	0.9	1.4

출처

정순자, 한국조리, 신광출판사, 1990
강인희, 한국의 맛, 대한교과서주식회사, 1993

오징어구이

재료

오징어 200g(소 1마리)

양념 고추장 고추장 25g(1½큰술) • 간장 17g(1큰술) • 다진 파 18g(2큰술) • 다진 마늘 12g(1큰술) • 다진 생강 3g(1작은술) • 참기름 7g(2작은술) • 깨소금 3g(1작은술) • 설탕 12g(1큰술) • 후춧가루 약간

만드는 법

1. 오징어는 싱싱한 것으로 몸통을 가르지 말고 씻은 다음 안쪽에 손을 넣어 내장이 몸통에 연결되어 있는 부분을 떼어 내고 다리를 잡아당기면 내장이 빠져 나온다. 다리에 달린 내장을 떼어 내고 다리와 몸통은 껍질을 벗겨서 사선으로 칼집을 0.5cm 간격으로 넣은 다음 2~3토막으로 나눈다.
2. 분량의 양념을 섞어 양념 고추장을 만들어 손질한 오징어에 발라서 켜켜로 재워 20분 정도 두어 간이 배도록 한다.
3. 달군 석쇠나 팬에 양념한 오징어를 얹어서 앞뒤 고루 굽는다. 뜨거울 때 먹기 좋은 크기로 썬다.

1인 분량의 영양가

영양소	열량 (kcal)	단백질 (g)	지질 (g)	당질 (g)	식이섬유 (g)	칼슘 (mg)	나트륨 (mg)	칼륨 (mg)	철분 (mg)
함량	75.1	10.0	1.7	4.6	0.5	21.3	500.0	220.2	0.5
영양소	아연 (mg)	비타민 A (μg RE)	비타민 B_1 (mg)	비타민 B_2 (mg)	니아신 (mg)	비타민 B_6 (mg)	엽산 (μg)	비타민 C (mg)	비타민 E (mg)
함량	0.7	24.1	0.0	0.0	1.6	0.1	11.5	1.7	1.7

출처
황혜성 · 한복려 · 한복진, 한국의 전통음식, 교문사, 1994

1인 분량의 영양가

영양소	열량 (kcal)	단백질 (g)	지질 (g)	당질 (g)	식이섬유 (g)	칼슘 (mg)	나트륨 (mg)	칼륨 (mg)	철분 (mg)
함 량	163.6	11.0	10.7	5.6	1.6	27.2	398.3	283.7	1.1
영양소	아연 (mg)	비타민 A (μg RE)	비타민 B_1 (mg)	비타민 B_2 (mg)	니아신 (mg)	비타민 B_6 (mg)	엽산 (μg)	비타민 C (mg)	비타민 E (mg)
함 량	0.5	96.2	0.1	0.3	4.3	0.3	12.0	10.3	1.1

고등어조림

재 료

고등어 200g(½마리) • 무 100g • 풋고추 10g(⅔개) • 붉은 고추 10g(⅔개) • 양파 20g • 대파 10g(¼뿌리) • 물 100mL(½컵)

양념장 간장 17g(1큰술) • 고추장 18g(1큰술) • 고춧가루 3g(½큰술) • 다진 마늘 12g(1큰술) • 다진 생강 2g(½작은술) • 설탕 2g(½작은술) • 후춧가루 약간

만드는 법

1. 고등어는 머리와 꼬리, 내장을 제거하여 깨끗이 씻은 다음 어슷하게 토막 낸다.
2. 무는 두껍게 반달썰기(0.4~0.5cm) 하고, 붉은 고추와 풋고추, 대파는 어슷하게(0.3cm) 썰고, 양파는 채 썬다(0.3cm).
3. 분량의 양념을 고루 섞어 양념장을 만든다.
4. 냄비에 무를 깔고 그 위에 고등어를 얹은 다음 3의 양념과 물 ½컵을 부은 후 약한 불에서 뭉근하게 조린다.
5. 중간에 양파, 풋고추, 붉은 고추, 대파를 넣고 가끔씩 양념장을 위에 끼얹어 주면서 조려 낸다.

1

2

4

5

출 처
농촌진흥청, 농촌 식생활 향상을 위한 식생활 평가 시스템 개발연구 보고서, 2000

조리시연자
김동희, 서울특별시 동작구 신대방1동

1인 분량의 영양가

영양소	열량 (kcal)	단백질 (g)	지질 (g)	당질 (g)	식이섬유 (g)	칼슘 (mg)	나트륨 (mg)	칼륨 (mg)	철분 (mg)
함 량	62.7	10.5	25.4	1.5	0.2	6.5	577.2	138.2	1.0

영양소	아연 (mg)	비타민 A (μg RE)	비타민 B_1 (mg)	비타민 B_2 (mg)	니아신 (mg)	비타민 B_6 (mg)	엽산 (μg)	비타민 C (mg)	비타민 E (mg)
함 량	1.8	4.8	0.0	0.1	2.2	0.2	3.9	1.0	0.1

쇠고기장조림

재 료

쇠고기(우둔) 160g • 물 300mL(1½컵)

조림장 통마늘 8g(2쪽) • 생강 2g(½쪽) • 간장 31g(1¾큰술) • 설탕 2g(½작은술)

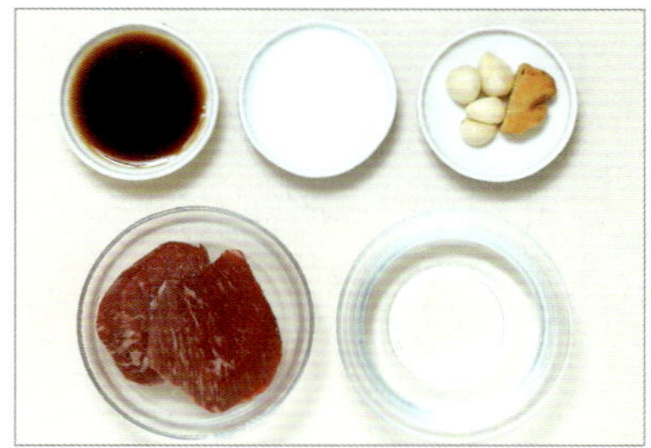

만드는 법

1. 쇠고기는 결 방향으로 찢을 수 있도록 토막 내어 끓는 물에 데쳐 불순물을 제거한다.
2. 냄비에 물을 붓고 쇠고기, 마늘, 생강을 넣어 10분 정도 끓인 후 간장, 설탕을 넣어 오랫동안 뭉근하게 끓인다.

1

2

2

2

참고사항

너무 오랫동안 끓여도 질겨지는 원인이 된다.

출 처

정순자, 한국조리, 신광출판사, 1990
황혜성 · 한복려 · 한복진, 한국의 전통음식, 교문사, 1994
농촌진흥청, 농촌 식생활 향상을 위한 식생활 평가 시스템 개발연구 보고서, 2000

조리시연자

김동희, 서울특별시 동작구 신대방1동

1인 분량의 영양가

영양소	열량 (kcal)	단백질 (g)	지질 (g)	당질 (g)	식이섬유 (g)	칼슘 (mg)	나트륨 (mg)	칼륨 (mg)	철분 (mg)
함량	71.2	1.8	1.6	13.1	1.4	31.9	499.7	148.6	0.6

영양소	아연 (mg)	비타민 A (μg RE)	비타민 B_1 (mg)	비타민 B_2 (mg)	니아신 (mg)	비타민 B_6 (mg)	엽산 (μg)	비타민 C (mg)	비타민 E (mg)
함량	0.2	0.0	0.0	0.0	0.4	0.1	9.4	0.9	0.5

조림 · 지짐이

우엉조림

재료

우엉 120g(1/3뿌리) • 식초 4g(3/4작은술) • 물엿 10g(1/2큰술) • 참기름 4g(1작은술) • 통깨 4g(1/2큰술)

양념장 간장 34g(2큰술) • 설탕 12g(1큰술) • 맛술 30g(2큰술)

만드는 법

1. 우엉은 칼등으로 긁어 껍질을 벗기고 어슷하게 썰거나 채 썰어 식촛물에 담가 놓는다.
2. 끓는 물에 식초를 넣어 우엉을 데친다.
3. 간장, 설탕, 맛술을 넣어 양념장을 만들어 끓이다가 우엉을 넣고 윤기 나게 조린다.
4. 참기름, 물엿, 깨소금을 넣어 완성한다.

1

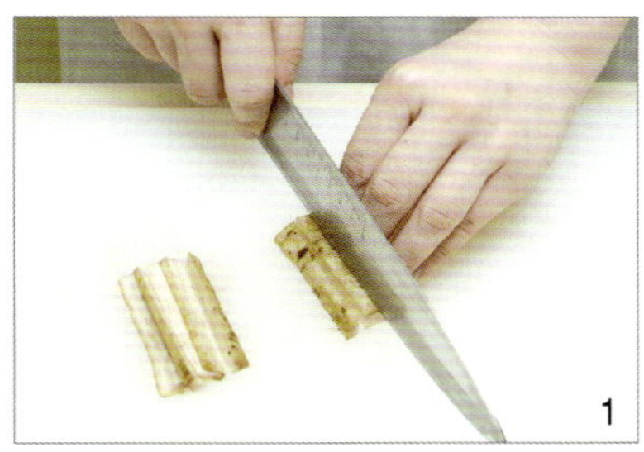

1

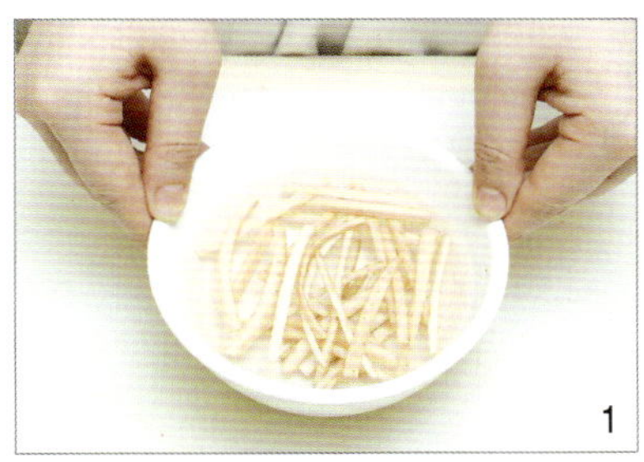

1

3

출처
농촌진흥청 농촌생활연구소(현 농촌자원개발연구소), 소비자가 알기 쉬운 식품영양가표, 2002
서울특별시 교육청, 중 · 고등학생을 위한 학교급식 표준식단, 2002

조리시연자
김동희, 서울특별시 동작구 신대방1동

1인 분량의 영양가

영양소	열량 (kcal)	단백질 (g)	지질 (g)	당질 (g)	식이섬유 (g)	칼슘 (mg)	나트륨 (mg)	칼륨 (mg)	철분 (mg)
함 량	65.3	3.9	2.6	6.0	1.8	16.4	293.5	144.0	1.0
영양소	아연 (mg)	비타민 A (µg RE)	비타민 B_1 (mg)	비타민 B_2 (mg)	니아신 (mg)	비타민 B_6 (mg)	엽산 (µg)	비타민 C (mg)	비타민 E (mg)
함 량	0.3	0.0	0.0	0.0	0.3	0.1	13.7	0.0	0.8

콩조림

재 료

콩(검은콩) 40g(¼컵) • 물 100mL(1컵) • 참기름 2g(½작은술) • 통깨 약간

조림장 간장 10g(⅔큰술) • 맛술 15g(1큰술) • 물엿 10g(½큰술) • 설탕 2g(½작은술) • 식용유 2g(½작은술)

만드는 법

1. 콩은 하룻밤 불린 후 건져 놓는다.
2. 냄비에 물을 붓고 콩을 넣어 끓인 후 조림장을 넣어 조린다.
3. 국물이 다 졸아들 때까지 끓인 후 참기름, 통깨를 넣어 양념하여 낸다.

1

2

3

출 처
농촌진흥청, 농촌 식생활 향상을 위한 식생활 평가 시스템 개발연구 보고서, 2000

조리시연자
김동희, 서울특별시 동작구 신대방1동

조림 · 지짐이

감자조림

재 료

감자 150g(1개) • 당근 30g(1/4개) • 양파 20g • 통깨 1g(1/3작은술)

양념장 간장 20g(1 1/4큰술) • 설탕 4g(1작은술) • 물엿 10g(1/2큰술) • 다진 마늘 4g(2/3작은술) • 식용유 6g (1/2큰술) • 물 45mL(3큰술)

만드는 법

1. 감자, 당근, 양파는 깍둑썰기(사방 2cm) 한다.
2. 양념장 재료를 냄비에 넣고 불에 올려 끓으면 감자를 먼저 넣고 조린다.
3. 감자가 반쯤 익었을 때 양파와 당근을 넣어 조리고 마지막에 통깨를 뿌린다.

참고사항

멸치와 풋고추를 넣어 함께 조리기도 한다.

1인 분량의 영양가

영양소	열량 (kcal)	단백질 (g)	지질 (g)	당질 (g)	식이섬유 (g)	칼슘 (mg)	나트륨 (mg)	칼륨 (mg)	철분 (mg)
함 량	54.2	1.5	1.7	8.7	1.0	10.6	296.4	206.4	0.5
영양소	아연 (mg)	비타민 A (µg RE)	비타민 B_1 (mg)	비타민 B_2 (mg)	니아신 (mg)	비타민 B_6 (mg)	엽산 (µg)	비타민 C (mg)	비타민 E (mg)
함 량	0.2	94.3	0.0	0.0	0.6	0.2	7.6	9.3	1.7

출 처

황혜성 · 한복려 · 한복진, 한국의 전통음식, 교문사, 1994

농촌진흥청 농촌생활연구소(현 농촌자원개발연구소), 소비자가 알기 쉬운 식품영양가표, 2002

서울특별시 교육청, 중 · 고등학생을 위한 학교급식 표준식단, 2002

재치영양사, www.yori.co.kr/, 2006

사 진

농촌진흥청, 농촌 식생활 향상을 위한 식생활 평가시스템 개발연구 보고서, 2000

꽁치조림

재 료

꽁치 220g(3마리) • 물 45mL(3큰술) • 소금 4g(1작은술)

양념장 간장 12g(⅔큰술) • 고춧가루 3g(½큰술) • 다진 마늘 7g(½큰술) • 다진 파 8g(1큰술) • 설탕 약간

만드는 법

1. 꽁치는 머리와 꼬리, 내장을 잘라 내고, 깨끗이 손질하여 소금에 절여 둔다.
2. 냄비에 물을 약간 넣고 꽁치를 넣어 양념장을 끼얹어 뒤집어 가며 조린다.

1인 분량의 영양가

영양소	열량 (kcal)	단백질 (g)	지질 (g)	당질 (g)	식이섬유 (g)	칼슘 (mg)	나트륨 (mg)	칼륨 (mg)	철분 (mg)
함 량	150.9	11.6	10.8	1.2	0.5	27.8	228.8	211.1	1.0

영양소	아연 (mg)	비타민 A (μg RE)	비타민 B_1 (mg)	비타민 B_2 (mg)	니아신 (mg)	비타민 B_6 (mg)	엽산 (μg)	비타민 C (mg)	비타민 E (mg)
함 량	0.5	53.2	0.0	0.2	4.1	0.3	5.4	1.3	0.9

출 처
농촌진흥청, 농촌 식생활 향상을 위한 식생활 평가 시스템 개발연구 보고서, 2000

사 진
농촌진흥청, 농촌 식생활 향상을 위한 식생활 평가 시스템 개발연구 보고서, 2000

조림 · 지짐이

달걀장조림

재 료

달걀 200g(4개) • 대파 20g(½뿌리) • 당근 60g(⅓개)

조림장 설탕 8g(⅔작은술) • 간장 40g(2⅓큰술) • 후춧가루 약간

만드는 법

1. 달걀은 15분 정도 삶은 뒤 냉수에 담갔다가 껍질을 깐다.
2. 당근은 깍둑썰기(사방 2cm) 하고, 대파는 굵게 어슷썬다(0.5cm).
3. 껍질을 벗긴 달걀을 3~4토막으로 썰어 놓고 당근, 대파와 함께 조림장을 넣고 조린다.

1인 분량의 영양가

영양소	열량 (kcal)	단백질 (g)	지질 (g)	당질 (g)	식이섬유 (g)	칼슘 (mg)	나트륨 (mg)	칼륨 (mg)	철분 (mg)
함량	98.4	7.3	5.6	4.4	0.7	37.2	653.2	163.7	1.3
영양소	**아연 (mg)**	**비타민 A (μg RE)**	**비타민 B_1 (mg)**	**비타민 B_2 (mg)**	**니아신 (mg)**	**비타민 B_6 (mg)**	**엽산 (μg)**	**비타민 C (mg)**	**비타민 E (mg)**
함량	0.5	273.0	0.1	0.1	0.3	0.1	6.3	2.0	0.7

출 처
재치영양사, www.yori.co.kr/, 2006

사 진
농촌진흥청, 농촌 식생활 향상을 위한 식생활 평가 시스템 개발연구 보고서, 2000

조림 · 지짐이

메추리알장조림

재 료

메추리알 200g(20알)

조림장 물 30mL(2큰술) • 다시마 2g • 통마늘 6g(2쪽) • 간장 32g(2큰술) • 설탕 4g(1작은술) • 물엿 13g ($^2/_3$큰술)

만드는 법

1. 메추리알은 삶아 껍질을 깐다.
2. 껍질을 깐 메추리알을 간장과 동량의 물을 넣고 1차로 조린다.
3. 1차 조린 후 소량의 국물을 버리고 설탕, 마늘, 잘게 썬 다시마를 넣고 다시 국물이 졸아들 때까지 조린다.

1인 분량의 영양가

영양소	열량 (kcal)	단백질 (g)	지질 (g)	당질 (g)	식이섬유 (g)	칼슘 (mg)	나트륨 (mg)	칼륨 (mg)	철분 (mg)
함 량	104.8	7.0	6.1	5.1	0.3	42.9	562.8	167.2	2.6

영양소	아연 (mg)	비타민 A (μg RE)	비타민 B_1 (mg)	비타민 B_2 (mg)	니아신 (mg)	비타민 B_6 (mg)	엽산 (μg)	비타민 C (mg)	비타민 E (mg)
함 량	1.0	216.5	0.1	0.2	0.2	0.1	41.6	0.2	0.4

출 처
농촌진흥청, 농촌 식생활 향상을 위한 식생활 평가 시스템 개발연구 보고서, 2000
서울특별시 교육청, 중 · 고등학생을 위한 학교급식 표준식단, 2002

사 진
농촌진흥청, 농촌 식생활 향상을 위한 식생활 평가 시스템 개발연구 보고서, 2000

돼지고기장조림

재 료

돼지고기(등심) 100g • 생강 4g(1쪽) • 간장 20g(1¼큰술) • 물 200mL(1컵) • 설탕 6g(½큰술) • 물엿 10g (½큰술)

만드는 법

1. 돼지고기는 큼직하게 토막을 내어 물에 담가 핏물을 빼 낸다.
2. 냄비에 물을 붓고 돼지고기, 생강을 넣고 끓이다가 간장, 설탕, 물엿을 넣고 약한 불에서 조린다.
3. 조린 고기의 결방향으로 찢는다.

1인 분량의 영양가

영양소	열량 (kcal)	단백질 (g)	지질 (g)	당질 (g)	식이섬유 (g)	칼슘 (mg)	나트륨 (mg)	칼륨 (mg)	철분 (mg)
함 량	75.3	5.7	4.0	3.8	0.1	3.9	307.5	99.6	0.5

영양소	아연 (mg)	비타민 A (µg RE)	비타민 B_1 (mg)	비타민 B_2 (mg)	니아신 (mg)	비타민 B_6 (mg)	엽산 (µg)	비타민 C (mg)	비타민 E (mg)
함 량	0.5	1.3	0.1	0.0	1.5	0.2	2.5	0.6	0.1

출 처
농촌진흥청, 농촌 식생활 향상을 위한 식생활평가 시스템 개발연구 보고서, 2000
재치영양사, http://www.yoli.co.kr/, 2006

사 진
농촌진흥청, 농촌 식생활 향상을 위한 식생활 평가 시스템 개발연구 보고서, 2000

두부조림

재 료

두부 240g(½모) • 물 45mL(3큰술) • 식용유 12g(1큰술)

양념장 간장 7g(1¼작은술) • 물엿 10g(½큰술) • 고춧가루 6g(1큰술) • 다진 마늘 6g(1작은술) • 다진 파 9g(1큰술) • 참기름 2g (½작은술) • 깨소금 1g(1⅓작은술)

만드는 법

1. 두부는 납작하게 썰어(3×4×1cm), 식용유 두른 팬에서 양면을 노릇하게 지진다.
2. 분량의 재료를 섞어 양념장을 만든다.
3. 냄비에 두부와 양념장을 켜켜로 끼얹어서 물을 붓고 끓인다.
4. 양념장물이 끓어오르면 불을 줄이고 국물이 거의 없어질 때까지 조린다.

1인 분량의 영양가

영양소	열량 (kcal)	단백질 (g)	지질 (g)	당질 (g)	식이섬유 (g)	칼슘 (mg)	나트륨 (mg)	칼륨 (mg)	철분 (mg)
함 량	95.2	5.8	5.9	4.9	2.2	103.1	262.6	64.4	1.8

영양소	아연 (mg)	비타민 A (μg RE)	비타민 B_1 (mg)	비타민 B_2 (mg)	니아신 (mg)	비타민 B_6 (mg)	엽산 (μg)	비타민 C (mg)	비타민 E (mg)
함 량	0.5	44.9	0.0	0.0	0.7	0.1	11.6	0.9	3.6

출 처
농촌진흥청, 농촌 식생활 향상을 위한 식생활 평가 시스템 개발연구 보고서, 2000

사 진
농촌진흥청, 농촌 식생활 향상을 위한 식생활 평가 시스템 개발연구 보고서, 2000

고문헌
시의전서(두부조림)

조림 · 지짐이

동태조림

재 료

동태 300g(2/3마리) • 무 150g • 대파 10g(1/4뿌리) • 실고추 약간

양념장 간장 50g(3큰술) • 물 45mL(3큰술) • 다진 마늘 6g(1작은술) • 다진 생강 6g(2작은술) • 설탕 6g(1/2큰술) • 참기름 4g(1작은술) • 깨소금 3g(1작은술)

만드는 법

1. 신선한 동태를 골라 비늘을 긁고 깨끗이 씻어 물기를 거둔 다음 5cm 길이로 토막을 낸다.
2. 무는 납작하게 썰고(3×4×0.5cm), 대파는 굵게 어슷썬다(0.5cm).
3. 준비된 양념을 고루 섞어 양념장을 만든다.
4. 냄비에 무를 깐 다음 동태를 얹고 양념장을 붓고 가끔 국물을 끼얹으면서 약한 불에서 오래 조린다.
5. 국물이 거의 졸아들었을 때 파와 실고추를 얹고 다시 한소끔 끓인다.

1인 분량의 영양가

영양소	열량 (kcal)	단백질 (g)	지질 (g)	당질 (g)	식이섬유 (g)	칼슘 (mg)	나트륨 (mg)	칼륨 (mg)	철분 (mg)
함 량	89.0	13.4	1.6	4.9	1.3	54.0	895.1	360.5	0.8

영양소	아연 (mg)	비타민 A (μg RE)	비타민 B_1 (mg)	비타민 B_2 (mg)	니아신 (mg)	비타민 B_6 (mg)	엽산 (μg)	비타민 C (mg)	비타민 E (mg)
함 량	0.4	55.0	0.1	0.1	1.3	0.1	9.8	6.6	1.3

출 처
정순자, 한국조리, 신광출판사, 1990

사 진
농촌진흥청, 농촌 식생활 향상을 위한 식생활 평가 시스템 개발연구 보고서, 2000

연근조림

재 료

연근 120g(2/3개) • 식초 4g(1작은술) • 참기름 2g(1/2작은술) • 통깨 1g(1/3작은술)

조림장 간장 17g(1큰술) • 물엿 14g(3/4큰술) • 설탕 4g(1작은술) • 식용유 8g(2/3큰술) • 물 약간

만드는 법

1. 연근은 껍질을 벗겨 0.5cm 두께로 썰어서 식초를 넣은 물에 데친다.
2. 간장, 물엿, 설탕, 식용유에 약간의 물을 섞어 조림장을 만들어 연근을 넣고 조린다.
3. 거의 다 조려졌을 때 참기름과 통깨를 뿌린다.

1인 분량의 영양가

영양소	열량 (kcal)	단백질 (g)	지질 (g)	당질 (g)	식이섬유 (g)	칼슘 (mg)	나트륨 (mg)	칼륨 (mg)	철분 (mg)
함 량	60.1	1.0	2.7	8.6	0.8	11.2	259.9	132.3	0.4

영양소	아연 (mg)	비타민 A (μg RE)	비타민 B_1 (mg)	비타민 B_2 (mg)	니아신 (mg)	비타민 B_6 (mg)	엽산 (μg)	비타민 C (mg)	비타민 E (mg)
함 량	0.1	0.0	0.0	0.0	0.2	0.1	4.9	17.1	2.4

출 처

농촌진흥청, 농촌 식생활 향상을 위한 식생활 평가 시스템 개발연구 보고서, 2000

농촌진흥청 농촌생활연구소(현 농촌자원개발연구소), 소비자가 알기 쉬운 식품영양가표, 2002

서울특별시 교육청, 중 · 고등학생을 위한 학교급식 표준식단, 2002

사 진

농촌진흥청, 농촌 식생활 향상을 위한 식생활 평가 시스템 개발연구 보고서, 2000

조림 · 지짐이

가자미조림

재 료

가자미 200g(⅔마리) • 무 140g • 물 150mL(¾컵)

조림장 간장 21g(1¼큰술) • 다진 파 7g(¾큰술) • 다진 마늘 6g(1작은술) • 설탕 3g(1작은술) • 고춧가루 3g (½큰술) • 통깨 2g(⅔작은술)

만드는 법

1. 가자미는 비늘을 깨끗이 긁어 내고 아가미 밑으로 칼집을 넣어 내장을 빼 낸 다음 깨끗이 씻어서 두 토막을 낸다.
2. 무는 납작하게 썬다(4×3×1cm).
3. 분량의 양념을 고루 섞어 담백한 조림장을 만든다.
4. 먼저 냄비 바닥에 무를 깔고 조림장을 조금 뿌린 다음 가자미를 얹고, 다시 남은 조림장을 골고루 뿌려 켜켜로 안친다. 물 ¾컵 정도를 냄비 가장자리에 돌려 가며 붓는다.
5. 약한 불에서 서서히 조린다.

1인 분량의 영양가

영양소	열량 (kcal)	단백질 (g)	지질 (g)	당질 (g)	식이섬유 (g)	칼슘 (mg)	나트륨 (mg)	칼륨 (mg)	철분 (mg)
함 량	83.4	12.0	2.3	3.4	1.1	38.7	427.3	318.7	0.8
영양소	아연 (mg)	비타민 A (μg RE)	비타민 B_1 (mg)	비타민 B_2 (mg)	니아신 (mg)	비타민 B_6 (mg)	엽산 (μg)	비타민 C (mg)	비타민 E (mg)
함 량	0.4	34.3	0.1	0.2	2.5	0.2	7.5	6.9	0.5

출 처

백승철, 별미 반찬 · 밑반찬, 서울문화사, 1999
농촌진흥청 농촌생활연구소(현 농촌자원개발연구소), 소비자가 알기 쉬운 식품영양가표, 2002

조림 · 지짐이

갈치조림(갈치무조림)

재 료

갈치 200g(⅔마리) • 무 100g(¼개)

양념장 간장 35g(2큰술) • 물 30mL(2큰술) • 고춧가루 2g(1작은술) • 대파 20g(½뿌리) • 마늘 10g(2쪽) • 생강 4g(1쪽) • 설탕 6g(½큰술) • 통깨 2g(½작은술)

만드는 법

1. 갈치는 지느러미를 떼고 내장을 꺼내어 깨끗이 씻어 6cm 길이로 토막을 낸다.
2. 대파, 마늘, 생강은 씻어서 가늘게 채 썰어 나머지 양념과 섞어 양념장을 만든다.
3. 무는 납작하게 썰어(3×4×1cm) 냄비 바닥에 고르게 깔아 둔다.
4. 무 위에 양념장을 끼얹고 그 위에 갈치를 가지런히 놓은 다음 양념장을 고루 얹어 조린다.
5. 끓어오르면 불을 줄이고 양념장물을 떠서 위에 끼얹어 가면서 고루 간이 배도록 한다.
6. 무가 충분히 익고 갈치도 고루 간이 배면 불을 끈다.

1인 분량의 영양가

영양소	열량 (kcal)	단백질 (g)	지질 (g)	당질 (g)	식이섬유 (g)	칼슘 (mg)	나트륨 (mg)	칼륨 (mg)	철분 (mg)
함 량	96.3	10.2	4.2	4.3	1.0	29.0	602.4	265.0	0.8
영양소	아연 (mg)	비타민 A (μg RE)	비타민 B_1 (mg)	비타민 B_2 (mg)	니아신 (mg)	비타민 B_6 (mg)	엽산 (μg)	비타민 C (mg)	비타민 E (mg)
함 량	0.3	37.3	0.1	0.1	1.9	0.2	8.4	5.7	0.8

출 처

황혜성 · 한복려 · 한복진, 한국의 전통음식, 교문사, 1994
농촌진흥청 농촌생활연구소(현 농촌자원개발연구소), 소비자가 알기 쉬운 식품영양가표, 2002
서울특별시 교육청, 중 · 고등학생을 위한 학교급식 표준식단, 2002

고문헌

조선무쌍신식요리제법(갈치조림)

삼치조림(삼치무조림)

재 료

삼치 200g(⅔마리) • 무 120g • 풋고추 6g(½개)

양념장 간장 25g(1½큰술) • 고춧가루 2g(1작은술) • 다진 파 7g(2작은술) • 다진 마늘 5g(1작은술) • 다진 생강 1g(⅓작은술) • 설탕 2g(½작은술) • 물 45mL(3큰술)

만드는 법

1. 삼치는 3~4토막으로 잘라 손질하고 소금을 뿌린 후 물기를 제거한다.
2. 무는 납작하게 썰고(3×4×1cm), 풋고추는 어슷썬다.
3. 분량의 재료를 섞어 양념장을 만든다.
4. 냄비에 무를 깔고 위에 삼치를 얹어 양념장을 넣고 조린다. 도중에 어슷썬 풋고추를 넣고 무가 익을 때까지 국물을 끼얹으면서 조린다.

1인 분량의 영양가

영양소	열량 (kcal)	단백질 (g)	지질 (g)	당질 (g)	식이섬유 (g)	칼슘 (mg)	나트륨 (mg)	칼륨 (mg)	철분 (mg)
함 량	103.0	10.5	5.4	2.7	0.9	19.8	424.9	279.3	0.6
영양소	아연 (mg)	비타민 A (µg RE)	비타민 B_1 (mg)	비타민 B_2 (mg)	니아신 (mg)	비타민 B_6 (mg)	엽산 (µg)	비타민 C (mg)	비타민 E (mg)
함 량	0.3	46.6	0.0	0.1	2.6	0.3	5.2	6.2	0.9

출 처

농촌진흥청 농촌생활연구소(현 농촌자원개발연구소), 소비자가 알기 쉬운 식품영양가표, 2002
서울특별시 교육청, 중 · 고등학생을 위한 학교급식 표준식단, 2002

조림 · 지짐이

조기조림

재료

조기 250g(소 2마리) • 실파(또는 쑥갓) 20g • 실고추 약간

양념장 간장 35g(2큰술) • 설탕 12g(1큰술) • 대파(흰 부분) 10g(¼뿌리) • 마늘 10g(3쪽) • 생강 5g(1쪽) • 통깨 3g(1작은술) • 물 45mL(3큰술) • 후춧가루 약간

만드는 법

1. 조기는 비늘을 긁고 지느러미를 뗀 다음 내장을 빼서 물에 깨끗이 씻어 어슷하게 2~3토막을 낸다.
2. 대파, 마늘, 생강은 씻어서 가늘게 채 썰고(0.2cm), 나머지 양념장 재료를 모두 합하여 양념장을 만든다.
3. 냄비에 조기 토막을 깔고 양념장을 고루 끼얹은 다음 실고추를 얹어 센 불에 끓인다.
4. 양념장물이 끓어오르면 불을 줄이고 가끔 양념장물을 떠서 위에 끼얹어 고루 간이 배도록 한다.
5. 조기가 충분히 간이 들고 익으면 실파나 짧게 끊은 쑥갓을 얹어 잠시 더 익힌다.

참고사항

- 냄비 밑에 양념한 쇠고기를 조금 깔거나 큼직하게 썬 무와 함께 조리면 더욱 맛이 좋다.
- 흰살생선은 대개 간장으로 간을 하고 등푸른생선은 고춧가루나 고추장을 섞어서 매운맛으로 하는 것이 더욱 맛이 좋다.

1인 분량의 영양가

영양소	열량 (kcal)	단백질 (g)	지질 (g)	당질 (g)	식이섬유 (g)	칼슘 (mg)	나트륨 (mg)	칼륨 (mg)	철분 (mg)
함량	112.4	13.2	4.3	4.7	0.4	65.6	679.9	256.9	0.9

영양소	아연 (mg)	비타민 A (μg RE)	비타민 B_1 (mg)	비타민 B_2 (mg)	니아신 (mg)	비타민 B_6 (mg)	엽산 (μg)	비타민 C (mg)	비타민 E (mg)
함량	0.3	18.4	0.1	0.2	0.8	0.3	13.2	2.7	0.7

출처

정순자, 한국조리, 신광출판사, 1990
강인희, 한국의 맛, 대한교과서주식회사, 1993

조림 · 지짐이

닭조림(궁중닭조림)

재 료

닭고기 240g • 감자 120g(¾개) • 양파 45g(¼개) • 당근 30g • 붉은 고추 15g(⅓개) • 수삼 10g • 잣 1g (½작은술) • 물 100mL(½컵) • 맛술 5g(1작은술)

양념장 간장 35g(2큰술) • 다진 마늘 3g(½작은술) • 다진 생강 1g(⅓작은술) • 설탕 3g(1작은술) • 물엿 15g(¾큰술) • 참기름 4g(1작은술)

만드는 법

1. 닭을 깨끗이 손질해 큼직하게 토막 내어, 맛술로 밑간을 해둔다.
2. 당근, 감자, 양파를 깨끗이 씻어 굵게 깍둑썰고(사방 3cm), 감자는 물에 담가 둔다.
3. 간장, 다진 마늘, 다진 생강, 설탕, 물엿, 참기름을 섞어 양념장을 만든다.
4. 수삼과 붉은 고추는 어슷썬다(0.3cm).
5. 닭에 양념장과 물을 넣고 익힌 후 채소를 넣어 국물이 졸아들 때까지 조린다.
6. 그릇에 담아 낼 때 고명으로 잣을 올린다.

1인 분량의 영양가

영양소	열량 (kcal)	단백질 (g)	지질 (g)	당질 (g)	식이섬유 (g)	칼슘 (mg)	나트륨 (mg)	칼륨 (mg)	철분 (mg)
함량	170.9	13.2	7.7	11.9	1.5	21.5	551.6	362.6	1.5

영양소	아연 (mg)	비타민 A (μg RE)	비타민 B_1 (mg)	비타민 B_2 (mg)	니아신 (mg)	비타민 B_6 (mg)	엽산 (μg)	비타민 C (mg)	비타민 E (mg)
함량	1.6	168.1	0.1	0.1	5.1	0.4	14.4	14.3	0.7

출 처

정순자, 한국조리, 신광출판사, 1990

한국문화재보호재단, 한국음식대관 제2권, 한림출판사, 1999

서울특별시 교육청, 중 · 고등학생을 위한 학교급식 표준식단, 2002

고문헌

수운잡방(전계아법 : 煎鷄兒法), 시의전서(닭조림), 조선요리제법(닭조림), 조선무쌍신식요리제법(닭조림)

땅콩조림

재 료

땅콩 40g • 통깨 1g(1/3작은술)

조림장 간장 12g(2/3큰술) • 물엿 5g(1작은술) • 설탕 2g(1/2작은술) • 다진 마늘 2g(1/3작은술) • 다진 파 4g(1/2큰술) • 참기름 1g(1/3작은술)

만드는 법

1. 겉껍질을 벗긴 땅콩을 씻어 냄비에 물을 넣고 삶는다.
2. 삶은 땅콩에 조림장을 넣고 조린다.
3. 윤기나게 조려지면 통깨를 살짝 뿌린다.

1인 분량의 영양가

영양소	열량 (kcal)	단백질 (g)	지질 (g)	당질 (g)	식이섬유 (g)	칼슘 (mg)	나트륨 (mg)	칼륨 (mg)	철분 (mg)
함 량	68.9	2.9	5.4	2.9	1.0	13.6	180.5	88.8	0.6

영양소	아연 (mg)	비타민 A (µg RE)	비타민 B_1 (mg)	비타민 B_2 (mg)	니아신 (mg)	비타민 B_6 (mg)	엽산 (µg)	비타민 C (mg)	비타민 E (mg)
함 량	0.7	1.3	0.1	0.0	1.3	0.1	24.9	0.3	1.0

출 처
농촌진흥청, 농촌 식생활 향상을 위한 식생활 평가 시스템 개발연구 보고서, 2000

북어조림

재 료

북어 100g(1마리) • 풋고추 10g(⅔개) • 붉은 고추 10g(⅔개)

양념장 간장 25g(1½큰술) • 고춧가루 2g(1작은술) • 물 60mL(4큰술) • 설탕 4g(1작은술) • 대파(흰 부분) 8g(¼뿌리) • 마늘 8g(2쪽) • 생강 4g(1쪽) • 통깨 2g(½작은술)

만드는 법

1. 북어는 물에 충분히 불려서 부드러워지면 건져 물기를 제거한 다음 가운데 뼈를 발라 내고 지느러미를 떼어 낸 다음 4cm 정도로 토막을 낸다.
2. 대파, 마늘, 생강은 씻어서 가늘게 채 썰고 나머지 양념장 재료를 모두 합하여 양념장을 만든다.
3. 풋고추와 붉은 고추는 반을 갈라 씨를 빼고 어슷하게 썬다.
4. 냄비에 북어를 한 켜 고르게 펴서 담고 위에 양념장을 끼얹고 실고추를 얹는다. 다시 북어를 가지런히 넣고 양념장을 고루 얹어서 불에 올려 조린다.
5. 끓어오르면 불을 약하게 줄이고 고추를 넣고 가끔 양념장물을 떠서 위에 끼얹어 고루 간이 배도록 한다.
6. 국물이 거의 없어지고 북어가 부드럽게 될 때까지 조린다.

1인 분량의 영양가

영양소	열량 (kcal)	단백질 (g)	지질 (g)	당질 (g)	식이섬유 (g)	칼슘 (mg)	나트륨 (mg)	칼륨 (mg)	철분 (mg)
함 량	108.4	21.7	1.0	2.3	0.8	86.0	465.3	284.7	1.5

영양소	아연 (mg)	비타민 A (μg RE)	비타민 B_1 (mg)	비타민 B_2 (mg)	니아신 (mg)	비타민 B_6 (mg)	엽산 (μg)	비타민 C (mg)	비타민 E (mg)
함 량	0.8	41.7	0.0	0.3	1.6	0.1	6.4	5.4	1.1

출 처

정순자, 한국조리, 신광출판사, 1990
황혜성 · 한복려 · 한복진, 한국의 전통음식, 교문사, 1994

풋고추쇠고기조림

재 료

풋고추 150g(11개) • 쇠고기(우둔) 150g • 실고추 약간

고기 양념 간장 25g(1½큰술) • 설탕 7g(2작은술) • 다진 파 9g(1큰술) • 다진 마늘 6g(1작은술) • 참기름 6g(½큰술) • 깨소금 3g(1작은술)

조림장 간장 35g(2큰술) • 물 30mL(2큰술) • 설탕 12g(1큰술) • 참기름 6g(½큰술)

만드는 법

1. 풋고추는 씻어서 꼭지를 떼고 한쪽을 갈라서 씨를 긁어 낸 다음 끓는 물에 살짝 데쳐 찬물에 헹군다.
2. 쇠고기는 살로 곱게 다져서 고기 양념으로 양념하여 풋고추에 채워 넣는다.
3. 냄비에 속을 채운 고추를 담고 조림장을 넣고 조린다.
4. 국물이 자작할 정도가 되면 실고추를 넣어 잠깐 더 조려서 그릇에 담는다.

1인 분량의 영양가

영양소	열량 (kcal)	단백질 (g)	지질 (g)	당질 (g)	식이섬유 (g)	칼슘 (mg)	나트륨 (mg)	칼륨 (mg)	철분 (mg)
함 량	87.5	9.4	3.8	4.0	3.2	21.0	390.3	238.6	1.5

영양소	아연 (mg)	비타민 A (μg RE)	비타민 B_1 (mg)	비타민 B_2 (mg)	니아신 (mg)	비타민 B_6 (mg)	엽산 (μg)	비타민 C (mg)	비타민 E (mg)
함 량	1.2	26.9	0.1	0.1	2.8	0.2	9.8	28.4	0.8

출 처

정순자, 한국조리, 신광출판사, 1990
황혜성 · 한복려 · 한복진, 한국의 전통음식, 교문사, 1994

고문헌

시의전서(풋고추조림), 조선요리제법(풋고추조림), 조선무쌍신식요리제법(풋고추조림)

1인 분량의 영양가

영양소	열량 (kcal)	단백질 (g)	지질 (g)	당질 (g)	식이섬유 (g)	칼슘 (mg)	나트륨 (mg)	칼륨 (mg)	철분 (mg)
함 량	144.7	13.0	6.6	8.2	1.9	20.6	452.5	341.3	1.3
영양소	아연 (mg)	비타민 A (µg RE)	비타민 B_1 (mg)	비타민 B_2 (mg)	니아신 (mg)	비타민 B_6 (mg)	엽산 (µg)	비타민 C (mg)	비타민 E (mg)
함 량	1.5	192.3	0.1	0.1	5.1	0.4	14.2	13.3	0.4

닭볶음

재 료

닭고기 240g • 감자 100g(2/3개) • 당근 20g • 양파 50g(작은 것 1/2개) • 풋고추 10g(2/3개) • 붉은 고추 10g(2/3개) • 물 200mL(1컵)

양념장 간장 24g(1 1/3큰술) • 고추장 10g(1/2큰술) • 고춧가루 5g(1큰술) • 다진 파 9g(1큰술) • 다진 마늘 5g(1작은술) • 다진 생강 3g(1작은술) • 설탕 5g(1 1/3작은술) • 후춧가루 약간

만드는 법

1. 닭은 먹기 좋은 크기로 토막 내어 끓는 물에 살짝 데친다.
2. 감자와 양파는 4등분하고 당근은 2cm 두께로 원형썰기 한다. 감자와 당근은 모서리 부분을 둥글게 손질하고, 풋고추, 붉은 고추는 어슷썬다(0.3cm).
3. 분량의 양념을 섞어 양념장을 만든다.
4. 1의 닭을 냄비에 넣고 준비된 양념장을 반만 넣은 다음 물 1컵을 붓고 끓인다.
5. 끓으면 감자와 당근을 넣고 나머지 양념장을 넣고 끓인다.
6. 마지막으로 양파를 넣고 풋고추, 붉은 고추를 넣고 한소끔 끓인다.

1

2

4

5

출 처
정순자, 한국조리, 신광출판사, 1990
재치영양사, www.yori.co.kr/, 2006

조리시연자
김동희, 서울특별시 동작구 신대방1동

고문헌
산림경제(초계 : 炒鷄), 조선요리제법(닭볶음), 조선무쌍신식요리제법(계초 : 鷄炒)

1인 분량의 영양가

영양소	열량 (kcal)	단백질 (g)	지질 (g)	당질 (g)	식이섬유 (g)	칼슘 (mg)	나트륨 (mg)	칼륨 (mg)	철분 (mg)
함량	74.1	4.1	4.9	3.7	0.9	78.5	393.0	123.4	0.7

영양소	아연 (mg)	비타민 A (μg RE)	비타민 B_1 (mg)	비타민 B_2 (mg)	니아신 (mg)	비타민 B_6 (mg)	엽산 (μg)	비타민 C (mg)	비타민 E (mg)
함량	0.2	12.9	0.0	0.0	0.7	0.1	4.9	6.8	4.2

볶음 · 초

꽈리고추멸치볶음

재 료

꽈리고추 40g • 멸치 30g($\frac{2}{3}$컵) • 간장 10g($\frac{1}{2}$큰술) • 다진 마늘 3g($\frac{1}{2}$작은술) • 물엿 10g($\frac{1}{2}$작은술) • 통깨 1g($\frac{1}{3}$작은술) • 식용유 12g(1큰술) • 참기름 4g(1작은술) • 설탕 4g(1작은술) • 소금(데침용) 약간

만드는 법

1. 꽈리고추는 꼭지를 뗀 후 끓는 소금물에 살짝 데친다.
2. 팬에 간장, 다진 마늘, 설탕, 식용유를 넣고 끓으면 멸치와 꽈리고추를 넣고 볶은 후 참기름, 물엿, 통깨를 넣고 고루 섞는다.

1

2

2

2

출 처
서울특별시 교육청, 중 · 고등학생을 위한 학교급식 표준식단, 2002

조리시연자
김동희, 서울특별시 동작구 신대방1동

감자볶음

재 료

감자 200g(1⅓개) • 양파 30g • 대파 15g(⅓뿌리) • 식용유 14g(1큰술) • 간장 14g(¾큰술) • 다진 마늘 3g(½작은술) • 설탕 3g(¾작은술)

만드는 법

1. 감자, 양파는 잘 다듬어 채 썰고(5×0.2×0.2cm), 대파는 어슷썬다.
2. 감자는 찬물에 담가 전분기를 씻어 내고 물기를 뺀다.
3. 식용유를 두른 팬에 감자를 넣고 볶다가 양파를 넣는다.
4. 감자가 어느 정도 익으면 어슷썬 파, 다진 마늘, 간장, 설탕을 넣고 간을 맞춘다.

1인 분량의 영양가

영양소	열량 (kcal)	단백질 (g)	지질 (g)	당질 (g)	식이섬유 (g)	칼슘 (mg)	나트륨 (mg)	칼륨 (mg)	철분 (mg)
함 량	68.1	1.7	3.7	7.6	0.9	9.0	257.8	234.9	0.5

영양소	아연 (mg)	비타민 A (µg RE)	비타민 B_1 (mg)	비타민 B_2 (mg)	니아신 (mg)	비타민 B_6 (mg)	엽산 (µg)	비타민 C (mg)	비타민 E (mg)
함 량	0.3	3.8	0.0	0.0	0.7	0.2	9.1	11.8	3.8

출 처

농촌진흥청, 농촌 식생활 향상을 위한 식생활 평가 시스템 개발연구 보고서, 2000

재치영양사, www.yori.co.kr/, 2006

사 진

농촌진흥청, 농촌 식생활 향상을 위한 식생활 평가 시스템 개발연구 보고서, 2000

볶음 · 초

김치볶음

재 료

배추김치 200g • 대파 8g($\frac{1}{4}$뿌리) • 식용유 12g(1큰술) • 다진 마늘 3g($\frac{1}{2}$작은술) • 참기름 2g($\frac{1}{2}$작은술) • 설탕 2g($\frac{1}{2}$작은술)

만드는 법

1. 김치는 먹기 적당한 크기로 썰고 대파는 어슷썬다.
2. 팬에 식용유를 두른 후 썰어 놓은 배추김치를 넣어 약한 불에서 서서히 저으면서 다진 마늘, 설탕, 어슷썬 파를 넣고 고루 볶는다.
3. 마지막에 참기름을 넣어 고루 섞는다.

1인 분량의 영양가

영양소	열량 (kcal)	단백질 (g)	지질 (g)	당질 (g)	식이섬유 (g)	칼슘 (mg)	나트륨 (mg)	칼륨 (mg)	철분 (mg)
함량	43.3	1.1	3.8	2.1	1.6	25.2	573.1	158.6	0.4

영양소	아연 (mg)	비타민 A (μg RE)	비타민 B_1 (mg)	비타민 B_2 (mg)	니아신 (mg)	비타민 B_6 (mg)	엽산 (μg)	비타민 C (mg)	비타민 E (mg)
함량	0.1	26.6	0.0	0.0	0.4	0.1	23.4	7.5	3.3

출 처

농촌진흥청, 농촌 식생활 향상을 위한 식생활 평가 시스템 개발연구 보고서, 2000

농촌진흥청 농촌생활연구소(현 농촌자원개발연구소), 소비자가 알기 쉬운 식품영양가표, 2002

사 진

농촌진흥청, 농촌 식생활 향상을 위한 식생활 평가 시스템 개발연구 보고서, 2000

볶음 · 초

낙지볶음

재 료

낙지 260g(1마리) • 양배추 75g(2장) • 양파 45g(⅓개) • 당근 20g • 쪽파 20g • 붉은 고추 10g(⅔개) • 식용유 8g(⅔큰술) • 소금(데침용) 약간

양념장 고추장 22g(1¼큰술) • 간장 3g(½작은술) • 고춧가루 4g(2작은술) • 다진 마늘 7g(1작은술) • 다진 생강 3g(1작은술) • 설탕 7g(2작은술) • 소금 3g(⅔작은술) • 깨소금 1g(⅓작은술)

만드는 법

1. 소금으로 주물러 씻은 낙지는 끓는 소금물에 살짝 데친다.
2. 데친 낙지는 물기를 빼서 먹기 좋게 5cm 길이로 자른다.
3. 양배추, 양파, 당근, 쪽파는 낙지 길이로 굵게 채 썰고(5×0.3×0.3cm), 붉은 고추는 어슷썬다(0.3cm).
4. 분량의 양념을 섞어 양념장을 만든다.
5. 식용유를 두른 팬에 양배추, 양파, 붉은 고추, 쪽파를 센 불에 재빨리 볶는다.
6. 채소가 익으면 데친 낙지를 넣어 살이 통통해질 정도로만 살짝 볶는다.
7. 양념장을 넣고 저어 가며 매콤한 맛이 고루 어우러지게 잠깐만 볶는다.

참고사항

낙지는 너무 오래 익히면 질겨지므로 살짝만 익힌다.

1인 분량의 영양가

영양소	열량 (kcal)	단백질 (g)	지질 (g)	당질 (g)	식이섬유 (g)	칼슘 (mg)	나트륨 (mg)	칼륨 (mg)	철분 (mg)
함 량	89.0	8.5	2.7	8.0	1.8	33.2	644.1	275.6	0.9

영양소	아연 (mg)	비타민 A (μg RE)	비타민 B_1 (mg)	비타민 B_2 (mg)	니아신 (mg)	비타민 B_6 (mg)	엽산 (μg)	비타민 C (mg)	비타민 E (mg)
함 량	1.2	117.4	0.1	0.1	1.4	0.2	28.0	10.8	3.9

출 처

정순자, 한국조리, 신광출판사, 1990

백승철, 이정섭의 맛있는 우리음식, 서울문화사, 1999

농촌진흥청 농촌생활연구소(현 농촌자원개발연구소), 소비자가 알기 쉬운 식품영양가표, 2002

사 진

농촌진흥청, 농촌 식생활 향상을 위한 식생활 평가 시스템 개발연구 보고서, 2000

미역줄기볶음

재 료

미역줄기 160g • 양파 40g(¼개) • 식용유 12g(1큰술) • 깨소금 2g(⅔작은술)

양념 다진 파 6g(2작은술) • 다진 마늘 6g(1작은술) • 참기름 2g(½작은술)

만드는 법

1. 미역줄기는 깨끗이 씻어 소금기를 뺀 후 5cm 길이로 자른다.
2. 양파는 0.3cm 두께로 채 썬다.
3. 팬을 달궈 식용유를 두르고 미역줄기와 갖은 양념을 넣고 볶는다.
4. 마지막에 깨소금을 솔솔 뿌려 낸다.

1인 분량의 영양가

영양소	열량 (kcal)	단백질 (g)	지질 (g)	당질 (g)	식이섬유 (g)	칼슘 (mg)	나트륨 (mg)	칼륨 (mg)	철분 (mg)
함 량	48.3	1.1	3.9	2.9	1.5	56.7	208.6	789.0	0.3
영양소	아연 (mg)	비타민 A (μg RE)	비타민 B_1 (mg)	비타민 B_2 (mg)	니아신 (mg)	비타민 B_6 (mg)	엽산 (μg)	비타민 C (mg)	비타민 E (mg)
함 량	0.1	26.0	0.0	0.0	0.5	0.0	60.8	6.1	3.7

출 처

농촌진흥청, 농촌 식생활 향상을 위한 식생활 평가 시스템 개발연구 보고서, 2000

농촌진흥청 농촌생활연구소(현 농촌자원개발연구소), 소비자가 알기 쉬운 식품영양가표, 2002

서울특별시 교육청, 중 · 고등학생을 위한 학교급식 표준식단, 2002

사 진

농촌진흥청, 농촌 식생활 향상을 위한 식생활 평가 시스템 개발연구 보고서, 2000

볶음 · 초

오징어볶음

재 료

오징어 200g(½마리) • 양파 80g(½ 개) • 당근 40g(¼ 개) • 풋고추 25g(2개) • 대파 25g(⅔뿌리) • 식용유 13g(1큰술)

양념 고추장 40g(2¼큰술) • 고춧가루 12g(2⅓큰술) • 설탕 9g(¾큰술) • 다진 마늘 9g(¾큰술) • 다진 생강 2g(⅔작은술) • 소금 1g(¼ 작은술) • 깨소금 6g(1큰술) • 참기름 4g(1작은술)

만드는 법

1. 오징어는 내장을 빼내고 깨끗이 씻어 껍질을 벗겨 놓는다.
2. 몸통은 반으로 갈라 안쪽에 어슷하게 잔칼집을 넣어 5cm 길이로 썰어 놓고, 양파와 당근은 오징어 크기로, 풋고추와 대파는 어슷하게 썰어 놓는다.
3. 팬에 식용유를 두른 후 양파, 당근, 풋고추, 대파를 넣고 볶다가 양념을 섞은 후 오징어를 넣고 다시 한번 볶는다.

참고사항

물이 생기지 않도록 센 불에서 재빨리 볶아야 맛있는 오징어볶음을 만들 수 있다.

1인 분량의 영양가

영양소	열량 (kcal)	단백질 (g)	지질 (g)	당질 (g)	식이섬유 (g)	칼슘 (mg)	나트륨 (mg)	칼륨 (mg)	철분 (mg)
함량	143.3	11.1	6.3	11.0	3.2	48.6	515.5	395.5	1.1
영양소	아연 (mg)	비타민 A (μg RE)	비타민 B_1 (mg)	비타민 B_2 (mg)	니아신 (mg)	비타민 B_6 (mg)	엽산 (μg)	비타민 C (mg)	비타민 E (mg)
함량	0.9	272.4	0.1	0.1	2.3	0.3	22.8	9.8	5.4

출 처

농촌진흥청, 농촌 식생활 향상을 위한 식생활 평가 시스템 개발연구 보고서, 2000

사 진

농촌진흥청, 농촌 식생활 향상을 위한 식생활 평가 시스템 개발연구 보고서, 2000

멸치볶음

재 료

멸치 60g(1컵) • 설탕 4g(1작은술) • 물엿 10g(½큰술) • 통깨 2g(⅔작은술) • 식용유 10g(¾큰술) • 간장 10g(⅔큰술)

만드는 법

1. 멸치는 티를 골라 내어 큰 것은 반으로 가르고 작은 것은 그대로 쓴다.
2. 달군 팬에 식용유를 두르고 약한 불에서 멸치를 빨리 뒤적이면서 볶는다.
3. 물엿, 간장, 설탕을 넣어 간을 맞추고 마지막에 통깨를 넣어 고루 섞는다.

1인 분량의 영양가

영양소	열량 (kcal)	단백질 (g)	지질 (g)	당질 (g)	식이섬유 (g)	칼슘 (mg)	나트륨 (mg)	칼륨 (mg)	철분 (mg)
함 량	73.2	7.0	3.6	3.1	0.1	143.7	634.0	184.8	1.1
영양소	아연 (mg)	비타민 A (μg RE)	비타민 B_1 (mg)	비타민 B_2 (mg)	니아신 (mg)	비타민 B_6 (mg)	엽산 (μg)	비타민 C (mg)	비타민 E (mg)
함 량	0.3	0.0	0.0	0.0	1.1	0.1	5.7	0.0	3.4

출 처

정순자, 한국조리, 신광출판사, 1990
한국문화재보호재단, 한국음식대관 제2권, 한림출판사, 1999
재치영양사, www.yori.co.kr/, 2006

사 진

농촌진흥청, 농촌 식생활 향상을 위한 식생활 평가 시스템 개발연구 보고서, 2000

볶음 · 초

쥐치포볶음

재료

쥐치포 60g • 식용유 6g(½큰술) • 고추장 6g(1작은술) • 간장 2g(⅓작은술) • 물엿 5g(1작은술) • 다진 파 3g(1작은술) • 통깨 1g(⅓작은술) • 참기름 1g(⅓작은술)

만드는 법

1. 쥐치포는 가위로 마름모 모양으로 자른다(폭 2cm).
2. 팬에 식용유를 두르고 쥐치포를 넣어 약한 불에서 서서히 저으면서 볶아 낸다.
3. 냄비에 고추장, 간장, 물엿, 설탕을 넣고 불에 올려 끓어오르면 볶아 놓은 쥐치포를 섞어서 끓인 다음 다진 파, 참기름, 통깨를 뿌려 낸다.

1인 분량의 영양가

영양소	열량 (kcal)	단백질 (g)	지질 (g)	당질 (g)	식이섬유 (g)	칼슘 (mg)	나트륨 (mg)	칼륨 (mg)	철분 (mg)
함량	74.0	6.5	2.3	6.8	0.1	23.7	292.6	86.7	0.8
영양소	아연 (mg)	비타민 A (μg RE)	비타민 B_1 (mg)	비타민 B_2 (mg)	니아신 (mg)	비타민 B_6 (mg)	엽산 (μg)	비타민 C (mg)	비타민 E (mg)
함량	2.2	6.8	0.0	0.0	0.4	0.3	9.0	0.2	3.0

출처
농촌진흥청, 농촌 식생활 향상을 위한 식생활 평가 시스템 개발연구 보고서, 2000
재치영양사, www.yori.co.kr/, 2006

사진
농촌진흥청, 농촌 식생활 향상을 위한 식생활 평가 시스템 개발연구 보고서, 2000

풋고추볶음

재 료

풋고추 180g(13개) • 식용유 12g(1큰술) • 설탕 4g(1작은술) • 간장 20g(1¼작은술) • 다진 마늘 8g(⅔큰술) • 대파 16g(½뿌리) • 통깨 1g(¼작은술)

만드는 법

1. 풋고추는 깨끗이 씻어 꼭지를 떼고 대파는 어슷썬다.
2. 달군 팬에 식용유를 두르고 풋고추를 넣어 재빠르게 볶는다.
3. 설탕, 간장, 다진 마늘, 어슷썬 파, 통깨순으로 넣고 살짝 볶아 낸다.

1인 분량의 영양가

영양소	열량 (kcal)	단백질 (g)	지질 (g)	당질 (g)	식이섬유 (g)	칼슘 (mg)	나트륨 (mg)	칼륨 (mg)	철분 (mg)
함 량	46.5	1.4	3.3	3.6	3.8	14.2	297.6	152.4	0.4

영양소	아연 (mg)	비타민 A (μg RE)	비타민 B_1 (mg)	비타민 B_2 (mg)	니아신 (mg)	비타민 B_6 (mg)	엽산 (μg)	비타민 C (mg)	비타민 E (mg)
함 량	0.2	28.6	0.1	0.0	0.6	0.2	9.1	33.4	3.5

출 처
농촌진흥청, 농촌 식생활 향상을 위한 식생활 평가 시스템 개발연구 보고서, 2000

사 진
농촌진흥청, 농촌 식생활 향상을 위한 식생활 평가 시스템 개발연구 보고서, 2000

볶음 · 초

돼지고기볶음

재 료

돼지고기 240g • 양배추 60g(2장) • 양파 40g(¼개) • 깻잎 8g(5장) • 당근 20g • 풋고추 5g(⅓개) • 식용유 4g(1작은술) • 소금 약간

양념 간장 8g(½큰술) • 고추장 18g(1큰술) • 고춧가루 3g(½큰술) • 다진 파 3g(1작은술) • 다진 마늘 6g(1작은술) • 다진 생강 1g(⅓작은술) • 설탕 4g(⅔큰술) • 참기름 1g(¼작은술) • 통깨 1g(⅓작은술)

만드는 법

1. 양배추, 양파, 깻잎, 당근은 굵게 채 썬다(5×0.3×0.3cm).
2. 풋고추는 어슷썬다(0.3cm).
3. 돼지고기에 양념을 섞어 밑간하여 재운다.
4. 식용유를 두른 팬에 돼지고기를 볶아 반쯤 익었을 때 준비한 채소를 넣고 볶은 후 소금으로 간을 맞춘다.

1인 분량의 영양가

영양소	열량 (kcal)	단백질 (g)	지질 (g)	당질 (g)	식이섬유 (g)	칼슘 (mg)	나트륨 (mg)	칼륨 (mg)	철분 (mg)
함량	182.8	13.8	11.3	6.1	1.4	24.0	267.7	308.5	1.4

영양소	아연 (mg)	비타민 A (μg RE)	비타민 B_1 (mg)	비타민 B_2 (mg)	니아신 (mg)	비타민 B_6 (mg)	엽산 (μg)	비타민 C (mg)	비타민 E (mg)
함량	1.2	122.5	0.4	0.1	3.8	0.5	20.4	8.4	1.6

출 처

농촌진흥청 농촌생활연구소(현 농촌자원개발연구소), 소비자가 알기 쉬운 식품영양가표, 2002
서울특별시 교육청, 중 · 고등학생을 위한 학교급식 표준식단, 2002

사 진

농촌진흥청, 농촌 식생활 향상을 위한 식생활 평가 시스템 개발연구 보고서, 2000

떡볶이

재 료

가래떡 200g • 쇠고기(등심) 50g • 표고버섯 25g(2장) • 미나리 50g • 당근 30g • 달걀 50g(1개) • 잣 5g (1작은술) • 석이버섯 약간

고기 양념 간장 7g(1작은술) • 다진 파 3g(1작은술) • 다진 마늘 6g(1작은술) • 참기름 3g(1작은술) • 깨소금 3g(1작은술) • 설탕 2g(½작은술) • 후춧가루 · 실고추 약간

양념장 간장 17g(1큰술) • 다진 파 6g(2작은술) • 다진 마늘 12g(1큰술) • 참기름 3g(2작은술) • 깨소금 3g (1작은술) • 설탕 4g(1작은술) • 물 45mL(3큰술) • 후춧가루 약간

만드는 법

1. 가래떡은 3cm 길이로 썰고, 세로로 4등분하여 물에 씻는다.
2. 고기는 채 썰어(5×0.3×0.3cm) 고기 양념으로 양념해 둔다.
3. 표고버섯과 석이버섯은 손질하여 마름모 모양(사방 2cm)으로 썬다.
4. 달걀은 흰자와 노른자를 나누어 각각 지단을 부쳐서 마름모 모양(사방 2cm)으로 썬다.
5. 미나리는 뿌리와 잎을 따고 깨끗이 씻어서 4cm 길이로 썬다.
6. 당근은 1.5×2.5×0.3cm의 크기로 썰어 소금물에 살짝 데친다.
7. 팬에서 양념한 고기를 볶다가 가래떡을 같이 넣고 볶으면서 양념장을 넣고 볶는다.
8. 떡이 거의 무르면 표고버섯, 석이버섯, 당근을 넣고 다시 저으면서 떡이 말랑말랑해질 때까지 푹 익히면서 볶는다. 미나리를 넣고 숨이 죽을 정도가 되면 실고추와 잣을 넣어 섞고 황백지단을 얹는다.

참고사항

떡이 너무 굳은 것은 미리 살짝 데쳐서 사용한다.

1인 분량의 영양가

영양소	열량 (kcal)	단백질 (g)	지질 (g)	당질 (g)	식이섬유 (g)	칼슘 (mg)	나트륨 (mg)	칼륨 (mg)	철분 (mg)
함 량	218.6	8.1	6.8	31.1	2.0	38.0	468.1	228.1	1.6

영양소	아연 (mg)	비타민 A (μg RE)	비타민 B_1 (mg)	비타민 B_2 (mg)	니아신 (mg)	비타민 B_6 (mg)	엽산 (μg)	비타민 C (mg)	비타민 E (mg)
함 량	1.0	149.0	0.1	0.1	2.4	0.3	27.1	2.9	1.3

출 처

정순자, 한국조리, 신광출판사, 1990

고문헌

시의전서(떡볶이), 부인필지(떡볶이), 조선무쌍신식요리제법(떡볶이)

볶음 · 초

마늘종볶음

재 료

마늘종 160g • 양파 40g(¼개) • 식용유 6g(½큰술)

양념 간장 35g(2작은술) • 고춧가루 8g(2작은술) • 물엿 8g(½큰술) • 다진 파 9g(1큰술) • 다진 마늘 8g (⅔큰술) • 깨소금 3g(1작은술)

만드는 법

1. 마늘종을 깨끗이 씻어 5cm 길이로 썬다.
2. 양파는 가늘게 채 썬다(5×0.2×0.2cm).
3. 달군 팬에 식용유를 두르고 마늘종과 양파를 넣고 갖은 양념과 함께 볶는다.

1인 분량의 영양가

영양소	열량 (kcal)	단백질 (g)	지질 (g)	당질 (g)	식이섬유 (g)	칼슘 (mg)	나트륨 (mg)	칼륨 (mg)	철분 (mg)
함 량	64.6	2.5	2.9	8.7	3.4	26.6	517.7	232.9	0.9

영양소	아연 (mg)	비타민 A (μg RE)	비타민 B_1 (mg)	비타민 B_2 (mg)	니아신 (mg)	비타민 B_6 (mg)	엽산 (μg)	비타민 C (mg)	비타민 E (mg)
함 량	0.6	88.7	0.1	0.1	0.7	0.5	9.0	24.3	2.4

출 처
농촌진흥청, 농촌 식생활 향상을 위한 식생활 평가 시스템 개발연구 보고서, 2000

볶음 · 초

마른새우볶음

재 료

마른 새우 60g • 통깨 2g(1/2작은술)

양념 간장 17g(1큰술) • 설탕 4g(1작은술) • 식용유 8g(1/2큰술) • 참기름 2g(1/2작은술)

만드는 법

1. 팬에 식용유를 두르지 않고 마른 새우를 볶은 다음 마른 면포에 싸서 비비면서 수염이나 가시를 제거한다.
2. 팬에 양념의 재료를 넣고 끓인다.
3. 양념이 거품이 나면서 끓으면 재빨리 볶은 새우를 고루 섞은 후 통깨를 뿌린다.

1인 분량의 영양가

영양소	열량 (kcal)	단백질 (g)	지질 (g)	당질 (g)	식이섬유 (g)	칼슘 (mg)	나트륨 (mg)	칼륨 (mg)	철분 (mg)
함량	74.3	8.9	3.3	1.8	0.1	322.4	350.9	112.2	0.7
영양소	아연 (mg)	비타민 A (μg RE)	비타민 B_1 (mg)	비타민 B_2 (mg)	니아신 (mg)	비타민 B_6 (mg)	엽산 (μg)	비타민 C (mg)	비타민 E (mg)
함량	1.1	0.0	0.0	0.0	0.9	0.1	2.6	0.0	2.8

출처

농촌진흥청 농촌생활연구소(현 농촌자원개발연구소), 소비자가 알기 쉬운 식품영양가표, 2002
재치영양사, www.yori.co.kr/, 2006

버섯볶음

재 료

느타리버섯 120g(6개) • 양파 20g • 식용유 6g(½큰술)

양념 간장 8g(½큰술) • 소금 6g(⅓큰술) • 다진 마늘 5g(¾작은술) • 다진 파 4g(½큰술) • 설탕 4g(1작은술) • 들기름 4g(1작은술)

만드는 법

1. 느타리버섯은 물에 소금을 넣고 데친 뒤 잘게 찢는다.
2. 양파는 가늘게 채 썬다(5×0.2×0.2cm).
3. 팬을 달군 뒤 식용유를 두르고 준비해 둔 재료에 양념을 넣은 후 센 불에서 빨리 볶아 낸다.

1인 분량의 영양가

영양소	열량 (kcal)	단백질 (g)	지질 (g)	당질 (g)	식이섬유 (g)	칼슘 (mg)	나트륨 (mg)	칼륨 (mg)	철분 (mg)
함 량	37.5	1.1	2.5	3.2	1.4	4.0	648.0	107.6	0.4

영양소	아연 (mg)	비타민 A (μg RE)	비타민 B_1 (mg)	비타민 B_2 (mg)	니아신 (mg)	비타민 B_6 (mg)	엽산 (μg)	비타민 C (mg)	비타민 E (mg)
함 량	0.2	1.3	0.1	0.1	1.6	0.1	5.9	1.6	1.8

출 처

농촌진흥청, 농촌 식생활 향상을 위한 식생활 평가 시스템 개발연구 보고서, 2000

농촌진흥청 농촌생활연구소(현 농촌자원개발연구소), 소비자가 알기 쉬운 식품영양가표, 2002

볶음 · 초

홍합초

재 료

생홍합 200g(6개) • 쇠고기 50g • 잣가루 · 참기름 약간

양념장 간장 35g(2큰술) • 설탕 12g(1큰술) • 대파(흰 부분) 10g(1/4뿌리) • 마늘 10g(2쪽) • 생강 5g(1쪽) • 후춧가루 약간 • 물 140mL(2/3컵)

전분액 전분 8g(1큰술) • 물 15mL(1큰술)

만드는 법

1. 생홍합은 큰 것으로 골라서 붙어 있는 털과 얇은 막을 떼어 내고 다듬어서 끓는 물에 살짝 데쳐서 건진다.
2. 쇠고기는 납작하게 저며서 썰고, 마늘, 생강은 납작하게 편 썰고, 대파는 3cm로 토막 낸다.
3. 냄비에 양념장 재료를 합하여 담고, 파와 쇠고기를 넣어 끓인다.
4. 양념장물이 끓어오르면 홍합을 넣어 약한 불에서 서서히 조린다. 조리는 도중에 양념장물을 끼얹어서 전체에 고루 간이 배도록 한다.
5. 국물이 3큰술 정도 남으면 전분액을 넣어 고루 뒤섞고 참기름을 넣어 윤기를 낸다.
6. 그릇에 담고 잣가루를 고루 뿌린다.

참고사항

- 생홍합을 사용하면 마른 홍합을 불려서 조리는 것보다 부드럽고 부스러지지 않아서 모양도 좋고 맛도 좋다.
- 홍합은 조리면 훨씬 크기가 작아지므로 처음부터 너무 작게 썰면 좋지 않다.

1인 분량의 영양가

영양소	열량 (kcal)	단백질 (g)	지질 (g)	당질 (g)	식이섬유 (g)	칼슘 (mg)	나트륨 (mg)	칼륨 (mg)	철분 (mg)
함 량	80.5	8.7	1.5	7.7	0.3	36.5	761.2	198.1	2.0

영양소	아연 (mg)	비타민 A (μg RE)	비타민 B_1 (mg)	비타민 B_2 (mg)	니아신 (mg)	비타민 B_6 (mg)	엽산 (μg)	비타민 C (mg)	비타민 E (mg)
함 량	1.1	4.8	0.0	0.1	1.8	0.1	10.8	2.6	1.3

출 처

정순자, 한국조리, 신광출판사, 1990
강인희, 한국의 맛, 대한교과서주식회사, 1993
황혜성 · 한복려 · 한복진, 한국의 전통음식, 교문사, 1994

1인 분량의 영양가

영양소	열량 (kcal)	단백질 (g)	지질 (g)	당질 (g)	식이섬유 (g)	칼슘 (mg)	나트륨 (mg)	칼륨 (mg)	철분 (mg)
함량	114.2	5.9	5.9	8.5	0.2	36.4	689.3	117.7	1.9

영양소	아연 (mg)	비타민 A (μg RE)	비타민 B_1 (mg)	비타민 B_2 (mg)	니아신 (mg)	비타민 B_6 (mg)	엽산 (μg)	비타민 C (mg)	비타민 E (mg)
함량	22.9	39.0	0.1	0.1	0.8	0.0	7.0	0.8	3.8

전 · 적

굴전

재료

굴 100g(½컵) • 밀가루 30g(4큰술) • 달걀 50g(1개) • 물 약간 • 식용유 12g(1큰술) • 소금 1g(¼작은술) • 맛술 15g(1큰술) • 참기름 1g(¼작은술) • 후춧가루 약간

초간장 간장 34g(2큰술) • 식초 14g(1큰술) • 물 15mL(1큰술) • 잣가루 1.5g(1작은술)

만드는 법

1. 굴은 알이 또렷또렷하고 보기에 단단해 보이는 것으로 골라 껍질이나 잡티를 없애고 소금물에 깨끗이 씻어서 소쿠리나 조리에 건져서 물을 빼 놓는다.
2. 굴의 물이 빠지면 소금, 맛술, 참기름, 후춧가루로 양념을 한다.
3. 굴에 밀가루를 고루 묻혀서 풀어 놓은 달걀에 담갔다 건져 달군 팬에 식용유를 두르고 양면을 노릇하게 지진다. 굴이 작으면 굴, 밀가루, 달걀 푼 것을 합하여 숟가락으로 하나씩 떠서 동그랗게 지진다.
4. 초간장을 만들어 곁들인다.

1

2

3

3

출처
황혜성 · 한복려 · 한복진, 한국의 전통음식, 교문사, 1994

조리시연자
김동희, 서울특별시 동작구 신대방1동

고문헌
증보산림경제(침진석화화해법 : 沈陳石花醢法), 조선무쌍신식요리제법(석화해 : 石花醢)

1인 분량의 영양가

영양소	열량 (kcal)	단백질 (g)	지질 (g)	당질 (g)	식이섬유 (g)	칼슘 (mg)	나트륨 (mg)	칼륨 (mg)	철분 (mg)
함 량	140.5	8.7	9.2	5.6	0.9	39.5	469.1	135.1	1.2
영양소	아연 (mg)	비타민 A (μg RE)	비타민 B_1 (mg)	비타민 B_2 (mg)	니아신 (mg)	비타민 B_6 (mg)	엽산 (μg)	비타민 C (mg)	비타민 E (mg)
함 량	0.8	84.6	0.2	0.1	1.7	0.2	7.2	1.6	3.3

전 · 적

돼지고기완자전

재료

돼지고기(등심) 100g • 두부 50g • 양파 30g • 당근 20g • 밀가루(중력분) 20g(2¼큰술) • 달걀 50g(1개) • 다진 파 3g(1작은술) • 다진 마늘 2g(⅓작은술) • 식용유 11g(1큰술) • 소금 5g(1½작은술) • 깨소금 2g(½작은술) • 참기름 1g(¼작은술) • 후춧가루 1g(¼작은술)

만드는 법

1. 두부는 행주에 싸서 물기를 없앤 후 으깬다. 양파와 당근은 잘게 다진다.
2. 다진 고기와 으깬 두부를 합하여 다진 파, 다진 마늘을 넣어 칼등으로 골고루 섞는다.
3. 2에 소금, 참기름, 깨소금, 후춧가루, 다진 양파, 다진 당근을 넣고 골고루 섞어 치댄다.
4. 지름 3cm 정도로 동글납작하게 완자를 만든다.
5. 완자에 밀가루를 고루 묻힌 후 풀어 놓은 달걀에 담갔다가 식용유를 두른 팬에 지진다.

3

4

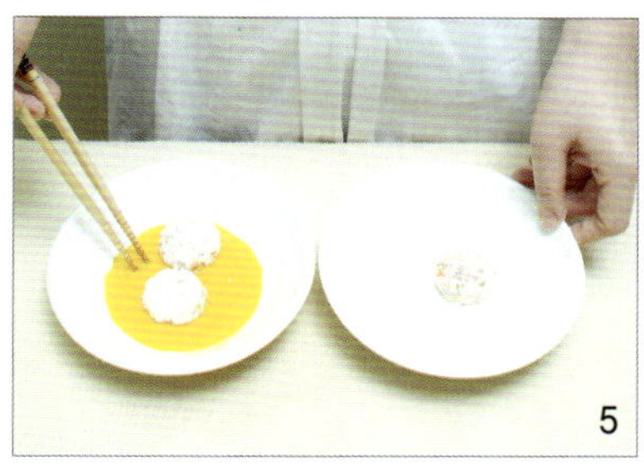

5

5

출처

농촌진흥청 농촌생활연구소(현 농촌자원개발연구소), 소비자가 알기 쉬운 식품영양가표, 2002

재치영양사, www.yori.co.kr/, 2006

조리시연자

김동희, 서울특별시 동작구 신대방1동

1인 분량의 영양가

영양소	열량 (kcal)	단백질 (g)	지질 (g)	당질 (g)	식이섬유 (g)	칼슘 (mg)	나트륨 (mg)	칼륨 (mg)	철분 (mg)
함 량	167.5	9.8	7.2	15.9	4.9	55.8	402.9	395.7	2.0

영양소	아연 (mg)	비타민 A (μg RE)	비타민 B_1 (mg)	비타민 B_2 (mg)	니아신 (mg)	비타민 B_6 (mg)	엽산 (μg)	비타민 C (mg)	비타민 E (mg)
함 량	1.0	52.9	0.2	0.1	1.6	0.3	91.2	8.6	3.8

전 · 적

빈대떡

재 료

거피녹두 80g(½컵) • 찹쌀가루 15g(2큰술) • 돼지고기(등심) 60g • 숙주 60g • 배추김치 60g • 대파 5g • 붉은 고추 15g(1개) • 식용유 12g(1큰술) • 소금(데침용) 약간

숙주 양념 참기름 1g(¼작은술) • 소금 2g(½작은술)

돼지고기 양념 간장 3g(½작은술) • 참기름 1g(¼작은술) • 다진 마늘 3g(½작은술) • 후춧가루 약간

김치 양념 참기름 1g(¼작은술) • 다진 마늘 2g(⅓작은술) • 깨소금 1g(¼작은술)

만드는 법

1. 거피녹두를 물에 불려 분쇄기에 간다.
2. 파의 파란 부분을 0.5cm 길이로 송송 썰어 1에 넣는다.
3. 끓는 소금물(½작은술)에 숙주를 살짝 데쳐 찬물에 헹구고 참기름, 소금을 넣고 양념하여 3cm 길이로 썰어 파를 넣은 간 녹두에 넣고 잘 섞어 준다.
4. 돼지고기에 간장, 참기름, 후춧가루, 마늘을 넣고 양념한다.
5. 김치에 참기름, 다진 마늘, 깨소금을 넣고 양념한다.
6. 양념한 돼지고기와 김치를 간 녹두에 넣고 섞어 식용유를 두른 팬에 둥글게 편다.
7. 붉은 고추를 어슷썰어(0.3cm) 6의 둥글게 편 반죽 위에 놓고 노릇하게 지져 낸다.

1

3

4

7

출 처

황혜성 · 한복려 · 한복진, 한국의 전통음식, 교문사, 1994

농촌진흥청, 농촌생활연구소(현 농촌자원개발연구소), 소비자가 알기 쉬운 식품영양표, 2002

조리시연자

김동희, 서울특별시 동작구 신대방 1동

1인 분량의 영양가

영양소	열량 (kcal)	단백질 (g)	지질 (g)	당질 (g)	식이섬유 (g)	칼슘 (mg)	나트륨 (mg)	칼륨 (mg)	철분 (mg)
함 량	122.1	5.4	4.6	16.1	1.1	37.6	200.9	145.2	0.8
영양소	아연 (mg)	비타민 A (μg RE)	비타민 B_1 (mg)	비타민 B_2 (mg)	니아신 (mg)	비타민 B_6 (mg)	엽산 (μg)	비타민 C (mg)	비타민 E (mg)
함 량	0.5	48.5	0.1	0.1	0.5	0.0	12.4	7.2	3.6

파 전

재 료

쪽파 120g • 밀가루 80g(2/3컵) • 조갯살 50g(1/4컵) • 달걀 25g(1/2개) • 물 130mL(2/3컵) • 소금 2g(1/2작은술) • 식용유 12g(1큰술)

만드는 법

1. 물과 밀가루를 동량으로 합하여 잘 섞어 준다.
2. 달걀을 잘 풀어서 반죽에 소금과 함께 넣고 저어서 걸쭉한 반죽을 만들어 조갯살을 넣는다.
3. 쪽파는 다듬어 씻어 썰지 않은 채로 함께 반죽에 섞는다.
4. 기름을 두른 팬에 쪽파를 가지런히 올려 놓고 반죽물을 끼얹어 양면을 노릇하게 지진다.

1

3

4

4

출 처
농촌진흥청, 농촌 식생활 향상을 위한 식생활 평가 시스템 개발연구 보고서, 2000

조리시연자
김동희, 서울특별시 동작구 신대방1동

전 · 적

김치전

재 료

배추김치 160g • 양파 50g(⅓개) • 밀가루 60g(½컵) • 달걀 50g((1개) • 쪽파 10g • 물 약간 • 식용유 12g (1큰술)

만드는 법

1. 배추김치는 잘게 송송 썰고 양파는 채 썬다(5×0.2×0.2cm).
2. 준비한 재료에 밀가루, 달걀, 물, 파를 넣어 잘 섞는다.
3. 팬에 식용유를 두른 후 한 숟가락씩 먹기 좋은 크기로 지지거나 한꺼번에 크게 부쳐 썰어 내도 좋다.

1인 분량의 영양가

영양소	열량 (kcal)	단백질 (g)	지질 (g)	당질 (g)	식이섬유 (g)	칼슘 (mg)	나트륨 (mg)	칼륨 (mg)	철분 (mg)
함 량	111.7	4.4	5.1	13.5	1.9	32.8	478.4	180.6	0.8
영양소	아연 (mg)	비타민 A (μg RE)	비타민 B_1 (mg)	비타민 B_2 (mg)	니아신 (mg)	비타민 B_6 (mg)	엽산 (μg)	비타민 C (mg)	비타민 E (mg)
함 량	0.3	46.2	0.1	0.1	0.5	0.1	25.4	7.3	3.4

출 처

농촌진흥청, 농촌 식생활 향상을 위한 식생활 평가 시스템 개발연구 보고서, 2000

재치영양사, www.yori.co.kr/, 2006

사 진

농촌진흥청, 농촌 식생활 향상을 위한 식생활 평가 시스템 개발연구 보고서, 2000

동태전

재 료

동태살 200g • 밀가루 20g(2$\frac{1}{4}$큰술) • 달걀 50g • 식용유 20g(1$\frac{2}{3}$큰술) • 다진 마늘 8g($\frac{2}{3}$큰술) • 소금 2g($\frac{1}{2}$작은술) • 후춧가루 약간

만드는 법

1. 신선한 동태를 골라 동태살을 한 입에 먹기 알맞은 크기로 포를 떠 소금과 후춧가루를 뿌려 놓는다.
2. 달걀을 풀어 소금과 다진 마늘을 넣고 고루 섞는다.
3. 동태살에 밀가루를 얇게 묻히고 풀어 놓은 달걀에 담가 달군 팬에 식용유를 두르고 양면을 노릇하게 지진다.

참고사항

동태 대신에 흰살생선 중 광어, 대구, 민어 등도 같은 방법으로 전유어를 만든다.

1인 분량의 영양가

영양소	열량 (kcal)	단백질 (g)	지질 (g)	당질 (g)	식이섬유 (g)	칼슘 (mg)	나트륨 (mg)	칼륨 (mg)	철분 (mg)
함 량	118.9	10.2	6.6	4.4	0.3	31.4	322.0	154.0	0.4
영양소	아연 (mg)	비타민 A (μg RE)	비타민 B_1 (mg)	비타민 B_2 (mg)	나이아신 (mg)	비타민 B_6 (mg)	엽산 (μg)	비타민 C (mg)	비타민 E (mg)
함 량	0.3	23.3	0.1	0.1	0.6	0.1	3.7	0.2	5.8

출 처

황혜성 · 한복려 · 한복진, 한국의 전통음식, 교문사, 1994

농촌진흥청, 농촌 식생활 향상을 위한 식생활 평가 시스템 개발연구 보고서, 2000

사 진

농촌진흥청, 농촌 식생활 향상을 위한 식생활 평가 시스템 개발연구 보고서, 2000

전 · 적

애호박전

재 료

애호박 160g(½개) • 밀가루 15g(2큰술) • 달걀 50g(1개) • 식용유 14g(1큰술) • 소금 2g(½작은술) • 후춧가루 약간

만드는 법

1. 애호박은 0.5cm 정도의 두께로 둥글게 썰어 소금과 후춧가루를 약간 뿌려 간한다.
2. 달걀은 소금을 넣고 잘 풀어 둔다.
3. 썰어 놓은 애호박에 밀가루를 얇게 묻힌 다음 풀어 놓은 달걀에 담갔다가 건져서 뜨겁게 달군 팬에 기름을 두르고 양면을 노릇노릇하게 지진다.

1인 분량의 영양가

영양소	열량 (kcal)	단백질 (g)	지질 (g)	당질 (g)	식이섬유 (g)	칼슘 (mg)	나트륨 (mg)	칼륨 (mg)	철분 (mg)
함량	64.4	1.6	4.4	5.4	0.4	11.5	177.7	128.6	0.3
영양소	아연 (mg)	비타민 A (μg RE)	비타민 B_1 (mg)	비타민 B_2 (mg)	니아신 (mg)	비타민 B_6 (mg)	엽산 (μg)	비타민 C (mg)	비타민 E (mg)
함량	0.1	21.7	0.0	0.0	0.2	0.1	4.7	14.0	4.7

출 처

황혜성 · 한복려 · 한복진, 한국의 전통음식, 교문사, 1994

농촌진흥청, 농촌 식생활 향상을 위한 식생활 평가 시스템 개발연구 보고서, 2000

사 진

농촌진흥청, 농촌 식생활 향상을 위한 식생활 평가 시스템 개발연구 보고서, 2000

고문헌

시의전서(호박전), 조선요리제법(호박전유어), 조선무쌍신식요리제법(남과전 : 南瓜煎)

감자전

재료

감자 300g(2개) • 풋고추 15g(1개) • 붉은 고추 15g(1개) • 소금 3g(1작은술) • 식용유 24g(2큰술)

만드는 법

1. 감자는 껍질을 벗기고 강판에 갈아 물기를 짜 국물을 버리지 말고 둔다.
2. 풋고추와 붉은 고추는 동그랗게 썬다.
3. 국물에 맑은 웃물은 따라 버리고 가라앉은 전분을 건더기에 넣어 소금으로 간을 한다.
4. 팬에 식용유를 두르고 전을 부치며 풋고추와 붉은 고추로 장식한다.

1인 분량의 영양가

영양소	열량 (kcal)	단백질 (g)	지질 (g)	당질 (g)	식이섬유 (g)	칼슘 (mg)	나트륨 (mg)	칼륨 (mg)	철분 (mg)
함량	96.5	2.0	6.2	9.0	1.6	5.9	255.1	317.9	0.7

영양소	아연 (mg)	비타민 A (μg RE)	비타민 B_1 (mg)	비타민 B_2 (mg)	니아신 (mg)	비타민 B_6 (mg)	엽산 (μg)	비타민 C (mg)	비타민 E (mg)
함량	0.3	42.4	0.1	0.0	1.1	0.2	11.3	22.8	6.3

출처

남양주시 농업기술센터 남양주시 향토음식연구회, 보양음식, 2000

재치영양사, www.yori.co.kr/, 2006

깻잎전

재 료

깻잎 30g(20장) • 쇠고기(우둔) 100g • 양파 100g(⅔개) • 달걀 100g(2개) • 밀가루 15g(2큰술) • 식용유 12g(1큰술)

양념장 간장 17g(1큰술) • 설탕 2g(½작은술) • 다진 파 6g(2작은술) • 다진 마늘 6g(1작은술) • 참기름 4g(1작은술) • 깨소금 3g(1작은술) • 후춧가루 약간

초간장 간장 34g(2큰술) • 식초 14g(1큰술) • 물 15mL(1큰술) • 잣가루 2g(1작은술)

만드는 법

1. 깻잎은 작은 것으로 골라 씻어서 꼭지를 떼고 물기를 닦는다.
2. 양파와 고기는 곱게 다지고 잘 섞어서 양념장을 넣고 고루 양념한다.
3. 팬에 양념한 고기와 양파를 볶아서 익어 물기가 생기면 밀가루를 고루 뿌려서 섞은 다음 넓은 그릇에 펴 식힌다.
4. 깻잎의 한 면에 밀가루를 고루 묻힌 다음에 소를 한 큰술씩 떠서 한쪽에 소를 놓고 남은 쪽을 접어서 반달 모양으로 접는다.
5. 달걀은 깨뜨려서 잘 푼다.
6. 소를 채운 깻잎에 밀가루를 고루 묻히고, 풀어 놓은 달걀에 담갔다가 뜨겁게 달군 팬에 식용유를 두르고 노릇하게 지진다.
7. 초간장을 만들어 곁들인다.

1인 분량의 영양가

영양소	열량 (kcal)	단백질 (g)	지질 (g)	당질 (g)	식이섬유 (g)	칼슘 (mg)	나트륨 (mg)	칼륨 (mg)	철분 (mg)
함 량	150.3	10.6	8.9	7.2	1.4	46.9	593.8	244.5	1.9

영양소	아연 (mg)	비타민 A (μg RE)	비타민 B_1 (mg)	비타민 B_2 (mg)	니아신 (mg)	비타민 B_6 (mg)	엽산 (μg)	비타민 C (mg)	비타민 E (mg)
함 량	1.1	160.4	0.1	0.2	1.9	0.2	16.2	7.1	4.2

출 처

정순자, 한국조리, 신광출판사, 1990
황혜성 · 한복려 · 한복진, 한국의 전통음식, 교문사, 1994

두릅적

재 료

두릅 100g(8개) • 쇠고기(사태) 100g • 밀가루 40g(¼컵) • 달걀 25g(½개) • 식용유 12g(1큰술)

두릅 양념 간장 8g(½큰술) • 다진 파 2g(⅔작은술) • 다진 마늘 3g(½작은술) • 참기름 1g(¼작은술) • 깨소금 1g(⅓작은술) • 후춧가루 약간

쇠고기 양념 간장 9g(½큰술) • 다진 파 4g(½큰술) • 다진 마늘 3g(½작은술) • 설탕 3g(1작은술) • 참기름 3g(1작은술) • 깨소금 1g(⅓작은술) • 후춧가루 1g(⅓작은술)

초간장 간장 34g(2큰술) • 식초 14g(1큰술) • 물 15mL(1큰술) • 잣가루 2g(1작은술)

만드는 법

1. 두릅은 말끔히 다듬어 끓는 소금물에 밑동부터 넣어 파랗게 데친 다음 물에 잠시 담가 쓴맛을 우려 낸다.
2. 겉껍질을 손질하여 큰 것은 4쪽으로, 작은 것은 2쪽으로 갈라 놓는다.
3. 분량의 양념을 섞어 두릅 양념을 만들어 두릅에 넣고 무친다.
4. 연하고 기름기 없는 쇠고기를 두께 0.8cm 정도로 도톰하게 저며서, 안팎으로 칼집을 내고, 너비 1.5cm, 길이 7~8cm 정도로 썰어 갖은 양념을 해서 무친다.
5. 꼬치에 쇠고기와 두릅 1개씩을 번갈아 4개 정도씩 꿴다.
6. 5에 밀가루를 묻히고 달걀을 씌워 팬에 식용유를 넉넉히 두르고 노릇노릇하게 지진다.
7. 꼬치를 빼고 길이를 깨끗이 정돈하여 접시에 담고, 초간장을 함께 낸다.

1인 분량의 영양가

영양소	열량 (kcal)	단백질 (g)	지질 (g)	당질 (g)	식이섬유 (g)	칼슘 (mg)	나트륨 (mg)	칼륨 (mg)	철분 (mg)
함 량	138.0	9.4	21.4	10.8	1.3	24.8	788.7	255.5	1.9

영양소	아연 (mg)	비타민 A (μg RE)	비타민 B_1 (mg)	비타민 B_2 (mg)	니아신 (mg)	비타민 B_6 (mg)	엽산 (μg)	비타민 C (mg)	비타민 E (mg)
함 량	1.4	34.2	0.1	0.1	2.0	0.2	26.8	4.8	4.7

출 처

강인희, 한국의 맛, 대한교과서주식회사, 1993
황혜성 · 한복려 · 한복진, 한국의 전통음식, 교문사, 1994

버섯전

재 료

건표고버섯 20g(7개) • 건느타리버섯 10g • 석이버섯 5g(5개) • 밀가루 16g(2큰술) • 달걀 50g(1개) • 식용유 12g(1큰술)

양념 간장 17g(1큰술) • 다진 파 6g(2작은술) • 다진 마늘 6g(1작은술) • 설탕 4g(1작은술) • 후춧가루 약간 • 참기름 4g(1작은술) • 깨소금 3g(1작은술)

만드는 법

1. 표고버섯과 느타리버섯, 석이버섯은 물에 불린 다음 잘 다듬어 곱게 채 썰어 양념하여 무친다.
2. 위의 양념한 버섯들을 밀가루에 버무려 달걀을 넣고 잘 섞는다.
3. 팬에 식용유를 넉넉히 두르고 한 숟가락씩 떠 놓아 부친다.

1인 분량의 영양가

영양소	열량 (kcal)	단백질 (g)	지질 (g)	당질 (g)	식이섬유 (g)	칼슘 (mg)	나트륨 (mg)	칼륨 (mg)	철분 (mg)
함 량	111.6	4.4	6.5	10.3	3.6	22.9	294.5	173.8	1.6

영양소	아연 (mg)	비타민 A (μg RE)	비타민 B_1 (mg)	비타민 B_2 (mg)	니아신 (mg)	비타민 B_6 (mg)	엽산 (μg)	비타민 C (mg)	비타민 E (mg)
함 량	0.4	26.9	0.1	0.1	1.4	0.1	8.2	0.5	3.7

출 처

강인희, 한국의 맛, 대한교과서주식회사, 1993

전 · 적

부추전

재료

부추 200g • 밀가루(중력분) 70g(⅔컵) • 당근 10g • 고추 8g(½개) • 달걀 20g(⅓개) • 소금 1g(¼작은술) • 식용유 12g(1큰술) • 물 100mL(½컵)

만드는 법

1. 부추를 다듬어 5cm 길이로 잘라 놓고, 당근은 채 썬다(5×0.2×0.2cm).
2. 1에 소금 간을 하고 밀가루를 솔솔 뿌린다.
3. 달걀을 풀어 물에 섞은 다음 달걀물을 2에 넣고 숟가락으로 가볍게 섞는다.
4. 팬이 충분히 달구어지면 식용유를 넉넉히 둘러 부추 반죽을 한 입에 먹기 좋게 한 숟가락씩 떠 놓아 모양을 다듬는다.
5. 어슷썬 고추를 고명으로 얹어 약한 불에서 노릇하게 지진다.

1인 분량의 영양가

영양소	열량 (kcal)	단백질 (g)	지질 (g)	당질 (g)	식이섬유 (g)	칼슘 (mg)	나트륨 (mg)	칼륨 (mg)	철분 (mg)
함량	108.9	4.6	4.0	15.2	1.8	24.0	109.7	279.9	1.7
영양소	아연 (mg)	비타민 A (µg RE)	비타민 B_1 (mg)	비타민 B_2 (mg)	니아신 (mg)	비타민 B_6 (mg)	엽산 (µg)	비타민 C (mg)	비타민 E (mg)
함량	0.3	359.3	0.3	0.1	0.2	0.1	34.2	22.1	3.7

출처

백승철, 이정섭의 맛있는 우리음식, 서울문화사, 1999

농촌진흥청 농촌생활연구소(현 농촌자원개발연구소), 소비자가 알기 쉬운 식품영양가표, 2002

전 · 적

쇠간전

재 료

소간 200g • 메밀가루(밀가루) 25g(3큰술) • 소금 18g(1큰술) • 깨소금 6g(1큰술) • 식용유 24g(2큰술) • 후춧가루 약간

만드는 법

1. 소간은 얇은 막을 벗기고, 힘줄이나 기름을 발라 낸 다음 0.6cm 정도의 두께로 포를 뜬다. 소금을 고루 뿌려 주물러서 물에 헹구어 핏물을 빼고 채반에 건져 물기를 거둔다.
2. 1에 후춧가루를 고루 뿌리고, 메밀가루와 깨소금을 섞어서 고루 묻힌다.
3. 뜨겁게 달군 팬에 식용유를 두르고 양면이 완전히 익도록 지진다.

참고사항

- 간을 생으로 얇게 뜨기 어려우면 끓는 물에 살짝 데치거나 냉동실에 잠시 넣어 굳힌 다음에 저미면 훨씬 저미기가 쉽다.
- 얇게 저민 간에 밀가루를 묻히고 달걀을 씌워서 지지는 방법도 있다.

1인 분량의 영양가

영양소	열량 (kcal)	단백질 (g)	지질 (g)	당질 (g)	식이섬유 (g)	칼슘 (mg)	나트륨 (mg)	칼륨 (mg)	철분 (mg)
함 량	149.6	10.7	9.4	5.5	0.6	23.9	415.8	191.6	4.5
영양소	아연 (mg)	비타민 A (μg RE)	비타민 B_1 (mg)	비타민 B_2 (mg)	니아신 (mg)	비타민 B_6 (mg)	엽산 (μg)	비타민 C (mg)	비타민 E (mg)
함 량	2.2	4,736.1	0.2	1.1	7.7	0.5	127.5	10.0	6.5

출 처

농촌진흥청 농촌생활연구소(현 농촌자원개발연구소), 소비자가 알기 쉬운 식품영양가표, 2002

김치적

재 료

김치 200g • 쇠고기(우둔) 100g • 쪽파 50g • 식용유 26g(2큰술)

쇠고기 양념 간장 13g(⅔큰술) • 다진 파 5g(½큰술) • 다진 마늘 3g(½작은술) • 설탕 4g(1작은술) • 참기름 4g(1작은술) • 깨소금 3g(1작은술) • 후춧가루 약간

반죽 밀가루 40g(⅓컵) • 달걀 50g(1개)

초간장 간장 34g(2큰술) • 식초 14g(1큰술) • 물 15mL(1큰술) • 잣가루 2g(1작은술)

만드는 법

1. 잘 익은 통배추 김치를 꼭 짜서 길이 10cm, 너비 1.5cm 정도로 썰어 놓는다.
2. 쇠고기는 포를 떠서 칼집을 내고, 길이는 김치보다 조금 길게, 너비는 1.2cm 정도로 썰어 양념한다.
3. 쪽파는 다듬어 씻어 김치와 같은 길이로 썬다.
4. 밀가루에 물과 달걀을 섞어 밀가루 반죽을 만든다.
5. 꼬치에 김치, 고기, 쪽파를 반복해서 꽂은 다음 마른 밀가루를 살짝 묻혀 4의 밀가루 반죽에 담갔다가 식용유 두른 팬에 올려 양면을 노릇하게 지진다.
6. 접시에 가지런히 담고, 초간장과 함께 낸다.

1인 분량의 영양가

영양소	열량 (kcal)	단백질 (g)	지질 (g)	당질 (g)	식이섬유 (g)	칼슘 (mg)	나트륨 (mg)	칼륨 (mg)	철분 (mg)
함 량	181.7	10.1	11.2	11.4	2.3	58.1	1,314.9	341.6	2.0

영양소	아연 (mg)	비타민 A (μg RE)	비타민 B_1 (mg)	비타민 B_2 (mg)	니아신 (mg)	비타민 B_6 (mg)	엽산 (μg)	비타민 C (mg)	비타민 E (mg)
함 량	1.1	63.1	0.1	0.1	2.3	0.2	32.0	10.8	7.5

출 처

강인희, 한국의 맛, 대한교과서주식회사, 1993
황혜성 · 한복려 · 한복진, 한국의 전통음식, 교문사, 1994

쇠고기산적(섭산적)

재 료

쇠고기(우둔) 300g • 두부 150g(⅓모) • 잣가루 3g(2작은술)

양념 간장 35g(2큰술) • 소금 3g(1작은술) • 설탕 12g(1큰술) • 다진 파 20g(2큰술) • 다진 마늘 12g(1큰술) • 깨소금 6g(1큰술) • 참기름 12g(1큰술)

만드는 법

1. 쇠고기는 연하고 기름기가 없는 부위로 곱게 다진다.
2. 두부는 면포로 싸서 무거운 것으로 눌러 물기를 뺀 다음 칼을 눕혀서 곱게 으깬다.
3. 쇠고기와 두부를 합하여 양념을 넣어 고루 끈기가 날 때까지 섞는다.
4. 양념한 고기를 둘로 나누어 은박지에 식용유를 바르고 두께 0.7cm 정도의 네모진 반대기를 만들어 윗면을 칼등으로 자근자근 두들긴다.
5. 석쇠에 얹어서 고기가 고루 익도록 가끔 자리를 움직이면서 굽는다. 한 면이 익으면 뒤집어 뒷면을 익힌다.
6. 한 김 식은 후에 가로 3cm, 세로 2cm 정도의 크기로 썰어 접시에 담아 잣가루를 고루 뿌린다.

1인 분량의 영양가

영양소	열량 (kcal)	단백질 (g)	지질 (g)	당질 (g)	식이섬유 (g)	칼슘 (mg)	나트륨 (mg)	칼륨 (mg)	철분 (mg)
함량	191.4	20.5	9.2	5.9	1.6	92.4	855.8	280.2	3.7

영양소	아연 (mg)	비타민 A (μg RE)	비타민 B_1 (mg)	비타민 B_2 (mg)	니아신 (mg)	비타민 B_6 (mg)	엽산 (μg)	비타민 C (mg)	비타민 E (mg)
함량	2.5	15.5	0.1	0.2	5.0	0.3	12.0	2.8	1.4

출 처

강인희, 한국의 맛, 대한교과서주식회사, 1993
황혜성 · 한복려 · 한복진, 한국의 전통음식, 교문사, 1994

전 · 적

어산적

재 료

민어 200g • 쇠고기(우둔) 100g • 소금 4g(1작은술) • 잣가루 3g(1작은술) • 후춧가루 약간

쇠고기 양념 간장 12g(2작은술) • 다진 파 5g(½큰술) • 다진 마늘 6g(1작은술) • 설탕 4g(1작은술) • 참기름 4g(1작은술) • 깨소금 3g(1작은술) • 생강즙 3g(1작은술) • 후춧가루 약간

만드는 법

1. 민어는 두께 1cm 정도로 포를 떠서 소금과 후춧가루를 뿌려 재워 두었다가 길이 6cm, 너비 1.5cm 정도로 썬다.
2. 쇠고기는 두께 0.8cm 정도로 포를 떠서 양념하여 구운 다음 민어와 같은 크기로 썬다.
3. 민어와 쇠고기를 번갈아 각각 4개씩 꼬치에 꿰어 도마 위에 놓고, 칼등으로 자근자근 눌러서 한 데 붙은 것처럼 만든다.
4. 석쇠나 팬에 살짝 구워 잣가루를 뿌려 낸다.

1인 분량의 영양가

영양소	열량 (kcal)	단백질 (g)	지질 (g)	당질 (g)	식이섬유 (g)	칼슘 (mg)	나트륨 (mg)	칼륨 (mg)	철분 (mg)
함 량	111.5	15.0	4.6	1.9	0.4	45.2	580.9	252.9	1.5
영양소	아연 (mg)	비타민 A (μg RE)	비타민 B_1 (mg)	비타민 B_2 (mg)	니아신 (mg)	비타민 B_6 (mg)	엽산 (μg)	비타민 C (mg)	비타민 E (mg)
함 량	1.0	17.6	0.1	0.1	2.9	0.2	10.1	1.4	1.0

출 처

정순자, 한국조리, 신광출판사, 1990
강인희, 한국의 맛, 대한교과서주식회사, 1993

풋고추전

재료

풋고추 100g(7개) • 쇠고기(안심) 100g • 두부 50g • 밀가루 15g(2큰술) • 달걀 50g(1개) • 식용유 12g(1큰술)

양념 간장 12g(2작은술) • 다진 파 6g(2작은술) • 다진 마늘 6g(1작은술) • 설탕 4g(1작은술) • 참기름 4g(1작은술) • 깨소금 3g(1작은술) • 후춧가루 약간

초간장 간장 34g(2큰술) • 식초 14g(1큰술) • 물 15mL(1큰술) • 잣가루 2g(1작은술)

만드는 법

1. 풋고추는 반으로 갈라 씨를 빼고 깨끗이 씻어 물기를 없앤 다음 큰 것은 길이를 반으로 자른다.
2. 쇠고기는 곱게 다지고 두부는 꼭 짜서 으깨어 양념하여 고루 섞는다.
3. 풋고추 안쪽에 밀가루를 바르고, 양념한 2의 소를 꼭꼭 담는다.
4. 소를 넣은 쪽만 밀가루를 묻혀 풀어 놓은 달걀에 담갔다가 뜨겁게 달군 팬에 식용유를 두르고 노릇하게 지진다.
5. 초간장을 만들어 함께 곁들인다.

1인 분량의 영양가

영양소	열량 (kcal)	단백질 (g)	지질 (g)	당질 (g)	식이섬유 (g)	칼슘 (mg)	나트륨 (mg)	칼륨 (mg)	철분 (mg)
함 량	142.3	9.8	8.7	6.4	2.7	46.9	730.7	223.5	1.8
영양소	아연 (mg)	비타민 A (μg RE)	비타민 B_1 (mg)	비타민 B_2 (mg)	니아신 (mg)	비타민 B_6 (mg)	엽산 (μg)	비타민 C (mg)	비타민 E (mg)
함 량	0.9	36.6	0.1	0.1	1.9	0.2	11.1	19.0	4.0

출 처

정순자, 한국조리, 신광출판사, 1990
강인희, 한국의 맛, 대한교과서주식회사, 1993
황혜성 · 한복려 · 한복진, 한국의 전통음식, 교문사, 1994

전 · 적

화양적

재 료

쇠고기(우둔) 100g • 도라지 100g(5뿌리) • 건표고버섯 15g(5개) • 당근 50g(1/3개) • 오이 100g(2/3개) • 달걀 100g(2개) • 식용유 12g(1큰술) • 소금 약간

쇠고기, 표고버섯 양념 간장 35g(2큰술) • 다진 파 6g(2작은술) • 다진 마늘 6g(1작은술) • 설탕 6g(1/2큰술) • 참기름 4g(1작은술) • 깨소금 3g(1작은술) • 후춧가루 약간

채소 양념 소금 2g(1/2작은술) • 참기름 4g(1작은술) • 다진 파 5g(1/2큰술) • 다진 마늘 6g(1작은술)

잣즙 소금 2g(1/2작은술) • 육수(양지머리) 45mL(3큰술) • 잣가루 1g(1/2작은술) • 후춧가루 약간

만드는 법

1. 쇠고기는 살코기로 두께 0.7cm로 크게 포를 떠서 잔칼집을 많이 넣은 다음 양념의 반 분량으로 재웠다가 팬에 지져 내어 6cm 길이의 막대 모양으로 썬다.
2. 건표고버섯은 되도록 큰 것으로 골라서 물에 담가 불려 0.8cm 폭으로 썰은 다음 나머지 양념으로 고루 무쳐서 팬에 볶는다.
3. 도라지와 당근은 같은 크기로 썰어 소금물에 살짝 데쳐 내고, 오이는 6cm 토막을 내고 속을 잘라 낸 다음 막대 모양으로 썰어 소금에 절였다가 물기를 짠다.
4. 3의 채소를 각각 채소 양념으로 양념하여 팬에 볶아서 바로 넓은 그릇에 펴서 식힌다.
5. 달걀은 흰자, 노른자로 나눈 다음 소금을 약간 넣어 0.7cm 두께로 두껍게 부쳐 다른 재료들과 같은 크기로 썬다.
6. 가는 대꼬치에 준비한 재료들을 색 맞추어 꿰어서 접시에 돌려 담고 잣즙을 위에 고루 바른다.

1인 분량의 영양가

영양소	열량 (kcal)	단백질 (g)	지질 (g)	당질 (g)	식이섬유 (g)	칼슘 (mg)	나트륨 (mg)	칼륨 (mg)	철분 (mg)
함량	170.8	10.6	9.8	11.0	3.5	47.0	638.7	421.8	2.2

영양소	아연 (mg)	비타민 A (μg RE)	비타민 B_1 (mg)	비타민 B_2 (mg)	니아신 (mg)	비타민 B_6 (mg)	엽산 (μg)	비타민 C (mg)	비타민 E (mg)
함량	1.2	208.5	0.1	0.2	2.6	0.2	26.5	7.5	4.3

출 처

강인희, 한국의 맛, 대한교과서주식회사, 1993
황혜성 · 한복려 · 한복진, 한국의 전통음식, 교문사, 1994

1인 분량의 영양가

영양소	열량 (kcal)	단백질 (g)	지질 (g)	당질 (g)	식이섬유 (g)	칼슘 (mg)	나트륨 (mg)	칼륨 (mg)	철분 (mg)
함 량	81.5	6.8	5.5	0.6	0.1	52.8	678.5	82.3	1.1
영양소	아연 (mg)	비타민 A (μg RE)	비타민 B_1 (mg)	비타민 B_2 (mg)	니아신 (mg)	비타민 B_6 (mg)	엽산 (μg)	비타민 C (mg)	비타민 E (mg)
함 량	0.5	83.4	0.1	0.1	0.2	0.1	3.3	1.1	0.6

찜 · 선

달걀찜

재 료

달걀 200g(4개) • 물 400mL(2컵) • 다진 파 18g(2큰술) • 새우젓 15g(1큰술) • 소금 4g(1작은술)

만드는 법

1. 달걀은 잘 풀어 물을 부어 섞는다.
2. 달걀물에 다진 새우젓과 소금을 넣어 잘 저은 후 망에 한 번 걸러 낸다.
3. 2에 다진 파를 넣고 찜솥에서 25분 정도 찐다.

1

1

2

3

참고사항

김이 오른 후부터는 약한 불에서 쪄 내야 달걀찜이 곱게 된다.

출 처

한국문화재보호재단, 한국음식대관 제2권, 한림출판사, 1999
농촌진흥청, 농촌 식생활 향상을 위한 식생활 평가 시스템 개발연구 보고서, 2000

조리시연자

김동희, 서울특별시 동작구 신대방1동

1인 분량의 영양가

영양소	열량 (kcal)	단백질 (g)	지질 (g)	당질 (g)	식이섬유 (g)	칼슘 (mg)	나트륨 (mg)	칼륨 (mg)	철분 (mg)
함 량	146.4	12.2	8.5	4.6	1.0	18.1	552.6	239.4	0.6

영양소	아연 (mg)	비타민 A (μg RE)	비타민 B_1 (mg)	비타민 B_2 (mg)	니아신 (mg)	비타민 B_6 (mg)	엽산 (μg)	비타민 C (mg)	비타민 E (mg)
함 량	1.5	141.0	0.5	0.1	4.0	0.3	7.2	7.5	0.3

찜 · 선

돼지갈비찜

재 료

돼지고기(갈비) 240g • 양파 30g(¼개) • 당근 30g(¼개) • 붉은 고추 15g(1개) • 물 200mL(1컵)

양념 배 30g • 간장 35g(2큰술) • 다진 파 10g(1큰술) • 다진 마늘 6g(1작은술) • 다진 생강 2g(½작은술) • 설탕 4g(1작은술) • 청주 3g(1작은술) • 후춧가루 약간

만드는 법

1. 돼지갈비는 먹기 알맞은 크기로 썰어 칼집을 넣는다.
2. 토막 낸 갈비를 찬물에 담가 핏물을 뺀다.
3. 양파는 0.3cm 너비로 채 썰고, 당근은 둥글게 돌려 깎고, 붉은 고추는 어슷썰어(0.3cm) 물에 담가 씨를 제거한다.
4. 핏물을 뺀 갈비는 끓는 물에 살짝 데친 다음 물기를 제거한다.
5. 배는 껍질을 제거하고 강판에 갈아 즙을 낸 후 간장, 다진 파, 다진 마늘, 다진 생강, 설탕, 청주, 후춧가루를 넣고 양념을 만든다.
6. 갈비에 양념을 ½만 넣고 물을 부은 뒤 5분간 끓인다.
7. 당근과 양파를 나머지 양념에 넣어 위아래를 섞어서 고루 간이 배도록 넣고 찜을 한다.
8. 거의 국물이 졸아들면 붉은 고추를 넣어 잠시 더 익힌다.

2

4

5

8

출 처
농촌진흥청 농촌생활연구소(현 농촌자원개발연구소), 소비자가 알기 쉬운 식품영양가표, 2002
서울특별시 교육청, 중 · 고등학생을 위한 학교급식 표준식단, 2002

조리시연자
김동희, 서울특별시 동작구 신대방1동

1인 분량의 영양가

영양소	열량 (kcal)	단백질 (g)	지질 (g)	당질 (g)	식이섬유 (g)	칼슘 (mg)	나트륨 (mg)	칼륨 (mg)	철분 (mg)
함 량	60.8	9.8	1.3	2.0	0.7	81.9	499.9	162.9	5.2

영양소	아연 (mg)	비타민 A (μg RE)	비타민 B_1 (mg)	비타민 B_2 (mg)	니아신 (mg)	비타민 B_6 (mg)	엽산 (μg)	비타민 C (mg)	비타민 E (mg)
함 량	1.0	72.3	0.0	0.1	1.5	0.1	12.4	5.4	1.6

꼬막찜

재 료

꼬막 250g • 소금(해감용) 약간

양념 붉은 고추 8g(½개) • 풋고추 8g(½개) • 다진 마늘 5g(½큰술) • 다진 파 9g(1큰술) • 깨소금 2g(½작은술) • 고춧가루 2g(1작은술) • 간장 17g(1큰술) • 후춧가루 약간

만드는 법

1. 꼬막은 깨끗이 씻어서 소금물에 담가 해감을 한다.
2. 냄비에 물을 붓고 끓여 꼬막을 익힌다.
3. 꼬막이 식으면 한쪽 껍질을 떼어 낸다.
4. 붉은 고추와 풋고추는 씨를 제거하고 잘게 다져서 간장, 다진 마늘, 다진 파, 고춧가루, 깨소금, 후춧가루와 함께 넣고 양념을 만든다.
5. 꼬막을 접시에 담고 양념을 고루 얹는다.

1

2

3

5

출 처
왕준연, 한국요리백과 2, 범한출판사, 1985

조리시연자
김동희, 서울특별시 동작구 신대방1동

1인 분량의 영양가

영양소	열량 (kcal)	단백질 (g)	지질 (g)	당질 (g)	식이섬유 (g)	칼슘 (mg)	나트륨 (mg)	칼륨 (mg)	철분 (mg)
함 량	19.1	1.1	0.5	3.3	2.8	12.3	278.6	107.1	0.3

영양소	아연 (mg)	비타민 A (μg RE)	비타민 B_1 (mg)	비타민 B_2 (mg)	니아신 (mg)	비타민 B_6 (mg)	엽산 (μg)	비타민 C (mg)	비타민 E (mg)
함 량	0.1	33.4	0.0	0.0	0.5	0.1	6.9	21.9	0.3

풋고추찜

재 료

풋고추 120g(9개) • 밀가루(중력분) 8g(1큰술)

양념　국간장 6g(1작은술) • 소금 2g(⅔작은술) • 다진 파 3g(1작은술) • 다진 마늘 4g(⅔작은술) • 고춧가루 2g(1작은술) • 깨소금 2g(⅔작은술) • 후춧가루 약간

만드는 법

1. 풋고추는 꼭지를 제거하고 밀가루를 뿌린 뒤 찜통에 넣고 10분 정도 찐다.
2. 분량의 재료를 섞어 양념을 만든다.
3. 찐 풋고추에 양념을 넣고 버무린다.

1

1

2

3

출 처

백승철, 이정섭의 맛있는 우리음식, 서울문화사, 1999
농촌진흥청 농촌생활연구소(현 농촌자원개발연구소), 소비자가 알기 쉬운 식품영양가표, 2002
서울특별시 교육청, 중 · 고등학생을 위한 학급급식 표준식단, 2002

조리시연자

김동희, 서울특별시 동작구 신대방1동

돼지고기찜

재 료

돼지고기(사태) 240g • 대파 10g(1/4뿌리) • 물 적량 • 된장 12g(2/3큰술) • 간장 24g(1 1/2큰술) • 다진 마늘 11g(1큰술) • 다진 생강 7g(3/4큰술) • 설탕 5g(1 1/4작은술)

만드는 법

1. 돼지고기는 물에 담가 핏물을 뺀다.
2. 냄비에 돼지고기를 넣고 돼지고기가 잠길 정도로 물을 붓고 된장, 다진 생강을 넣은 다음 푹 끓인다.
3. 한소끔 끓으면 다진 마늘, 간장, 설탕, 대파를 넣고 국물이 졸아들 때까지 끓인 후 먹기 좋은 크기로 찢거나 썰어 낸다.

1인 분량의 영양가

영양소	열량 (kcal)	단백질 (g)	지질 (g)	당질 (g)	식이섬유 (g)	칼슘 (mg)	나트륨 (mg)	칼륨 (mg)	철분 (mg)
함 량	179.5	11.4	12.8	3.0	0.4	10.1	505.4	235.4	0.7
영양소	아연 (mg)	비타민 A (μg RE)	비타민 B_1 (mg)	비타민 B_2 (mg)	니아신 (mg)	비타민 B_6 (mg)	엽산 (μg)	비타민 C (mg)	비타민 E (mg)
함 량	1.4	4.3	0.4	0.2	2.5	0.3	5.2	1.4	0.2

출 처
농촌진흥청, 농촌 식생활 향상을 위한 식생활 평가 시스템 개발연구 보고서, 2000

사 진
농촌진흥청, 농촌 식생활 향상을 위한 식생활 평가 시스템 개발연구 보고서, 2000

깻잎찜

재 료

깻잎 100g

양념 간장 35g(2큰술) • 다진 파 10g(1큰술) • 다진 마늘 5g($\frac{3}{4}$작은술) • 고춧가루 8g(1$\frac{2}{3}$큰술) • 깨소금 3g(1작은술) • 참기름 2g($\frac{1}{2}$작은술)

만드는 법

1. 깻잎은 깨끗이 씻어 물기를 뺀다.
2. 분량의 재료로 양념을 만든다.
3. 깻잎에 양념을 켜켜이 얹어 찐다.

1인 분량의 영양가

영양소	열량 (kcal)	단백질 (g)	지질 (g)	당질 (g)	식이섬유 (g)	칼슘 (mg)	나트륨 (mg)	칼륨 (mg)	철분 (mg)
함 량	27.6	2.3	1.2	2.8	3.2	68.6	518.9	188.6	1.3
영양소	아연 (mg)	비타민 A (μg RE)	비타민 B_1 (mg)	비타민 B_2 (mg)	니아신 (mg)	비타민 B_6 (mg)	엽산 (μg)	비타민 C (mg)	비타민 E (mg)
함 량	0.3	478.8	0.0	0.1	0.7	0.1	28.2	15.5	1.3

출 처
농촌진흥청 농촌생활연구소(현 농촌자원개발연구소), 소비자가 알기 쉬운 식품영양가표, 2002
서울특별시 교육청, 중 · 고등학생을 위한 학교급식 표준식단, 2002

사 진
농촌진흥청, 농촌 식생활 향상을 위한 식생활 평가 시스템 개발연구 보고서, 2000

북어찜

재 료

북어포 140g(1마리) • 실파 10g • 실고추 약간

양념 간장 35g(2큰술) • 다진 파 9g(1큰술) • 다진 마늘 8g(⅔큰술) • 다진 생강 3g(1작은술) • 설탕 12g(1큰술) • 참기름 8g(2작은술) • 깨소금 6g(1큰술) • 물 200mL(1컵)

만드는 법

1. 북어는 방망이로 두들겨 물에 담가 부드럽게 불려서 행주로 물기를 닦는다. 몸통을 갈라서 가시를 발라 내고 지느러미와 꼬리를 떼어 4cm 너비로 토막 낸다.
2. 분량의 재료로 양념을 만들어 북어 토막을 하나씩 담갔다가 건져서 냄비에 켜켜로 담고 위에 남은 양념을 끼얹어서 중불에서 서서히 끓인다.
3. 실고추는 4cm 길이로 썰어 놓고, 실파는 어슷하게 채 썰어 놓는다.
4. 북어에 간이 고루 배고 연하게 익으면 채 썬 실파와 실고추를 얹어 잠깐 더 익혀서 그릇에 담는다.

1인 분량의 영양가

영양소	열량 (kcal)	단백질 (g)	지질 (g)	당질 (g)	식이섬유 (g)	칼슘 (mg)	나트륨 (mg)	칼륨 (mg)	철분 (mg)
함 량	167.2	27.1	4.0	4.3	0.4	155.0	890.8	529.4	1.2

영양소	아연 (mg)	비타민 A (μg RE)	비타민 B_1 (mg)	비타민 B_2 (mg)	니아신 (mg)	비타민 B_6 (mg)	엽산 (μg)	비타민 C (mg)	비타민 E (mg)
함 량	0.4	2.8	0.1	0.1	2.3	0.1	7.9	0.8	2.0

출 처

황혜성 · 한복려 · 한복진, 한국의 전통음식, 교문사, 1994

농촌진흥청, 농촌 식생활 향상을 위한 식생활 평가 시스템 개발연구 보고서, 2000

사 진

농촌진흥청, 농촌 식생활 향상을 위한 식생활 평가 시스템 개발연구 보고서, 2000

찜 · 선

조기찜

재 료

조기 300g(2마리) • 다진 마늘 6g(1작은술) • 대파 10g(¼뿌리) • 고춧가루 6g(1큰술) • 소금 2g(½작은술) • 통깨 3g(1작은술)

만드는 법

1. 조기는 깨끗이 손질하여 칼집을 넣어 소금을 뿌린 후 절여졌으면 바구니에 밭쳐 물기를 뺀다.
2. 찜솥에 조기를 넣고, 조기 위에 다진 마늘과 어슷썬 파, 통깨, 고춧가루를 뿌려 놓은 후 찐다.

1인 분량의 영양가

영양소	열량 (kcal)	단백질 (g)	지질 (g)	당질 (g)	식이섬유 (g)	칼슘 (mg)	나트륨 (mg)	칼륨 (mg)	철분 (mg)
함량	114.4	15.0	5.3	1.2	0.8	69.9	448.1	248.0	0.9
영양소	아연 (mg)	비타민 A (μg RE)	비타민 B_1 (mg)	비타민 B_2 (mg)	니아신 (mg)	비타민 B_6 (mg)	엽산 (μg)	비타민 C (mg)	비타민 E (mg)
함량	0.3	64.9	0.1	0.2	1.0	0.3	14.2	1.7	0.8

출 처
농촌진흥청, 농촌 식생활 향상을 위한 식생활 평가 시스템 개발연구 보고서, 2000

사 진
농촌진흥청, 농촌 식생활 향상을 위한 식생활 평가 시스템 개발연구 보고서, 2000

대하찜

재 료

대하 400g(4마리) • 달걀 50g(1개) • 미나리 20g • 석이버섯 2g(2장) • 붉은 고추 10g(⅔개)

양념 소금 2g(1작은술) • 청주 15g(1큰술) • 후춧가루 약간

만드는 법

1. 대하는 껍질째 씻어서 한 마리씩 손으로 들고 등을 휘게 하여 관절 사이에 대꼬치를 넣어 내장을 뺀다. 배 쪽에 1cm 간격으로 칼집을 고루 넣고 머리와 꼬리를 붙인 채로 몸통만을 등 쪽에서 칼집을 넣어 새우살을 넓게 펴서 양념을 고루 뿌려 놓는다.
2. 석이버섯은 더운물에 불려서 안쪽의 이끼를 깨끗이 문질러 씻고 가늘게 채 썬다.
3. 달걀은 흰자와 노른자를 나누어 얇게 지단을 부쳐 가늘게 채 썬다(3×0.2×0.2cm).
4. 미나리는 끓는 물에 데쳐서 3cm 길이로 자르고, 붉은 고추는 갈라서 씨를 빼고 3cm 길이로 가늘게 채 썬다.
5. 김이 오른 찜통에 1의 대하를 접시에 똑바로 펴서 담아 5분 정도 쪄서 거의 익었으면 꺼내어 준비한 고명을 고루 얹어 잠시 더 찐다.

참고사항

미나리 대신에 파를 곱게 채 썰어 쓰기도 한다.

1인 분량의 영양가

영양소	열량 (kcal)	단백질 (g)	지질 (g)	당질 (g)	식이섬유 (g)	칼슘 (mg)	나트륨 (mg)	칼륨 (mg)	철분 (mg)
함 량	119.9	20.7	2.7	1.1	0.6	77.3	503.2	342.7	1.9

영양소	아연 (mg)	비타민 A (μg RE)	비타민 B_1 (mg)	비타민 B_2 (mg)	니아신 (mg)	비타민 B_6 (mg)	엽산 (μg)	비타민 C (mg)	비타민 E (mg)
함 량	1.7	59.0	0.1	0.1	2.1	0.2	11.6	4.4	1.1

출 처

정순자, 한국조리, 신광출판사, 1990
황혜성 · 한복려 · 한복진, 한국의 전통음식, 교문사, 1994

대합찜

재 료

대합 400g(4개) • 조갯살 50g(¼컵) • 쇠고기(등심) 25g • 두부 50g • 달걀 100g(2개)

양념 소금 4g(1작은술) • 설탕 2g(½작은술) • 다진 파 6g(2작은술) • 다진 마늘 6g(1작은술) • 참기름 4g(1작은술) • 깨소금 3g(1작은술) • 후춧가루 약간

만드는 법

1. 대합은 솔로 깨끗이 씻은 다음 소금물에 한나절 담가서 해감을 한다.
2. 냄비에 물 반 컵과 대합을 담아서 불에 올려 잠깐 끓인다. 껍질이 벌어지면 바로 꺼내어 조갯살만을 발라 내고 껍질은 깨끗이 씻어 놓는다.
3. 따로 준비한 조갯살은 끓는 물에 넣어 잠깐 익혀서 물기를 뺀다. 식혀서 대합 조갯살과 합하여 곱게 다진다.
4. 쇠고기는 살로 곱게 다지고, 두부는 물기를 꼭 짜 곱게 으깨어 다진 조갯살과 합친다.
5. 분량의 재료를 섞어 양념을 만들고 4와 고루 섞는다.
6. 달걀 1개는 황백으로 나누어 지단을 부쳐서 가늘게 채 썰고(5×0.2×0.2cm), 나머지 1개는 풀어 달걀물을 만든다.
7. 대합 껍질의 안쪽에 기름을 엷게 바른 후 밀가루를 살짝 뿌린 다음 5를 고르게 채워서 윗면에 밀가루를 엷게 묻힌 후 풀어 놓은 달걀물을 발라서 김이 오른 찜통에 넣어 찐다.
8. 7의 대합이 속까지 익었으면 접시에 담고 황백지단을 얹어 초간장을 곁들인다.

1인 분량의 영양가

영양소	열량 (kcal)	단백질 (g)	지질 (g)	당질 (g)	식이섬유 (g)	칼슘 (mg)	나트륨 (mg)	칼륨 (mg)	철분 (mg)
함 량	125.1	13.5	6.2	3.1	0.6	108.6	591.9	176.0	4.7
영양소	아연 (mg)	비타민 A (μg RE)	비타민 B_1 (mg)	비타민 B_2 (mg)	니아신 (mg)	비타민 B_6 (mg)	엽산 (μg)	비타민 C (mg)	비타민 E (mg)
함 량	1.6	41.6	0.1	0.1	1.8	0.1	15.8	2.8	1.3

출 처
정순자, 한국조리, 신광출판사, 1990
황혜성 · 한복려 · 한복진, 한국의 전통음식, 교문사, 1994

도미찜

재료

도미 300g(⅓마리) • 쇠고기(우둔) 50g • 건표고버섯 3g(2개) • 석이버섯 4g(4개) • 달걀 50g(1개) • 쑥갓 20g • 당근 30g • 실고추 • 소금 약간

도미 양념 소금 9g(½큰술) • 청주 15g(1큰술) • 후춧가루 약간

쇠고기 양념 간장 8g(½큰술) • 설탕 3g(1작은술) • 다진 파 3g(1작은술) • 다진 마늘 3g(½작은술) • 참기름 2g(½작은술) • 깨소금 2g(½작은술) • 후춧가루 약간

만드는 법

1. 도미는 비늘을 긁고 내장을 깨끗이 꺼내어 손질한 다음 양면에 칼집을 2cm 정도의 간격으로 어슷하게 넣어 준비된 도미 양념으로 간한다.
2. 쇠고기는 곱게 다져서 분량의 반을 쇠고기 양념으로 고루 주물러서 도미의 칼집 사이에 채워 넣는다.
3. 달걀은 흰자와 노른자를 나누어 지단을 부쳐서 채 썬다(5×0.2×0.2cm).
4. 표고버섯은 불려서 기둥을 떼고 0.2cm 너비로 가늘게 채 썬다.
5. 석이버섯은 더운물에 불려서 안쪽의 이끼를 깨끗이 문질러 씻고 채 썰어 소금, 후춧가루, 참기름으로 고루 무친다.
6. 쑥갓은 다듬어서 4cm 길이로 자른다.
7. 당근은 채 썰어 소금물에 데친다.
8. 남은 다진 쇠고기로 완자를 만든다.
9. 찜통에 보자기를 깔고 도미의 머리가 왼쪽, 배가 앞쪽으로 오도록 놓고 실고추와 완자를 얹어 속이 익도록 쪄 낸다.
10. 한 김 식힌 후에 접시에 도미찜과 준비한 고명을 색색이 얹는다.

1인 분량의 영양가

영양소	열량 (kcal)	단백질 (g)	지질 (g)	당질 (g)	식이섬유 (g)	칼슘 (mg)	나트륨 (mg)	칼륨 (mg)	철분 (mg)
함량	133.7	19.9	3.8	3.3	1.3	48.2	1,010.6	450.6	2.1

영양소	아연 (mg)	비타민 A (µg RE)	비타민 B_1 (mg)	비타민 B_2 (mg)	니아신 (mg)	비타민 B_6 (mg)	엽산 (µg)	비타민 C (mg)	비타민 E (mg)
함량	0.9	152.7	0.1	0.2	3.2	0.5	13.2	2.4	1.3

출처

황혜성 · 한복려 · 한복진, 한국의 전통음식, 교문사, 1994

찜 · 선

자반고등어찜

재 료

자반고등어 200g(½마리) • 물 약간 • 풋고추 10g(⅔개) • 붉은 고추 10g(⅔개) • 대파 20g(½뿌리) • 생강 2g(½쪽) • 통마늘 4g(1쪽)

만드는 법

1. 자반고등어는 소금을 털어 낸 다음 5cm 너비로 토막 낸다.
2. 토막 낸 자반고등어는 23~30분가량 쌀뜨물에 담가 소금기를 뺀다.
3. 고추와 파, 생강은 채 썰고(0.2cm 너비), 마늘은 얄팍하게 저민다.
4. 냄비 바닥에 고등어를 깔고 고추채, 파채, 생강채, 저민 마늘을 얹는다.
5. 물을 자작하게 붓고 약한 불에서 뚜껑을 덮어 끓인다.

1인 분량의 영양가

영양소	열량 (kcal)	단백질 (g)	지질 (g)	당질 (g)	식이섬유 (g)	칼슘 (mg)	나트륨 (mg)	칼륨 (mg)	철분 (mg)
함 량	127.2	9.9	9.1	0.9	0.6	18.5	1,046.2	193.8	0.7

영양소	아연 (mg)	비타민 A (μg RE)	비타민 B_1 (mg)	비타민 B_2 (mg)	니아신 (mg)	비타민 B_6 (mg)	엽산 (μg)	비타민 C (mg)	비타민 E (mg)
함 량	0.4	34.7	0.1	0.2	3.6	0.2	4.6	5.9	0.8

출 처

재치영양사, www.yori.co.kr/, 2006

닭찜

재료

닭 300g(½마리) • 물 1L(5컵) • 대파 20g(½뿌리) • 마늘 20g(5쪽) • 생강 10g(2쪽) • 표고버섯 15g(1개) • 목이버섯 3g • 석이버섯 1g(1개) • 전분 8g(1큰술) • 달걀 50g(1개) • 소금 적량 • 후춧가루 약간

닭고기 양념 소금 4g(1작은술) • 다진 파 4g(½큰술) • 다진 마늘 3g(½작은술) • 참기름 3g(1작은술) • 깨소금 2g(½작은술) • 후춧가루 약간

만드는 법

1. 닭은 배를 갈라서 내장을 빼고 뼈에 붙어 있는 것들도 말끔히 뜯어 낸 다음 물에 씻어 건져서 5컵 정도의 끓는 물에 넣어 삶는다. 삶는 도중에 대파, 마늘, 생강을 크게 저며서 넣는다.
2. 닭이 충분히 무르면 건져서 뼈와 껍질은 발라 내고 살만 모아서 굵직하게 뜯어 놓고, 국물은 식혀서 기름을 걷은 다음 깨끗한 행주에 밭친다.
3. 표고버섯은 기둥을 떼고, 목이버섯은 불려서 잘 씻어 흙을 없앤 후 손으로 한 잎씩 떼어 손질하고, 석이버섯은 더운물에 불려 비벼서 안쪽의 이끼를 없애고 깨끗이 손질한다. 이 세 가지 버섯을 굵은 채로 썰어 놓는다.
4. 냄비에 닭국물 ½컵을 담아 끓여서 소금, 후춧가루로 간을 맞추고 표고버섯과 목이버섯을 넣어 끓이다가 물에 푼 전분을 주걱으로 저으면서 조금씩 넣어서 걸쭉하게 끓인다.
5. 닭살은 닭고기 양념으로 고루 버무려 4에 넣어 끓어오르면 달걀을 풀어서 넣고 석이버섯을 고루 얹는다.

1인 분량의 영양가

영양소	열량 (kcal)	단백질 (g)	지질 (g)	당질 (g)	식이섬유 (g)	칼슘 (mg)	나트륨 (mg)	칼륨 (mg)	철분 (mg)
함 량	179.6	16.4	10.3	4.8	1.2	29.2	411.5	229.8	1.7

영양소	아연 (mg)	비타민 A (μg RE)	비타민 B_1 (mg)	비타민 B_2 (mg)	니아신 (mg)	비타민 B_6 (mg)	엽산 (μg)	비타민 C (mg)	비타민 E (mg)
함 량	2.1	68.5	0.1	0.2	5.7	0.3	10.6	3.6	0.7

출 처

강인희, 한국의 맛, 대한교과서주식회사, 1993
황혜성 · 한복려 · 한복진, 한국의 전통음식, 교문사, 1994

고문헌

조선요리제법(닭찜)

찜 · 선

사태찜

재 료

쇠고기(사태) 200g • 소의 양 · 곱창 200g • 무 100g • 건표고버섯 5g(2개) • 밤 24g(2개) • 은행 4개 • 붉은 고추 15g(1개) • 달걀 50g(1개) • 물 1L(5컵)

양념 간장 35g(2큰술) • 배즙 30g(2큰술) • 다진 파 10g(1큰술) • 다진 마늘 12g(1큰술) • 설탕 12g(1큰술) • 참기름 12g(1큰술) • 후춧가루 약간

만드는 법

1. 사태는 덩어리째 찬물에 담가 핏물을 뺀 후 건져 끓는 물에 넣어 삶는다.
2. 양은 되도록 두꺼운 부위로 골라서 굵은 소금으로 문질러 씻은 다음 끓는 물에 넣었다가 건져서 칼등으로 검은 막을 벗긴다. 곱창은 흰 기름을 떼어서 1에 넣어 한 데 삶는다. 무는 고기가 반 이상 무르면 통째로 넣어 덜 무르게 삶는다.
3. 건표고버섯은 물에 불려서 꼭지를 떼고, 밤은 속껍질까지 깨끗이 벗겨 놓고, 은행은 딱딱한 껍질을 까서 팬에 기름을 두르고 볶아서 속껍질을 없앤다.
4. 삶은 고기와 무를 약 4cm 정도로 토막을 내고, 밤과 표고버섯을 합하여 양념으로 고루 버무린 다음 재료가 잠길 정도로 육수를 부어 중불에서 서서히 끓인다.
5. 붉은 고추는 씨를 빼고 어슷하게 썰고, 달걀은 흰자와 노른자를 나누어 지단을 부쳐 완자 모양으로 썬다.
6. 국물이 거의 졸아들고 간이 고루 배면 고추를 넣고 잠시 더 찐다.

1인 분량의 영양가

영양소	열량 (kcal)	단백질 (g)	지질 (g)	당질 (g)	식이섬유 (g)	칼슘 (mg)	나트륨 (mg)	칼륨 (mg)	철분 (mg)
함 량	120.4	14.6	3.5	7.1	1.6	15.7	313.6	288.1	1.8
영양소	아연 (mg)	비타민 A (μg RE)	비타민 B_1 (mg)	비타민 B_2 (mg)	니아신 (mg)	비타민 B_6 (mg)	엽산 (μg)	비타민 C (mg)	비타민 E (mg)
함 량	2.6	16.4	0.1	0.2	3.6	0.3	11.6	4.5	0.4

출 처

강인희, 한국의 맛, 대한교과서주식회사, 1993
황혜성 · 한복려 · 한복진, 한국의 전통음식, 교문사, 1994
재치영양사, www.yori.co.kr/, 2006

쇠갈비찜

방법 1

재 료

쇠갈비 200g • 물 400mL(2컵) • 무 200g • 당근 50g • 건표고버섯 6g(2개) • 달걀 50g(1개) • 은행 6g (4개) • 잣 1g(½작은술)

양념 간장 25g(1½큰술) • 배즙 20g(2큰술) • 설탕 4g(1작은술) • 다진 파 6g(2작은술) • 다진 마늘 8g (⅔큰술) • 참기름 4g(1작은술) • 깨소금 2g(1작은술) • 후춧가루 약간

만드는 법

1. 쇠갈비는 5cm로 토막을 내어 찬물에 담가 핏물을 빼고 건진 다음 끓는 물에 넣어 살짝 익을 정도로 삶아 낸다. 갈비에 붙은 질긴 힘줄이나 기름 덩어리를 떼어 내고 2cm 간격으로 칼집을 넣고, 육수는 기름을 걷는다.
2. 냄비에 삶은 갈비를 담고 양념을 만들어 ⅓분량을 남기고 갈비에 고루 부어 버무리고 육수 1컵 정도를 넣어 중불에서 서서히 끓인다.
3. 무와 당근은 사방 3cm 크기로 썰어 모서리를 다듬은 다음 끓는 물에 넣어 삶아 내고, 건표고버섯을 물에 불려서 기둥을 뗀다.
4. 갈비가 무르게 익으면 삶은 무, 당근, 표고버섯을 넣고 남은 양념과 육수를 넣어 약한 불에서 서서히 찜을 한다.
5. 달걀은 흰자와 노른자로 나누어 얇게 지단을 부쳐서 마름모 모양으로 썬다(사방 2cm).
6. 은행은 팬에 기름을 약간 두르고 볶아서 마른 면포나 종이로 비벼서 속껍질을 벗긴다.
7. 갈비와 채소에 고르게 간이 배면 은행을 넣어 잠시 더 끓여서 찜기에 담고 위에 황백지단과 잣을 뿌린다.

1인 분량의 영양가

영양소	열량 (kcal)	단백질 (g)	지질 (g)	당질 (g)	식이섬유 (g)	칼슘 (mg)	나트륨 (mg)	칼륨 (mg)	철분 (mg)
함 량	177.8	11.9	11.4	6.1	1.6	29.3	486.4	361.6	1.8

영양소	아연 (mg)	비타민 A (μg RE)	비타민 B_1 (mg)	비타민 B_2 (mg)	니아신 (mg)	비타민 B_6 (mg)	엽산 (μg)	비타민 C (mg)	비타민 E (mg)
함 량	2.0	179.0	0.1	0.2	3.3	0.3	9.7	5.9	0.7

출 처

정순자, 한국조리, 신광출판사, 1990
황혜성 · 한복려 · 한복진, 한국의 전통음식, 교문사, 1994

방법 2

재 료

쇠갈비 240g

양념 배 30g • 양파 30g • 대파 25g(⅔뿌리) • 다진 마늘 5g(¾작은술) • 후춧가루 약간 • 통깨 1g(¼작은술) • 참기름 3g(1작은술) • 설탕 5g(1⅓작은술) • 간장 16g(1큰술)

만드는 법

1. 쇠갈비는 물에 담가 핏물을 뺀 후 잔칼집을 넣는다.
2. 배와 양파는 강판에 갈아 갖은 양념 재료와 섞어 양념을 만든 후 갈비를 재운다.
3. 대파는 어슷하게 썬다(0.3cm).
4. 냄비에 재운 갈비와 대파를 넣고 끓인 후 국물이 졸아들 때까지 뒤섞어 주며 끓인다.

1인 분량의 영양가

영양소	열량 (kcal)	단백질 (g)	지질 (g)	당질 (g)	식이섬유 (g)	칼슘 (mg)	나트륨 (mg)	칼륨 (mg)	철분 (mg)
함 량	172.4	11.9	11.8	3.3	0.4	12.9	313.4	243.2	1.5
영양소	아연 (mg)	비타민 A (μg RE)	비타민 B_1 (mg)	비타민 B_2 (mg)	니아신 (mg)	비타민 B_6 (mg)	엽산 (μg)	비타민 C (mg)	비타민 E (mg)
함 량	2.2	10.3	0.1	0.1	3.2	0.2	6.1	2.1	0.4

출 처
농촌진흥청, 농촌 식생활 향상을 위한 식생활 평가 시스템 개발연구 보고서, 2000

쇠고기떡찜

재 료

쇠고기(우둔) 240g • 가래떡 110g • 당근 30g • 밤 14g(1개)

양념 간장 20g(1¼큰술) • 배즙 14g • 물엿 8g(½큰술) • 다진 마늘 6g(1작은술) • 다진 파 6g(⅔큰술) • 설탕 6g(½큰술) • 다진 생강 2g(⅔작은술) • 참기름 2g(⅔작은술) • 통깨 1g(¼작은술) • 후춧가루 약간

만드는 법

1. 쇠고기는 2×2cm 크기로 깍둑썰고, 가래떡은 3cm 길이로 썬다.
2. 분량의 재료를 섞어 양념을 만든다.
3. 쇠고기는 양념의 반을 넣어 재운다.
4. 밤과 당근은 깍둑썬다(사방 2cm).
5. 찜솥에 쇠고기와 밤, 당근을 넣고 남은 양념을 섞어 찐다.
6. 고기가 어느 정도 익으면 떡을 넣고 익힌다.
7. 통깨를 뿌린다.

참고사항

떡찜의 전통 조리법은 떡을 오이소박이처럼 칼집을 길이로 넣어 쇠고기를 다져서 양념한 후 속을 채워 찌는 것이다.

1인 분량의 영양가

영양소	열량 (kcal)	단백질 (g)	지질 (g)	당질 (g)	식이섬유 (g)	칼슘 (mg)	나트륨 (mg)	칼륨 (mg)	철분 (mg)
함 량	180.8	14.8	3.9	20.8	1.0	18.9	377.6	261.6	2.1

영양소	아연 (mg)	비타민 A (μg RE)	비타민 B_1 (mg)	비타민 B_2 (mg)	니아신 (mg)	비타민 B_6 (mg)	엽산 (μg)	비타민 C (mg)	비타민 E (mg)
함 량	1.8	97.4	0.1	0.1	4.3	0.3	6.9	2.7	0.3

출 처
서울특별시 교육청, 중 · 고등학생을 위한 학교 급식 표준식단, 2002

애호박선

재 료

애호박 200g(1개) • 쇠고기(우둔) 80g • 건표고버섯 6g(2개) • 달걀 50g(1개)

쇠고기, 표고버섯 양념 간장 17g(1큰술) • 다진 파 6g(2작은술) • 다진 마늘 6g(1작은술) • 설탕 6g(½큰술) • 참기름 4g(1작은술) • 깨소금 3g(1작은술) • 후춧가루 약간

소금물 소금 18g(1큰술) • 물 200mL(1컵)

만드는 법

1. 애호박은 가늘고 연한 것으로 골라 반으로 갈라서 어슷하게 2cm 간격으로 칼집을 넣어 6cm 정도의 길이로 토막을 내어 소금물에 담가 놓는다.
2. 쇠고기는 살코기로 곱게 채 썰고(5×0.2×0.2m), 건표고버섯은 불려서 곱게 채 썬 다음 쇠고기와 표고버섯을 합하여 양념으로 무쳐서 팬에 볶아 펴서 식힌다.
3. 절인 호박을 마른 면포로 싸서 물기를 닦고 칼집 사이에 쇠고기와 표고버섯을 채워 넣는다.
4. 달걀은 흰자와 노른자를 나누어 얇게 지단을 부쳐 가늘게 채 썬다(5×0.2×0.2cm).
5. 3을 김 오르는 찜통에 물을 약간 뿌려서 살짝 찐다.
6. 호박이 익으면 그릇에 담고 황백지단을 얹는다.

1인 분량의 영양가

영양소	열량 (kcal)	단백질 (g)	지질 (g)	당질 (g)	식이섬유 (g)	칼슘 (mg)	나트륨 (mg)	칼륨 (mg)	철분 (mg)
함 량	92.9	7.3	3.9	7.9	1.2	29.3	613.0	280.7	1.2
영양소	아연 (mg)	비타민 A (μg RE)	비타민 B_1 (mg)	비타민 B_2 (mg)	니아신 (mg)	비타민 B_6 (mg)	엽산 (μg)	비타민 C (mg)	비타민 E (mg)
함 량	0.9	37.2	0.1	0.1	1.9	0.2	15.3	18.4	1.7

출 처

정순자, 한국조리, 신광출판사, 1990
강인희, 한국의 맛, 대한교과서주식회사, 1993
황혜성 · 한복려 · 한복진, 한국의 전통음식, 교문사, 1994

찜 · 선

어선

재료

민어살 200g • 쇠고기(우둔) 50g • 건표고버섯 5g(2개) • 석이버섯 2g(2개) • 당근 50g(⅓개) • 오이 50g(⅓개) • 달걀 50g(1개) • 전분 15g(2큰술) • 소금 6g(½큰술) • 흰후춧가루 약간 • 식용유 8g(2작은술)

쇠고기, 표고버섯 양념 간장 12g(2작은술) • 다진 파 5g(½큰술) • 다진 마늘 6g(1작은술) • 설탕 4g(1작은술) • 참기름 6g(½큰술) • 깨소금 2g(½작은술) • 후춧가루 약간

초간장 간장 34g(2큰술) • 식초 14g(1큰술) • 물 8mL(½큰술) • 갠 겨자 5g(1작은술)

만드는 법

1. 민어살은 되도록 넓게 포를 떠서 칼을 눕혀 두드려 두께를 고르게 한 다음 소금, 흰후춧가루를 뿌린다.
2. 쇠고기는 살코기로 곱게 채 썰고(5×0.2×0.2m), 건표고버섯은 불려서 곱게 채 썰어 쇠고기와 표고버섯을 합한 다음 양념으로 무쳐서 팬에 볶아 펴서 식힌다.
3. 석이버섯은 더운물에 불려서 안쪽의 이끼를 깨끗이 문질러 씻고 가늘게 채 썰어 볶는다.
4. 달걀은 흰자와 노른자를 나누어 얇게 지단을 부쳐 가늘게 채 썬다(5×0.1×0.1cm).
5. 오이와 당근은 5cm 길이로 채 썰어 소금에 잠깐 절였다가 뜨거운 팬에 식용유를 두르고 볶아 즉시 넓은 그릇에 펴서 식힌다.
6. 도마에 대발을 놓고 그 위에 젖은 행주를 펴서 생선포를 네모지게 펴 놓고 전분을 고루 뿌린다. 채로 준비한 모든 재료를 가지런히 민어살 위에 놓고 돌돌 말아서 끝 부분과 양쪽에 전분을 되직하게 풀어 바른 다음 대발로 겉을 말아서 김이 오른 찜통에 넣어 10분 정도 찐다.
7. 생선이 익으면 꺼내서 식힌 다음 3cm 정도의 폭으로 썰어 접시에 담아서 겨자를 섞은 초간장을 곁들인다.

1인 분량의 영양가

영양소	열량 (kcal)	단백질 (g)	지질 (g)	당질 (g)	식이섬유 (g)	칼슘 (mg)	나트륨 (mg)	칼륨 (mg)	철분 (mg)
함량	161.8	15.0	7.6	8.0	1.6	59.4	1,272.5	362.4	2.0

영양소	아연 (mg)	비타민 A (μg RE)	비타민 B_1 (mg)	비타민 B_2 (mg)	니아신 (mg)	비타민 B_6 (mg)	엽산 (μg)	비타민 C (mg)	비타민 E (mg)
함량	0.9	195.7	0.1	0.1	2.6	0.3	33.1	3.2	3.4

출처

정순자, 한국조리, 신광출판사, 1990
황혜성 · 한복려 · 한복진, 한국의 전통음식, 교문사, 1994

오이선

재 료

오이 150g(1개) • 쇠고기(우둔) 50g • 건표고버섯 3g(1개) • 달걀 50g(1개) • 식용유 8g(2작은술) • 실고추 약간

쇠고기, 표고버섯 양념 간장 9g(½큰술) • 다진 파 3g(1작은술) • 다진 마늘 6g(1작은술) • 설탕 4g(1작은술) • 참기름 4g(1작은술) • 깨소금 3g(1작은술) • 후춧가루 약간

소금물 소금 18g(1큰술) • 물 200mL(1컵)

단촛물 식초 20g(1½큰술) • 물 8mL(½큰술) • 설탕 12g(1큰술) • 소금 2g(½작은술)

만드는 법

1. 오이는 가늘고 연한 것으로 골라 길이로 반을 갈라서 4cm 길이로 비스듬히 토막을 낸 다음 껍질 쪽에 1cm 간격으로 비스듬히 칼집을 3번 넣어 소금물에 담가 놓는다.
2. 오이가 절여지면 물에 헹구어 건져 면포에 싸서 눌러 물기를 짠다.
3. 쇠고기는 살코기로 곱게 채 썰고(5×0.2×0.2m), 건표고버섯은 불려서 곱게 채 썰어 쇠고기와 표고버섯을 합하여 양념으로 무쳐서 팬에 볶아 펴서 식힌다.
4. 달걀은 흰자와 노른자를 나누어 얇게 지단을 부쳐 곱게 채 썬다(2×0.1×0.1cm).
5. 달군 팬에 식용유를 두르고 절인 오이를 넣어 센 불에서 재빨리 볶은 다음 즉시 넓은 그릇에 펴서 식힌다.
6. 오이의 칼집 사이에 황백지단, 볶은 쇠고기와 표고버섯을 한 칸씩 채워 넣고 실고추는 백색지단에 한 가닥씩 끼워서 그릇에 가지런히 담는다.
7. 단촛물을 만들어서 상에 내기 직전에 고루 끼얹어 낸다.

1인 분량의 영양가

영양소	열량 (kcal)	단백질 (g)	지질 (g)	당질 (g)	식이섬유 (g)	칼슘 (mg)	나트륨 (mg)	칼륨 (mg)	철분 (mg)
함 량	91.9	5.2	5.4	5.8	1.1	26.1	997.1	159.8	0.9
영양소	**아연 (mg)**	**비타민 A (μg RE)**	**비타민 B_1 (mg)**	**비타민 B_2 (mg)**	**니아신 (mg)**	**비타민 B_6 (mg)**	**엽산 (μg)**	**비타민 C (mg)**	**비타민 E (mg)**
함 량	0.6	30.9	0.1	0.1	1.1	0.1	8.8	4.3	2.7

출 처

정순자, 한국조리, 신광출판사, 1990
황혜성 · 한복려 · 한복진, 한국의 전통음식, 교문사, 1994

1인 분량의 영양가

영양소	열량 (kcal)	단백질 (g)	지질 (g)	당질 (g)	식이섬유 (g)	칼슘 (mg)	나트륨 (mg)	칼륨 (mg)	철분 (mg)
함 량	123.3	10.3	4.7	10.0	1.9	57.5	271.4	309.5	1.8

영양소	아연 (mg)	비타민 A (μg RE)	비타민 B_1 (mg)	비타민 B_2 (mg)	니아신 (mg)	비타민 B_6 (mg)	엽산 (μg)	비타민 C (mg)	비타민 E (mg)
함 량	1.5	178.7	0.1	0.2	2.0	0.3	18.5	17.4	0.7

회

파강회

재 료

실파 200g • 쇠고기(양지머리) 100g • 붉은 고추 15g(1개) • 달걀 100g(2개) • 소금 약간 • 생강 10g(½톨) • 통마늘 12g(3쪽)

초고추장 고추장 36g(2큰술) • 식초 14g(1큰술) • 설탕 12g(1큰술) • 다진 마늘 6g(1작은술)

만드는 법

1. 끓는 물에 쇠고기와 통생강, 통마늘을 넣고 푹 삶는다.
2. 실파는 뿌리를 하나하나 자르면서 다듬어 끓는 소금물에 파를 흰 부분부터 넣고 살짝 데쳐 찬물에 헹궈 물기를 제거한다.
3. 쇠고기편육은 폭 1cm, 두께 0.3cm, 길이 4cm 크기로 썬다.
4. 달걀은 흰자와 노른자를 나누어 지단을 부쳐 편육과 같은 크기로 썬다.
5. 붉은 고추는 씨를 빼고, 폭 0.3cm, 길이 3cm로 썬다.
6. 편육, 백색지단, 황색지단 붉은 고추순으로 올려 파로 감아서 접시에 담고 초고추장과 함께 낸다.

1

4

6

6

✻ 참고사항

같은 방법으로 실파 대신 미나리를 이용하면 미나리강회이다.

출 처

강인희, 한국의 맛, 대한교과서주식회사, 1993

황혜성 · 한복려 · 한복진, 한국의 전통음식, 교문사, 1994

조리시연자

김동희, 서울특별시 동작구 신대방1동

회

오징어무침(물오징어무침)

재 료

오징어 200g(½마리) • 식초 6g(1작은술)

양념장 고추장 26g(1½큰술) • 설탕 6g(½큰술) • 다진 마늘 4g(⅔작은술) • 대파 10g(¼뿌리) • 깨소금 4g(1⅓작은술) • 참기름 2g(½작은술) • 다진 생강 2g(⅔작은술)

만드는 법

1. 오징어를 깨끗하게 손질하여 껍질을 벗긴 후 안쪽에 칼집을 내어 데치고 너비 1cm, 길이 5cm 정도로 썬다.
2. 대파를 채 썰어 갖은 양념과 섞어 양념장을 만든다.
3. 준비된 양념장에 오징어를 넣고 버무리다가 마지막에 식초를 넣고 무친다.

1인 분량의 영양가

영양소	열량 (kcal)	단백질 (g)	지질 (g)	당질 (g)	식이섬유 (g)	칼슘 (mg)	나트륨 (mg)	칼륨 (mg)	철분 (mg)
함 량	76.8	9.8	1.8	4.8	0.6	26.5	338.2	210.5	0.5
영양소	아연 (mg)	비타민 A (μg RE)	비타민 B_1 (mg)	비타민 B_2 (mg)	니아신 (mg)	비타민 B_6 (mg)	엽산 (μg)	비타민 C (mg)	비타민 E (mg)
함 량	0.7	28.7	0.0	0.0	1.6	0.1	11.7	1.7	1.7

출 처
농촌진흥청, 농촌 식생활 향상을 위한 식생활 평가 시스템 개발연구 보고서, 2000

사 진
농촌진흥청, 농촌 식생활 향상을 위한 식생활 평가 시스템 개발연구 보고서, 2000

회

오징어숙회

재 료

오징어 200g(½마리)

초고추장 고추장 36g(2큰술) • 식초 14g(1큰술) • 설탕 12g(1큰술) • 다진 마늘 6g(1작은술)

만드는 법

1. 오징어는 싱싱하고 작은 것을 골라 내장을 빼고 끓는 물에 소금을 넣고 살짝 데친다.
2. 삶은 오징어는 먹기 알맞은 크기로 썬다.
3. 분량의 재료를 섞어 초고추장을 만들어 오징어와 함께 낸다.

1인 분량의 영양가

영양소	열량 (kcal)	단백질 (g)	지질 (g)	당질 (g)	식이섬유 (g)	칼슘 (mg)	나트륨 (mg)	칼륨 (mg)	철분 (mg)
함 량	76.8	9.8	0.7	7.3	0.5	13.9	367.2	215.5	0.3

영양소	아연 (mg)	비타민 A (μg RE)	비타민 B_1 (mg)	비타민 B_2 (mg)	니아신 (mg)	비타민 B_6 (mg)	엽산 (μg)	비타민 C (mg)	비타민 E (mg)
함 량	0.7	35.0	0.0	0.0	1.6	0.2	13.1	1.1	1.5

출 처

강인희, 한국의 맛, 대한교과서주식회사, 1993
재치영양사, www.yori.co.kr/, 2006

굴회

재 료

굴 300g(1½컵) • 대파(흰 부분) 10g(¼뿌리) • 쑥갓 100g

초간장　간장 34g(2큰술) • 식초 14g(1큰술) • 설탕 3g(1작은술) • 마늘즙 3g(1작은술) • 생강즙 2g(½작은술) • 다진 파 3g(1작은술) • 고춧가루 2g(1작은술)

만드는 법

1. 굴은 한 개씩 껍질을 떼고 소금물에 흔들어 잘 씻어서 소쿠리에 건져 물기를 뺀다.
2. 접시에 파를 곱게 채 썰어 얹고, 쑥갓을 깔고 굴을 담아 초간장을 곁들인다.

참고사항

식성에 따라 초고추장이나 겨자즙을 곁들이기도 한다.

1인 분량의 영양가

영양소	열량 (kcal)	단백질 (g)	지질 (g)	당질 (g)	식이섬유 (g)	칼슘 (mg)	나트륨 (mg)	칼륨 (mg)	철분 (mg)
함 량	87.0	8.9	1.8	8.4	0.9	101.3	773.0	323.5	4.7

영양소	아연 (mg)	비타민 A (μg RE)	비타민 B_1 (mg)	비타민 B_2 (mg)	니아신 (mg)	비타민 B_6 (mg)	엽산 (μg)	비타민 C (mg)	비타민 E (mg)
함 량	68.2	177.5	0.2	0.3	2.1	0.1	46.4	6.8	1.5

출 처

문화공보부 문화재관리국, 한국민속종합조사보고서(향토음식 편), 1984
정순자, 한국조리, 신광출판사, 1990
강인희, 한국의 맛, 대한교과서주식회사, 1993
황혜성 · 한복려 · 한복진, 한국의 전통음식, 교문사, 1994

고문헌

시의전서(굴회), 조선무쌍신식요리제법(석화회 : 石花膾)

회

생굴무침

재 료

굴 200g(1컵) • 무 40g • 배 20g • 고춧가루 8g(4작은술) • 다진 파 2g(2/3작은술) • 다진 마늘 2g(1/3작은술) • 깨소금 4g(2/3큰술) • 참기름 4g(1작은술)

만드는 법

1. 굴은 작은 것으로 골라 연한 소금물에 흔들어 씻어 물기를 뺀다.
2. 무, 배는 얄팍하게 나박썰기 하여 준비한다(2.5×2.5×0.2cm).
3. 무, 배에 고춧가루를 넣고 고루 버무려 붉은색을 들인다.
4. 대접에 굴을 넣고 다진 파와 다진 마늘, 깨소금, 참기름을 넣어 버무린다.

1인 분량의 영양가

영양소	열량 (kcal)	단백질 (g)	지질 (g)	당질 (g)	식이섬유 (g)	칼슘 (mg)	나트륨 (mg)	칼륨 (mg)	철분 (mg)
함 량	65.3	5.6	2.3	5.4	1.1	48.1	156.3	186.5	2.8

영양소	아연 (mg)	비타민 A (μg RE)	비타민 B_1 (mg)	비타민 B_2 (mg)	니아신 (mg)	비타민 B_6 (mg)	엽산 (μg)	비타민 C (mg)	비타민 E (mg)
함 량	9.1	86.2	0.1	0.2	1.6	0.1	8.2	3.3	1.1

출 처
재치영양사, www.yori.co.kr/, 2006

멍게회

재 료

멍게 300g • 상추 100g • 붉은 고추 15g(1개) • 풋고추 15g(1개)

초고추장 고추장 36g(2큰술) • 간장 6g(1작은술) • 식초 14g(1큰술) • 설탕 4g(작은술) • 다진 마늘 6g(1작은술) • 생강즙 2g(½작은술)

만드는 법

1. 멍게는 우둘투둘한 부분을 도려 내어 살을 발라 내고 갈라서 내장을 빼고 서너 조각을 낸다.
2. 분량의 양념을 고루 섞어 초고추장을 만든다.
3. 상추는 깨끗이 씻어서 물기를 빼고, 풋고추와 붉은 고추는 어슷하게 썰어 물에 헹구어 씨를 발라 낸다.
4. 접시에 상추를 깔고 멍게를 놓는다.
5. 어슷썬 고추로 장식하고 초고추장을 곁들인다.

1인 분량의 영양가

영양소	열량 (kcal)	단백질 (g)	지질 (g)	당질 (g)	식이섬유 (g)	칼슘 (mg)	나트륨 (mg)	칼륨 (mg)	철분 (mg)
함 량	91.1	7.8	1.9	10.3	1.5	48.0	1,291.1	564.3	6.0
영양소	아연 (mg)	비타민 A (μg RE)	비타민 B_1 (mg)	비타민 B_2 (mg)	니아신 (mg)	비타민 B_6 (mg)	엽산 (μg)	비타민 C (mg)	비타민 E (mg)
함 량	1.2	168.7	0.1	0.2	1.1	0.2	42.5	14.2	2.2

출 처

왕준연, 한국요리백과 2, 범한출판사, 1985
황혜성 · 한복려 · 한복진, 한국의 전통음식, 교문사, 1994

생선회

재 료

민어 200g • 조개관자 100g • 참기름 4g(1작은술) • 잣가루 1g(½작은술) • 붉은 고추 8g(½개) • 후춧가루 약간

초고추장 고추장 36g(2큰술) • 식초 14g(1큰술) • 설탕 12g(1큰술) • 다진 마늘 6g(1작은술)

만드는 법

1. 민어는 살이 탄력 있고 비늘이 잘 떨어지지 않는 것을 골라 재빨리 포를 떠서 채 썬 다음 참기름과 후춧가루를 넣고 젓가락으로 무친다.
2. 조개관자는 얄팍하게 썰어 참기름과 후춧가루에 무친다.
3. 접시에 민어회와 조개관자를 함께 담고, 잣가루와 붉은 고추채를 얹어 초고추장을 곁들인다.

1인 분량의 영양가

영양소	열량 (kcal)	단백질 (g)	지질 (g)	당질 (g)	식이섬유 (g)	칼슘 (mg)	나트륨 (mg)	칼륨 (mg)	철분 (mg)
함 량	121.1	14.8	3.1	7.6	0.5	39.0	313.9	287.4	1.0

영양소	아연 (mg)	비타민 A (μg RE)	비타민 B_1 (mg)	비타민 B_2 (mg)	니아신 (mg)	비타민 B_6 (mg)	엽산 (μg)	비타민 C (mg)	비타민 E (mg)
함 량	0.6	69.6	0.1	0.1	1.9	0.3	18.7	3.6	1.3

출 처
강인희, 한국의 맛, 대한교과서주식회사, 1993

두릅회

재 료

두릅 160g(13개) • 소금 4g(1작은술) • 참기름 12g(1큰술) • 깨소금 3g(1작은술)

초고추장 고추장 35g(2큰술) • 식초 30g(2큰술) • 설탕 12g(1큰술) • 생강즙 5g(½큰술)

만드는 법

1. 두릅은 통통하고 싱싱한 것으로 골라 끓는 소금물에 데쳐 잠시 찬물에 담가 쓴맛을 우려 낸다. 껍질을 살짝 벗겨 굵은 것은 4쪽, 작은 것은 2쪽으로 내어 꼭 짠다.
2. 데쳐 낸 1의 두릅에 소금, 참기름, 깨소금을 넣고 무쳐서 가지런히 접시에 담아 초고추장을 곁들인다.

1인 분량의 영양가

영양소	열량 (kcal)	단백질 (g)	지질 (g)	당질 (g)	식이섬유 (g)	칼슘 (mg)	나트륨 (mg)	칼륨 (mg)	철분 (mg)
함 량	71.4	2.2	3.8	7.9	1.9	20.3	558.0	229.8	1.2

영양소	아연 (mg)	비타민 A (μg RE)	비타민 B_1 (mg)	비타민 B_2 (mg)	니아신 (mg)	비타민 B_6 (mg)	엽산 (μg)	비타민 C (mg)	비타민 E (mg)
함 량	0.3	60.9	0.1	0.1	1.1	0.2	42.9	6.1	2.7

출 처

정순자, 한국조리, 신광출판사, 1990
강인희, 한국의 맛, 대한교과서주식회사, 1993
황혜성 · 한복려 · 한복진, 한국의 전통음식, 교문사, 1994

회

육회

재 료

쇠고기(우둔) 200g • 배 190g(½개) • 마늘 10g(2쪽) • 잣 5g(1큰술)

쇠고기 양념 간장 35g(2큰술) • 설탕 12g(1큰술) • 다진 파 5g(½큰술) • 다진 마늘 6g(1작은술) • 참기름 7g(2작은술) • 깨소금 3g(1작은술) • 후춧가루 약간

만드는 법

1. 쇠고기는 기름기나 힘줄을 말끔히 제거하여 결의 반대 방향으로 가늘게 채 썬다(5×0.2×0.2cm).
2. 배는 껍질을 까서 가늘게 채 썰어 설탕물에 잠깐 담그고 마늘은 얇게 저민다.
3. 잣은 도마에 종이를 깔고 잘게 다져 가루를 만든다.
4. 채 썬 쇠고기를 양념 간장으로 고루 주물러서 접시에 담고 잣가루를 뿌리고 채 썬 배와 마늘을 옆에 담는다.

1인 분량의 영양가

영양소	열량 (kcal)	단백질 (g)	지질 (g)	당질 (g)	식이섬유 (g)	칼슘 (mg)	나트륨 (mg)	칼륨 (mg)	철분 (mg)
함 량	134.5	12.2	5.3	9.7	1.4	18.8	541.4	296.4	1.9
영양소	아연 (mg)	비타민 A (μg RE)	비타민 B_1 (mg)	비타민 B_2 (mg)	니아신 (mg)	비타민 B_6 (mg)	엽산 (μg)	비타민 C (mg)	비타민 E (mg)
함 량	1.6	7.6	0.1	0.1	3.3	0.2	8.6	3.6	0.9

출 처

정순자, 한국조리, 신광출판사, 1990

강인희, 한국의 맛, 대한교과서주식회사, 1993

황혜성 · 한복려 · 한복진, 한국의 전통음식, 교문사, 1994

1인 분량의 영양가

영양소	열량 (kcal)	단백질 (g)	지질 (g)	당질 (g)	식이섬유 (g)	칼슘 (mg)	나트륨 (mg)	칼륨 (mg)	철분 (mg)
함 량	57.7	0.8	4.6	3.9	2.1	4.3	254.6	67.0	0.2

영양소	아연 (mg)	비타민 A (μg RE)	비타민 B_1 (mg)	비타민 B_2 (mg)	니아신 (mg)	비타민 B_6 (mg)	엽산 (μg)	비타민 C (mg)	비타민 E (mg)
함 량	0.1	13.0	0.0	0.0	0.3	0.1	5.1	18.0	4.8

마른반찬

고추부각

재 료

풋고추 100g(7개) • 밀가루 16g(2큰술) • 소금 3g(1작은술) • 식용유 18g(1½큰술)

만드는 법

1. 풋고추는 작게 썰어서 씨를 빼고 물에 씻어 건져 낸다. 매운 고추는 물에 담가서 매운기를 뺀 다음 사용한다.
2. 밀가루에 소금을 섞고 풋고추에 골고루 무친다.
3. 2의 고추를 찜통에 쪄서 햇빛에 바삭하게 말린다.
4. 말린 고추를 식용유에 튀긴다.

3

4

출 처

농촌진흥청 농촌영양개선연수원(현 농촌자원개발연구소), 한국의 향토음식, 1994

재치영양사, www.yori.co.kr/, 2006

조리시연자

김동희, 서울특별시 동작구 신대방1동

1인 분량의 영양가

영양소	열량 (kcal)	단백질 (g)	지질 (g)	당질 (g)	식이섬유 (g)	칼슘 (mg)	나트륨 (mg)	칼륨 (mg)	철분 (mg)
함 량	67.7	1.2	4.1	7.2	3.4	101.7	359.7	877.9	0.9
영양소	아연 (mg)	비타민 A (μg RE)	비타민 B_1 (mg)	비타민 B_2 (mg)	니아신 (mg)	비타민 B_6 (mg)	엽산 (μg)	비타민 C (mg)	비타민 E (mg)
함 량	0.2	11.2	0.0	0.1	0.6	0.0	159.8	2.1	3.7

마른반찬

다시마튀각

재료

다시마 40g • 설탕 9g(¾큰술) • 통깨 7g(1큰술) • 식용유 12g(1큰술)

만드는 법

1. 얇고 반반한 다시마를 손질하여 길이 4~5cm, 너비 3cm 정도로 자른다.
2. 식용유가 끓을 정도로 온도를 높였다가 잠깐 불을 끄고 식힌다. 다시 불을 붙여 160~170℃ 정도의 식용유에 잘라 놓은 다시마를 재빨리 넣었다가 꺼낸다.
3. 튀겨 낸 다시마가 식기 전에 설탕과 통깨를 뿌린다.

1

2

2

3

출처

강인희, 한국의 맛, 대한교과서주식회사, 1993

농촌진흥청 농촌생활연구소(현 농촌자원개발연구소), 소비자가 알기 쉬운 식품영양가표, 2002

정보제공자

김금순, 경기도 평택군 행성읍 송화1리

조리시연자

김동희, 서울특별시 동작구 신대방1동

1인 분량의 영양가

영양소	열량 (kcal)	단백질 (g)	지질 (g)	당질 (g)	식이섬유 (g)	칼슘 (mg)	나트륨 (mg)	칼륨 (mg)	철분 (mg)
함 량	59.4	0.7	4.1	5.2	0.6	78.2	268.7	249.0	1.4
영양소	아연 (mg)	비타민 A (μg RE)	비타민 B_1 (mg)	비타민 B_2 (mg)	니아신 (mg)	비타민 B_6 (mg)	엽산 (μg)	비타민 C (mg)	비타민 E (mg)
함 량	0.2	0.0	0.0	0.0	0.3	0.0	49.4	0.4	3.6

미역자반

재 료

미역 20g • 식용유 12g(1큰술) • 설탕 12g(1큰술) • 통깨 8g(1큰술)

만드는 법

1. 미역은 마른 행주로 먼지를 깨끗이 닦아서 가위로 폭 1.2cm되게 짧게 자른다.
2. 팬에 식용유를 두르고 충분히 달궈 미역을 넣어 재빨리 저으면서 볶는다.
3. 미역이 파란색으로 볶아지면 불에서 내린다. 설탕과 깨소금을 뿌린다.
4. 면포를 이용하여 볶은 미역의 기름기를 제거한다.
5. 뜨거울 때 설탕과 깨소금을 뿌린다.

2

4

5

5

출 처
황혜성 · 한복려 · 한복진, 한국의 전통음식, 교문사, 1994

조리시연자
김동희, 서울특별시 동작구 신대방1동

마른반찬

무말랭이무침

재 료

무말랭이 20g • 미나리 10g • 물 약간 • 간장 8g(½큰술) • 설탕 4g(1작은술) • 물엿 12g(⅔큰술) • 고춧가루 4g(2작은술) • 다진 파 4g(½큰술) • 다진 마늘 2g(⅓작은술) • 참기름 2g(½작은술) • 통깨 1g(⅓작은술) • 멸치액젓 1g

만드는 법

1. 무말랭이는 하루 전날 씻어서 물과 간장, 설탕, 물엿으로 재워 둔다.
2. 미나리는 다듬어 씻어 5cm 길이로 썰어 둔다.
3. 1에 미나리, 고춧가루, 다진 파와 다진 마늘, 참기름, 통깨, 멸치액젓을 넣어 무친다.

1인 분량의 영양가

영양소	열량 (kcal)	단백질 (g)	지질 (g)	당질 (g)	식이섬유 (g)	칼슘 (mg)	나트륨 (mg)	칼륨 (mg)	철분 (mg)
함 량	36.2	0.9	0.9	6.7	1.3	21.9	20.0	152.3	0.6
영양소	아연 (mg)	비타민 A (μg RE)	비타민 B_1 (mg)	비타민 B_2 (mg)	니아신 (mg)	비타민 B_6 (mg)	엽산 (μg)	비타민 C (mg)	비타민 E (mg)
함 량	0.1	39.9	0.0	0.0	0.4	0.1	7.5	4.5	0.4

출 처

농촌진흥청 농촌생활연구소(현 농촌자원개발연구소), 소비자가 알기 쉬운 식품영양가표, 2002

서울특별시 교육청, 중 · 고등학생을 위한 학교급식 표준식단, 2002

사 진

농촌진흥청, 농촌 식생활 향상을 위한 식생활 평가 시스템 개발연구 보고서, 2000

마른반찬

오징어채무침

재 료

오징어(포) 60g • 소금 약간

양념장 간장 8g(½큰술) • 고추장 18g(1큰술) • 물엿 10g(½작은술) • 통깨 2g(⅔작은술) • 참기름 4g(1작은술)

만드는 법

1. 오징어포는 티를 골라 놓는다.
2. 분량의 양념을 섞어 양념장을 만든다.
3. 오징어포에 양념장을 넣어 잘 무친 후 소금으로 간을 맞춘다.

1인 분량의 영양가

영양소	열량 (kcal)	단백질 (g)	지질 (g)	당질 (g)	식이섬유 (g)	칼슘 (mg)	나트륨 (mg)	칼륨 (mg)	철분 (mg)
함 량	76.1	6.5	1.9	8.0	0.3	12.6	482.9	66.2	0.4

영양소	아연 (mg)	비타민 A (μg RE)	비타민 B_1 (mg)	비타민 B_2 (mg)	니아신 (mg)	비타민 B_6 (mg)	엽산 (μg)	비타민 C (mg)	비타민 E (mg)
함 량	0.5	17.5	0.0	0.0	0.9	0.1	7.4	0.0	0.7

출 처

농촌진흥청 농촌생활연구소(현 농촌자원개발연구소), 소비자가 알기 쉬운 식품영양가표, 2002

재치영양사, www.yori.co.kr/, 2006

사 진

농촌진흥청, 농촌 식생활 향상을 위한 식생활 평가 시스템 개발연구 보고서, 2000

건파래무침

재 료

건파래 40g • 무 40g • 참기름 4g(1작은술)

양념장 간장 12g(2/3큰술) • 식초 6g(1/2큰술) • 고춧가루 5g(1큰술) • 다진 파 4g(1/2큰술) • 다진 마늘 4g(2/3작은술) • 설탕 4g(1작은술)

만드는 법

1. 파래는 색깔이 좋고 윤기가 나는 신선한 것으로 선택하여 그릇에 물을 넉넉히 담고 여러 번 씻어 건진다.
2. 냄비에 물을 부어 끓기 시작하면 약간의 소금을 타고 파래를 살짝 데쳐서 찬물에 헹구어 물기를 꼭 짜둔다.
3. 분량의 양념을 섞어 양념장을 만든다.
4. 파래를 넓은 그릇에 담아 양념장을 넣어 무치고 마지막에 참기름을 넣어 버무린다.

1인 분량의 영양가

영양소	열량 (kcal)	단백질 (g)	지질 (g)	당질 (g)	식이섬유 (g)	칼슘 (mg)	나트륨 (mg)	칼륨 (mg)	철분 (mg)
함 량	42.3	3.0	1.2	6.5	3.7	70.9	447.4	136.3	2.0

영양소	아연 (mg)	비타민 A (μg RE)	비타민 B_1 (mg)	비타민 B_2 (mg)	니아신 (mg)	비타민 B_6 (mg)	엽산 (μg)	비타민 C (mg)	비타민 E (mg)
함 량	0.2	53.7	0.1	0.1	1.3	0.1	139.3	3.0	0.8

출 처

왕준연, 한국요리백과 2, 범한출판사, 1985

농촌진흥청, 농촌 식생활 향상을 위한 식생활 평가 시스템 개발연구 보고서, 2000

마른반찬

김부각

재 료

김 8g(4장) • 참기름 13g(1큰술) • 고춧가루 1g(½작은술) • 통깨 5g(½큰술)

찹쌀풀 찹쌀가루 30g(4큰술) • 물 70mL(⅓컵) • 간장 27g(1⅔큰술) • 설탕 8g(⅔큰술)

만드는 법

1. 찹쌀가루를 물에 풀어서 분량의 양념으로 간을 맞추어 불에 올려 나무주걱으로 저으면서 풀을 쑨다. 풀죽이 익으면 다른 그릇에 부어 식힌다.
2. 양념을 한 찹쌀풀을 김에 발라 반으로 접어 3등분한 후 가운데에 풀을 바르고 통깨와 고춧가루를 약간씩 뿌려 햇볕에 말린다.
3. 말린 김을 서늘한 곳에 세워서 보관해 두고 먹을 때 참기름을 바르고 석쇠에 구워 먹는다.

1인 분량의 영양가

영양소	열량 (kcal)	단백질 (g)	지질 (g)	당질 (g)	식이섬유 (g)	칼슘 (mg)	나트륨 (mg)	칼륨 (mg)	철분 (mg)
함량	79.2	2.1	3.8	9.6	1.0	24.6	421.7	117.2	0.7

영양소	아연 (mg)	비타민 A (μg RE)	비타민 B_1 (mg)	비타민 B_2 (mg)	니아신 (mg)	비타민 B_6 (mg)	엽산 (μg)	비타민 C (mg)	비타민 E (mg)
함량	0.4	83.4	0.0	0.1	0.4	0.0	30.5	1.9	1.1

출 처
황혜성 · 한복려 · 한복진, 한국의 전통음식, 교문사, 1994

마른김무침

재 료

김 20g(10장) • 쇠고기(우둔) 50g

쇠고기 양념장 간장 12g(2작은술) • 설탕 4g(1작은술) • 다진 파 6g(2작은술) • 다진 마늘 6g(1작은술) • 후춧가루 약간

김 양념 참기름 12g(1큰술) • 깨소금 3g(½큰술) • 간장 9g(½큰술)

만드는 법

1. 김은 티나 모래를 골라 내고 석쇠에 타지 않게 바싹 구워서 잘게 부순다.
2. 쇠고기는 연한 살코기로 곱게 다져서 쇠고기 양념장으로 양념하여 팬에 볶는다.
3. 부순 김을 그릇에 담고 김 양념 재료의 참기름을 넣어 고루 무친 후 깨소금, 간장, 볶은 쇠고기를 넣어 고루 무친다.

참고사항

- 김무침을 뚜껑 있는 그릇에 담아 두고 밑반찬으로 쓸 수 있다.
- 바로 먹을 때는 미나리를 다듬어서 끓는 물에 소금을 약간 넣어 데쳐 내어 4cm 길이로 썰어 식초와 설탕으로 먼저 무쳐서 김무침과 섞어 먹으면 더욱 향기롭고 맛이 좋다.

1인 분량의 영양가

영양소	열량 (kcal)	단백질 (g)	지질 (g)	당질 (g)	식이섬유 (g)	칼슘 (mg)	나트륨 (mg)	칼륨 (mg)	철분 (mg)
함 량	69.9	5.4	4.1	3.8	1.9	33.7	344.4	189.1	1.3

영양소	아연 (mg)	비타민 A (μg RE)	비타민 B_1 (mg)	비타민 B_2 (mg)	니아신 (mg)	비타민 B_6 (mg)	엽산 (μg)	비타민 C (mg)	비타민 E (mg)
함 량	0.4	202.7	0.1	0.2	1.3	0.1	74.0	5.4	1.2

출 처

황혜성 · 한복려 · 한복진, 한국의 전통음식, 교문사, 1994

마른반찬

북어보푸라기

재 료

북어(황태) 80g(2/3마리)

양념장 1 간장 4g(1/2작은술) • 설탕 1g(1/4작은술) • 참기름 1g(1/4작은술) • 깨소금 1g(1/3작은술) • 후춧가루 약간

양념장 2 소금 1g(1/4작은술) • 설탕 1g(1/4작은술) • 참기름 1g(1/4작은술) • 깨소금 1g(1/3작은술) • 후춧가루 약간

양념장 3 소금 1g(1/4작은술) • 설탕 1g(1/4작은술) • 참기름 1g(1/4작은술) • 깨소금 1g(1/3작은술) • 고춧가루 1g(1/2작은술)

만드는 법

1. 북어는 부드럽게 부푼 황태로 골라서 숟가락으로 살살 긁어서 결대로 부풀린다.
2. 곱게 부풀린 북어를 삼등분하여 세 가지 양념장으로 각각 고루 무친다. 간장으로 무치면 다른 것보다 부피가 줄어들므로 북어의 양을 조금 넉넉히 한다.
3. 한 그릇에 세 가지 색을 낸 북어무침을 어울리게 담는다.

✽ 참고사항

강판에 갈아도 쉽게 되지만 지나치게 마른 것은 가루가 되므로 약간 눅눅한 것이 솜처럼 잘 핀다.

1인 분량의 영양가

영양소	열량 (kcal)	단백질 (g)	지질 (g)	당질 (g)	식이섬유 (g)	칼슘 (mg)	나트륨 (mg)	칼륨 (mg)	철분 (mg)
함 량	90.6	16.3	2.0	1.0	0.2	93.0	349.9	254.1	0.8
영양소	아연 (mg)	비타민 A (μg RE)	비타민 B_1 (mg)	비타민 B_2 (mg)	니아신 (mg)	비타민 B_6 (mg)	엽산 (μg)	비타민 C (mg)	비타민 E (mg)
함 량	0.3	8.4	0.0	0.1	0.9	0.1	3.2	0.1	1.1

출 처

정순자, 한국조리, 신광출판사, 1990
강인희, 한국의 맛, 대한교과서주식회사, 1993
황혜성 · 한복려 · 한복진, 한국의 전통음식, 교문사, 1994

1인 분량의 영양가

영양소	열량 (kcal)	단백질 (g)	지질 (g)	당질 (g)	식이섬유 (g)	칼슘 (mg)	나트륨 (mg)	칼륨 (mg)	철분 (mg)
함 량	104.7	6.8	7.2	3.2	1.8	111.9	452.2	180.5	4.0
영양소	아연 (mg)	비타민 A (μg RE)	비타민 B_1 (mg)	비타민 B_2 (mg)	니아신 (mg)	비타민 B_6 (mg)	엽산 (μg)	비타민 C (mg)	비타민 E (mg)
함 량	1.3	6.3	0.2	0.1	4.6	0.4	17.5	7.0	1.2

순대

재 료

돼지창자 50g • 숙주나물 100g • 배추 50g • 두부 130g(¼모) • 선지 80g • 소금 약간 • 물 적량

양념 된장 6g(1작은술) • 간장 3g(½작은술) • 새우젓 15g(1큰술) • 다진 파 14g(1½큰술) • 다진 마늘 9g(¾큰술) • 다진 생강 5g(½큰술) • 후춧가루 1g(⅓작은술) • 참기름 12g(1큰술)

만드는 법

1. 배추는 무르게 삶아 다져 물기를 제거한다.
2. 숙주나물은 데쳐 식힌 후 다져 물기를 제거한다.
3. 두부도 으깨어 물기를 제거한다.
4. 1, 2, 3을 한 데 섞어 분량의 양념을 넣은 후 선지와 함께 고루 섞어 속을 준비해 놓는다.
5. 돼지의 작은창자를 굵은 소금으로 안팎을 골고루 잘 비벼 깨끗하게 씻어 건진다.
6. 씻어 둔 돼지창자에 소를 넣은 다음 공기를 빼고 끝 부분을 봉하여 찜통에 찐다.

4

4

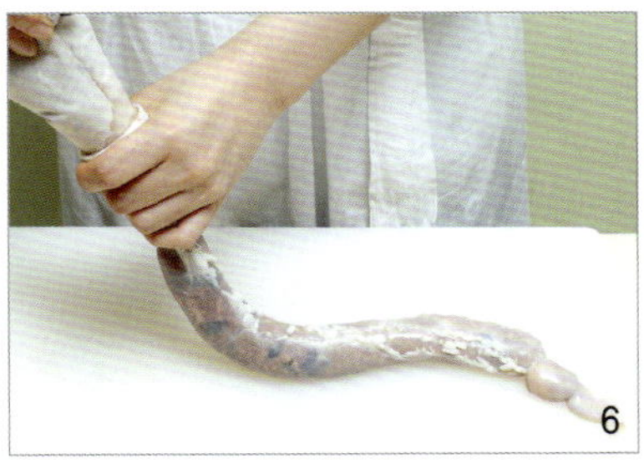
6

6

출 처
강인희, 한국의 맛, 대한교과주식회사, 1993
황혜성 · 한복려 · 한복진, 한국의 전통음식, 교문사, 1994

조리시연자
김동희, 서울특별시 동작구 신대방1동

고문헌
부인필지(순대)

돼지머리편육

재 료

돼지머리고기 240g • 물 2L(10컵) • 생강 10g(2쪽) • 마늘 10g(2쪽) • 소금 약간

양념장 새우젓 30g(2큰술) • 고춧가루 2g(1작은술) • 깨소금 1g(¼작은술) • 다진 파 2g(⅔작은술) • 다진 마늘 4g(⅔작은술)

만드는 법

1. 돼지머리는 찬물에 담가 핏물을 뺀다.
2. 큰 솥에 물을 넉넉히 끓여서 돼지머리를 넣고 다시 끓어오르면 건져서 다시 깨끗이 씻는다.
3. 한 번 데쳐 낸 돼지머리를 담고 충분히 잠기도록 물을 부어서 끓인다. 다시 끓어오르면 소금과 생강, 마늘을 저며 넣고 위에 떠오르는 거품을 가끔 걷어 내면서 불을 줄여 서서히 끓인다.
4. 젓가락으로 찔러 보아 흐물거리지 않을 정도로 익었을 때 꺼내어 뼈를 발라 낸다.
5. 4를 면포에 싸서 도마를 마주 얹고 무거운 돌로 하룻밤 눌러 모양을 굳힌다.
6. 응고가 되어 굳어졌으면 5cm 폭으로 얇게 썰어 양념장과 곁들인다.

1인 분량의 영양가

영양소	열량 (kcal)	단백질 (g)	지질 (g)	당질 (g)	식이섬유 (g)	칼슘 (mg)	나트륨 (mg)	칼륨 (mg)	철분 (mg)
함 량	170.9	13.4	12.4	0.5	0.2	79.7	757.2	82.6	0.8

영양소	아연 (mg)	비타민 A (μg RE)	비타민 B_1 (mg)	비타민 B_2 (mg)	니아신 (mg)	비타민 B_6 (mg)	엽산 (μg)	비타민 C (mg)	비타민 E (mg)
함 량	0.8	9.0	0.1	0.1	1.0	0.4	4.2	0.3	0.2

출 처

황혜성 · 한복려 · 한복진, 한국의 전통음식, 교문사, 1994

농촌진흥청, 농촌 식생활 향상을 위한 식생활 평가 시스템 개발연구 보고서, 2000

사 진

농촌진흥청, 농촌 식생활 향상을 위한 식생활 평가 시스템 개발연구 보고서, 2000

순대 · 편육 · 족편

사태편육

재 료

쇠고기(사태) 240g • 물 1.2L(6컵) • 소금 10g(2/3큰술) • 대파 15g(1/3뿌리) • 마늘 30g(7쪽)

초장 간장 20g(1 1/4큰술) • 식초 8g(2/3큰술) • 물 10mL(2/3큰술) • 설탕 · 잣가루 약간

만드는 법

1. 사태는 힘줄을 따라 길이로 반을 잘라서 찬물에 담가 핏물을 뺀다.
2. 냄비의 물이 끓어오르면 사태를 넣고 삶는다.
3. 국물이 다시 끓어오르면 대파를 크게 썰어 넣고, 마늘은 두세 조각으로 저며서 넣는다. 불을 줄이고 위에 떠오르는 거품을 가끔 걷어 내면서 서서히 끓인다.
4. 2시간 정도 삶아서 고기가 무르게 익으면 소금을 넣어 다시 더 끓여 건져서 김발 위에 젖은 행주를 놓고 건져 낸다. 이것을 굵기가 고르게 원통 모양으로 말아서 끈으로 묶어 두어 모양을 굳힌다.
5. 모양이 둥글게 굳으면 고깃결과 반대 방향으로 얇게 썰어서 그릇에 흐트러지지 않게 담는다.
6. 분량의 재료로 초장을 만들어 함께 낸다.

1인 분량의 영양가

영양소	열량 (kcal)	단백질 (g)	지질 (g)	당질 (g)	식이섬유 (g)	칼슘 (mg)	나트륨 (mg)	칼륨 (mg)	철분 (mg)
함 량	97.1	16.0	38.3	2.3	0.6	12.8	1,456.0	232.8	1.7

영양소	아연 (mg)	비타민 A (μg RE)	비타민 B_1 (mg)	비타민 B_2 (mg)	니아신 (mg)	비타민 B_6 (mg)	엽산 (μg)	비타민 C (mg)	비타민 E (mg)
함 량	2.7	11.1	0.1	0.1	3.3	0.3	6.5	2.4	0.2

출 처

강인희, 한국의 맛, 대한교과서주식회사, 1993
황혜성 · 한복려 · 한복진, 한국의 전통음식, 교문사, 1994

양지머리편육

재 료

쇠고기(양지머리) 240g • 물 1.2L(6컵) • 소금 10g(2/3큰술) • 대파 15g(1/3뿌리) • 마늘 30g(7쪽)

초장 간장 20g(1¼큰술) • 식초 8g(2/3큰술) • 물 10mL(2/3큰술) • 설탕 4g(1작은술) • 잣가루 1g(½작은술)

만드는 법

1. 양지머리는 찬물에 담가 핏물을 빼고 건진다.
2. 냄비의 물이 끓어오르면 양지머리를 넣고 삶는다.
3. 국물이 다시 끓어오르면 대파를 크게 썰어 넣고, 마늘은 두세 조각으로 저며서 넣는다. 불을 줄이고 위에 떠오르는 거품을 가끔 걷어 내면서 서서히 끓인다. 젓가락으로 찔러 보아 흐물거리지 않을 정도로 익었을 때 양지머리를 꺼낸다.
4. 2시간 정도 삶아서 고기가 무르게 익으면 소금을 넣어 다시 더 끓여 건져서 젖은 면포에 편평하게 싸고 위에 도마로 눌러 모양을 반듯하게 만든다.
5. 눌러 놓은 고기를 폭 5cm로 고깃결의 반대 방향으로 얇게 썰어서 그릇에 흐트러지지 않게 담는다.
6. 분량의 재료로 초장을 만들어 함께 낸다.

1인 분량의 영양가

영양소	열량 (kcal)	단백질 (g)	지질 (g)	당질 (g)	식이섬유 (g)	칼슘 (mg)	나트륨 (mg)	칼륨 (mg)	철분 (mg)
함 량	123.9	14.1	5.7	3.4	0.6	12.0	1,168.7	221.4	1.6
영양소	아연 (mg)	비타민 A (μg RE)	비타민 B_1 (mg)	비타민 B_2 (mg)	나아신 (mg)	비타민 B_6 (mg)	엽산 (μg)	비타민 C (mg)	비타민 E (mg)
함 량	1.5	15.1	0.1	0.1	3.2	0.2	5.1	2.7	0.2

출 처

정순자, 한국조리, 신광출판사, 1990
강인희, 한국의 맛, 대한교과서주식회사, 1993
황혜성 · 한복려 · 한복진, 한국의 전통음식, 교문사, 1994

족편

재 료

우족 2kg(1개) • 쇠고기(사태) 500g • 생강 50g • 마늘 20g(5쪽) • 양파 160g(1개) • 달걀 50g(1개) • 석이버섯 5g(5장) • 대파 20g(½뿌리) • 실고추 · 후춧가루 · 생강즙 · 다진 마늘 약간

초간장 간장 34g(2큰술) • 식초 14g(1큰술) • 물 15mL(1큰술) • 잣가루 2g(1작은술)

만드는 법

1. 우족은 토막을 내어 물에 담가 핏물을 빼고 끓는 물에 살짝 끓여 내어 깨끗이 씻는다. 생강, 마늘, 양파, 사태를 함께 넣고 끓이면서 가끔 기름을 걷어 내고 뼈가 빠지도록 6~7시간 정도 푹 삶는다. 사태가 푹 무르면 먼저 꺼낸다.
2. 충분히 삶아지면 뼈를 추려 내어 국물은 체로 거른 다음, 고기는 지저분한 것을 떼어 내고 곱게 다진다.
3. 달걀은 흰자와 노른자를 나누어 얇게 지단을 부쳐 가늘게 채 썰고(3×0.1×0.1cm), 석이버섯은 더운물에 불려 깨끗이 손질하여 곱게 채 썬다.
4. 실고추는 3cm 정도로 잘라 놓고, 대파잎도 3cm 정도로 채 썬다.
5. 다진 고기는 소금, 후춧가루, 다진 마늘, 생강즙을 넣고 양념하여 국물과 함께 끓이면서 눌지 않도록 약한 불에서 서서히 끓인다.
6. 네모난 그릇에 두께 2cm 정도로 붓고, 윗면이 약간 굳으면 황백지단채, 석이버섯채, 대파잎, 실고추를 예쁘게 얹고 차게 하여 완전히 굳힌다.
7. 묵처럼 굳으면 먹기 좋은 크기로 썰어 초간장이나 겨자장을 곁들인다.

참고사항

이 재료의 분량은 20인분이다.

1인 분량의 영양가

영양소	열량 (kcal)	단백질 (g)	지질 (g)	당질 (g)	식이섬유 (g)	칼슘 (mg)	나트륨 (mg)	칼륨 (mg)	철분 (mg)
함 량	176.0	23.8	22.6	2.0	0.5	16.3	515.9	130.3	1.0
영양소	아연 (mg)	비타민 A (μg RE)	비타민 B_1 (mg)	비타민 B_2 (mg)	니아신 (mg)	비타민 B_6 (mg)	엽산 (μg)	비타민 C (mg)	비타민 E (mg)
함 량	9.2	8.2	0.0	0.1	1.5	0.6	15.1	1.6	0.2

출 처

정순자, 한국조리, 신광출판사, 1990
강인희, 한국의 맛, 대한교과서주식회사, 1993
황혜성 · 한복려 · 한복진, 한국의 전통음식, 교문사, 1994
신승미 외, 한국 전통음식 전문가들이 재현한 우리 고유의 상차림, 교문사, 2005

미역쌈

재 료

생미역 200g • 쑥갓 30g

초고추장 고추장 40g(2¼컵) • 식초 20g(1½큰술) • 설탕 17g(1⅓큰술) • 다진 파 6g(2작은술) • 다진 마늘 8g(⅔큰술)

만드는 법

1. 생미역은 뿌리 부분을 떼어 내고 물에 여러 번 헹구어 물기를 뺀다.
2. 냄비에 물을 넉넉히 끓여 미역을 넣고 살짝 데쳐 내어 바로 찬물에 헹구어서 건진다.
3. 양념을 모두 섞어 초고추장을 만든다.
4. 쑥갓을 접시에 깔고 미역을 담아 초고추장과 함께 곁들인다.

1인 분량의 영양가

영양소	열량 (kcal)	단백질 (g)	지질 (g)	당질 (g)	식이섬유 (g)	칼슘 (mg)	나트륨 (mg)	칼륨 (mg)	철분 (mg)
함 량	52.1	2.0	0.4	10.8	3.1	61.1	667.2	600.9	1.2
영양소	아연 (mg)	비타민 A (μg RE)	비타민 B_1 (mg)	비타민 B_2 (mg)	니아신 (mg)	비타민 B_6 (mg)	엽산 (μg)	비타민 C (mg)	비타민 E (mg)
함 량	0.1	195.5	0.1	0.1	0.9	0.2	93.1	9.7	0.9

출 처
황혜성 · 한복려 · 한복진, 한국의 전통음식, 교문사, 1994

상추쌈

재 료

상추 200g(30장)

쌈장 된장 40g(2¼큰술) • 고추장 10g(1큰술) • 풋고추 7g(½개) • 양파 10g • 깨소금 1g(⅓작은술) • 참기름 1g(¼작은술)

만드는 법

1. 상추는 깨끗이 씻어 물기를 뺀다.
2. 풋고추와 양파는 잘게 다진 후 갖은 양념과 섞어 쌈장을 만든다.
3. 상추와 쌈장을 곁들인다.

1인 분량의 영양가

영양소	열량 (kcal)	단백질 (g)	지질 (g)	당질 (g)	식이섬유 (g)	칼슘 (mg)	나트륨 (mg)	칼륨 (mg)	철분 (mg)
함 량	35.4	2.1	1.0	4.9	1.5	40.3	474.9	218.1	0.8
영양소	**아연 (mg)**	**비타민 A (µg RE)**	**비타민 B_1 (mg)**	**비타민 B_2 (mg)**	**니아신 (mg)**	**비타민 B_6 (mg)**	**엽산 (µg)**	**비타민 C (mg)**	**비타민 E (mg)**
함 량	0.2	145.1	0.0	0.1	0.5	0.2	50.2	10.0	0.5

출 처

서울특별시 교육청, 중 · 고등학생을 위한 학교 급식 표준식단, 2002

재치영양사, www.yori.co.kr/, 2006

고문헌

시의전서(상추쌈), 조선요리제법(상치쌈), 조선무쌍신식요리제법(상치쌈)

1인 분량(50g)의 영양가

영양소	열량 (kcal)	단백질 (g)	지질 (g)	당질 (g)	식이섬유 (g)	칼슘 (mg)	나트륨 (mg)
함량	4.0	0.4	0.1	1.1	0.4	16.5	722.0
영양소	칼륨 (mg)	철분 (mg)	비타민 A (μg RE)	비타민 B_1 (mg)	비타민 B_2 (mg)	니아신 (mg)	비타민 C (mg)
함량	51.5	0.2	8.5	0.0	0.0	0.1	0.0

자료 : 농촌자원개발연구소, 메뉴젠, www.rrdi.go.kr/MenuGen/, 2006

오이장아찌

재료

오이 750g(5개) • 소금 87g($\frac{2}{3}$컵)

양념장 간장 230g(1컵) • 물 200mL(1컵) • 설탕 150g(1컵) • 대파 10g($\frac{1}{4}$뿌리) • 통마늘 12g(3쪽)

무침 양념 설탕 6g($\frac{1}{2}$큰술) • 간장 6g(1작은술) • 깨소금 2g($\frac{1}{2}$작은술) • 고춧가루 2g(1작은술) • 참기름 2g($\frac{1}{2}$작은술)

만드는 법

1. 오이는 소금에 2일간(여름에는 하루) 절인 다음 면포에 싸서 돌로 눌러 놓아 물기를 뺀다.
2. 물기가 완전히 빠지면 냄비에 간장, 물, 설탕, 어슷썬 대파와 저민 마늘을 넣어 끓여 식힌 후 절인 오이에 붓는다. 1주일 후 간장을 따라 내어 끓여 식혀서 다시 붓는다. 1주일 간격으로 이렇게 끓여 붓기를 3~4번 반복한다.
3. 한 번에 먹을 분량씩 꺼내어 원 모양으로 얇게 썰어 설탕, 간장, 깨소금, 고춧가루, 참기름에 무쳐 먹는다.

1

2

2

3

출처
황혜성 · 한복려 · 한복진, 한국의 전통음식, 교문사, 1994

조리시연자
김동희, 서울특별시 동작구 신대방1동

고문헌
시의전서(외장아찌), 조선요리제법(외장아찌), 조선무쌍신식요리제법(외장아찌)

장아찌

가지장아찌

재 료

가지 1kg(소 10개) • 소금 약간

양념 간장 460g(2컵) • 식초 70g(5큰술) • 설탕 60g(5큰술) • 마늘 20g(5쪽) • 생강 10g(2쪽) • 마른 고추 10g(2개)

만드는 법

1. 가지는 되도록 작은 것으로 골라서 오이소박이 담듯이 양끝을 붙인 채 가운데에 칼집을 넣어 소금을 약간 넣은 끓는 물에 살짝 데쳐 내어 채반에 건져서 면포에 차곡차곡 싸서 무거운 것으로 눌러 물기를 빼고 항아리나 병에 담는다.
2. 마늘과 생강은 납작하게 저미고, 마른 고추는 씨를 빼고 어슷하게 썰어 냄비에 간장, 식초, 설탕물을 끓여서 식혀 1의 항아리에 붓고 떠오르지 않게 위를 돌이나 접시로 눌러 둔다.
3. 4일 후에 다시 간장물을 쏟아 내고 끓여 식혀서 붓고, 5일 후에 마찬가지로 끓여 붓는다. 졸아들어 지나치게 짜면 물을 조금 넣어 끓인다.
4. 상에 낼 때는 폭 1cm 정도로 썰어서 참기름, 설탕, 깨소금으로 무친다.

1인 분량(25g)의 영양가

영양소	열량 (kcal)	단백질 (g)	지질 (g)	당질 (g)	식이섬유 (g)	칼슘 (mg)	나트륨 (mg)	칼륨 (mg)	철분 (mg)
함 량	25.0	13.9	0.9	2.6	0.5	7.5	539.8	89.2	0.3

영양소	아연 (mg)	비타민 A (μg RE)	비타민 B_1 (mg)	비타민 B_2 (mg)	니아신 (mg)	비타민 B_6 (mg)	엽산 (μg)	비타민 C (mg)	비타민 E (mg)
함 량	0.1	10.5	0.0	0.0	0.2	0.0	5.1	0.9	0.1

출 처

정순자, 한국조리, 신광출판사, 1990

강인희, 한국의 맛, 대한교과서주식회사, 1993

황혜성 · 한복려 · 한복진, 한국의 전통음식, 교문사, 1994

고추장아찌

재 료

풋고추 600g • 소금 60g(3⅓큰술) • 물 600mL(3컵) • 간장(또는 고추장) 460g(2컵) • 참기름 · 설탕 · 다진 파 · 다진 마늘 적량

만드는 법

1. 풋고추는 크고 상처가 없는 것으로 골라 씻어서 꼭지를 1cm 정도 남기고 자른다.
2. 소금물에 고추를 넣어 떠오르지 못하게 대발이나 접시를 얹어서 2주일 정도 두어 노랗게 삭힌다.
3. 삭은 고추는 건져서 물기를 거두어서 간장을 부어 위에 돌이나 작은 접시 등으로 눌러 두거나 고추장에 박아서 2주일 이상 둔다.
4. 먹을 때는 고추를 잘게 썰어서 참기름, 설탕, 다진 파, 다진 마늘을 넣어 무쳐 먹는다.

1인 분량(25g)의 영양가

영양소	열량 (kcal)	단백질 (g)	지질 (g)	당질 (g)	식이섬유 (g)	칼슘 (mg)	나트륨 (mg)
함 량	13.5	0.8	0.3	3.7	1.1	8.8	480.5

영양소	칼륨 (mg)	철분 (mg)	비타민 A (μg RE)	비타민 B_1 (mg)	비타민 B_2 (mg)	니아신 (mg)	비타민 C (mg)
함 량	57.8	0.6	80.5	0.0	0.0	1.3	0.0

자료 : 농촌자원개발연구소, 메뉴젠, www.rrdi.go.kr/MenuGen/, 2006

출 처

황혜성 · 한복려 · 한복진, 한국의 전통음식, 교문사, 1994

장아찌

깻잎장아찌

재 료

깻잎 320g(200장) • 마늘 40g(10쪽) • 생강 20g(5쪽) • 간장 460g(2컵) • 설탕 75g(½컵) • 통깨 12g(2큰술) • 실고추 약간

만드는 법

1. 깻잎을 씻어 건져 물기를 닦아서 김이 많이 오르는 찜통에 넣어 잠깐씩 쪄 내어 채반에 꺼낸다.
2. 마늘과 생강을 씻어서 가늘게 채 썰어서 양념장을 만든다.
3. 찐 깻잎을 한 장씩 펴고 양념장을 발라서 여섯 장씩 겹쳐서 한 묶음으로 하여 저장용 용기에 켜켜로 담고 남은 간장을 부어 작은 접시 등으로 눌러서 하루쯤 둔다. 열흘 이상 둘 때에는 3일에 한 번씩 간장을 따라서 끓여 식힌 후에 부어 둔다(3~4회 반복하면 좋다).

1인 분량(15g)의 영양가

영양소	열량 (kcal)	단백질 (g)	지질 (g)	당질 (g)	식이섬유 (g)	칼슘 (mg)	나트륨 (mg)	칼륨 (mg)	철분 (mg)
함 량	8.3	0.7	0.1	1.4	0.9	23.5	232.2	50.2	0.4
영양소	아연 (mg)	비타민 A (µg RE)	비타민 B_1 (mg)	비타민 B_2 (mg)	니아신 (mg)	비타민 B_6 (mg)	엽산 (µg)	비타민 C (mg)	비타민 E (mg)
함 량	0.1	163.8	0.0	0.0	0.2	0.0	10.2	5.8	0.4

자료 : 농촌진흥청, 농촌 식생활 향상을 위한 식생활 평가 시스템 개발연구 보고서, 2000

출 처

강인희, 한국의 맛, 대한교과서주식회사, 1993
황혜성 · 한복려 · 한복진, 한국의 전통음식, 교문사, 1994

장아찌

마늘장아찌

재 료

통마늘 1.5kg(50개) • 식초 400g(2컵) • 설탕 150g(1컵) • 물 1L(5컵)

소금물 소금 130g(1컵) • 물 2L(10컵)

만드는 법

1. 연한 통마늘을 구하여 껍질을 한 켜 벗기고 마늘대가 조금 남게 잘라서 소금물에 넣어 일주일 정도 삭힌다.
2. 삭힌 통마늘을 건져서 물기를 닦고 항아리나 병에 차곡차곡 담는다.
3. 식초, 설탕, 물 5컵을 냄비에 담고 끓여 식혀서 마늘 담은 항아리에 붓고 떠오르지 않게 눌러 둔다. 열흘마다 국물을 따라 내어 끓여서 식힌 다음 붓는다.
4. 두 달 정도 되면 먹기 시작하여 일년 내내 두고 먹을 수 있다.

1인 분량(25g)의 영양가

영양소	열량 (kcal)	단백질 (g)	지질 (g)	당질 (g)	식이섬유 (g)	칼슘 (mg)	나트륨 (mg)
함 량	13.3	1.0	0.1	2.9	0.2	8.0	567.3
영양소	칼륨 (mg)	철분 (mg)	비타민 A (μg RE)	비타민 B_1 (mg)	비타민 B_2 (mg)	니아신 (mg)	비타민 C (mg)
함 량	80.8	0.2	0.0	0.0	0.0	0.1	0.0

자료 : 농촌자원개발연구소, 메뉴젠, www.rrdi.go.kr/MenuGen/, 2006

출 처

강인희, 한국의 맛, 대한교과서주식회사, 1993
황혜성 · 한복려 · 한복진, 한국의 전통음식, 교문사, 1994

장아찌

마늘종장아찌

재 료

마늘종 1kg

소금물 소금 65g(½컵) • 물 800mL(4컵)

양념장 식초 200g(1컵) • 설탕 75g(½컵) • 물 600mL(3컵) • 소금 2큰술

만드는 법

1. 연한 마늘종을 골라서 끝의 억센 부분은 잘라 내고 열 가닥 정도를 한 묶음씩 묶어서 소금물을 부어 절인다.
2. 절인 마늘종 한 묶음씩을 둥근 타래로 하여 항아리나 병에 담는다.
3. 양념장 재료를 냄비에 담고 끓여 식혀 마늘종 담은 항아리에 붓고 떠오르지 않게 위를 돌이나 접시로 눌러 둔다.
4. 보름쯤 두어 노랗게 삭으면 꺼내어 채반에 널어 꾸덕꾸덕하게 말려서 고추장에 다시 박거나 4cm 정도로 썰어서 고추장, 설탕, 참기름, 깨소금 등을 넣어 고루 무친다.

1인 분량(25g)의 영양가

영양소	열량 (kcal)	단백질 (g)	지질 (g)	당질 (g)	식이섬유 (g)	칼슘 (mg)	나트륨 (mg)
함 량	28.3	0.5	0.2	7.6	0.6	6.0	452.3
영양소	칼륨 (mg)	철분 (mg)	비타민 A (μg RE)	비타민 B_1 (mg)	비타민 B_2 (mg)	니아신 (mg)	비타민 C (mg)
함 량	48.3	0.2	37.3	0.0	0.0	0.2	1.0

자료 : 농촌자원개발연구소, 메뉴젠, www.rrdi.go.kr/MenuGen/, 2006

출 처

황혜성 · 한복려 · 한복진, 한국의 전통음식, 교문사, 1994

장아찌

무장아찌

재 료

무 1.4kg(2개) • 고추장 적량

양념장 간장 115g(½컵) • 설탕 150g(1컵) • 물엿 290g(1컵) • 식초 100g(½컵) • 청주 120g(8큰술)

만드는 법

1. 무는 길이로 잘라 2~4등분하고 분량의 양념을 끓여 식혀 놓는다.
2. 무를 단지에 넣고 망을 씌워 돌로 눌러 준 후 식힌 양념장을 붓는다.
3. 한 달 후에 간장에서 꺼낸 후 자루에 넣어 2개월 정도 고추장에 박아서 보관한다.
4. 먹을 때 꺼내서 잘게 썰거나 채 썰어서 갖은 양념에 무쳐 낸다.

1인 분량(25g)의 영양가

영양소	열량 (kcal)	단백질 (g)	지질 (g)	당질 (g)	식이섬유 (g)	칼슘 (mg)	나트륨 (mg)
함량	21.8	0.5	0.1	5.4	0.2	11.8	424.8
영양소	칼륨 (mg)	철분 (mg)	비타민 A (μg RE)	비타민 B_1 (mg)	비타민 B_2 (mg)	니아신 (mg)	비타민 C (mg)
함량	78.3	0.2	2.0	0.0	0.0	0.1	1.0

자료 : 농촌자원개발연구소, 메뉴젠, www.rrdi.go.kr/MenuGen/, 2006

출 처

남양주시 향토음식연구회, 전통음식 맥잇기 활동 보고서, 1998

고문헌

조선요리제법(무장아찌)

1인 분량(15g)의 영양가(명란젓)

영양소	열량 (kcal)	단백질 (g)	지질 (g)	당질 (g)	식이섬유 (g)	칼슘 (mg)	나트륨 (mg)
함량	18.0	3.1	0.5	0.4	0.0	4.2	529.7

영양소	칼륨 (mg)	철분 (mg)	비타민 A (μg RE)	비타민 B_1 (mg)	비타민 B_2 (mg)	니아신 (mg)	비타민 C (mg)
함량	61.5	0.2	9.9	0.1	0.1	1.3	0.0

젓갈 · 식해

명란젓(무침)

재 료

명란젓 명란 600g • 고춧가루 15g(3큰술) • 다진 마늘 24g(2큰술) • 소금 72g(4큰술)

명란젓무침(상에 낼 때) 명란젓 50g

양념 붉은 고추 7g(½개) • 풋고추 8g(½개) • 다진 파 2g(½작은술) • 다진 마늘 2g(¼작은술) • 설탕 1g (¼작은술) • 참기름 4g(1작은술) • 깨소금 2g(½작은술)

만드는 법

명란젓

1. 명란은 싱싱하고 알이 터지지 않은 것을 고른다.
2. 소금물에 담가 살살 헹궈 채반에 놓아 물을 뺀 다음 고춧가루, 다진 마늘, 소금을 같이 섞어서 명란에 버무린다.
3. 작은 항아리에 2를 차곡차곡 담아, 그 위에 소금을 두껍게 뿌려 살짝 눌러 놓았다가 며칠 뒤에 꺼내 먹는다.

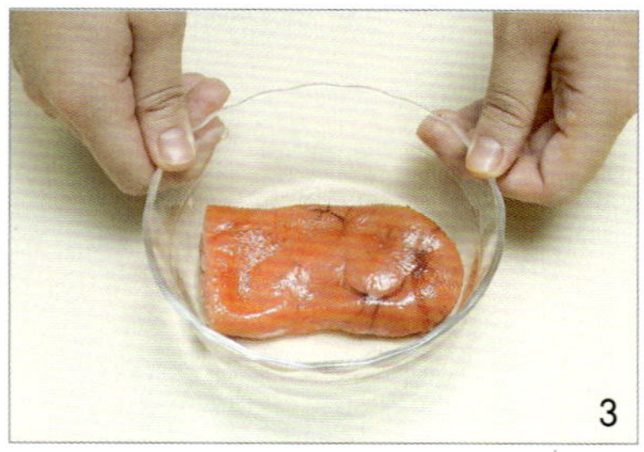

3

명란젓무침

4. 명란젓은 먹기 좋은 크기로 자른다.
5. 붉은 고추와 풋고추를 씨를 제거하여 다지고 다진 파, 다진 마늘, 설탕, 참기름, 깨소금을 넣고 양념을 만든다.
6. 명란젓에 양념장을 넣고 무친다.

5

6

1인 분량의 영양가(명란젓무침)

영양소	열량 (kcal)	단백질 (g)	지질 (g)	당질 (g)	식이섬유 (g)	칼슘 (mg)	나트륨 (mg)	칼륨 (mg)	철분 (mg)
함 량	29.6	2.8	1.7	0.9	0.4	10.6	457.5	66.1	0.3

영양소	아연 (mg)	비타민 A (μg RE)	비타민 B_1 (mg)	비타민 B_2 (mg)	니아신 (mg)	비타민 B_6 (mg)	엽산 (μg)	비타민 C (mg)	비타민 E (mg)
함 량	0.3	31.4	0.1	0.1	1.2	0.1	1.8	3.7	1.5

출 처
강인희, 한국의 맛, 대한교과서주식회사, 1993
황혜성 · 한복려 · 한복진, 한국의 전통음식, 교문사, 1994

조리시연자
김동희, 서울특별시 동작구 신대방1동

고문헌
조선요리제법(명란젓), 조선무쌍신식요리제법(명란해 : 明卵醢)

1인 분량(15g)의 영양가(조개젓)

영양소	열량 (kcal)	단백질 (g)	지질 (g)	당질 (g)	식이섬유 (g)	칼슘 (mg)	나트륨 (mg)
함 량	12.2	2.4	0.1	0.3	0.0	10.7	1,845.8
영양소	칼륨 (mg)	철분 (mg)	비타민 A (μg RE)	비타민 B_1 (mg)	비타민 B_2 (mg)	니아신 (mg)	비타민 C (mg)
함 량	43.4	1.3	4.5	0.0	0.1	1.0	0.0

자료 : 농촌자원개발연구소, 메뉴젠, www.rrdi.go.kr/MenuGen/, 2006

젓갈 · 식해

조개젓(무침)

재 료

조개젓 조갯살 1kg(5컵) • 소금 130g(1컵)

조개젓무침(상에 낼 때) 조개젓 100g(½컵)

양념 붉은 고추 7g(½개) • 풋고추 8g(½개) • 다진 파 3g(1작은술) • 다진 마늘 3g(½작은술) • 설탕 1g(¼작은술) • 참기름 4g(1작은술) • 식초 5g(1작은술) • 깨소금 2g(½작은술)

만드는 법

조개젓

1. 조갯살에 소금을 약간 뿌려 소쿠리에 밭쳐 조개국물을 받아 놓는다.
2. 받아 놓은 조개국물을 끓이면서 거품과 불순물을 걷어 내고, 완전히 끓인 다음에 식힌다.
3. 조갯살을 그릇에 담아 분량의 소금을 살살 섞어 식혀 놓은 조개국물을 붓고 항아리에 담는다.
4. 비닐을 항아리 지름 크기만큼 잘라 조개 위에 덮고 항아리 위를 한지로 봉하고 뚜껑을 덮는다.

조개젓무침

5. 붉은 고추와 풋고추를 씨를 제거하여 다지고 다진 파, 다진 마늘, 설탕, 참기름, 식초, 깨소금을 넣고 양념을 만든다.
6. 조개젓에 양념을 넣고 고루 무친다.

5

6

출 처
강인희, 한국의 맛, 대한교과서주식회사, 1993

정보제공자
김희연, 경기도 시흥시 방산동

조리시연자
김동희, 서울특별시 동작구 신대방1동

고문헌
조선요리제법(조개젓), 조선무쌍신식요리제법(합해 : 蛤醢)

1인 분량의 영양가(조개젓무침)

영양소	열량 (kcal)	단백질 (g)	지질 (g)	당질 (g)	식이섬유 (g)	칼슘 (mg)	나트륨 (mg)	칼륨 (mg)	철분 (mg)
함 량	32.5	2.8	1.6	1.5	0.4	36.8	1,344.5	109.3	2.0
영양소	아연 (mg)	비타민 A (μg RE)	비타민 B_1 (mg)	비타민 B_2 (mg)	니아신 (mg)	비타민 B_6 (mg)	엽산 (μg)	비타민 C (mg)	비타민 E (mg)
함 량	0.4	47.9	0.0	0.1	0.5	0.0	5.2	4.2	0.9

게장(꽃게장)

재 료

꽃게 1kg(3마리) • 간장 120g(½컵) • 붉은 고추 15g(1개) • 풋고추 30g(2개) • 실파 30g

양념 고춧가루 20g(4큰술) • 다진 마늘 12g(1큰술) • 다진 생강 5g(½큰술) • 설탕 6g(½큰술) • 통깨 3g(1큰술)

만드는 법

1. 살아 있는 꽃게로 들어 보아 묵직하고 다리가 모두 붙어 있는 것으로 골라서 솔로 문질러서 닦는다.
2. 게딱지를 열고 딱지 안의 장은 그릇에 모으고 아가미와 모래주머니는 떼어 내고 다리의 끝마디는 잘라 낸다.
3. 몸통을 반으로 가르고 다리를 붙인 채로 세 토막 정도로 나누어 간장을 부어 가끔 뒤적이면서 한 시간 정도 절인다.
4. 고추는 갈라서 씨를 빼고 어슷하게 채 썰고, 실파는 다듬어서 4cm 길이로 썬다.
5. 게에 간이 배면 간장을 그릇에 쏟고 고춧가루, 다진 파, 다진 마늘 등의 재료를 모두 합하여 섞는다. 이어서 고추, 실파와 꽃게 토막을 넣어서 고루 무쳐서 바로 먹기도 하나 하루쯤 두는 편이 고루 간이 들어 맛이 있다.

1인 분량(58g)의 영양가

영양소	열량 (kcal)	단백질 (g)	지질 (g)	당질 (g)	식이섬유 (g)	칼슘 (mg)	나트륨 (mg)	칼륨 (mg)	철분 (mg)
함 량	70.4	9.6	2.7	1.4	0.7	44.5	530.7	220.3	0.8
영양소	아연 (mg)	비타민 A (μg RE)	비타민 B_1 (mg)	비타민 B_2 (mg)	니아신 (mg)	비타민 B_6 (mg)	엽산 (μg)	비타민 C (mg)	비타민 E (mg)
함 량	0.8	46.3	0.0	0.1	2.2	0.1	9.8	3.6	0.9

자료 : 농촌자원개발연구소, 메뉴젠, www.rrdi.go.kr/MenuGen/, 2006

출 처

황혜성 · 한복려 · 한복진, 한국의 전통음식, 교문사, 1994

꼴뚜기젓

재 료

꼴뚜기 1kg • 소금 43g(1/3컵) • 고춧가루 40g(1/2컵) • 다진 파 60g(1/2컵) • 다진 마늘 48g(4큰술) • 다진 생강 20g(2큰술)

만드는 법

1. 항아리 바닥에 소금을 충분히 뿌리고 꼴뚜기를 한 켜 나란히 늘어 놓는다. 다시 그 위에 소금을 뿌리고 꼴뚜기를 켜켜이 담는다.
2. 맨 위에는 소금을 넉넉하게 뿌리고 뚜껑을 덮은 다음 그늘진 곳에 놓고 삭힌다.
3. 3개월 정도 지난 다음 꼴뚜기를 건져서 씻고 먹통과 내장을 빼낸 뒤 다진 파, 다진 마늘, 다진 생강을 넣고 무쳐 항아리에 담아 두고 먹는다.
4. 먹을 때는 식초, 깨소금, 참기름 등을 넣고 고루 무친다. 채 썬 무를 소금에 절였다가 꼭 짜서 함께 무치기도 한다.

1인 분량(15g)의 영양가

영양소	열량 (kcal)	단백질 (g)	지질 (g)	당질 (g)	식이섬유 (g)	칼슘 (mg)	나트륨 (mg)
함 량	13.2	2.4	0.3	0.0	0.0	16.5	215.4

영양소	칼륨 (mg)	철분 (mg)	비타민 A (μg RE)	비타민 B_1 (mg)	비타민 B_2 (mg)	니아신 (mg)	비타민 C (mg)
함 량	0.4	0.8	0.0	0.0	0.0	0.5	0.0

자료 : 농촌자원개발연구소, 메뉴젠, www.rrdi.go.kr/MenuGen/, 2006

출 처

황혜성, 한국의 요리 2, 대학당, 1993

고문헌

조선무쌍신식요리제법(꼴뚜기젓)

멸치젓

재 료

멸치 15kg • 소금 2kg(15컵)

소금물 소금 260g(2컵) • 물 4L(20컵)

만드는 법

1. 소금물에 멸치를 깨끗이 헹궈 건져 놓고 굵은 소금을 항아리 밑에 깐 다음 멸치를 굵은 소금에 버무려 항아리에 담는다.
2. 담아 놓은 멸치를 위에 소금을 가득 덮고 소금물(소금 2컵, 물 20컵)을 끓여 식혀 부은 다음 대나무를 얼기설기 얹는다.
3. 2의 위에 비닐을 항아리 지름 크기로 잘라 덮고, 소독한 돌을 얹어 항아리를 잘 봉해서 장독대에 내놓는다.
4. 석 달 이상 그대로 두어 충분히 삭으면 젓국은 그대로 쓰거나 또는 달여서 식혀 김치 버무릴 때 넣는다. 잘게 썰어 양념하여 밥 반찬으로도 한다.

1인 분량(15g)의 영양가

영양소	열량 (kcal)	단백질 (g)	지질 (g)	당질 (g)	식이섬유 (g)	칼슘 (mg)	나트륨 (mg)
함 량	25.1	2.1	1.7	0.1	0.0	88.8	1,773.9
영양소	칼륨 (mg)	철분 (mg)	비타민 A (μg RE)	비타민 B_1 (mg)	비타민 B_2 (mg)	니아신 (mg)	비타민 C (mg)
함 량	36.2	0.8	9.0	0.0	0.0	0.9	0.0

자료 : 농촌자원개발연구소, 메뉴젠, www.rrdi.go.kr/MenuGen/, 2006

출 처

강인희, 한국의 맛, 대한교과서주식회사, 1993
황혜성 · 한복려 · 한복진, 한국의 전통음식, 교문사, 1994

고문헌

도문대작(멸치젓), 조선요리제법(멸치젓)

젓갈 · 식해

새우젓

재 료

새우 1kg • 소금 130g(1컵)

만드는 법

1. 빛깔이 흰 생새우를 물에 3~4번 깨끗이 헹구어 소쿠리에 건져 물기를 뺀다.
2. 항아리에 소금을 한 켜 깔고 새우를 소금에 버무려 넣는다. 그 위에 소금을 넉넉히 넣고 잘 봉해서 서늘하고 어두운 곳에 둔다. 김치를 담글 때 사용할 새우젓은 2주일 이상 두어 새우의 모양이 뭉그러질 정도로 푹 삭아야 제 맛이 난다.

1인 분량(15g)의 영양가

영양소	열량 (kcal)	단백질 (g)	지질 (g)	당질 (g)	식이섬유 (g)	칼슘 (mg)	나트륨 (mg)
함 량	6.5	1.1	0.0	0.2	0.0	49.5	975.8
영양소	칼륨 (mg)	철분 (mg)	비타민 A (μg RE)	비타민 B_1 (mg)	비타민 B_2 (mg)	니아신 (mg)	비타민 C (mg)
함 량	67.7	0.2	7.8	0.0	0.0	0.1	0.0

자료 : 농촌자원개발연구소, 메뉴젠, www.rrdi.go.kr/MenuGen/, 2006

출 처

이승교, 경기 지역 향토음식 조사, 수원대학교 논문집 10권, 1992

황혜성 · 한복려 · 한복진, 한국의 전통음식, 교문사, 1994

고문헌

조선요리제법(새우젓), 조선무쌍신식요리제법(백하해 : 白鰕醢)

젓갈 · 식해

어리굴젓

재 료

생굴 1.8kg • 찰밥 210g(1공기) • 고춧가루 80g(1컵) • 생강채 1큰술 • 마늘채 2큰술 • 파채 1큰술 • 소금 90g(⅔컵)

만드는 법

1. 찰밥을 분쇄기에 넣고 갈다가 고운 고춧가루를 빨갛게 넣고 다시 간다. 되직한 죽이 되면 생강채, 마늘채, 파채를 넣고 소금을 넣어 간을 맞춘다.
2. 굴은 소금물에 씻어서 깨끗하게 하여 소쿠리에 건져 소금을 뿌려 둔다.
3. 1의 양념에 굴을 넣고 살살 섞어 항아리에 담고 서늘한 곳에 두어 2~3일 후부터 먹기 시작하여 열흘을 넘지 않도록 한다.

참고사항

- 굴은 싱싱하며, 너무 크지 않은 것이 좋다.
- 상에 올릴 때는 기호에 따라 무채, 배채를 썰어 넣기도 한다.
- 찹쌀풀을 넣어 어리굴젓을 담그면 굴송이가 흐트러지지 않고 겉물이 돌지 않으며, 맛이 더욱 좋다.

1인 분량(15g)의 영양가

영양소	열량 (kcal)	단백질 (g)	지질 (g)	당질 (g)	식이섬유 (g)	칼슘 (mg)	나트륨 (mg)
함 량	14.3	1.3	0.4	1.2	0.0	29.4	356.1
영양소	칼륨 (mg)	철분 (mg)	비타민 A (μg RE)	비타민 B_1 (mg)	비타민 B_2 (mg)	니아신 (mg)	비타민 C (mg)
함 량	32.0	1.3	1.4	0.0	0.0	0.5	0.2

자료 : 농촌자원개발연구소, 메뉴젠, www.rrdi.go.kr/MenuGen/, 2006

출 처

강인희, 한국의 맛, 대한교과서주식회사, 1993
황혜성 · 한복려 · 한복진, 한국의 전통음식, 교문사, 1994

젓갈 · 식해

오징어젓

재 료

오징어 1kg(3마리) • 소금 90g(⅔컵) • 무 300g(⅓개)

양념장 소금 20g(1큰술) • 고운 고춧가루 30g(6큰술) • 통마늘 30g(1통) • 다진 생강 20g(1톨) • 대파 60g(2뿌리)

만드는 법

1. 오징어는 껍질이 검고 투명한 것으로 골라 소금물에 깨끗이 씻은 뒤 몸통과 다리를 갈라 ⅔ 분량의 소금을 뿌려 둔다.
2. 오징어의 몸통은 반으로 갈라서 폭 0.7cm 정도로 채 썰고 다리 끝은 잘라 내고 5cm 길이로 썬다.
3. 무는 4cm 토막을 내어 굵게 채 썰고(0.3cm), 나머지는 소금으로 절여 숨이 죽으면 물기를 꼭 짠다.
4. 대파, 마늘, 생강은 모두 곱게 채 썰어(0.1cm) 오징어채와 절인 무를 합하여 소금과 고춧가루를 넣어 양념하여 작은 항아리나 용기에 담고 서늘한 곳에 두어 일주일 후부터 먹기 시작한다.

1인 분량(15g)의 영양가

영양소	열량 (kcal)	단백질 (g)	지질 (g)	당질 (g)	식이섬유 (g)	칼슘 (mg)	나트륨 (mg)
함 량	11.6	2.1	0.1	0.3	0.0	20.9	586.1
영양소	칼륨 (mg)	철분 (mg)	비타민 A (μg RE)	비타민 B_1 (mg)	비타민 B_2 (mg)	니아신 (mg)	비타민 C (mg)
함 량	3.5	0.2	0.0	0.0	0.0	0.3	0.0

자료 : 농촌자원개발연구소, 메뉴젠, www.rrdi.go.kr/MenuGen/, 2006

출 처
황혜성 · 한복려 · 한복진, 한국의 전통음식, 교문사, 1994

조기젓

재 료

조기 15kg(50마리) • 굵은 소금 2kg

소금물 물 4L(20컵) • 소금 260g(2컵)

만드는 법

1. 조기가 많이 날 때 신선한 조기를 골라 비늘은 긁지 말고 연한 소금물에 씻어 물기를 뺀다.
2. 조기의 입과 아가미에 굵은 소금을 가득 넣고 항아리 밑에 소금을 깐 다음 조기가 겹치지 않게 나란히 놓은 뒤 그 위에 조기가 보이지 않을 정도로 굵은 소금을 더 넣는다. 이 과정을 반복해서 항아리에 70% 정도 담은 다음 대나무 쪼갠 것을 소독해서 얼기설기 넣는다.
3. 끓여 식힌 소금물을 조기 위에까지 붓고, 비닐을 항아리 지름 정도 크기로 오려 나무 위에 올려 놓은 뒤 소독한 돌로 눌러 꼭 봉해서 서늘한 곳에 둔다.
4. 석 달 이상 충분히 삭으면 젓국은 그대로 쓰거나 또는 달여서 식혀 김치 양념에 넣는다. 또는 살만 발라서 갖은 양념으로 무쳐서 반찬으로 한다.

참고사항

- 조기젓은 5월에서 6월 중순경에 담아서 10월경 먹기에 알맞다. 작은 조기젓을 황석어젓이라고 한다.
- 조기는 눈이 들어가지 않고 비늘이 벗겨져 있지 않으며 광택이 있고, 아가미가 붉고 몸이 단단한 것으로 고른다.

1인 분량(250g)의 영양가

영양소	열량 (kcal)	단백질 (g)	지질 (g)	당질 (g)	식이섬유 (g)	칼슘 (mg)	나트륨 (mg)
함 량	7.7	1.3	0.2	0.2	0.0	16.8	-
영양소	칼륨 (mg)	철분 (mg)	비타민 A (μg RE)	비타민 B_1 (mg)	비타민 B_2 (mg)	니아신 (mg)	비타민 C (mg)
함 량	-	2.5	1.4	0.0	0.0	0.3	0.2

자료 : 농촌자원개발연구소, 메뉴젠, www.rrdi.go.kr/MenuGen/, 2006

출 처

정순자, 한국조리, 신광출판사, 1990
강인희, 한국의 맛, 대한교과서주식회사, 1993
황혜성 · 한복려 · 한복진, 한국의 전통음식, 교문사, 1994

창란젓

재 료

창란 1.2kg • 고춧가루 50g(⅔컵) • 다진 붉은 고추 30g(3큰술) • 마늘채 12g(2큰술) • 파채 5g(1큰술) • 생강즙 3g(1작은술)

만드는 법

1. 창란을 길이 5~6cm 정도로 자르고, 창란 속에 붙은 주머니는 쪼개서 채 썰어 놓는다.
2. 준비한 창란에 고춧가루를 넣고 빨갛게 물을 들여 다진 붉은 고추, 마늘채, 파채, 생강즙을 함께 넣어 양념을 하여 버무린다.

1인 분량(250g)의 영양가

영양소	열량 (kcal)	단백질 (g)	지질 (g)	당질 (g)	식이섬유 (g)	칼슘 (mg)	나트륨 (mg)
함 량	17.4	1.9	0.5	1.2	0.0	14.9	509.1
영양소	칼륨 (mg)	철분 (mg)	비타민 A (μg RE)	비타민 B_1 (mg)	비타민 B_2 (mg)	니아신 (mg)	비타민 C (mg)
함 량	51.0	0.2	0.9	0.0	0.0	0.5	0.0

자료 : 농촌자원개발연구소, 메뉴젠, www.rrdi.go.kr/MenuGen/, 2006

출 처
강인희, 한국의 맛, 대한교과서주식회사, 1993

장

간장

재 료

메주 콩(대두) 14.4kg • 물 25L

담그기 소금 7kg • 찹쌀 750g(4컵) • 물 36L • 대추 · 숯 약간

만드는 법

메주 쑤기

1. 콩을 깨끗이 씻어 물을 콩보다 훨씬 위로 올라가게 부어 끓인다.
2. 김이 나기 시작하면 불을 약하게 하여 넘어 오를 듯하면 솥뚜껑을 닫은 채 찬물을 솥뚜껑 위에 부어 콩이 넘지 않도록 한다.
3. 콩이 익을 때까지 약한 불에서 계속 끓이고 뜸이 들면 소쿠리에 건져 물기를 빼고, 뜨거울 때 절구에 넣어 찧은 후 네모지고 단단하게 만든다.
4. 짚을 깔고 꾸덕꾸덕하게 말린 후 짚을 십자로 해서 메주를 묶은 다음 남은 짚으로 새끼를 꼬아 따뜻한 방에 매달아 말린다.
5. 10주쯤 지난 뒤 내려서 보일러실이나 따뜻한 방에 두고 띄운다.
6. 다 띄웠으면 볕에 말려 지푸라기 붙은 것을 칼로 떼어 내고 솔로 깨끗이 털어 낸다.

간장 담그기

7. 소금을 물에 녹여 불순물을 가라앉힌 다음 고운체에 다시 거른다.
8. 항아리는 볕을 많이 쬘 수 있는 입이 넓은 것으로 준비해서 펄펄 끓는 물을 부어 깨끗이 소독하여 씻어 낸다.
9. 항아리에 메주를 차곡차곡 쌓은 다음 그 위에 소금물을 붓고 숯을 넣고 행주로 깨끗이 닦은 고추와 대추를 넣고 뚜껑을 꼭 덮어 두었다가 열어 햇볕을 쬔 다음 항아리 가장자리를 닦고 망사로 항아리를 봉해서 40일 정도 둔다.
10. 40일 후에는 숯, 고추, 대추는 건져 내고 간장독을 준비해서 체를 올려 놓고 장을 떠서 거른다.
11. 체에 밭친 간장은 그대로 쓰기도 하고, 다려서 거품은 걷어 내고 식혀서 사용한다.

참고사항

간장을 맛있게 먹으려면 볕쬐기와 통풍을 잘 조절해야 한다.

출 처
강인희, 한국의 맛, 대한교과서주식회사, 1993

조리시연자
김동희, 서울특별시 동작구 신대방1동

고문헌
조선요리제법(된장), 산가요록(간장), 규합총서(간장뜨기), 시의전서(간장)

된장

재 료

메주 콩(대두) 14.4kg • 물 25L

담그기 소금 7kg • 찹쌀 750g(4컵) • 물 36L • 대추 · 숯 약간

만드는 법

메주 쑤기

1. 콩을 깨끗이 씻어 물을 콩보다 훨씬 위로 올라가게 부어 끓인다.
2. 김이 나기 시작하면 불을 약하게 하여 넘어 오를 듯하면 솥뚜껑을 닫은 채 찬물을 솥뚜껑 위에 부어 콩이 넘지 않도록 한다.
3. 콩이 익을 때까지 약한 불에서 계속 끓이고 뜸이 들면 소쿠리에 건져 물기를 빼고, 뜨거울 때 절구에 넣어 찧은 후 네모지고 단단하게 만든다.
4. 짚을 깔고 꾸덕꾸덕하게 말린 후 짚을 십자로 해서 메주를 묶은 다음 남은 짚으로 새끼를 꼬아 따뜻한 방에 매달아 말린다.
5. 10주쯤 지난 뒤 내려서 보일러실이나 따뜻한 방에 두고 띄운다.
6. 다 띄웠으면 볕에 말려 지푸라기 붙은 것을 칼로 떼어 내고 솔로 깨끗이 털어 낸다.

장 담그기

7. 간장을 거르고 남은 메주를 건져 큰 그릇에 넣고 찹쌀 죽을 푹 고아 식힌 뒤에 함께 넣는데, 메주 한 덩이를 빻아서 말려 2~3일 바람을 쐬어 냄새를 없앤 뒤에 소금 2컵을 섞어 충분히 치댄다.
8. 된장 항아리에 넣고 눌러서 담고 그 위에 소금을 하얗게 덮어 두면 빛이 곱고 맛이 있다.

✽ 참고사항

된장을 맛있게 먹으려면 볕쬐기와 통풍을 잘 조절해야 한다.

출 처
강인희, 한국의 맛, 대한교과서주식회사, 1993

조리시연자
김동희, 서울특별시 동작구 신대방1동

고문헌
조선요리(된장), 조선요리제법(된장)

고추장

재 료

메주 콩(대두) 1.8kg(11컵) • 멥쌀 2kg(11컵)
담그기 고춧가루1.8kg(22½컵) • 찹쌀 3.7kg(22½) • 소금 2.6kg(20컵) • 물 적량

만드는 법

메주 쑤기

1. 콩과 멥쌀을 깨끗이 씻어 일어서 하룻밤 물에 담가 불려, 멥쌀은 빻아서 중간체에 쳐 놓는다.
2. 시루에 시루밑을 깔고, 콩 한 켜, 쌀가루 한 켜씩 켜켜로 깔아 찐 다음 뜸을 푹 들여 4등분하여 절구에 찧는다. 찧는 즉시 동글납작하게 만들어 가운데에 구멍을 뚫는다.
3. 짚을 큰 상 위에 깔고, 그 위에 서로 닿지 않게 놓아 바람을 쐰 다음 따뜻한 방에서 띄우는데, 저녁에는 흰 면포를 많이 덮어 놓고 그 위에 담요를 덮어 두었다가 낮에는 걷어 낸다. 이때 주홍빛 갈색의 효모가 나오는데, 효모가 많이 나올수록 좋다.
4. 다 띄워졌으면 방문을 열어 놓고 통풍이 잘 되는 방에서 은근하게 말린다. 10~15일 정도 띄워서 마르면 메주의 구멍에 가는 새끼줄을 꿰어 통풍이 잘 되고 파리가 없는 방에다 벽에 닿지 않도록 매달아 둔다.

고추장 담그기

5. 말려 놓은 메주를 잘 털어서 쪼갤 수 있는 대로 쪼개어 절구에 조금씩 넣고 찧어 굵게 빻아 햇볕에 말렸다가 방앗간에서 곱게 갈아 체에 친 다음 다시 햇볕에서 2~3일 동안 바람에 쐬어 냄새를 없앤다.
6. 찹쌀을 씻어 담갔다가 빻아서 체로 쳐서 흰떡 반죽하듯이 익반죽을 하여 둥글게 반대기를 만들어 가운데에 구멍을 뚫고 펄펄 끓는 물에 삶아 건져 방망이로 힘 있게 저어 응어리 없이 풀어서 떡 삶은 물을 부어 잘 저어 식힌다.
7. 6에 메줏가루와 고춧가루를 넣고 섞어 하룻밤을 두었다가 간을 맞추어 항아리에 담고, 메줏가루를 조금 남겼다가 그 위에 덮는다.

✻ 참고사항

엿기름을 넣어서 담그기도 한다.

출 처
강인희, 한국의 맛, 대한교과서주식회사, 1993

조리시연자
김동희, 서울특별시 동작구 신대방1동

고문헌
증보산림경제(조만초장법 : 造蠻椒醬法), 규합총서(고추장)

1인 분량의 영양가

영양소	열량 (kcal)	단백질 (g)	지질 (g)	당질 (g)	식이섬유 (g)	칼슘 (mg)	나트륨 (mg)	칼륨 (mg)	철분 (mg)
함 량	43.0	1.8	1.1	6.7	0.5	6.1	253.5	64.0	0.3
영양소	아연 (mg)	비타민 A (μg RE)	비타민 B_1 (mg)	비타민 B_2 (mg)	니아신 (mg)	비타민 B_6 (mg)	엽산 (μg)	비타민 C (mg)	비타민 E (mg)
함 량	0.3	39.5	0.0	0.0	0.5	0.1	7.9	0.3	0.4

장

양념고추장

재 료

고추장 40g(2$\frac{1}{4}$큰술) • 쇠고기 20g • 꿀 10g($\frac{1}{2}$큰술) • 물 15mL(1큰술) • 참기름 2g($\frac{1}{2}$작은술) • 다진 마늘 6g($\frac{1}{2}$큰술)

만드는 법

1. 쇠고기는 다져서 팬에 볶는다.
2. 1에 고추장, 꿀, 참기름, 다진 마늘을 넣고 약한 불에서 볶는다.

1

2

2

출 처
강인희, 한국의 맛, 대한교과서주식회사, 1993
서울 특별시 교육청, 중 · 고등학생을 위한 학교급식 표준식단, 2002

조리시연자
김동희, 서울특별시 동작구 신대방1동

고문헌
시의전서(약고추장), 조선요리제법(약고추장), 조선무쌍신식요리제법(숙고초장)

1인 분량의 영양가

영양소	열량 (kcal)	단백질 (g)	지질 (g)	당질 (g)	식이섬유 (g)	칼슘 (mg)	나트륨 (mg)	칼륨 (mg)	철분 (mg)
함 량	4.9	0.7	0.0	0.4	0.1	3.4	498.1	37.3	0.2
영양소	아연 (mg)	비타민 A (μg RE)	비타민 B_1 (mg)	비타민 B_2 (mg)	니아신 (mg)	비타민 B_6 (mg)	엽산 (μg)	비타민 C (mg)	비타민 E (mg)
함 량	0.0	0.0	0.0	0.0	0.1	0.0	1.6	0.0	0.1

장

초간장

재 료

간장 34g(2큰술) • 식초 14g(1큰술)

만드는 법

1. 분량의 간장에 식초를 넣는다.
2. 1을 고루 섞는다.

2

참고사항

다른 방법으로 식초, 설탕을 넣고 저은 다음 간장을 나중에 넣으면 더 맛이 있다.

출 처

강인희, 한국의 맛, 대한교과서주식회사, 1993
황혜성 · 한복려 · 한복진, 한국의 전통음식, 교문사, 1994

조리시연자

김동희, 서울특별시 동작구 신대방1동

1인 분량의 영양가

영양소	열량 (kcal)	단백질 (g)	지질 (g)	당질 (g)	식이섬유 (g)	칼슘 (mg)	나트륨 (mg)	칼륨 (mg)	철분 (mg)
함 량	31.5	0.5	0.2	6.9	0.4	5.1	226.1	39.7	0.2

영양소	아연 (mg)	비타민 A (μg RE)	비타민 B_1 (mg)	비타민 B_2 (mg)	니아신 (mg)	비타민 B_6 (mg)	엽산 (μg)	비타민 C (mg)	비타민 E (mg)
함 량	0.0	35.0	0.0	0.0	0.2	0.1	6.7	0.0	0.2

장

초고추장

재료

고추장 36g(2큰술) • 식초 14g(1큰술) • 설탕 12g(1큰술) • 물 8mL(½큰술)

만드는 법

1. 그릇에 분량의 고추장과 식초, 설탕, 물을 담는다.
2. 1을 고루 섞는다.

1

2

출 처
강인희, 한국의 맛, 대한교과서주식회사, 1993

조리시연자
김동희, 서울특별시 동작구 신대방1동

고문헌
조선요리제법(초고추장), 조선무쌍신식요리제법(초고추장 만드는 법)

쌈장

재 료

된장 40g(2¼큰술) • 고추장 10g(1큰술) • 풋고추 7g(½개) • 양파 10g • 깨소금 1g(⅓작은술) • 참기름 1g(¼작은술)

만드는 법

1. 그릇에 된장, 고추장을 섞는다.
2. 1에 풋고추와 양파 다진 것, 깨소금, 참기름을 넣고 잘 섞는다.

1인 분량의 영양가

영양소	열량 (kcal)	단백질 (g)	지질 (g)	당질 (g)	식이섬유 (g)	칼슘 (mg)	나트륨 (mg)	칼륨 (mg)	철분 (mg)
함 량	26.4	1.4	0.9	3.1	0.6	10.3	472.9	58.6	0.2

영양소	아연 (mg)	비타민 A (μg RE)	비타민 B_1 (mg)	비타민 B_2 (mg)	니아신 (mg)	비타민 B_6 (mg)	엽산 (μg)	비타민 C (mg)	비타민 E (mg)
함 량	0.1	10.6	0.0	0.0	0.3	0.1	5.8	1.5	0.3

출 처

서울특별시 교육청, 중 · 고등학생을 위한 학교 급식 표준식단, 2002

재치영양사, www.yori.co.kr/, 2006

고문헌

조선무쌍신식요리제법(쌈된장)

청국장

재 료

콩(대두) 1.6kg(10컵) • 다진 생강 20g(2큰술) • 다진 마늘 25g(2큰술) • 소금 260g(2컵) • 고춧가루 80g(1컵) • 물 3L(15컵)

만드는 법

1. 콩을 씻어 일어 물을 붓고 충분히 삶는다. 삶은 콩을 물기가 자작할 때 소쿠리에 담아 물기를 빼고 짚을 깐 시루에 담아 따뜻한 방에 놓고 띄운다. 이때는 짚으로 덮고 보자기를 씌운 뒤에 헌 담요를 덮어 둔다.
2. 3~4일이 지나 실 같은 진이 나오면 절구에 넣고 찧고 다진 생강, 다진 마늘, 고춧가루, 소금을 넣고 골고루 치댄다. 이것을 항아리에 담아 두고 먹는다.

출 처
강인희, 한국의 맛, 대한교과서주식회사, 1993

1인 분량(113g)의 영양가

영양소	열량 (kcal)	단백질 (g)	지질 (g)	당질 (g)	식이섬유 (g)	칼슘 (mg)	나트륨 (mg)	칼륨 (mg)	철분 (mg)
함량	231.7	6.4	0.9	49.3	0.9	21.5	237.3	153.7	3.7
영양소	아연 (mg)	비타민 A (μg RE)	비타민 B_1 (mg)	비타민 B_2 (mg)	니아신 (mg)	비타민 B_6 (mg)	엽산 (μg)	비타민 C (mg)	비타민 E (mg)
함량	1.2	0.0	0.0	0.0	0.8	0.0	163.5	0.0	0.2

자료 : 농촌자원개발연구소, 메뉴젠, www.rrdi.go.kr/MenuGen/, 2006

떡

시루떡

재료

멥쌀 1.8kg(10컵) • 소금 18g(1큰술) • 설탕 75g($\frac{1}{2}$컵)

고물 팥 840g(4컵) • 소금 18g(1큰술) • 물 적량

만드는 법

1. 멥쌀을 씻어 물에 불려 건진 다음 소금 1큰술을 넣고 빻아 가루로 만든다. 수분이 부족하면 물을 뿌려 손으로 고루 비빈 후 체에 한 번 더 내린다.
2. 팥은 물을 넉넉히 붓고 삶는다. 끓으면 그 물을 버리고 다시 3배 정도의 물을 부어 팥이 푹 무를 때까지 삶는다. 팥이 거의 익으면 물을 따라 내고 약한 불에서 뜸을 들인 후 소금 1큰술을 넣고 절구에 찧어 고물을 만든다.
3. 시루에 시루밑을 깔고 팥고물을 뿌린 다음 멥쌀가루를 3~4cm 두께로 수평으로 편평하게 안치고, 계속 팥고물과 멥쌀가루를 번갈아 켜켜로 안쳐 솥 위에 올린 후 밀가루로 시루번을 붙인다.
4. 면포를 물에 적셔 시루 위를 덮고 센 불에서 찌다가 김이 오르면 15분 정도 더 쪄 낸다.

1

2

2

3

참고사항

- 시루떡은 시월 상달의 고사에도 쓰이고 이사 때나 함을 받을 때 등 여러 가지 생활 풍습에 관계가 깊은 떡이다. 이는 붉은빛이 잡귀를 멀리한다는 주술적인 의미가 내포되어 있기 때문이다.
- 찹쌀팥시루떡을 할 때는 시루에 찹쌀가루의 켜를 아래에 안치면 김이 잘 오르지 않으므로 멥쌀가루를 먼저 밑에 안치고 위 켜에 찹쌀가루를 안쳐서 찐다. 그리고 찰시루떡은 찹쌀가루에 물을 내리지 않는다.

출처

황혜성 · 한복려 · 한복진, 한국의 전통음식, 교문사, 1994
윤숙자, 전통의 맛과 멋 한국의 떡 · 한과 · 음청류, 지구문화사, 1999

조리시연자

김동희, 서울특별시 동작구 신대방1동

고문헌

음식법(시루떡), 시의전서(시루편), 조선무쌍신식요리제법(증병 : 甑餠)

1인 분량(40g)의 영양가

영양소	열량 (kcal)	단백질 (g)	지질 (g)	당질 (g)	식이섬유 (g)	칼슘 (mg)	나트륨 (mg)
함량	86.8	2.0	0.7	17.9	0.1	7.6	138.8
영양소	칼륨 (mg)	철분 (mg)	비타민 A (μg RE)	비타민 B_1 (mg)	비타민 B_2 (mg)	니아신 (mg)	비타민 C (mg)
함량	35.2	0.6	0.0	0.0	0.0	0.3	0.0

자료 : 농촌자원개발연구소, 메뉴젠, www.rrdi.go.kr/MenuGen/, 2006

떡

인절미

재 료

찹쌀 1.7kg(10컵) • 소금 50g(3큰술) • 물 300mL(1½컵) • 콩가루 170g(2컵) • 설탕 24g(2큰술)

만드는 법

1. 찹쌀은 씻어서 6시간 이상 불린다.
2. 씻어 건진 쌀을 김이 오른 찜통에 안쳐 소금물을 뿌려 푹 찐다.
3. 뜨거운 찹쌀밥을 밥알이 으깨지도록 절구에 친다.
4. 칼로 알맞게 잘라 준비한 고물을 묻힌다.

1

2

3

4

✲ 참고사항

인절미를 만들 때 쑥이나 대추, 수리취를 넣으면 색과 맛의 변화를 즐길 수 있다. 고물이 쉬기 쉬운 여름철에는 깨고물이나 콩고물이 좋으며, 팥고물은 봄, 가을, 겨울에 많이 사용한다.

출 처

강인희, 한국의 맛, 대한교과서주식회사, 1993
황혜성 · 한복려 · 한복진, 한국의 전통음식, 교문사, 1994

조리시연자

김동희, 서울특별시 동작구 신대방1동

고문헌

지봉유설(인절미), 규합총서(인절미), 조선요리제법(인절미), 조선무쌍신식요리제법(인절병 : 引切餠)

1인 분량의 영양가

영양소	열량 (kcal)	단백질 (g)	지질 (g)	당질 (g)	식이섬유 (g)	칼슘 (mg)	나트륨 (mg)	칼륨 (mg)	철분 (mg)
함 량	180.4	2.1	3.5	34.9	0.5	14.9	90.3	108.5	7.1
영양소	아연 (mg)	비타민 A (μg RE)	비타민 B_1 (mg)	비타민 B_2 (mg)	니아신 (mg)	비타민 B_6 (mg)	엽산 (μg)	비타민 C (mg)	비타민 E (mg)
함 량	0.5	69.4	0.0	0.0	0.1	0.2	14.3	1.5	3.7

떡

화전

재료

찹쌀가루 100g(1컵) • 소금 1g(¼작은술) • 식용유 13g(1큰술) • 물 30mL(2큰술)

즙청액 물 70mL(⅓컵) • 설탕 50g(⅓컵)

고명 대추 6g(3개) • 쑥갓 30g

만드는 법

1. 물과 설탕을 섞고 끓여서 즙청액을 만든다.
2. 찹쌀가루에 소금을 넣고 끓는 물에 익반죽하여 물을 발라 가며 지름 4cm 정도로 동글납작하게 빚는다.
3. 대추는 지름 0.5cm 정도로 동그랗게 모양을 내어 꽃을 만들어 2의 반죽에 붙인다. 쑥갓 줄기로 가늘게 꽃대를 만들어 붙이고 쑥갓잎을 이용하여 꽃잎을 만들어 붙인다.
4. 팬에 식용유를 두르고 3에서 반죽한 것을 꽃 모양이 위쪽으로 보이게 놓고 식용유를 끼얹으면서 살짝 지진다(뒤집지 않는다).
5. 완성된 화전에 즙청액을 바른다.

1

3

4

5

출처
황혜성 · 한복려 · 한복진, 한국의 전통음식, 교문사, 1994
남양주시 향토음식연구회, 전통음식 맥잇기 활동보고서, 1998

조리시연자
김동희, 서울특별시 동작구 신대방1동

고문헌
규합총서(꽃전), 부인필지(화전), 조선요리제법(화전)

경단

재료

찹쌀 835g(5컵) • 소금 18g(1큰술) • 반죽물 200mL(1컵)

고물 노란 콩가루 40g(½컵) • 파란 콩가루 40g(½컵) • 흑임자 60g(½컵) • 거피팥 100g(½컵) • 붉은 팥 100g(½컵) • 소금 18g(1큰술) • 설탕 약간

만드는 법

1. 찹쌀을 깨끗이 씻어 일어서 물에 12시간 정도 담갔다가 건져 소금을 넣고 가루로 빻아 체에 내려서 고운 가루를 만든다.
2. 찹쌀가루에 끓는 물을 넣고 익반죽하여 지름 2cm 정도로 동그랗게 빚고 끓는 물에 넣어 삶는다. 다 익으면 건져서 찬물에 따뜻한 기가 없어질 때까지 헹군 뒤 물기를 뺀다.
3. 삶아 낸 경단을 다섯 분량으로 나누어서 오색 고물을 묻혀 그릇에 담는다.

고물 만들기

1. 붉은 팥은 물에 불려 삶아 한소끔 끓으면 그 물을 버리고 다시 물을 부어 팥이 푹 무를 때까지 삶는다. 팥이 거의 익으면 물을 따라 내고 약한 불에서 뜸을 들인 후 다 익었으면 소금을 넣고 주걱으로 으깨어 체에 내려 고물을 만든다.
2. 거피팥은 맷돌이나 분쇄기에 타개어 물에 담가 충분히 불려서 찜통에 보자기를 깔고, 소금을 넣어 20분간 쪄서 으깨어 굵은 체에 내려 놓는다.
3. 콩은 골라 깨끗하게 씻어서 볶아 껍질을 벗기고, 가루를 만들어 소금과 설탕을 넣어 고루 섞는다.
4. 흑임자는 물에 불려 살짝 비벼 씻어서 껍질을 벗기고, 타지 않게 볶은 뒤 찧어서 소금, 설탕을 넣어 고루 섞는다.

1인 분량(100g)의 영양가

영양소	열량 (kcal)	단백질 (g)	지질 (g)	당질 (g)	식이섬유 (g)	칼슘 (mg)	나트륨 (mg)	칼륨 (mg)	철분 (mg)
함량	224.9	6.9	2.7	42.0	3.5	53.1	539.2	320.3	2.0
영양소	아연 (mg)	비타민 A (μg RE)	비타민 B_1 (mg)	비타민 B_2 (mg)	니아신 (mg)	비타민 B_6 (mg)	엽산 (μg)	비타민 C (mg)	비타민 E (mg)
함량	1.3	0.1	0.1	0.1	1.1	0.1	57.8	0.0	0.7

자료 : 농촌자원개발연구소, 메뉴젠, www.rrdi.go.kr/MenuGen/, 2006

출처

황혜성 · 한복려 · 한복진, 한국의 전통음식, 교문사, 1994

윤숙자, 전통의 맛과 멋 한국의 떡 · 한과 · 음청류, 지구문화사, 1999

고문헌

시의전서(경단), 조선무쌍신식요리제법(경단 : 瓊團)

바람떡(개피떡)

재 료

멥쌀 900g(5컵) • 소금 18g(1큰술) • 쑥 20g • 오미자 20g(½컵) • 물 적량

소 거피팥 420g(2컵) • 소금 9g(½큰술) • 설탕(또는 꿀) 75g(½컵) • 계핏가루 6g(1큰술) • 참기름 적량

만드는 법

1. 멥쌀을 3~4회 깨끗이 씻어 일어서 물에 12시간 정도 담갔다가 건진 다음 소금을 넣고 빻아 체에 내려서 고운 가루를 만든다. 수분이 부족하면 물을 뿌려 손으로 고루 비빈 후 체에 한 번 더 내린다.
2. 쌀가루에 끓는 물을 뿌리며 섞어서 시루나 찜통에 찐 다음 절구에 넣고 꽈리가 일도록 쳐서 떡 덩어리를 빚어 세 등분해 놓는다.
3. 쑥개피떡은 쑥을 손질하여 끓는 소금물에 살짝 데쳐 헹군 후 물기를 빼고 다져서 절구에 넣고 2의 한 덩어리와 함께 파랗게 색이 나도록 찧는다. 분홍색 개피떡은 오미자 우려 낸 물을 들이고 흰색 개피떡은 그대로 사용한다.
4. 거피팥은 물에 불려 껍질을 벗기고 돌을 일어 찜통에 찌거나 물을 붓고 삶아 한소끔 끓으면 그 물을 버리고 다시 물을 부어 팥이 푹 무를 때까지 푹 삶는다. 팥이 익으면 약한 불에서 뜸을 들인 후 주걱으로 으깨어 체에 내린다. 소금, 설탕(또는 꿀), 계핏가루를 섞어 밤톨 크기로 뭉쳐 팥소를 만든다.
5. 떡덩어리를 떼어 안반에 놓고 충분히 치대어 밀대로 밀고 팥소를 중앙에 하나씩 놓아 떡자락으로 덮고 작은 보시기나 종지로 눌러 반달 모양으로 찍은 후 참기름을 고루 바른다.

1인 분량(80g)의 영양가

영양소	열량 (kcal)	단백질 (g)	지질 (g)	당질 (g)	식이섬유 (g)	칼슘 (mg)	나트륨 (mg)
함 량	168.0	3.4	0.6	36.5	0.3	13.6	124.0
영양소	칼륨 (mg)	철분 (mg)	비타민 A (μg RE)	비타민 B_1 (mg)	비타민 B_2 (mg)	니아신 (mg)	비타민 C (mg)
함 량	23.2	1.0	0.0	0.0	0.0	0.4	0.0

자료 : 농촌자원개발연구소, 메뉴젠, www.rrdi.go.kr/MenuGen/, 2006

출 처

강인희, 한국의 맛, 대한교과서주식회사, 1993
황혜성 · 한복려 · 한복진, 한국의 전통음식, 교문사, 1994
윤숙자, 전통의 맛과 멋 한국의 떡 · 한과 · 음청류, 지구문화사, 1999

고문헌

도문대작(개피떡), 시의전서(개피떡), 조선요리제법(개피떡), 조선무쌍신식요리제법(가피병 : 加皮餠)

떡

백설기(흰무리)

재료

멥쌀 900g(5컵) • 소금 18g(1큰술) • 설탕 150g(1컵) • 물 130mL(⅔컵)

만드는 법

1. 멥쌀을 깨끗하게 일어서 6시간 이상 충분히 불린 다음 소금을 섞어 가루로 빻아서 고운체에 내린다.
2. 물에 설탕을 녹여 쌀가루에 고루 뿌려서 손으로 잘 비벼 고운체에 내린다.
3. 시루에 한지를 깔고 준비한 가루를 담고 윗면을 편평하게 한 후 시루 위에 면포를 덮고 불에 올려 찐다. 시루 위에서 김이 오르면 뚜껑을 덮어 약 30분 정도 찐다.
4. 대꼬치로 찔러 보아 흰 가루가 묻어나지 않으면 불을 끄고 한 김 식힌 후 썰어서 그릇에 담는다.

참고사항

- 시루는 꼭 맞는 솥에 올려 놓고 김이 새어나오지 못하도록 밀가루를 반죽하여서 시루와 솥 사이의 틈에 꼭 붙이고 열을 가해 물을 끓여서 김이 오르게 하는데, 물이 끓은 다음에 붙이면 잘 붙지 않으므로 미리 붙인 다음에 열을 가해야 한다.
- 흰무리라고도 하며 티없이 깨끗하여 신성한 음식이란 뜻에서 어린아이의 삼칠일 · 백일 · 돌의 대표적 음식이고, 사찰에서 제(齋)를 올릴 때 또는 산신제 · 용왕제 등 토속적인 의례에서 쓰인다.

1인 분량(175g)의 영양가

영양소	열량 (kcal)	단백질 (g)	지질 (g)	당질 (g)	식이섬유 (g)	칼슘 (mg)	나트륨 (mg)
함량	409.5	6.1	1.4	90.8	0.2	10.5	409.5
영양소	칼륨 (mg)	철분 (mg)	비타민 A (μg RE)	비타민 B_1 (mg)	비타민 B_2 (mg)	니아신 (mg)	비타민 C (mg)
함량	68.3	0.9	0.0	0.0	0.0	1.2	0.0

자료 : 농촌자원개발연구소, 메뉴젠, www.rrdi.go.kr/MenuGen/, 2006

출처

정순자, 한국조리, 신광출판사, 1990

황혜성 · 한복려 · 한복진, 한국의 전통음식, 교문사, 1994

고문헌

규합총서(백설기), 조선요리제법(흰무리, 백설기), 조선무쌍신식요리제법(백설고 : 白雪糕)

쑥설기(쑥버무리)

재 료

멥쌀 900g(5컵) • 소금 18g(1큰술) • 쑥 50g

설탕물 물 100mL(½컵) • 설탕 150g(1컵)

만드는 법

1. 멥쌀은 씻어서 6시간 이상 충분히 불려서 소금을 넣고 가루로 빻아서 고운체에 내린다.
2. 쑥은 연한 것으로 골라서 다듬어 씻어 소쿠리에 건져서 물기를 거둔다.
3. 멥쌀가루에 설탕물을 내려서 다시 체에 내린 다음 고루 섞고 쑥을 넣어 섞는다.
4. 시루나 찜통의 밑에 기름종이를 깔고 쑥을 섞은 떡가루를 고루 펴서 담고 위를 편평하게 하여 면포를 덮고 불에 올려서 찐다. 시루 윗부분에서 김이 오르면 뚜껑을 덮어 약 30분간 찐다.
5. 대꼬치로 찔러 보아 흰 가루가 묻어나지 않으면 불에서 내린다.

참고사항

- 쑥설기는 서민적인 떡으로 쑥버무리라고도 한다.
- 보통 위의 방법과 같이 고물을 쓰지 않고 그대로 찌기도 하고 통팥을 삶아서 쑥과 같이 섞기도 하며 또는 팥고물을 만들어서 켜켜로 앉혀서 찌기도 한다.

1인 분량(175g)의 영양가

영양소	열량 (kcal)	단백질 (g)	지질 (g)	당질 (g)	식이섬유 (g)	칼슘 (mg)	나트륨 (mg)
함 량	442.8	7.5	0.5	97.3	0.5	5.3	57.8
영양소	칼륨 (mg)	철분 (mg)	비타민 A (μg RE)	비타민 B_1 (mg)	비타민 B_2 (mg)	니아신 (mg)	비타민 C (mg)
함 량	49.0	1.8	0.0	0.1	0.0	14.2	0.0

자료 : 농촌자원개발연구소, 메뉴젠, www.rrdi.go.kr/MenuGen/, 2006

출 처

정순자, 한국조리, 신광출판사, 1990

황혜성 · 한복려 · 한복진, 한국의 전통음식, 교문사, 1994

떡

백편

재 료

멥쌀 900g(5컵) • 소금 27g(1½큰술) • 설탕 150g(1컵) • 물 200mL(1컵) • 대추 35g(½컵) • 석이 10g (10장) • 밤 160g(1컵) • 잣 10g(2큰술)

만드는 법

1. 멥쌀을 물에 불려 곱게 빻아 설탕과 소금을 넣어 끓여서 식힌 물을 쌀가루에 넣어 가면서 수분의 함량을 조절하여 손으로 비벼 체에 친다. 손으로 살짝 쥐어질 정도가 좋다.
2. 대추는 씻어 씨를 발라서 채 썰고, 밤도 껍질을 까서 채 썬다.
3. 석이버섯은 더운물에 불려서 깨끗이 다듬어 배꼽을 떼고, 물기를 닦아 가늘게 채 썬다.
4. 잣은 고깔을 떼고 마른 면포로 비벼서 길이대로 반을 갈라서 비늘 잣을 만든다.
5. 시루에 기름종이를 깔고 1에서 준비한 떡가루를 2cm 정도 고루 펴서 담고 위에 준비한 대추채, 밤채, 석이채, 잣을 고루 뿌리고 위에도 기름종이를 덮어 살짝 눌러서 약 15분 정도 찐다.
6. 충분하게 쪄지면 한 김 식힌 후에 기름종이를 떼고 적당한 크기로 썬다.

참고사항

- 쌀가루에 넣은 물의 분량은 가루의 습기의 정도에 따라서 달라진다. 물을 넣고 손바닥으로 문지르면서 고르게 섞은 후 살짝 쥐어 보아 겨우 엉켜서 뭉칠 정도면 적당하다. 너무 질면 체에 내리기에 힘들다.
- 편을 찌는 기름종이는 얇은 한지를 준비하여 시루에 맞게 오린 다음 여덟 등분으로 접은 뒤 김이 잘 오르도록 한쪽 가장자리를 서너 군데 가위집을 넣어 편다. 이 종이에 참기름을 발라 살짝 구겨 종이 전체에 골고루 묻도록 한다.
- 이 재료의 분량은 20인분이다.

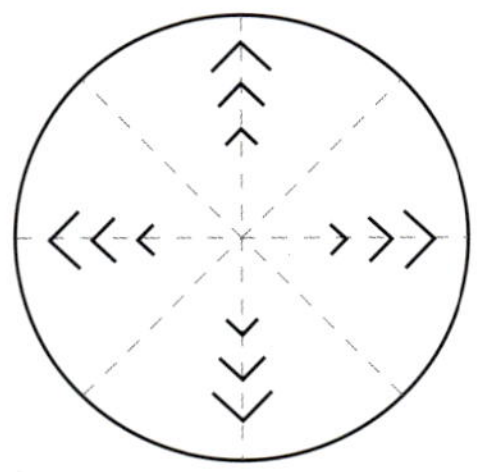
기름종이

1인 분량의 영양가

영양소	열량 (kcal)	단백질 (g)	지질 (g)	당질 (g)	식이섬유 (g)	칼슘 (mg)	나트륨 (mg)	칼륨 (mg)	철분 (mg)
함 량	215.4	3.4	1.0	47.0	1.2	5.6	455.1	120.2	0.6
영양소	아연 (mg)	비타민 A (μg RE)	비타민 B_1 (mg)	비타민 B_2 (mg)	나이아신 (mg)	비타민 B_6 (mg)	엽산 (μg)	비타민 C (mg)	비타민 E (mg)
함 량	0.4	0.7	0.1	0.0	0.5	0.3	7.5	1.1	0.2

출 처

정순자, 한국조리, 신광출판사, 1990
강인희, 한국의 맛, 대한교과서주식회사, 1993
황혜성 · 한복려 · 한복진, 한국의 전통음식, 교문사, 1994

송편

재 료

송편살 멥쌀가루 750g(5컵) • 소금 18g(1큰술) • 데친 쑥 20g • 치자 약간 • 물 200mL(1컵) • 참기름 24g(2큰술)

송편소 밤 50g(5개) • 풋콩 160g(1컵) • 참깨 60g(½컵) • 소금 4g(1작은술) • 꿀 42g(2큰술)

팥소 거피팥 210(1컵) • 소금 4g(1작은술) • 꿀 42g(2큰술) • 계핏가루 약간

만드는 법

1. 멥쌀가루를 3등분하여 하나는 끓는 물을 넣어 흰색으로, 또 하나는 치자물을 넣어 노란색으로, 나머지 떡가루에는 데친 쑥과 끓는 물을 넣어 세 가지의 떡 반죽을 만들어 오래 치대어 젖은 면포를 덮어 놓는다.
2. 거피팥을 불려 찜통에 넣고 쪄서 체에 내리고 소금, 꿀, 계핏가루를 넣어 지름 2cm 정도로 둥글게 팥소를 빚는다.
3. 밤은 속껍질을 벗겨서 서너 조각으로 썬다. 풋콩은 삶아서 소금을 뿌려 놓고 참깨는 볶아서 빻아 꿀로 버무린다.
4. 떡 반죽을 밤알 크기로 떼어 둥글게 빚어 가운데를 파서 그 속에 소를 넣고 아물려 조개처럼 예쁘게 빚는다.
5. 시루나 찜통에 솔잎을 펴고 송편이 서로 닿지 않게 한 켜 놓고 위에 솔잎을 한 켜 놓기를 반복하여 30분 정도 찐다. 떡이 익으면 냉수에 씻어서 솔잎을 떼고 소쿠리에 건져서 물기를 뺀 다음 참기름을 발라서 그릇에 담는다.

참고사항

- 팔월 추석인 중추절에 많이 만드는 떡으로 떡가루에 쑥을 넣어서 빻거나 익반죽할 때 넣어 쑥송편을 만들기도 하고, 송기를 삶아서 넣어 붉은색을 내어 송기송편을 만들기도 한다.
- 속 재료로 이외에 녹두, 검은콩, 고구마, 대추 등 여러 가지를 넣을 수 있는데, 그 중에서 깨가 가장 오랫동안 쉬지 않는다.

1인 분량(106g)의 영양가

영양소	열량 (kcal)	단백질 (g)	지질 (g)	당질 (g)	식이섬유 (g)	칼슘 (mg)	나트륨 (mg)
함 량	215.2	5.7	0.4	46.2	0.2	5.3	494.0
영양소	칼륨 (mg)	철분 (mg)	비타민 A (μg RE)	비타민 B_1 (mg)	비타민 B_2 (mg)	니아신 (mg)	비타민 C (mg)
함 량	114.5	0.5	0.0	0.0	0.0	0.8	0.0

출 처

황혜성 · 한복려 · 한복진, 한국의 전통음식, 교문사, 1994

고문헌

규합총서(송편), 음식법(송편), 시의전서(송병 : 松餠), 부인필지(송편), 조선요리제법(송편), 조선무쌍신식요리제법(송병 : 松餠)

절편

재 료

멥쌀 1.8kg(10컵) • 쑥(데친 것) 100g • 참기름 적량 • 소금 18g(2큰술)

만드는 법

1. 멥쌀은 깨끗이 씻어 6시간 정도 충분히 불려서 건져 소금을 넣고 가루로 빻아서 고운체로 친다.
2. 쌀가루에 물을 뿌려 섞어 찜통이나 시루에 충분히 찐다.
3. 쪄 낸 떡을 둘로 나누어 반은 그대로 절구에 차지게 될 때까지 치고, 나머지는 데친 쑥을 섞어서 쑥색이 고루 들 때까지 찧는다.
4. 차진 떡을 참기름을 발라 가며 양손으로 길게 막대 모양으로 밀어 떡살로 눌러서 모양을 내어 적당한 크기로 썬다.

1인 분량(100g)의 영양가

영양소	열량 (kcal)	단백질 (g)	지질 (g)	당질 (g)	식이섬유 (g)	칼슘 (mg)	나트륨 (mg)
함 량	220.0	4.4	0.8	43.8	0.1	15.0	185.0
영양소	칼륨 (mg)	철분 (mg)	비타민 A (μg RE)	비타민 B_1 (mg)	비타민 B_2 (mg)	니아신 (mg)	비타민 C (mg)
함 량	25.0	0.5	0.0	0.0	0.0	0.8	0.0

자료 : 농촌자원개발연구소, 메뉴젠, www.rrdi.go.kr/MenuGen/, 2006

출 처

황혜성 · 한복려 · 한복진, 한국의 전통음식, 교문사, 1994

떡

증편

재료

멥쌀 900g(5컵) • 소금 7g(2작은술) • 대추 10g(5개) • 석이버섯 5g(5개)

막걸리물 막걸리 400mL(2컵) • 설탕 75g(½컵) • 물 600mL(3컵)

만드는 법

1. 쌀은 씻어서 6시간 이상 충분히 불려서 소금을 넣고 가루로 빻아서 고운체에 내린다.
2. 냄비에 물을 끓여 막걸리에 설탕을 타서 중탕하여 60°C 정도로 데워서 더운물을 섞는다.
3. 체에 친 쌀가루에 더운물을 탄 막걸리를 부어서 고루 저어 묽게 반죽한다. 반죽을 그릇에 담아 뚜껑을 덮어 따뜻한 곳에 담요를 덮어서 5시간 정도 둔다. 원래의 3배 정도 부풀어 오르면 발효가 충분히 된 것이다.
4. 고명에 쓸 대추는 씨를 빼고 가늘게 채 썰고 석이버섯은 더운물에 불려서 깨끗이 손질하여 채 썬다.
5. 잘 부푼 반죽을 증편틀이나 찜통에 깨끗한 면포를 깔고 2~3cm 두께로 붓고 위에 대추와 석이채 고명을 고루 뿌린다.
6. 더운 김이 날 때 올려서 20분 이상 쪄서 익힌다. 한 김 식힌 후에 마름모 모양으로 썬다.

참고사항

증편은 증병, 기주떡, 기지떡, 술떡, 벙거지떡 등 여러 가지로 불린다. 술을 넣어서 다른 떡에 비해 쉽게 쉬지 않으므로 여름철에 많이 만드는 떡이다.

1인 분량(100g)의 영양가

영양소	열량 (kcal)	단백질 (g)	지질 (g)	당질 (g)	식이섬유 (g)	칼슘 (mg)	나트륨 (mg)
함량	177.0	3.9	0.9	37.8	0.3	6.0	243.0
영양소	칼륨 (mg)	철분 (mg)	비타민 A (μg RE)	비타민 B_1 (mg)	비타민 B_2 (mg)	니아신 (mg)	비타민 C (mg)
함량	27.0	0.5	0.0	0.1	0.0	0.6	0.0

자료 : 농촌자원개발연구소, 메뉴젠, www.rrdi.go.kr/MenuGen/, 2006

출처

황혜성 · 한복려 · 한복진, 한국의 전통음식, 교문사, 1994

고문헌

도문대작(증편), 음식디미방(증편), 주방문(기증편), 규합총서(증편), 음식법(증편), 시의전서(증병 : 蒸餠), 부인필지(증편), 조선요리제법(증편), 조선무쌍신식요리제법(증병 : 蒸餠)

부꾸미

재 료

찹쌀 750g(4½컵) • 소금 7g(2작은술) • 물 300mL(1½컵) • 식용유 25g(2큰술)

팥소 붉은 팥 420g(2컵) • 설탕 100g(⅔컵) • 물 적량

만드는 법

1. 찹쌀을 물에 충분히 담가 불려서 가루로 빻아서 고운체에 내린다.
2. 붉은 팥은 물을 넉넉히 붓고 푹 무르게 삶아서 식힌 후 으깨어 체에 밭치고 남은 것은 다시 물을 붓고 으깨어서 밭친다. 이 과정을 세 번 정도 반복하여 맑은 물이 나오면 껍질은 버리고 팥물을 모아서 무명 주머니에 넣어 물을 짜고 안에 남은 앙금을 냄비에 담고 설탕을 섞어 불에 올려 걸쭉하게 될 때까지 조려서 식혀 팥소를 만든다.
3. 찹쌀가루를 소금과 더운물로 반죽하여 오래 치대어 동글납작하게 빚는다. 팬에 식용유를 두르고 숟가락으로 누르면서 가름한 타원 모양으로 지진다. 뒤집어 가운데 밤톨만하게 빚은 팥소를 놓고 반으로 접어 반달 모양으로 하여 가장자리를 꼭꼭 눌러서 부친다.

참고사항

- 수수부꾸미도 위와 같은 방법으로 찹쌀 대신 수수를 사용해 만든다.
- 이 재료의 분량은 20인분이다.

1인 분량의 영양가

영양소	열량 (kcal)	단백질 (g)	지질 (g)	당질 (g)	식이섬유 (g)	칼슘 (mg)	나트륨 (mg)	칼륨 (mg)	철분 (mg)
함 량	237.6	6.9	1.7	47.7	3.9	31.6	119.2	358.8	1.4
영양소	아연 (mg)	비타민 A (µg RE)	비타민 B_1 (mg)	비타민 B_2 (mg)	니아신 (mg)	비타민 B_6 (mg)	엽산 (µg)	비타민 C (mg)	비타민 E (mg)
함 량	1.7	0.0	0.1	0.0	0.5	0.2	91.5	0.0	1.7

출 처

정순자, 한국조리, 신광출판사, 1990

약식

재료

찹쌀 835g(5컵) • 밤 160g (10개) • 대추 50g(15개) • 잣 10g(2큰술) • 설탕 150g(1컵) • 참기름 70g(6큰술) • 간장 70g(4큰술) • 계핏가루 2g(½작은술)

약식 색소 설탕 75g(½컵) • 물 45mL(3큰술) • 더운물 45mL(3큰술)

만드는 법

1. 찹쌀은 씻어서 물에 6시간 이상 충분히 불려서 건져 물기를 빼서 찜통에 면포를 깔고 40분 정도 찌는데, 도중에 나무주걱으로 위아래를 두세 번 고루 섞는다.
2. 설탕과 물을 냄비에 담아 불에 올려 그대로 둔다. 끓어올라서 큰 거품이 나고 가장자리부터 타기 시작하면 불을 약하게 하고 나무주걱으로 고루 저어 전체가 진한 갈색이 되면 바로 더운물을 넣어 섞어서 굳지 않도록 묽게 하여 약식 색소를 만든다.
3. 밤은 속껍질까지 깨끗이 벗기고, 대추는 씨를 발라서 각각 2~3조각으로 나누고, 잣은 고깔을 떼어 놓는다.
4. 1의 찐 찹쌀을 뜨거울 때 큰 그릇에 쏟아 먼저 설탕을 고루 섞은 다음에 참기름, 간장, 약식 색소를 차례로 넣어 고루 섞고 나서 밤, 대추를 섞고 계핏가루를 고루 뿌려 2시간 정도 면포를 덮어 둔다.
5. 찹쌀에 간이 충분히 배면 찜통에 면포나 행주를 깔고 약 1시간 정도 쪄서 잣을 섞어 그릇에 담는다.

1인 분량(124g)의 영양가

영양소	열량 (kcal)	단백질 (g)	지질 (g)	당질 (g)	식이섬유 (g)	칼슘 (mg)	나트륨 (mg)
함량	319.9	4.3	3.5	66.9	0.4	16.1	234.7
영양소	칼륨 (mg)	철분 (mg)	비타민 A (μg RE)	비타민 B_1 (mg)	비타민 B_2 (mg)	니아신 (mg)	비타민 C (mg)
함량	45.7	39.5	0.0	0.1	0.0	0.6	0.0

자료 : 농촌자원개발연구소, 메뉴젠, www.rrdi.go.kr/MenuGen/, 2006

출처

정순자, 한국조리, 신광출판사, 1990
강인희, 한국의 맛, 대한교과서주식회사, 1993
황혜성 · 한복려 · 한복진, 한국의 전통음식, 교문사, 1994

주식류 부식류 떡류 과정류 음청류 주류

유밀과

약과

재 료

밀가루 165g(1½컵) • 참기름 35g(3큰술) • 꿀 60g(3큰술) • 생강즙 10g(1큰술) • 청주 17g(1큰술) • 후춧가루 · 잣가루 약간 • 식용유 140g(1컵) • 소금 적량

즙청액 물 200mL(1컵) • 설탕 150g(1컵) • 계핏가루 2g(1작은술)

만드는 법

1. 밀가루에 소금과 후춧가루를 넣고 체에 내린 다음 참기름을 넣어 고루 비벼서 섞는다.
2. 작은 그릇에 생강즙, 꿀, 청주를 섞어서 기름을 먹인 밀가루에 고루 끼얹어 반죽을 한 데 뭉치면서 덩어리가 되도록 눌러서 반죽을 한다.
3. 틀에 얇은 비닐을 깔고 그 위에 약과 반죽을 떼어 놓고 엄지손가락으로 꾹꾹 눌러 준 후 기름이 잘 스며들도록 대꼬치로 6군데 찔러 준 다음 비닐을 잡아 당겨 성형된 반죽을 떼어 놓는다.
4. 냄비에 설탕, 물을 붓고 중불에서 젓지 말고 서서히 끓이다가 계핏가루를 섞어 즙청액을 만들어 놓는다.
5. 3을 140℃ 정도의 낮은 온도의 식용유에 넣어서 서서히 엷은 갈색이 날 때까지 튀긴다.
6. 튀겨 낸 약과는 뜨거울 때 바로 즙청액에 담가서 꿀이 배어 들면 그릇에 담고 잣가루를 고루 뿌린다.

1

2

3

5

참고사항

- 약과가 잘 된 것은 몸에 금이 간 듯하게 갈라지면서 쪼개 보았을 때 그 단면층이 많이 나타나 있어야 한다. 연하여 딱딱하지 않고 속까지 잘 익고 즙청이 완전히 스며들어 있어서 베어 물면 즙청액이 스며나올 정도여야 한다.
- 반죽할 때 너무 치대지 말고 가볍게 반죽해야 하며 밀가루는 박력분이 적당하다. 튀김기름의 온도는 튀김할 때보다 약간 낮은 온도에서 속까지 익도록 오래 튀겨야 한다.

출 처

정순자, 한국조리, 신광출판사, 1990
강인희, 한국의 맛, 대한교과서주식회사, 1993
황혜성 · 한복려 · 한복진, 한국의 전통음식, 교문사, 1994

조리시연자

김동희, 서울특별시 동작구 신대방 1동

고문헌

산가요록(약과), 도문대작(약과), 지봉유설(약과 : 藥果), 음식디미방(약과 : 藥果), 주방문(약과), 증보산림경제(전유밀약과 : 煎油密藥果法), 규합총서(약과), 시의전서(약과 : 藥果), 부인필지(약과), 조선요리제법(약과), 조선무쌍신식요리제법(약과 : 藥果)

유과

강정

재 료

찹쌀 670g(4컵) • 흰콩 15g(1큰술) • 물 200mL(1컵) • 소주 30g(2큰술) • 설탕 13g(1큰술) • 번가루(쌀가루) 100g(1컵) • 소금 약간

즙청액 설탕 150g(1컵) • 물 200mL(1컵) • 꿀 63g(3큰술)

고물 세반(밥풀) 120g(2컵) • 참깨 60g(½컵) • 흑임자 60g(½컵) • 잣가루 45g(½컵) • 콩가루 85g(1컵)

만드는 법

1. 항아리에 물을 붓고 씻은 찹쌀을 넣어 여름에는 일주일, 겨울에는 이주일 정도 담가 삭혀 여러 번 헹군 다음 소금을 넣고 빻아서 고운체에 친다.
2. 흰콩은 물을 넣고 갈아서 체에 걸러 놓고, 찹쌀가루에 소주와 설탕을 고루 뿌린 다음 콩물을 조금씩 넣으면서 나무주걱으로 섞어서 덩어리지게 한다.
3. 찜통에 안쳐서 찐다. 찌는 도중에 위아래를 뒤집어 고루 익히고 큰 그릇에 쏟아서 방망이로 꽈리가 일도록 치댄다.
4. 밀판에 번가루를 뿌리고 떡을 쏟아 위에도 번가루를 뿌려 방망이로 두께가 0.5cm 정도가 되도록 얇게 밀고 약간 굳힌 다음에 0.7×3cm 크기로 칼로 썬다. 더운 방바닥에 한지를 깔고 서로 붙지 않게 늘어 놓고 2~3일간 가끔 뒤집으며 말린다.
5. 말린 반죽을 110°C의 식용유에 넣고 서서히 튀겨서 부풀린다. 부풀어 오르면 150~160°C의 식용유에 넣고 잠깐 넣어 약간 노릇하게 튀겨서 건져 기름을 뺀다.
6. 튀긴 것을 즙청액에 담갔다가 여러 가지 고물을 묻힌다.

강정고물 준비

1. 깨는 물에 담가 문질러 씻어 껍질을 벗기고 일어 건진 다음 살짝 볶는다.
2. 잣은 고깔을 떼고 닦아 도마에 종이를 펴고 잘 드는 칼로 곱게 다져 잣가루를 만든다.
3. 콩은 푸른 것으로 준비하여 씻어 일어 건져서 팬에 볶는다. 비린내가 가실 정도로 볶아 맷돌에 타서 껍질을 벗긴 다음 까불러 곱게 빻는다.
4. 세반은 찹쌀을 쪄서 말린 다음 절구에 넣고 곱게 찧어서 반은 그대로, 반은 분홍색으로 물들여 다시 말려 모시나 사주머니에 싸서 끓는 기름에서 잠깐 튀겨 낸다.

출 처

강인희, 한국의 맛, 대한교과서주식회사, 1993
황혜성 · 한복려 · 한복진, 한국의 전통음식, 교문사, 1994

조리시연자

김동희, 서울특별시 동작구 신대방1동

고문헌

음식디미방(강정), 주방문(강정), 규합총서(감사과), 시의전서(강정방문)

다식

재료

송화다식 송홧가루 75g(1컵) • 꿀 105g(5큰술)

흑임자다식 흑임자 110g(1컵) • 꿀 42g(2큰술))

콩다식 콩가루 85g(1컵) • 꿀 84g(4큰술) 또는 파란 콩가루 85g(1컵) • 꿀 84g(4큰술)

만드는 법

1. 송홧가루에 분량의 꿀을 넣고 반죽하여 다식판에 꼭꼭 눌러 박아 낸다.
2. 흑임자는 살짝 볶아 가루를 내어 체에 내린 후 찜통에 살짝 쪄서 절구에 넣고 기름이 많이 생길 때까지 곱게 찧어 꿀을 넣고 반죽하여 다식판에 꼭꼭 눌러 박아 낸다.
3. 노란색과 파란색의 콩가루에 준비된 분량의 꿀을 넣고 반죽하여 다식판에 꼭꼭 눌러 박아 낸다.

출처

정순자, 한국조리, 신광출판사, 1990
강인희, 한국의 맛, 대한교과서주식회사, 1993
황혜성 · 한복려 · 한복진, 한국의 전통음식, 교문사, 1994
윤숙자, 전통의 맛과 멋 한국의 떡 · 한과 · 음청류, 지구문화사, 1999

고문헌

도문대작(다식), 음식법(다식과), 시의전서(다식과 : 茶食果), 음식디미방(다식)

정과

도라지정과

재료

통도라지 200g • 설탕 100g(½컵) • 물 1L(5컵) • 소금 4g(1작은술) • 꿀 40g(2큰술)

만드는 법

1. 도라지는 가는 뿌리를 떼고 4cm 길이로 토막을 내고 굵은 것은 반으로 갈라서 끓는 물에 소금을 약간 넣어 살짝 데쳐서 찬물에 헹구어 건진다.
2. 데친 도라지를 냄비에 담고 설탕, 소금 ½작은술, 물 3컵을 한 데 넣어 처음에는 센 불에서 끓인다. 끓기 시작하면 약한 불로 서서히 뚜껑을 열어 놓은 채 조리며 끓이는 도중에 위에 떠오른 거품은 말끔히 걷어 낸다.
3. 설탕물이 거의 졸아들면 꿀을 넣어 위아래를 잘 섞고 잠시 더 윤기가 나도록 조린다.
4. 충분히 조려지면 굵은 체나 망에 하나씩 건져서 떼어 놓아 식혀서 그릇에 담는다.

참고사항

위와 같은 방법으로 인삼, 연근, 생강, 무를 이용하여 인삼정과, 연근정과, 생강정과, 무정과를 만든다.

출처

강인희, 한국의 맛, 대한교과서주식회사, 1993

황혜성 · 한복려 · 한복진, 한국의 전통음식, 교문사, 1994

대추초

재 료

대추 40g(20개) • 꿀(또는 물엿) 60g(3큰술) • 잣 15g(2큰술) • 계핏가루 1g(¼작은술)

만드는 법

1. 대추는 젖은 면포로 닦아서 먼지를 없애고 돌려 깎아 씨를 빼내고 안쪽에 꿀을 바른다.
2. 손질한 대추에 잣을 3개 정도 넣은 후 꼭지 뗀 부분에 잣 한 개를 박고 잘 오무린다.
3. 냄비에 대추와 꿀을 함께 넣고 약한 불에 올려서 나무주걱으로 저으면서 서서히 볶아서 꿀이 거의 졸아들면 계핏가루를 뿌려서 살짝 섞어 마무리한다.

출 처

정순자, 한국조리, 신광출판사, 1990
강인희, 한국의 맛, 대한교과서주식회사, 1993
황혜성 · 한복려 · 한복진, 한국의 전통음식, 교문사, 1994

고문헌

음식법(대추초), 조선요리제법(대추초)

유밀과

매작과

재 료

밀가루 220g(2컵) • 물 90mL(6큰술) • 소금 4g(1작은술) • 생강즙 20g(2큰술) • 잣가루 8g(1½큰술) • 식용유 420g(3컵)

즙청액 설탕 150g(1컵) • 물 200mL(1컵) • 꿀 40g(2큰술) • 계핏가루 1g(½작은술)

만드는 법

1. 밀가루는 고운체에 친 다음 물, 소금, 생강즙을 넣고 반죽해 젖은 행주를 덮어서 30분 정도 둔다.
2. 즙청액은 먼저 설탕과 물을 냄비에 담아 중간 불에 올려서 젓지 말고 끓인다. 즙청액이 1컵 정도가 되면 불에서 내려 식힌 후에 꿀을 섞고 계핏가루를 넣어 고루 섞는다.
3. 반죽한 밀가루를 두께 0.3cm 정도로 얇게 밀어서 길이 5cm, 너비 2cm 정도로 잘라 세 군데에 칼집을 넣고, 가운데 칼집으로 한쪽 귀를 넣어 뒤집어서 리본처럼 모양을 만든다.
4. 식용유를 150°C 정도로 끓여 3을 넣고 연한 갈색이 나도록 튀겨서 건져 기름이 빠지면 즙청액에 담갔다가 건져 낸다.
5. 즙청한 매작과를 그릇에 담고 잣가루를 고루 뿌린다.

출 처

정순자, 한국조리, 신광출판사, 1990
강인희, 한국의 맛, 대한교과서주식회사, 1993
황혜성 · 한복려 · 한복진, 한국의 전통음식, 교문사, 1994

숙실과

밤초

재 료

밤 320g(2컵) • 설탕 60g(½컵) • 물 300mL(1½컵) • 꿀 60g(3큰술) • 계핏가루 5g(1큰술) • 잣가루 약간

즙청액 설탕 150g(1컵) • 물 200mL(1컵) • 꿀 40g(2큰술) • 계핏가루 1g(½작은술)

만드는 법

1. 밤은 겉껍질과 속껍질을 깨끗이 벗겨 물에 담근다.
2. 물을 끓여서 날밤을 넣어 살짝 데쳐 내어 다시 냄비에 담아 밤이 잠길 정도의 물을 붓고 설탕을 넣어 센 불에 올려 끓인다.
3. 끓어오르면 불을 약하게 줄이고 위의 거품은 걷어 낸 다음 한지를 냄비의 둘레에 맞게 오려서 위에 얹어 덮고 끓이면 위아래가 맛이 고르게 조려진다.
4. 설탕물이 2큰술 정도 남으면 꿀을 넣어 잠시 더 조리다가 계핏가루를 넣어 고루 섞어 그릇에 담아 잣가루를 뿌린다.

✽ 참고사항

황률을 쓰기도 하는데, 이때는 물에 푹 삶아서 무르게 한 다음에 위와 같은 방법으로 조리는 것으로 모양이 덜 부서져서 좋다.

출 처

정순자, 한국조리, 신광출판사, 1990

강인희, 한국의 맛, 대한교과서주식회사, 1993

황혜성 · 한복려 · 한복진, 한국의 전통음식, 교문사, 1994

당(엿)

엿

재 료

쌀 1.8kg(10컵) • 엿기름가루 120g(1컵) • 콩가루 8g(1큰술) • 물 10L(50컵)

만드는 법

1. 쌀은 깨끗이 씻어 밥을 짓는다.
2. 엿기름가루는 더운물에 담가 놓는다.
3. 1의 찐 밥을 2에 넣고 푹 잠기도록 따끈한 물을 부어 9시간 정도 삭힌다.
4. 손으로 비벼 보았을 때 끈기가 없어지면 다 삭아진 것이다.
5. 이때 자루에 넣고 짠 후 다시 고운체로 밭쳐서 솥에 넣고 8시간 정도 조린다. 처음에는 넘치지 않을 정도로 졸이다가 거품이 조금씩 굵어지면 불을 약하게 한다.
6. 거품이 커지면 찬물에 떨어뜨려 보아 퍼지지 않으면 식기 전에 빨리 퍼서 상 위에 비닐을 깔고 콩가루를 고르게 뿌린 후 편평하게 붓는다. 덜 식어 눅눅해졌을 때 칼로 먹기 알맞은 크기로 썬다.
7. 엿과 엿 사이가 붙지 않도록 콩가루를 뿌린다.

출 처

고양시 향토음식연구회, 맛있는 고양음식 이야기, 1997
한국문화재보호재단, 한국음식대관 제3권, 한림출판사, 2000

고문헌

수운잡방(이당 : 飴糖), 도문대작(엿), 지봉유설(엿), 부인필지(엿)

숙실과

율란

재료

밤 320g(20개) • 계핏가루 5g(1큰술) • 잣가루 5g(2작은술) • 꿀 50g(2½큰술)

만드는 법

1. 밤은 완전히 무르도록 푹 삶아서 속껍질까지 벗기고 으깨어 다시 굵은 체에 내려 밤가루를 만든다.
2. 1에 계핏가루와 꿀을 넣고 잘 섞는다.
3. 이것을 밤 모양으로 빚어 꿀을 조금 바르고 계핏가루는 밤의 매끈한 껍질 부분에 묻히고 잣가루는 까칠까칠한 껍질 윗부분에 묻혀서 다시 본래의 밤 모양으로 만든다.

출 처

정순자, 한국조리, 신광출판사, 1990
강인희, 한국의 맛, 대한교과서주식회사, 1993
황혜성 · 한복려 · 한복진, 한국의 전통음식, 교문사, 1994

엿강정

콩엿강정

재 료

흰콩 160g(1컵) • 검은콩 160g(1컵) • 설탕 75g(½컵) • 물엿 145g(½컵) • 물 100mL(½컵) • 식용유 적량 • 참기름 약간

만드는 법

1. 흰콩과 검은콩을 씻어서 팬에 볶는다.
2. 냄비에 물엿, 물, 설탕을 한 데 담아서 약한 불에 올려 젓지 말고 끓인다. 도중에 숟가락으로 떠서 찬물에 떨어뜨려 보아 흩어지지 않고 엉겨질 정도까지 끓인다.
3. 흰콩과 검은콩에 더운 설탕물을 각각 넣어 재빨리 버무려 도마에 참기름을 넉넉히 두르고 놓는다.
4. 밀대에도 식용유를 발라서 3이 식기 전에 1cm 정도의 두께로 민다.
5. 딱딱하게 굳기 전에 칼로 가로 2cm, 세로 3cm의 직사각형 모양으로 썬다.

참고사항

- 콩을 씻어 일어 물에 불려서 터지도록 얼려서 볶는 것이 훨씬 콩이 연하고 맛이 있다.
- 땅콩엿강정은 땅콩의 속껍질을 벗기고 뾰족한 눈을 떼고 똑같은 방법으로 만든다.
- 이 외에도 깨, 잣, 호두 등을 사용하여 같은 방법으로 만들 수 있고 그 이름은 쓰이는 재료에 따라서 달라진다.

출 처

정순자, 한국조리, 신광출판사, 1990
강인희, 한국의 맛, 대한교과서주식회사, 1993
황혜성 · 한복려 · 한복진, 한국의 전통음식, 교문사, 1994

1인 분량의 영양가

영양소	열량 (kcal)	단백질 (g)	지질 (g)	당질 (g)	식이섬유 (g)	칼슘 (mg)	나트륨 (mg)	칼륨 (mg)	철분 (mg)
함 량	34.2	0.2	0.5	7.9	0.1	2.4	1.0	14.2	0.1
영양소	아연 (mg)	비타민 A (μg RE)	비타민 B_1 (mg)	비타민 B_2 (mg)	니아신 (mg)	비타민 B_6 (mg)	엽산 (μg)	비타민 C (mg)	비타민 E (mg)
함 량	0.1	0.0	0.0	0.0	0.0	0.0	1.8	4.6	0.1

유자차

재 료

유자청 유자 1.1kg(10개) • 설탕 450g(3컵)

유자차 유자청 50g(2큰술) • 잣 3g(1작은술) • 물 800mL(4컵) • 꿀(또는 설탕) 적량

만드는 법

1. 유자를 깨끗이 씻어 물을 뺀 후 0.5cm 두께로 얄팍하게 썰어 씨를 발라 낸다.
2. 병이나 항아리에 유자를 한 층 넣고 설탕으로 덮고 다시 유자와 설탕을 반복하여 넣고 용기에 채운다.
3. 맨 위는 설탕으로 덮은 다음 잘 밀봉하고 설탕이 녹아 노란색 물이 생기면 유자차로 이용한다.
4. 끓인 물에 3의 유자청을 넣고 잘 저은 다음 잣을 띄워 낸다.

출 처

이승교, 경기 지역 향토음식 조사, 수원대학교 논문집 10권, 1992

황혜성 · 한복려 · 한복진, 한국의 전통음식, 교문사, 1994

조리시연자

김동희, 서울특별시 동작구 신대방1동

1인 분량의 영양가

영양소	열량 (kcal)	단백질 (g)	지질 (g)	당질 (g)	식이섬유 (g)	칼슘 (mg)	나트륨 (mg)	칼륨 (mg)	철분 (mg)
함 량	92.5	0.5	0.0	27.8	0.0	5.0	10.0	7.5	0.0

영양소	아연 (mg)	비타민 A (μg RE)	비타민 B_1 (mg)	비타민 B_2 (mg)	니아신 (mg)	비타민 B_6 (mg)	엽산 (μg)	비타민 C (mg)	비타민 E (mg)
함 량	-	0.0	0.0	0.2	1.0	0.1	20.0	12.5	0.0

자료 : 농촌진흥청 농촌생활연구소(현 농촌자원개발연구소), 소비자가 알기 쉬운 식품영양가표, 2002

식혜

재료

멥쌀 360g(2컵) • 엿기름가루 230g(2컵) • 설탕 300g(2컵) • 생강 20g(5쪽) • 잣 5g(1큰술) • 물 3L(15컵)

만드는 법

1. 엿기름가루를 물을 미지근하게 데워서 고루 풀어 웃물이 맑아질 때까지 3시간 정도 그대로 둔다.
2. 멥쌀은 깨끗이 씻어 3시간 이상 충분히 물에 불려 찜통에 젖은 면포를 깔고 찐다. 찌는 도중에 물을 뿌려 위아래를 섞어서 고루 찜이 들도록 한다.
3. 물에 풀은 엿기름의 윗물을 가만히 따르고 남은 찌꺼기는 버린다.
4. 뜨거운 쌀밥에 3의 엿기름물을 섞어 고루 저어서 보온밥솥에 담아서 50~60°C의 따뜻한 온도에서 4시간 정도 둔다.
5. 밥알이 삭아서 위에 떠오르면 밥알을 망으로 건져 냉수에 말끔히 헹구어 둔다.
6. 남은 물은 냄비에 옮기고 설탕과 저민 생강을 넣어 끓여서 식힌다.
7. 먹을 때에는 차게 한 식혜국물에 따로 건져 놓은 밥알을 물기를 짜서 띄우고 잣을 3~4알씩 띄워 낸다.

참고사항

식혜를 그릇에 떠서 유자청을 약간 넣으면 향이 좋고, 석류가 나오는 철에는 석류알을 몇 알씩 띄우면 색이 아주 곱다.

출처

강인희, 한국의 맛, 대한교과서주식회사, 1993
황혜성 · 한복려 · 한복진, 한국의 전통음식, 교문사, 1994
농촌진흥청, 농촌 식생활 향상을 위한 식생활 평가 시스템 개발연구 보고서, 2000

조리시연자

김동희, 서울특별시 동작구 신대방1동

고문헌

시의전서(식해 : 食醢), 조선요리제법(식혜), 조선무쌍신식요리제법(식혜)

음청

녹차

재 료

차잎 3g(3작은술) • 물 600mL(3컵)

만드는 법

1. 주전자에 100°C 이상으로 물을 끓여 찻잔과 다관에 부어 그릇을 데워 놓고, 다시 물 식히는 그릇에 새 물을 부어 식힌다.
2. 차통에서 차숟가락으로 차잎을 1인당 1~2g 정도 꺼내어 다관에 넣고 70~80°C로 식힌 물을 다관에 붓는다.
3. 다관에서 3분 정도 우려 낸 다음 조금씩 번갈아 가며 찻잔에 따른다.

1인 분량의 영양가

영양소	열량 (kcal)	단백질 (g)	지질 (g)	당질 (g)	식이섬유 (g)	칼슘 (mg)	나트륨 (mg)	칼륨 (mg)	철분 (mg)
함 량	10.0	0.8	0.1	1.6	1.3	7.4	1.5	39.1	0.6

영양소	아연 (mg)	비타민 A (μg RE)	비타민 B_1 (mg)	비타민 B_2 (mg)	니아신 (mg)	비타민 B_6 (mg)	엽산 (μg)	비타민 C (mg)	비타민 E (mg)
함 량	0.1	20.9	0.0	0.0	0.1	0.0	3.3	0.7	1.9

출 처

강인희, 한국의 맛, 대한교과서주식회사, 1993
황혜성 · 한복려 · 한복진, 한국의 전통음식, 교문사, 1994
윤숙자, 전통의 맛과 멋 한국의 떡 · 한과 · 음청류, 지구문화사, 1999

대추차

재 료

대추 30g(15개) • 생강 20g(5쪽) • 물 1L(5컵) • 잣 3g(1작은술) • 꿀 적량

만드는 법

1. 대추는 젖은 면포로 껍질의 먼지를 깨끗이 닦아 낸 후 잘게 채 썬다.
2. 물에 대추와 생강을 넣고 오래 끓인다.
3. 찻잔에 따르고 잣을 띄워 꿀을 알맞게 타서 마신다.

1인 분량의 영양가

영양소	열량 (kcal)	단백질 (g)	지질 (g)	당질 (g)	식이섬유 (g)	칼슘 (mg)	나트륨 (mg)	칼륨 (mg)	철분 (mg)
함 량	33.7	0.6	0.6	7.4	1.4	2.4	1.0	110.8	0.2

영양소	아연 (mg)	비타민 A (μg RE)	비타민 B_1 (mg)	비타민 B_2 (mg)	니아신 (mg)	비타민 B_6 (mg)	엽산 (μg)	비타민 C (mg)	비타민 E (mg)
함 량	0.1	0.1	0.0	0.0	0.2	0.0	0.7	1.0	0.3

출 처
문화공보부 문화재관리국, 한국민속종합조사보고서(향토음식 편), 1984

음청

미숫가루

재 료

찹쌀 1.7g(10컵)

만드는 법

1. 찹쌀을 씻어 돌을 일어 하룻밤 물에 담가 두었다가 건져 시루에 충분히 찐다.
2. 찐 찰밥을 보자기에 넣어 바싹 말린다.
3. 말린 찰밥을 큰 솥에 넣어 노르스름하게 볶아 곱게 갈아 고운체에 쳐서 밀봉해 두고 여름에 물에 타서 먹는다.

참고사항

찹쌀 이외에 보리쌀, 율무, 콩, 흑임자 등도 씻어 일어 각각 볶아 따로따로 두고 기호에 맞게 섞어서 먹는다.

1인 분량(20g)의 영양가

영양소	열량 (kcal)	단백질 (g)	지질 (g)	당질 (g)	식이섬유 (g)	칼슘 (mg)	나트륨 (mg)
함량	67.8	1.8	0.3	16.7	0.1	7.8	0.6
영양소	칼륨 (mg)	철분 (mg)	비타민 A (μg RE)	비타민 B_1 (mg)	비타민 B_2 (mg)	니아신 (mg)	비타민 C (mg)
함량	57.8	0.4	0.0	0.0	0.0	0.2	0.0

자료 : 농촌진흥청 농촌생활연구소(현 농촌자원개발연구소), 소비자가 알기 쉬운 식품영양가표, 2002

출 처

강인희, 한국의 맛, 대한교과서주식회사, 1993

고문헌

조선요리제법(미숫가루)

음청

배숙

재료

배 300g(소 1개) • 통후추 10g(큰술) • 잣 5g(1큰술) • 물 700mL(3½컵) • 생강 20g(5쪽) • 설탕(또는 꿀) 50g(⅓컵)

만드는 법

1. 배는 길이로 6~8등분하여 껍질을 벗기고 씨 부분은 도려 낸다.
2. 자른 배의 가장자리를 예쁘게 다듬은 다음 등 쪽에 통후추를 깊숙이 3~4개 박는다.
3. 물에 생강을 얇게 저며 넣고 끓이다가 설탕과 2의 배를 넣고 다시 끓여 식힌다.
4. 배가 충분히 무르게 익으면 생강은 건져 내고 차게 식혀 화채그릇에 담고 잣을 서너 알씩 띄운다.

참고사항

- 배는 큰 것보다는 작은 것을 쓴다.
- 통후추는 빠지기 쉬우므로 꼭꼭 박아야 한다.
- 배가 익으면 투명해진다. 너무 덜 익으면 설컹거리고 너무 익으면 모양이 뭉그러지므로 적당히 익혀야 한다.

1인 분량의 영양가

영양소	열량 (kcal)	단백질 (g)	지질 (g)	당질 (g)	식이섬유 (g)	칼슘 (mg)	나트륨 (mg)	칼륨 (mg)	철분 (mg)
함량	89.8	0.5	0.9	21.4	1.7	3.9	2.8	154.8	0.3

영양소	아연 (mg)	비타민 A (μg RE)	비타민 B_1 (mg)	비타민 B_2 (mg)	니아신 (mg)	비타민 B_6 (mg)	엽산 (μg)	비타민 C (mg)	비타민 E (mg)
함량	0.2	0.0	0.0	0.0	0.2	0.1	5.9	3.3	0.3

출처
정순자, 한국조리, 신광출판사, 1990

음청

보리수단

재 료

오미자 20g(½컵) • 보리쌀 30g(2큰술) • 녹두 전분 25g(3큰술) • 잣 5g(1큰술) • 물 1.2L(6컵) • 꿀 40g(2큰술) • 설탕 25g(2큰술)

만드는 법

1. 오미자는 깨끗이 씻어서 물기를 뺀 다음 찬물 2컵을 부어 하룻밤을 우려 내어 겹체에 걸러 오미자물을 만든다.
2. 오미자 우린 물 ½컵에 물 4컵, 설탕, 꿀을 넣고 잘 녹여서 오미자국물을 만든다.
3. 보리쌀은 박박 문질러 깨끗이 씻어 푹 삶아 찬물에 헹궈 건진다. 삶은 보리쌀에 녹두 전분을 묻혀 다시 펄펄 끓는 물에 삶아 건져 찬물에 헹구기를 4~5번 정도 반복하면 보리알이 말갛고 큼직하게 된다.
4. 화채그릇에 데친 보리쌀을 담아 오미자국물을 붓고 잣을 띄운다.

참고사항

- 삶은 통보리 대신에 보릿가루를 반죽하여 써도 좋다.
- 전분을 여러 번 묻히는 것은 매끈하게 하기 위함이다.
- 보리를 삶은 후 물기를 잘 빼고 다시 전분을 묻혀야 알알이 흩어지고 깨끗하게 익는다. 물기를 잘 빼지 않으면 서로 엉겨 붙게 된다.
- 햇보리가 나오는 여름철의 화채이다.

1인 분량의 영양가

영양소	열량 (kcal)	단백질 (g)	지질 (g)	당질 (g)	식이섬유 (g)	칼슘 (mg)	나트륨 (mg)	칼륨 (mg)	철분 (mg)
함 량	113.0	1.3	1.0	25.8	0.9	14.3	3.8	53.7	0.6

영양소	아연 (mg)	비타민 A (µg RE)	비타민 B_1 (mg)	비타민 B_2 (mg)	니아신 (mg)	비타민 B_6 (mg)	엽산 (µg)	비타민 C (mg)	비타민 E (mg)
함 량	0.3	32.2	0.0	0.0	0.7	0.1	4.3	0.4	0.2

출 처

정순자, 한국조리, 신광출판사, 1990
강인희, 한국의 맛, 대한교과서주식회사, 1993
신승미 외, 한국 전통음식 전문가들이 재현한 우리 고유의 상차림, 교문사, 2005

음청

수정과

재 료

생강 50g(10쪽) • 통계피 30g • 설탕 225g(1½컵) • 곶감 600g(20개) • 잣 5g(1큰술) • 물 2.4L(12컵)

만드는 법

1. 생강의 껍질을 벗겨서 얇게 저민다. 물을 부어 은근한 불에서 서서히 끓여 고운체에 거른다.
2. 통계피도 물에 넣어 끓여서 고운체에 걸러서 생강물과 합하여 설탕을 넣어 끓여서 식힌다.
3. 곶감은 작고 씨가 없는 주머니 모양으로 생긴 것으로 골라서 꼭지를 떼고 모양을 둥글게 만들어 놓는다.
4. 수정과를 내기 3시간 정도 전에 다려 놓은 국물에 곶감을 담가 불어서 부드러워지면 화채그릇에 담고 잣을 3~4알씩 띄워서 대접한다.

참고사항

이 재료의 분량은 20인분이다.

1인 분량의 영양가

영양소	열량 (kcal)	단백질 (g)	지질 (g)	당질 (g)	식이섬유 (g)	칼슘 (mg)	나트륨 (mg)	칼륨 (mg)	철분 (mg)
함 량	120.0	0.8	0.2	31.0	5.8	18.1	2.0	235.6	0.5

영양소	아연 (mg)	비타민 A (μg RE)	비타민 B_1 (mg)	비타민 B_2 (mg)	니아신 (mg)	비타민 B_6 (mg)	엽산 (μg)	비타민 C (mg)	비타민 E (mg)
함 량	0.1	9.3	0.0	0.0	0.3	0.1	2.3	1.5	0.1

출 처

강인희, 한국의 맛, 대한교과서주식회사, 1993
황혜성 · 한복려 · 한복진, 한국의 전통음식, 교문사, 1994

고문헌

시의전서(수정과 : 水正果), 부인필지(수정과), 조선요리제법(수정과), 조선무쌍신식요리제법(수정과 : 水正果)

음청

수박화채

재 료

수박 800g • 설탕 12g(1큰술) • 얼음 적량

만드는 법

1. 수박 속을 큼직큼직하게 파내어 씨를 빼고 한 입에 먹을 수 있는 크기(2×2.5×1.5cm)로 썬다.
2. 1을 화채그릇에 담고 설탕을 뿌린 다음 얼음을 넣고 차게 해서 낸다.

참고사항

- 요즘은 수박화채를 만들 때 사이다 또는 위스키를 넣기도 하는데, 시원하고 별미이다.
- 수박을 통째로 깨끗이 씻어 꼭지 있는 쪽을 지름 10cm 정도로 둥글게 뚜껑으로 도려 내고 속을 전부 파내어 씨를 골라 내고 위와 같이 한 입 크기로 썰어 설탕 또는 사이다, 위스키 등을 섞어서 다시 수박 속에 얼음과 같이 넣고 차게 해서 각자의 화채그릇에 담아 대접하여도 재미있다.
- 설탕의 양은 수박의 단맛에 따라 조절한다.

1인 분량의 영양가

영양소	열량 (kcal)	단백질 (g)	지질 (g)	당질 (g)	식이섬유 (g)	칼슘 (mg)	나트륨 (mg)	칼륨 (mg)	철분 (mg)
함 량	73.6	1.4	0.4	18.4	0.4	8.1	6.1	204.1	0.4
영양소	아연 (mg)	비타민 A (μg RE)	비타민 B_1 (mg)	비타민 B_2 (mg)	니아신 (mg)	비타민 B_6 (mg)	엽산 (μg)	비타민 C (mg)	비타민 E (mg)
함 량	0.1	52.0	0.1	0.0	0.4	0.2	31.6	12.0	0.3

출 처

정순자, 한국조리, 신광출판사, 1990

오미자화채

재료

오미자 20g(½컵) • 설탕 36g(3큰술) • 꿀 40g(2큰술) • 배 100g(¼개) • 잣 3g(1작은술) • 물 600mL(3컵)

만드는 법

1. 오미자는 물에 씻어서 찬물 2컵을 부어 하룻밤을 우려 내어 겹체에 걸러 낸다.
2. 설탕과 꿀, 물 1컵을 끓여서 차게 식혀 오미자를 우려 낸 물과 합한다.
3. 화채에 띄울 건지는 배의 껍질을 벗기고 얇게 저며 꽃 모양으로 찍어서 설탕물에 담가 놓는다.
4. 화채를 내기 직전에 오미자국에 배와 잣의 고깔을 따서 띄운다.

참고사항

- 오미자는 더운물에서 끓이면 한약 냄새가 많이 나고 신맛이 강해지므로 찬물에 우려 내도록 한다.
- 봄의 진달래가 나는 철에는 꽃을 따서 꽃술을 떼고 씻어 녹말을 묻혀서 끓는 물에 살짝 데쳐서 띄운다.

1인 분량의 영양가

영양소	열량 (kcal)	단백질 (g)	지질 (g)	당질 (g)	식이섬유 (g)	칼슘 (mg)	나트륨 (mg)	칼륨 (mg)	철분 (mg)
함량	94.4	0.7	0.7	22.9	0.9	20.6	6.4	138.3	0.5

영양소	아연 (mg)	비타민 A (µg RE)	비타민 B_1 (mg)	비타민 B_2 (mg)	니아신 (mg)	비타민 B_6 (mg)	엽산 (µg)	비타민 C (mg)	비타민 E (mg)
함량	0.1	64.4	0.0	0.0	0.5	0.1	6.9	2.4	0.2

출처
황혜성 · 한복려 · 한복진, 한국의 전통음식, 교문사, 1994

참고문헌

■ 단행본

강인희. **한국의 맛**. 대한교과서주식회사. 1993.

고양시 향토음식연구회. **맛있는 고양음식 이야기**. 1997.

김수 저, 윤숙경 역. **수운잡방 주찬**(1500년대). 신광출판사. 1998

남양주시 농업기술센터 남양주시 향토음식연구회. **보양음식**. 2000.

남양주시 향토음식연구회. **전통음식 맥잇기 활동보고서**. 1998.

농촌진흥청. **농촌 식생활 향상을 위한 식생활 평가 시스템 개발연구 보고서**. 2000.

농촌진흥청 농촌영양개선연수원(현 농촌자원개발연구소). **한국의 향토음식**. 1994.

농촌진흥청 농촌생활연구소(현 농촌자원개발연구소). **소비자가 알기 쉬운 식품영양가표**. 2002.

농촌진흥청 농촌자원개발연구소. **식품성분표** Ⅰ, Ⅱ. 2006.

두산동아 편집부. **두산세계대백과사전**. 두산동아. 1999.

문화공보부 문화재관리국. **한국민속종합조사보고서(향토음식 편)**. 1984.

방신영. **조선요리제법**. 한성도서주식회사. 1942.

백승철. **별미 반찬 · 밑반찬**. 서울문화사. 1999.

백승철. **이정섭의 맛있는 우리음식**. 서울문화사. 1999.

빙허각 이씨 저, 정양완 역. **규합총서**(1815). 보진재. 1999

사단법인 대한영양사회. **단체급식 표준조리 레시피(3차 개정판)**. 2001.

사단법인 대한영양사회 · 삼성서울병원. **사진으로 보는 음식의 눈대중량**. 1999

서울특별시 교육청. **중 · 고등학생을 위한 학교급식 표준식단**. 2002.

석계부인 안동 장씨 저, 경북대학교 출판부 역. **음식디미방(경북대학교 고전총서 10)**(1670년경). 경북대학교 출판부. 2003

신승미 · 손정우 · 오미영 · 송태희 · 김동희 · 안채경 · 고정순 · 이숙미 · 조민오 · 박금미 · 김영숙. **한국 전통음식 전문가들이 재현한 우리 고유의 상차림**. 교문사. 2005.

에드워드 쉴러 저, 김병서 · 신현순 역. **전통**. 민음사. 1992.

염초애 · 장명숙 · 윤숙자. **한국음식**. 효일문화사. 1993.

왕준연. **한국요리백과**. 범한출판사. 1985.

왕준연. **한국요리백과 2**. 범한출판사. 1985.

유중림 저, 윤숙경 역. **증보산림경제**(1765). 지구문화사. 2005

윤덕인. **외식조리인을 위한 한국음식 이론 및 조리의 실제**. 관동대학교 출판부. 2005.

윤서석. **한국음식 – 역사와 조리**. 수학사. 1984.

윤서석. **한국의 음식용어**. 민음사. 1991.

윤서석. **한국조리**. 수학사. 1993.

윤숙자. **전통의 맛과 멋 한국의 떡 · 한과 · 음청류**. 지구문화사. 1999.

이성우. **한국식경대전**. 향문사. 1981.

이수광 저, 남만성 역. **지봉유설**(1614). 을유문화사. 1980

이용기 저, 옛음식연구회 역. **조선무쌍신식요리제법**(1924). 궁중음식연구원. 2001

이효지. **한국의 음식문화**. 신광출판사. 2002.

인천광역시 농업기술센터 우리음식연구모임. **우리멋, 우리맛**. 1999.

인천광역시 농업기술센터 우리음식연구모임. **우리의 맛 쌀요리와 김치**. 2005.

인천광역시 농촌지도소. **우리음식모음**. 1996.

저자 미상, 이효지 외 역. **시의전서**(1800년대 말엽). 신광출판사. 2004

전순의 저, 농촌진흥청 역. **산가요록(고농서 국역총서 8)**(1449). 농촌진흥청. 2004.

전순의 저, 농촌진흥청 역. **식료찬요(고농서 국역총서 9)**(1460). 농촌진흥청. 2004.

정순자. **한국조리**. 신광출판사. 1990.

정해옥. **한국의 후식류**. MJ미디어. 2005.

조신호 · 임희수 · 정낙원 · 이진영 · 조경련 · 김은미. **한국음식**. 교문사. 2003.

한국관광공사. **향토음식 관광상품화 방안 - 경상북도 주요 향토음식**. 1993.

한국문화재보호재단. **한국음식대관 제2권**. 한림출판사. 1999.

한국문화재보호재단. **한국음식대관 제3권**. 한림출판사. 2000.

한국영양학회. **한국인의 영양권장량 제7차 개정판**. 2000.

한국조리사중앙회 한국음식관광협회. **세계를 향한 자랑스런 한국 300선**. 2007.

홍만선 저, 민족문화추진회 역. **고전국역총서 산림경제 2권**(1715). 민문고. 1967.

홍진숙 · 박란숙 · 박혜원 · 신미혜 · 최은정. **기초 한국음식**. 교문사. 2007.

홍진숙 · 박혜원 · 박란숙 · 명춘옥 · 신미혜 · 최은정 · 이영근 · 윤옥현 · 윤재영 · 신애숙 · 정혜정 · 차명화. **고급 한국음식 코스 및 응용 상차림**. 교문사. 2003.

황혜성. **한국의 요리 1**. 대학당. 1993.

황혜성. **한국의 요리 2**. 대학당. 1996.

황혜성 · 한복려 · 한복진. **한국의 전통음식**. 교문사. 2000.

Peter Burke. **Popular culture in early modern Europe**. Scolar Press. London. 1978.

■ 논문 및 학술지

고범석 · 강석우. **대구 지역 향토음식의 인식도에 관한 연구 – 대구 동인동 찜갈비를 중심으로**. 한국조리학회지. 10(4) : 15–30, 2004.

구난숙 · 박종임. **대전 지역 급식학교 초등학생들의 음식기호도**. 대한지역사회영양학회지. 3(3), 1998.

김경애 · 김수자 · 정난희 · 전은례. **중학생의 학교급식에 대한 음식 기호도 – 광주 · 전남 지역을 중심으로**. 한국조리과학회지. 19(2), 2003.

김경애 · 정난희 · 김은영 · 전은례. **학교 급식 관리에 대한 실태 조사 – 2. 광주 · 전남 지역 초등학생의 급식만족도와 음식기호도 조사**. 한국조리과학회지. 15(3), 1999.

김귀영 · 이성우. **『주방문』의 조리에 관한 분석적 연구**. 한국식생활문화학회지. 1(4), 1986.

김기숙 · 백승희 · 구선희 · 조영주. **『음식디미방』에 수록된 채소 및 과일류의 저장법과 조리법에 관한 고찰**. 중앙대학교 생활과학논집. 12권, 1999.

김기숙 · 이미정 · 강은아 · 최애진. **『음식디미방』에 수록된 면병류와 한과류의 조리법에 관한 고찰**. 중앙대학교 생활과학논집. 12권, 1999.

김미희 · 유명님 · 최배영 · 안현숙. **『규합총서』에 나타난 농산물 이용 고찰**. 한국가정관리학회지. 21(1), 2003.

김성미. 경북 지역 대학생의 전통음식에 대한 태도(Ⅰ) – 전통음식에 대한 평가, 이용도 및 라이프 스타일과의 관계. 한국조리과학회지. 16(1) : 27–35, 2000.

김혜영 B · 강남이. 성남 고령자 무료급식소의 계절별 식단 및 기호도조사. 한국식생활문화학회지. 20(2), 2005.

김희선. 어업기술의 발전 측면에서 본 『음식디미방』과 『규합총서』 속의 어패류 이용 양상의 비교연구. 한국식생활문화학회지. 19(3), 2004.

민계홍. 향토음식에 대한 전북 지역 대학생들의 인지도 및 기호도에 관한 연구. 한국조리학회지. 9(2) : 127–147, 2003.

박신인 · 배소연. 서울 지역 초등학생들의 학교 급식 만족도 연구(밥류, 국류, 찌개류, 일품요리류, 김치류). 한국식품영양학회지. 14(6), 2001.

배소연 · 박신인. 서울 지역 초등학생들의 학교급식 만족도 연구(반찬류). 한국식생활문화학회지. 17(1), 2002.

배영동. 안동 지역 간고등어의 소비전통과 문화상품화 과정. 비교민속학. 31 : 95–128, 2006.

배영동. 안동 지역 일상음식과 제사음식의 비교. 민속연구. 9, 1999.

손영진. 경기 지방 향토음식의 관광상품화를 위한 소비자 인지도 연구. 경기대학교 석사학위논문. 2005.

신애숙. 부산의 전통, 향토음식의 현황 고찰. 한국조리학회지. 6(2) : 67–78, 2000.

오영준 · 김복일. 광주 전남 지역 향토음식의 관광상품화 방안에 관한 연구. 관광정보연구. 2 : 195–226, 1998.

윤서석. 한국의 국수문화의 역사. 한국식생활문화학회지. 6(1), 1991.

윤서석 · 조후종. 조선시대 후기의 조리서인 『음식법』의 해설 1. 한국식생활문화학회지. 8(1), 1993.

윤서석 · 조후종. 조선시대 후기의 조리서인 『음식법』의 해설 2. 한국식생활문화학회지. 8(2), 1993.

윤서석 · 조후종. 조선시대 후기의 조리서인 『음식법』의 해설 3. 한국식생활문화학회지. 8(3), 1993.

윤숙경. 안동 지역의 향토음식에 관한 고찰. 한국식생활문화학회지. 9(1) : 61–69, 1994.

윤은숙 · 송태희. 우리나라 향토음식의 인지도에 관한 연구. 한국조리과학회지. 11(2) : 145–152, 1995.

이광자. 우리나라 문서에 기록된 찬물류의 분석적 고찰. 한양대학교 교육대학원 석사학위논문. 1986.

이선미 · 주나미 · 박상현 · 정현아. 중 · 고등학교 급식의 대표메뉴 선정 및 표준조리법 개발. 대한영양사협회 학술지. 11(1), 2005.

이선호 · 박영배. 안동 지역 향토음식을 활용한 관광체험 프로그램 개발. 한국조리학회지. 8(3) : 147–168, 2002.

이승교. 경기 지역 향토음식 조사. 수원대학교 논문집 10권, 1992.

이승진. 향토음식의 인지도 및 기호도. 숙명여자대학교 석사학위논문. 2005.

이은욱. 조선 후기 식기 및 음식의 특색과 변화. 이화여자대학교 석사학위논문. 2002.

이재은 · 김혜경. 울산 지역 산업체에서 근무하는 남성 근로자의 기호도 조사. 대한영양사회 학술지. 2(2), 1996.

이혜상 · 이경신. 적염 섭취 식단모델을 제시하기 위한 상용음식의 최적 염미도 측정 및 적염 식단 모델. 한국조리과학회지. 12(3), 1996.

이효지. 『규곤시의방』의 조리학적 고찰. 대한가정학회지. 19(2), 1981.

이효지. 『규합총서』, 『주식의』의 조리과학적 고찰. 한양대학교 사대논문집. 1981.

이효지. 조선시대의 떡문화. 한국조리과학회지. 4(2), 1988.

이효지 · 차경희. 『부인필지』의 조리과학적 고찰. 한국식생활문화학회지. 11(3), 1996.

장혜순 · 안연일. 전북 일부 지역 초등학생의 식품 기호도에 관한 연구. 한국가정학회지. 7(4), 2004.

장혜진 · 이효지. 주식류의 문헌적 고찰. 한국식생활문화학회지. 4(3), 1989.

정보화 · 변광인. 학교급식 메뉴에 대한 고등학생들의 기호도와 만족도에 관한 연구 – 경주 지역을 중심으로. 한국식생활문화학회지. 21(5), 2006.

진양호 · 김승희 · 김진영. **향토음식의 관광상품화 방안**. 문화관광연구학회지. 3(2), 2001.

차경희. **『도문대작』을 통해 본 조선 중기 지역별 산출식품과 향토음식**. 한국식생활문화학회지. 18(4), 2003.

한경필 · 성선향 · 조연숙 · 박경숙 · 김현옥 · 정종기 · 한재숙. **전통음식에 대한 경북 지역 주부들의 의식 및 실태조사**. 동아시아식생활학회지. 10(6) : 480-494, 2000.

한억. **전통음식의 현대적 인식과 재창조**. 서울대학교 석사학위논문. 1996 .

■ 웹사이트

농촌자원개발연구소. 메뉴젠. www.rrdi.go.kr/MenuGen/. 2006.

재치영양사. www.yori.co.kr/. 2006.

찾아보기

索引

한국의 전통향토음식 1 **상용음식**

■ 연구진

김행란 농촌진흥청 농촌자원개발연구소(연구총괄)
김양숙 농촌진흥청 농촌자원개발연구소
최정숙 농촌진흥청 농촌자원개발연구소
지선미 농촌진흥청 농촌자원개발연구소
이인선 농촌진흥청 농촌자원개발연구소
한귀정 농촌진흥청 농촌자원개발연구소
박홍주 농촌진흥청 농촌자원개발연구소
김태영 농촌진흥청 농촌자원개발연구소
김상애 신라대학교 교수
서혜경 전주대학교 교수
손정우 배화여자대학 교수
신승미 청운대학교 교수
윤덕인 관동대학교 교수

■ 감 수

이종미 전 이화여자대학교 교수
안명수 성신여자대학교 교수

한국의 전통향토음식 1

상용음식

2008년 4월 15일 초판 인쇄
2008년 4월 19일 초판 발행

기획 · 편집처 농촌진흥청 농업과학기술원 농촌자원개발연구소
기획 · 편집인 조 순 재
주소 경기도 수원시 권선구 서둔동 88-2
전화 031-299-0590~2
팩스 031-299-0553

제작 · 발행처 ㈜교 문 사
제작 · 발행인 류 제 동
우편번호 413-756
주소 경기도 파주시 교하읍 문발리 출판문화정보산업단지 536-2
전화 031-955-6111(代)
팩스 031-955-0955
등록 1960. 10. 28. 제406-2006-000035호

홈페이지 www.kyomunsa.co.kr
이메일 webmaster@kyomunsa.co.kr

ISBN 978-89-363-0915-2 94590
ISBN 978-89-363-0914-5 94590(전10권)

* 잘못된 책은 바꿔 드립니다.

값 35,000원